商道故事

孙善清 主编

廣東旅游出版社
GUANGDONG TRAVEL & TOURISM PRESS
悦读书·悦旅行·悦享人生
中国·广州

图书在版编目（CIP）数据

商道故事 / 孙善清主编 . -- 广州 ：广东旅游出版
社， 2025. 2. -- ISBN 978-7-5570-3535-8

Ⅰ . F713

中国国家版本馆 CIP 数据核字第 2025QF6073 号

出 版 人：刘志松

责任编辑：魏智宏　黎　娜

封面设计：尚　芳

责任校对：李瑞苑

责任技编：冼志良

商道故事

SHANGDAO GUSHI

广东旅游出版社出版发行

（广东省广州市荔湾区沙面北街 71 号首、二层）

邮编：510130

电话：020-87347732（总编室） 020-87348887（销售热线）

投稿邮箱：2026542779@qq.com

印刷：三河市金兆印刷装订有限公司

地址：河北省廊坊市三河市杨庄镇三皇路西侧

开本：710 毫米 ×1000 毫米　16 开

字数：455 千字

印张：27

版次：2025 年 2 月第 1 版

印次：2025 年 2 月第 1 次

定价：108.00 元

编委会

主　编

孙善清

副主编

张　伟　方　刚　崔欢欢　郝树静

为什么要出《商道故事》这样一本书？很多人都有这样一个疑问。因为我们不是媒体，更不是商业媒体，花大量的时间和精力做这样一件事儿，似乎很难让人理解。

要回答这样一个问题，还得回到我们办学的理念上来。我一直强调，我们的办学定位是"信息产业商学院"，要为信息产业和中小企业培养懂专业的管理人才。信息产业是方向，中小企业是定位。这个定位是根据我们学生的实际情况确立的，因为他们在研究能力上普遍不如重点院校，在专业发展上无法与这些院校的毕业生竞争，所以我们必须错位并复合发展，为我们的学生找一条符合他们实际情况的发展之路来。

既然要为中小企业培养人才，就必须了解中小企业的运行情况，具备做好管理工作的基本素质，为此，我们设计了独特的"四位一体双院制＋特色教育"的育人模式，商科教育作为"四位"中的"一位"，要求所有学生都必须修学六到八门商科课程，把商科教育提升到与专业教育相同的地位。

尽管如此，我还是担心我们的商科教育无法达到我预期的目标。一方面，商业是一门实践性很强的学问，不是说学会了商科的理论就能搞好商业，事实上，很多出色的商人恰恰没有系统学过商科的理论，像古代的晋商、徽商、浙商，别说到商学院去进修了，那个时候连商学院的概念都没有。他们就是在师傅的言传身教耳提面命下，通过实践一点点摸索出来的。所以，离开了实践的商科教育就是刻舟求剑、缘木求鱼。

另一方面，我们的学生，如实地说，他们的学习能力和学术能力普遍弱一些，按照理论体系组织教学可能并不适合他们。我之前一直对大家强调，不要追求这门课有多么高深，一定要用深入浅出的方法让学生去领会，启发他们思考；要完全抛弃过去的思维定式，重新思考怎么样把学生需要知道的，以一种学生能够理解、把握的方式进行传授，这才是真正的因材施教。

因而，我觉得注重实践，通过实践和案例教学传授商业知识，更适应商科的教育规律，更适应我们学生的实际情况。事实上，这种模式并不是我们的独创，德国的埃森经济管理应用技术大学（FOM 大学），采用的就是与企业实战更接地气的商科教育模式，只是他们的教育是以非全日制教育为主，全日制占比较小。我们针对的是全日制学生，这也是我们新商科"新"的地方。

而这种教学模式必须依赖大量的案例，必须有案例库支撑。因为我们的培养目标和模式与别人不一样，所以，现在的市面上并没有适应我们特色的现成的案例库供我们使用。这怎么办呢？我们只能花大力气建设。为此我们组织了很多活动，商科教育团队充分拓展中小企业合作资源，开发和撰写中小企业故事化案例。同时，通过主办全国中小企业品牌营销案例公益征集大奖，开展中小企业实战项目，增加国内知名案例库互动交流及优秀案例入库等活动，采集和整理大量鲜活生动的中小企业商业实战素材，经过筛选、评定、修订，编写《中小企业商业故事案例集》，用于三校四区近十万师生的商科教育教学。

与中等企业相比，中国更多的是小微企业。有数据显示，截至 2022 年末，全国中小微企业数量达到 5200 万户，占全国企业总数的 99% 以上，贡献了 60% 的国内生产总值，拥有 70% 的发明专利数，提供了 80% 的就业岗位，创造了 50% 以上的国家税收，在经济增长、创新驱动、就业创造和税收贡献等方面发挥了重要作用。

既然如此，那么在案例库的建设中，缺失了小微企业，不仅不完整，更重要的是会让我们的商科教育缺少针对性。我们是为中小微企业培养管理者和经营者的，不研究他们，无论是用何种方式，教育都不会有效果。

《商道故事》正是在这种背景下出炉的。根据我们的设想，派老师和学生深入了解一个个小微企业的经营情况，通过他们的故事提炼商业运行的基本规律，也即"道"。这些案例是"故事"，生动形象直观，很容易被我们的学生接受，也很容易让他们明悟商业运行的基本规律。不仅如此，对小微企业的采访，也会让直接参与的学生甚至老师接受到更深刻的商科教育。

为了推动这个项目，我们付出了巨大的努力，专门成立了采写产业学院，聘请了专业的记者指导学生。每个周末和节假日，我们的采写队伍都会深入到一个个的小微企业中，去了解他们的经营情况，共情他们的喜怒哀乐，倾听他们的诉求与困难，从而近距离地去感悟商业之道。

经过一年的努力，第一本《商道故事》70 余个案例故事开始结集付梓出版。

通过这本书，我们惊喜地看到，一篇篇稿件展示的鲜活故事，不仅生动形象地注解了商科的理论体系，而且，因为实践创新永远先于理论的总结，它们还展示了现有教材体系中无法实现的与时俱进。比如说，商户们如何充分利用网络与自媒体来提升客户流，已经远远超越了我们的教材理论，这种来自于实践的补充与创新，无疑能使我们的教育永远走在第一线。

未来，这项工作我们会继续加大力气推动下去，三年、五年、十年……每年都会有一批案例收录进来，每年都会有至少一本图书出版，若干年后，我们就会收获一个庞大的小微企业案例库。这个过程将会极大地促进和提升我们商科教育的效果，从而造福我们的学生，使他们的综合素质快速提升，毕竟，让我们的学生接受最好、最适应他们的教育，是我们努力做好一切工作的出发点。

是为序。

彭鸿斌

（博士、中国新商科大学集团董事长、《商道故事》栏目倡导人）

2024 年 10 月 20 日

目录

一元馒头的使命

导读 ░░░

在重庆涪陵美心红酒小镇，有一家"一元馒头"店。一枚小小的一元硬币，就能在这里买到手臂长的馒头。从重庆洋人街再到涪陵红酒小镇，"一元馒头"店已经走过了18年风雨。让人惊奇的是，18年间，物价经历了大幅上涨，而馒头的一元价格却始终未变。

早上9点刚过，美心红酒小镇的"一元馒头"店便开始热闹了起来，店门口排着长长的队伍。有二十来岁的大学生，有带着孩子的年轻父母，有身着蓝色工作服，戴着白手套的工人。

"孃孃，来5个一块钱的馒头！"

"妈妈，我也要这个馒头，给我买几个我要带回去耍。"

……

"馒头来咯！"十几分钟后，一个冒着热气的大蒸笼打破了排队的宁静，大家一拥而上，争先恐后扫码购买。在吵闹声中，一笼笼的馒头一扫而空，游客们一人拿着数根擀面杖般长得像个大玩具似的馒头，先是拿在手上拍照，发个朋友圈，然后看着无数的点赞，再心满意足离开。

"一元魔法"

从重庆洋人街再到涪陵红酒小镇，"一元馒头"店已经走过了18年风雨。让人惊奇的是，18年间，物价经历了大幅上涨，而馒头的一元价格却始终未变。很多人不知道的是，平静的价格背后，却有着一个不平静的故事。

售卖一元馒头的美心红酒小镇，前身是重庆的洋人街。2006年，重庆洋人街景区正式在南岸区弹子石开街，因其价廉丰富的游乐设施和充满想象力的建筑风格，一时间吸引了众多游客前来游玩，也成了老重庆心中的一段记忆。

早期来洋人街玩的游人不多，入驻商家也少，景区内也找不到合适的餐厅。公司商议，推出一种便携食物，让游客来玩时顺手买一些——这就是一元馒头诞生的由来。

谁都没想到，一元馒头推出后，立刻在景区内变得火爆，馒头店的门口总是排着长长的队伍。因为馒头个头饱满，长得像擀面杖，所以被很多人称作"擀子馒头"。

馒头店的工人把待蒸的馒头放在机器上
（受访者供图）

一元馒头每一个长约 35 厘米，分量几乎是普通馒头的 4 倍，一家三口买一根都能吃饱。慢慢地，馒头不仅解决了景区餐饮问题，手臂粗长的馒头甚至还和重庆小面、陈麻花、合川桃片一样，成了重庆的美食名片。为了一睹一元馒头的风采，每天都有游客和附近居民前来购买，"一元馒头"店也因此成为洋人街热门景点，甚至还带动了整个洋人街的人气，洋人街的人一下子多得"脚挨脚"。在微博上搜索洋人街，出来的照片多数都是和擀面杖馒头合影的游客。

"一个馒头成就一条洋人街，这就是一元馒头的魔法。"这是媒体对一元馒头的评价。

曾经有人说，洋人街曾经能如此火爆，除了天时地利人和外，这一元馒头也占了"半壁江山"。

美心馒头项目如今的负责人吴晗统计，目前，一元馒头的销量为一天 6000 个左右，在 2008 年后的巅峰期，一天能卖 5 万个。"打的去洋人街买馒头"这句话曾风行一时。

赔本的买卖

2019 年 3 月 1 日，洋人街景区正式启动搬迁，从原来的位置全部搬迁到了位于涪陵的红酒小镇。作为洋人街的网红产品，一元馒头也从南岸来到涪陵，再次成为当地最有名的网红产品之一。

然而，这时馒头的红火，却渐渐让经营者苦不堪言。2008 年，面粉 50 元一袋，之后，价格不断上涨，到了 2019 年，价格相比以前翻了一倍还不止。再算上人工，这时一个馒头的成本就接近 2 元。也就是说，现在每卖一个馒头，就要亏 1 元钱。

按一天5万个计算，每天亏损5万元！即使按6000个的销量算，每月也要亏损近20万。这对于小本经营的食品加工业来讲，是不可能持续的。

一元馒头要想活下去，摆在面前的，似乎只有两条路：要么涨价，要么减量。

甚至消费者也在网上也不断发出质疑："不涨价的美心一元馒头，到底能够撑多久？""老板能顶得住吗？"

面对来自成本的压力，美心最初的想法是不涨价——正是因为这一元馒头，景区打出了名气，如果现在涨价，那么十几年来积累的好口碑将顷刻消失。不涨价就要控制成本。公司一开始的想法是，如果无法控制硬性成本，那就先从软性成本入手，首先就是减少人力成本——雇用收银员的成本高，干脆在每个美心馒头的售卖点，安放一个一米多高的投币箱，让顾客自己投币。

这种想法当时看来没问题，但实际运行结果却不理想。每天收到的零钱太多，还要安排人来数钱——过年期间，生意红火，结果6天卖了100万元，七十多袋装零钱的编织袋，堆了半间屋。这样一来，又把人力成本提高了。

让顾客自主投币这个方法只好终止。

人力成本减不掉，其他的成本更难做文章。一元馒头的分量摆在那里，一天基本上就要耗费两吨面粉，就算省下一些边角料，制作馒头的原料成本，比如面粉、水、电……这些都是始终无法避免的。

既不能涨价，又无法降低成本，问题似乎无解了。

反向突围

几番尝试之后，有人突然想到了一个突围的办法，跳出产品自身的思维束缚，把"小馒头"放入"大景区"，换一个思路解决问题。也就是说，不去想如何压缩成本，而是把这一元馒头当成景区引流的网红产品，吸引大家来到景区游玩，再从其他项目的盈利来补贴馒头的亏本。

于是，景区决定，反向操作，亏本的一元馒头继续售卖，不但不减料，反而把规模持续扩大。在品类上，以前，"一元馒头"店只卖馒头，来景区游玩的消费者为了打卡购买了一元馒头，惯性消费的心理让他们或多或少也想买点别的——馒头作为聚焦大家目光的品类或单品，起到的是一个引流的作用，而一家面点店，不应该单单只有一款产品，而是应该有包子、白糕、花卷等等，单单包子一个品类，就可以做成不同类别的口味，比如酱肉包、鲜肉包、豆沙包。口味和品种，都可以得到丰富。

工作人员专门做了统计,如果一位顾客单次的消费额在20元左右,那么,就算对方买上几根一元馒头,还有十几元的消费差额。

事实证明,这种经营策略抓住了消费密码。"来都来了,如果只买一元馒头,会觉得少点什么。"馒头店的常客,44岁的刘先生,以前路过的时候,都会为了便宜顺手买上几根。现在,有了其他各种各样的商品,刘先生在买馒头的同时,顺手买上一袋包子,"馒头吃'伤'了,还能换换口味。"

以前的顾客来到馒头店,只能买上几根馒头,就算想买点别的都不行。馒头店扩充品类后,因为一元馒头的物价摆在那里,其他商品的也不会太贵,基本上都是一块五到两块的售价,顾客买了馒头,正好顺便也买些别的,"别的"利润,恰好补足了亏本的馒头。

一元限购令

如今的一元馒头不再是景区里的"小作坊",已经有了自己标准的生产线。游客可以透过特制的玻璃窗看到制作馒头的所有流程——把比例调好的面粉和水倒入和面机,长条的馒头滚出来再进入整形机,随后,自动摆盘机把馒头摆好,一屉屉馒头被送到醒发房发酵后,再送至蒸箱……

突围成功后,一元馒头还带动了景区内新的"一元经济"——一元钱的矿泉水,一元钱的游乐设施,还有一元钱的面包店。比如一元面包店,每逢节假日,同样供不应求——除了售卖网红的一元面包以外,还有各种类型的面包,成功复制了一元馒头的经营之路。

如今,一元馒头在火爆了十几年以后,又在涪陵红酒小镇生根发芽,每逢周末和节日,就有大量游人排队购买。像以前带火洋人街一样,一元馒头又带火了红酒小镇,让曾经无人问津的景点焕发新的生机,"低价好玩"也成了景区走红的标签。

因为一元馒头和面包大受好评,去年,两家店还推出了"限购令":为了确保每一名游客来了都能买到一元馒头和一元面包,一个顾客只能最多购买5个"一元馒头"或者"一元面包"。限购并非要想缩小销售规模,而是为了更好地"保护",让这些一元钱的"亏本"产品,持久地经营下去——一度,周边乡镇甚至邻近区县,甚至有人专门开着三轮车来买一元馒头和面包,然后在早餐店将一个切成四个,加热再卖给顾客。"如果一元馒头都被'馒头黄牛'买光了,那么这个产品也就失去了其意义。"吴晗说,"因为一元馒头名声在外,很多消费者和游客都是专程慕名前来购买。特别是节假日的时候，如果有的游客买多了，后面的游客就买不到，这并不是我们长久经营一元馒头的初衷。"（文：谭威　指导教师：郝树静）

采写手记

趁着去涪陵参加本科素质调研的机会，我带着几名新采的学生来到涪陵红酒小镇，采访了一元馒头，价格虽然仅仅一元，但一个馒头竟和手臂大小一样。在这个物价不断攀升的时代，一元馒头却坚持一块钱的价格，这背后不仅仅是商业的智慧，也是企业社会责任感的体现。

在撰写稿件时，学生也思考了很久，觉得这个新闻点很多，却不知如何下笔，因为这个新闻和往常不同，写的不是一个商道人物，而是馒头本身。和学生讨论后，决定围绕馒头背后的故事，和馒头被研发的时间线，以及带来的影响，来梳理整个故事。

在采访中，我们遇到了一位来自外地的游客，他告诉我们，他专程来到涪陵，就是为了尝一尝传说中的擀面杖般大小的一元馒头。一元馒头背后也包含着商业逻辑，一个小小的馒头，成了红酒小镇引流的最佳道具。这背后的商业逻辑与思路，也是学生在课本上很难学到的知识，但是在这一次走访中，他们却得到了最直观的体验与理解。幸运的是，这次采访的文章，也在今年11月获得了铁塔杯全国大学生新闻采写大赛通讯类一等奖。

这种独特的体验让学生们深刻领悟到，即便是看似简单的商品，背后也可能蕴藏着复杂的商业策略和社会意义。一元馒头长达数十年的经营，是对当前消费观念的一种挑战，也传递出一种回归初心的生活态度。（文：郝树静）

勇闯新路的寿衣店

导读

如果能选择，人们愿意穿着什么样的衣服，迎接人生的最后一程？这对于在殡葬行业从业20余年的成少钦来讲，也是一个感兴趣的话题。为此，他勇敢地开始了尝试，开了一家别开生面的寿衣店。

重庆市江北区恒大中央广场，轨道交通五里店站旁边，有一排临街的商铺，这条街靠左有个不起眼的电梯，乘坐电梯到3楼，便到了"福天华"寿衣店。来店里挑选商品的客人，几乎都是年过七旬的老人，脸上带着笑容——他们买的不仅是一套衣服，也是临终时最后的"体面"。

与其他寿衣店明显不同的是，"福天华"里全部是彩色寿衣。此外，在各种颜色的寿衣展示区外，还有一个30多平方米的老人聚会空间。在这里，老人可以品尝免费的茶果，和同龄人闲聊，打发孤独的空巢时光。有些老人，几乎每天都来寿衣店"打卡"。

寿衣为什么不能是彩色的

做彩色寿衣的念头，萌生于成少钦30岁那年，疼爱自己的奶奶躺在了病床上。临终前，奶奶握着他的手，央求他："我不想穿黑色的衣服走，你帮我找一件好看的寿衣吧，我想离开的时候漂漂亮亮的。"

为了奶奶这一个简单的愿望，成少钦跑遍了重庆的大街小巷，但是所有寿衣都是黑色或者深灰色，无一例外。最后，他只好走进了一家裁缝店，让店里的老裁缝亲手为奶奶缝制了一套红色的寿衣。奶奶穿上喜欢的寿衣，闭上双眼，面目安详。

此后，成少钦在思念奶奶时经常想：寿衣为什么不能是彩色的？

这个疑问，在一次他去天津出差时得到答案。南北方的殡葬文化差距很大，北方人对殡葬的寿衣更有讲究，早在民国时期，天津寿衣市场就已经发展成熟。在天津，处处可见定制寿衣店，在重庆却无处可寻。相比天津，重庆的寿衣市场还停留在"原始阶段"，青灰黑白占大多数。在对比中，他一次次想到奶奶临终前的心愿，终于做了一个决定：做一家寿衣店，让重庆的老百姓知道，寿衣可以是彩色的。

带着这个想法，成少钦开始做寿衣店的市场调研。他发现，现在的老人与传统老人观念不同，相比30后、40后，20世纪50年代后期出生的老人空巢率更高，也更独立。他们的儿女大多都外出打拼，他们也不愿意给子女增添麻烦，更愿意自己为自己置办丧葬用品，包括买墓地，买寿衣，购置葬礼用品，等等。而且，寿衣提

成少钦向员工示范如何折叠寿衣（杜公英 摄）

前买，除了葬礼能穿，生日也能穿，穿上添福添寿。

在天津考察后，成少钦将"福天华"寿衣品牌带到重庆。加上装修和进货以及品牌代理费用，这家寿衣店花了成少钦大部分的积蓄。

不过，得益于店内用心的装修，几乎每一个来到店里的客人，都被店里暖黄色的灯光和精美的陈列所吸引。"这家卖寿衣的店，根本不像一家寿衣店。"许多来到店里的客人都如是评价，在成少钦看来，这是对自家寿衣店的肯定。

寿衣，就像人在世时穿的服装一样，穿的是一份体面，寿衣店，本就应该像一家时装店。成少钦店内的寿衣，有中式，有西式，有红色的，有紫色的……每一次，看着店内琳琅满目的寿衣，抚摸着柔软的缎面材质，成少钦的心里就升起一股成就感，他觉得，自己好像是一家中式唐装店的老板。

邀请婆婆爷爷回来耍

然而，令成少钦没有想到的是，"福天华"寿衣店在2024年2月开业后，并没有迎来销售上的春天——开业的第一个月，几乎没有客人。

而店面一年的租金和不菲的装修费用，基本上花光了成少钦大部分积蓄。再算上每个月的水电气和人工成本，令成少钦有点吃不消。"一般都是老人过世了，儿女才想到去殡仪馆买寿衣，去殡仪馆买现成的，重庆很少有提前买寿

衣这个观念。"店员时常抱怨，成少钦也倍感压力。

之前，成少钦觉得，中国有 2 亿老年人，每年去世人口就接近 1000 万，而这个数字还在逐年上升。有需求就会有市场，如果以人均 3000 元的丧葬费用计算，殡葬行业每年的市场规模就达到了 300 亿元——在很多人眼里，这就是一条"黑色暴力"产业链！

按成少钦的想法，面对这条"黑色暴力"产业链，自己透明经营的理念，一定会让自己有不错的发展空间。而且，在殡葬行业 20 余年，自己的朋友圈应该可以引来一部分客源。

仔细思考后，他觉得，个中的原因应该是地址问题。寿衣店开在普通商业街，而不是在殡仪馆、医院附近，这与绝大多数消费者的消费习惯有着冲突。殡葬行业，民间俗称"一条龙"。在重庆，殡葬相关的行业、寿衣、骨灰盒、金银元宝、香火蜡烛，凡是殡葬用到的东西，一条龙都能给你"包圆"，而单独的寿衣店在重庆并不常见。

就在成少钦苦恼不已时，转机突然到来。有一次，他到外地一家陵园调研，那家陵园的大部分客户都是六旬老人，公司成立了供老人娱乐的休闲场所，叫"康乐之家"。这个举措当时获得了很多老人的好评，也成了许多社区空巢老人的精神慰藉，不过，因为后续经营成本无法维系，公司便叫停了这个项目。

对此，成少钦觉得很可惜，他突然想到，能不能借自己的寿衣店，把"康乐之家"延续下来？这样一来保障了店里的客流量，二来也可以给孤独的老人们打造一个可以休闲放松的聚会空间。

说干就干，成少钦把店内的近 30 平方米的空间用门隔开，在寿衣店内单独开辟了一个供老人休闲聊天的空间，里面放了桌子椅子，还有各色水果和糕点，这个寿衣店内的隐藏空间，成了老年人聚会的场所。"来我们这里买过衣服的老人，都是我们的长期客人，我们要经常邀请婆婆爷爷回来耍。"他对店里的员工说，这不仅是一个寿衣店，也是老年人聚会的场所。

让顾客当"衣模"

69 岁的周婆婆就是店里"康乐之家"的常客，几乎每天都到店里打卡。上个月，周婆婆在店里买了一套 2400 多元的寿衣，而周婆婆的退休工资才只有 2000 多元。

为什么愿意用近一个月的退休工资为自己买一套寿衣？周婆婆说，买寿衣是不想增加儿女的负担——女儿已经离婚，独自带着孙子，在一个小区当保安，一个月也不过两三千元。自己提前把寿衣买了，到自己离世的时候，也不至于女儿又要忍着悲痛，还要为自己置办各类高价丧葬用品。

周婆婆想，能为孩子做的，就多做一点。

她告诉成少钦，活了大半辈子，也见证了许多亲友的离别。很多亲友在入葬时，基本都没准备过寿衣，都是在殡仪馆或者医院附近，临时匆匆购买，颜色不是黑就是灰。周婆婆看在眼里，心里觉得很难受。

经过朋友介绍，周婆婆知道了成少钦的这家寿衣店，选中了店里的暗红色寿衣套装。寿衣分为"三领二要"，即为三件上衣，两件下衣，加起来总计5件。周婆婆选的这套寿衣，正好是5件。

"周婆婆，你穿给其他人看一下撒。"每次店里有其他客人，成少钦就让周婆婆穿上自己的寿衣展示，周婆婆也乐呵呵地答应。除了自愿当店里的"衣模"，周婆婆还总是给来往的客人讲自己买这件衣服的原因："殡仪馆附近的寿衣都好丑嘛，又贵，一套也是好几千，现在买还便宜点，明年我七十大寿，还可以当寿服穿一下。身边亲戚朋友都说，寿衣提前穿，添福添寿，是个好兆头，而且我不说，谁知道是寿衣嘛。"

在这家店买过寿衣后，周婆婆几乎每天来店里打卡，喝喝茶，吃吃水果，和其他老年人摆摆龙门阵。寿衣店里，到处都是老人们的欢笑声。

到网上卖寿衣

成少钦知道，光靠"康乐之家"和朋友圈宣传，自己的产品销售面依然狭窄。思索后，他自学新媒体，把生意延伸到抖音和小红书。

像周婆婆这样在店里买过衣服的老人，他都会邀请他们当"模特"，让老人们穿着自己购买的寿衣在店里"走秀"，包括他自己也常常试穿寿衣，把照片和视频发布在网上。

"完全看不出来是寿衣，还以为是中式唐装。"成少钦的抖音总能收到这样的网友评论，现在，他的抖音已经有了600多个粉丝，不少网友会通过抖音咨询寿衣的价格和寿衣店的地址，今年5月，他通过抖音转化，卖了两套寿衣。

在线下环境布置上，成少钦也改变了店里的陈列。比如，他在店里放了一个玻璃桌面的展示台，里面放着传统的黑色寿衣，客人一来，就能直接看到传统寿衣和店里新款寿衣的对比，精准刺激顾客的消费意愿。

尽管现在相比 2 月刚开业时，寿衣的销售量有了明显的提升，一个月能卖十来件寿衣，但这个销量对成少钦的成本而言，还是远远不够的。

"我进入这个行业，是因为我奶奶。我选择寿衣创业，也是因为我奶奶，我想让殡葬行业有更'多彩'的可能。"每当别人问起成少钦，为什么尽管现在入不敷出，还在坚持开这个寿衣店，他总是如是回答。

"现在已经有许多老人开始提前规划自己的'身后事'，提前为自己买墓地，买丧葬用品，等等，就连葬礼上，用什么花布置，放什么音乐，都可以提前定制，在未来，寿衣也是如此。"成少钦经常会和店员聊这一话题，他也相信，在如今的老年化社会，提前购买寿衣一定会成为多数老人的选择。寿衣的购买者逐渐从逝者儿女，转变成老人自己——这是殡葬行业未来的趋势。所以，成少钦充满信心，他认为，殡葬行业未来的道路，一定是服务于现代老人的个性化定制之路，而自己的寿衣店，也一定能在这样的行业趋势下，成为重庆第一家成功的"彩色"寿衣店。（文：李玉莲　指导教师：郝树静）

采写手记

学生说，这次商道人物的采访给他们打开了不一样的世界，殡葬业是人人都会接触到的行业，但是往往，人们都会用偏见去审视他们，而采访了重庆"福天华"寿衣店成老板后，学生们都对这个行业产生了极大的兴趣。没想到，这次采访给了他们一个另外的视角看待这个行业，甚至是这个社会。

电影《人生大事》中有一句台词——"人生除死无大事"，在采访的那一刻，这句话好像变得更加具象了。死亡在大多数人的记忆中，总是一件很突然的事情，就像身边的亲人一样，他们的身后事总是显得匆忙。

采访后，我和学生展开讨论，为什么人们会对殡葬行业这么忌讳？答案其实显而易见，是因为我们对死亡的态度是害怕的，而殡葬师在大众眼中是现实世界的"死神"。因为漠视，因此丧葬行业本身的乱象往往也被动隐藏了起来，话题度低，没有话语权。

这次采访后，学生明白了，行业的偏见来自于无知，避而不谈是遮掩不知从何而起的无措，行业理解才是唯一破除大众偏见的方法，殡葬行业的热点低下，影视化也是宣传的一种途径，而关于该题材的影视作品也是近几年才开始出品，大众对于该行业更多的还是无知。开放的不只是社会风气，也更应该是我们的思想。

殡葬行业从业者，从来都不代表着"晦气""死亡"，他们与社会上的每一名从事服务业的人员一样，撑起了社会的运行。（文：郝树静）

一个精酿啤酒馆的突围

导读 ■■■■

重庆渝北区有一家精酿啤酒馆"江Hop"，老板叫小K（化名）。大学毕业后，小K怀揣着"宁愿睡地板，也要当老板"的商人精神，回乡开了这家啤酒馆，从此走上一条不断突破的商业之路。

"酒疯子"开店

小K在浙江读的大学，学的是能源专业。开店前，他对精酿啤酒一无所知，有的仅仅是在浙江这片土地上浸染的一身经商之魂。

读大学的时候，小K就开始做一些在校学生的小生意，比如毕业季租学士服，卖一些大学生需要的日用品，存了一点钱。毕业后，小K怀揣着"宁愿睡地板，也要当老板"的商人精神，回到了家乡重庆，和几个志同道合的朋友走到了一起，开始思考未来创业的方向。这时，他们看到，近年来，小酒馆遍地开花，原本小众的精酿啤酒馆也进入了更多人的视野。在近十余年的时间里，精酿啤酒馆这个生意逐渐发展起来，甚至一度成为消费行业资本追逐的风口。

那段时间，团队里的一个朋友正好失恋，他们几个经常陪着这位朋友流连忘返于九街，去了各种各样的酒馆。觥筹交错中，他们突然想到，为什么要让别人赚自己的酒钱呢？为什么不自己开个酒馆，赚别人的钱呢？

这个想法滋生后，小K和几个朋友迅速达成了一致——这就是"江Hop"的创业起点。

不过，对于创业者而言，想要在精酿啤酒行业立稳脚跟，并不是一件容易的事情。相比其他酒水类型，虽然精酿啤酒产品类型更广，口味更加多元，口感更醇厚，更适合对品质有追求、喜欢社交的年轻人。但，相对于传统啤酒，精酿啤酒的价格并不便宜。

对此，小K有着自己的理解，他觉得这恰恰是精酿啤酒馆的优势：可以通过相对更高的价格，筛选优质客群，打造一个适合年轻人的高质量聚会空间。

基于这种考虑，小 K 有了把酒馆打造成行业精品的想法。

为了寻找优质供应链，小 K 和朋友走访调研了重庆与成都大大小小的精酿啤酒馆，在走访的过程中，免不了要自己体验产品——小 K 印象最深的一次，是他们几个人连喝了 48 小时，大家都不记得喝了多少瓶酒。那段时间，自己为了做酒馆创业前的准备，成了别人眼里的"酒疯子"。

经过一次次不分昼夜喝酒的"极限体验"，小 K 了解了市面上最畅销和口感最好的精酿产品，并逐一引进到自己店里。

2021 年，"江 Hop"重庆仁安里店正式开业。

开业后，小 K 也经历了多数创业者经历过的"坑"。家里人知道他要开精酿啤酒馆之后，给他介绍了不少资源，其中一个叔叔是他父母的朋友，正好也在做精酿啤酒的供应商。开店第一年，小 K 基本上都在他那里进货。一年后，小 K 才逐渐了解了其他供应商的价格，比这个"便宜"叔叔便宜了百分之十不止。知道自己被宰，小 K 果断换掉了供应商。

一次次的踩坑，并没有抵挡住小 K 创业的"开门红"。因为选址正确，"江 Hop"仁安里店直接针对有消费能力、追求生活品质的年轻人。一年左右的时间，首店的投资就回了本，尝到甜头的小 K 决定立刻筹备下一家分店。

倒闭潮来了

真正开了精酿啤酒馆，小 K 才逐渐发现，精酿啤酒行业是一个"看上去很美"的行业，事实上，这个行业的竞争压力远比自己想象的要大得多。

相比北京、上海、成都等城市，重庆精酿啤酒馆的市场起步稍晚一些，也缺乏行业的标准化准则，每家店都有自己的销售策略。

小 K 不理解的是：卖"国宾"，你卖 8 块钱叫合情合理，你卖 6 块钱叫良心，如果你卖 10 块钱就要被骂，卖 20 块钱，你就要被好多好多人骂了！在这个市场，没有统一的标准，每家店都有自己的定价。

那如何来打造自己酒馆的定价标准呢？小 K 想了一个办法——在尽量多引进客户喜欢的产品的基础上，尽可能地提高服务的品质。他觉得，在精酿啤酒馆中，卖的不一定是酒，也可以是情绪价值，或者让人放松的氛围。

为了给客户提供更多的附加服务，他做了许多尝试，比如，在装修上，使用深色木质桌椅，加上明黄色的酒柜灯光，用有质感的工业风格，打造让顾客放松，惬意的氛围。

除了能喝到最近流行的精酿啤酒，"江 Hop"还提供炸鸡、薯条、卤味拼盘等现场制作的可口小吃。店里的工作人员还能陪客户聊天，帮助客户舒缓情绪压力，这获得了许多店内顾客的认可。当然，为了避免服务私人化，小 K 特别要求，陪客户聊天一定要有度，虽然偶尔和客人加个微信也是在所难免，但不能把客户发展成私交关系。提供的服务，仅仅限于店内。

自从小 K 对酒馆的服务进行了全面的改善和升级后，酒馆的面貌焕然一新，迅速积聚起人气，成为当地年轻人夜生活娱乐的首选。哪怕是晚上凌晨三四点，"江 Hop"店内依然有顾客畅饮，欢笑声此起彼伏。在大众点评软件上，有顾客评价："这是附近最好的精酿酒馆，环境很舒服，和老板相处起来也很愉快，推荐周围的'夜猫子'朋友都来试试。"

然而，很快，随着大量的精酿啤酒店涌入市场，小 K 明显感觉到，精酿的"红利期"开始逐渐过期。之前开店，开一家火一家，但等开到第三家分店的时候，生意开始大不如前——虽然这个店选在了人流量相对比较高的街区，但愿意来消费的客人并不多。

认真分析后，小 K 总结认为是自己之前没有做够市场调研，大量人流量中，却没有精酿啤酒的目标客群。此外，近年重庆的精酿啤酒越来越多，行业竞争越来越大。小 K 发现，许多同行都开始遇到同样的问题——想要给顾客高品质的体验，必定离不开价格不菲的装修本金和高价门面租金。成本居高不下，再加上行业多数产品呈现同质化，门店与门店之间也拉不开差距，恶性竞争之下，大量的精酿啤酒店开始退出重庆市场，关门停业的酒馆比比皆是。

"征服北境"

面对行业危机，如何破圈，开始困扰小 K。虽然目前三家店依然保持盈利状态，但他不断提醒自己，绝不能满足于现状。要活下来，就必须不断地升级店内的产品，同时还要在服务上作出创新和提升，这样才能稳住客户的心。

为了提升竞争力，小 K 一直不断引入新的元素。除了及时引进新上市的精酿啤酒外，小 K 还专门设置了一些特殊"玩法"，比如，策划制作了周年庆"刮刮乐"活动，定制了彩票发给来店里消费的顾客，刮出 3 个相同的酒名，就可以获得相应的优惠——3 个"夜莺"，可以享受 3 店全场 8.8 折优惠；3 个"牡丹亭"，可以现场任意兑换一杯酒；3 个"北境之王"，可以享受当晚消费免单。

为了保持顾客的消费黏性，小K引用了店内消费积分的制度，让顾客在店内消费累积积分，积分可以用来兑换啤酒、特色小吃或者参加店内举办的各类活动。此外，会员还可以享受到一些专属的优惠和服务，如生日当天免费享用特定的精酿啤酒等。

"江Hop"深受年轻人喜爱（受访者供图）

去年底，小K又策划了一个活动——"征服北境"挑战。有一款酒叫做"北境之王"，酒精含量极高，口感强烈，让许多喝过的人都对这款酒有深刻的印象。活动让顾客一口气喝下四杯"北境之王"，完成挑战，就能免单。

小K觉得，这个挑战看似是让顾客占酒馆的便宜，其实却是一种商机。"北境之王"度数极高，挑战的顾客大多数都在四杯后倒下，很难有人完成挑战，而这个活动又会吸引爱酒的顾客专程来到店里挑战，为酒馆增加了新的客流。同时，比赛时热烈的氛围也带动了店里顾客的情绪，在店内消费金额也进一步增长——挑战者在等待或观看比赛时，会点上一杯自己喜欢的精酿啤酒，或者品尝一些特色小吃。这种连带消费不仅增加了顾客的停留时间，也提高了他们的消费金额，带来了更多的客流和收入。

这些应对措施，不仅保证了"江Hop"销售额的稳定，还给了小K一个启发：把酒馆做成交友平台。

这个想法源于一位顾客在网上的留言："太喜欢这里的氛围了，希望全国都开上'江Hop'！"

小K意识到，虽然酒馆卖的是酒，但酒馆也可能成为高质量的交友平台，所以，必须营造一个吸引大家的氛围。他认为，无论社会和市场如何发展，年轻人都需要一个地方释放平时工作的压力，城市夜生活总归需要"酒文化"。

这个想法给小K指明了一个新的突破方向："江Hop"走过了从产品到服务的发展之路，未来的方向，一定要再从服务走向文化。

小K觉得，自己的"江Hop"，前途一片光明。（文：谭威　指导教师：张严之　郝树静）

采写手记

这篇文章是新采的校外媒体导师带学生去采访的，看了文章之后，觉得背后的商业逻辑很有意思，也很符合商道故事选材，就想着，怎么把这篇文章按照商道故事的内核重新整理一遍。

在梳理的过程中，我们发现了这家店一些不为人知的经营策略和独特的顾客关系维护手段。小 k 还独创了"情感营销"，老板和店员都要把自己当作客人的朋友，营造温馨的氛围，让顾客在享受啤酒的同时，也能感受到家的温暖。这种情感上的投资，让顾客产生了强烈的归属感，他们更愿意将这里作为日常聚会的首选。

不过，经历了疫情和生意的起伏，小 k 也慢慢领悟到，老顾客的维系是做生意最重要的核心手段。在这过程中，小 k 更是巧妙地结合线上推广，利用社交媒体和短视频平台，将店铺的特色和故事传播出去。用连锁的形式，进一步扩大影响力。这不仅让小 k 的啤酒馆在竞争激烈的市场中脱颖而出，还成功地构建了给年轻人的交友平台。这些都是让学生觉得耳目一新的商道策略。

在传统学习中，学生很难接触到这样鲜活的案例，而每一次采访，都会让参与采访的学生了解到新的行业规律，以及不同行业运营的真实经验。相信通过这样的实践，能够真正让学生领悟到商业运营的深层逻辑，并在未来走向社会后，先一步将理论与实践融合，以更好的心态去面对未知的一切。

（文：郝树静）

被鸡"啃"了半辈子

导读 ∷∷∷∷

"来重庆不吃火锅，就吃李子坝梁山鸡。"对老重庆来说，这句广告语早已深入人心，出现在重庆的大街小巷。作为重庆的知名"美食名片"。2023 年 10 月，李子坝梁山鸡的制作技艺入选渝中区第八批区级非物质文化遗产代表性项目名录。这代表着，这张"美食名片"经过岁月的传承，成为城市的文化象征。

作为重庆美食的代表，李子坝梁山鸡可以从餐饮界"出圈"的原因究竟是什么？记者来到李子坝正街，在李子坝梁山鸡的老店里，见到了这家老店"背后的女人"。

"凶神恶煞"的老团长

李子坝轻轨站的观景台上，从早到晚人满为患，观看嘉陵江水和轻轨穿楼的游客多如繁星。轻轨站的旁边，就有一家李子坝梁山鸡，对外地游客来说，这是众多旅游攻略推荐的美食打卡地之一。相比这家网红店，地道的老重庆则会选择离这里 800 米左右的老店。

"您好，您有一份新的美团外卖订单，请及时处理。"周末上午，位于李子坝正街的李子坝梁山鸡老店的店员们已经开始忙碌了，厨房里传来了大火烧油和锅碗瓢盆的声音，红汤和药膳的气味传出，不到中午，却已经有了餐桌上的烟火气息。

"说嘛……"

"几点钟？几个人？"

店里，一名五十多岁、头发花白的阿姨正在忙着接电话。与"礼貌的"美团外卖相比，她的语气可以说有些"凶神恶煞"，而大家反而很享受她的"凶"。在店里，很少有人叫她的名字曾祥淑，但是一说到老团长，大家都耳熟能详——

吃李子坝梁山鸡就找老团长，这是食客们不约而同的默契。

"早点来哈，不然没得位置！"又一个电话被挂断，简单、干脆、直接。

在接受新采学子的采访时，老团长曾祥淑不好意思地搓搓手。"等我换件我们专门的店服。"换完衣服，她又仔仔细细地把头梳好，"我经常接受重庆媒体的采访，但是被你们这些大学生娃儿采访，还是头一回。"她捂着嘴，不好意思地笑了。

老团长这个称谓，体现了曾祥淑在店里独特的地位。比起其他店员，她可以自由支配上班的时间。她女儿结婚那天，店里的提示公告是：店家有喜，关门一天！

"我在李子坝梁山鸡已经干了20年了！最开始，我一直在农村挑大粪、种白菜，后来觉得在农村实在是没奔头，就想来城里打工，看到餐饮店招人，就想着去试试看。"

没想到，这一试，就是20年；这一干，就干出了名下的四套房。"我不赚钱，我哪儿来的能力给娃儿买车也？怎么给娃儿的事业投资？"曾祥淑毫不掩饰自己的"财力"，她说，这一切，都是自己在李子坝梁山鸡打工的二十年赚来的。而在来到这里前，她连城都没进过，一直在渝北区两路镇的深山里挑大粪，种白菜。

十年工资涨了 1400 元

小时候，曾祥淑唯一的梦想就是吃饱穿暖。渐渐地，她种白菜已经无法满足全家吃饱穿暖的需求，35 岁那年，她选择进城打工。第一个月，她的工资只有 600 元。

"后来，我工资加到了 800 块。又过了几年有了一两千块，每个月发多少钱，主要看老板的心情。"曾祥淑打工的第一站也是人生中唯一的一站，就是李子坝梁山鸡的老店。

曾祥淑还记得，当时，老板还找人看过店里的风水，得到的评价是"极差"。店的背后就是渝中区看守所，每天清晨都能听到看守所内传出犯罪嫌疑人们出早操的声响。店的前面是一条斜坡社区公路，路很窄，窄得两车相遇都很难轻松错车。而这家风水极差的店，店里只有三个人，除了曾祥淑，还有一个老师傅和一个来自四川的大姐。

老师傅是梁山鸡的发明者，从 1981 年开始就在中梁山的一个家属院内炒鸡，后来随着城市的发展，不断改变店址。2003年，在曾祥淑35岁这一年，这家店落户在渝中区看守所附近。那个时候，没有GPS和导航，这是个不被城市发现的角落。

每天早上8点，曾祥淑第一个到店开门，收货，烧水，宰鸡，准备各种食材，间歇还要接客人的订餐电话。简单直接的几句交流就能记得所有核心订餐信息。几年没有见过的客人，她一眼就能叫出对方的名字，甚至背出对方的电话号码。

客人来了，师傅就开始炒鸡、制鸡，她就负责张罗客人，端菜倒水，

老店生意火爆，座无虚席（郝树静 摄）

中间还要给客人讲讲笑话，讲讲梁山鸡的过往经历，抑或是客人们的故事。这些都是客人们就餐时的"调料"。

中午用餐高峰过后，就要忙着准备下午的食材。"那时候，中午剥大蒜，一个人要剥100多公斤，剥得眼泪直流。每周一要准备辣椒，一次要洗几百斤辣椒，洗完了要宰细，就是戴着厚厚的橡胶手套，宰一次，全身也要痛几天。"

周而复始的小店打工生活，曾祥淑苦在其中，也没有觉得有多苦。

"我那时候，一上午就要宰几十只鸡，早上8点上班，晚上10点半以后客人走了，还要洗碗拖地，起码要干到12点。"曾祥淑说，"现在的年轻人经常说苦，他们哪里知道什么是真正的苦哦。"

10年过去，周而复始地忙碌，但生活并没有什么改变。2013年，曾祥淑的工资从600元涨到了接近2000元，但是物价却翻了几番。她依然蜗居在店附近一个月租金140元的小房子里。

被辞退的危机和转机

因为口味独特，让人吃过难忘，梁山鸡越做越火，人越来越多，甚至把街对面的小卖部都带火了。小卖部老板看吃梁山鸡的人都聚集在路边排队等餐，便主动提出在他的小卖部门前加几张桌子，让一部分人坐到他那吃，自己只要50元服务费。曾祥淑说，就这样，小卖部老板的月收入都增加了好几万元，而曾祥淑还是拿着2000元工资。

2013年10月的一天，几个年轻人来到店里，有一个戴黑框眼镜的，大家都叫他"杨总"。杨总常常来吃梁山鸡，起初，曾祥淑并没有在意，后面她才听说，店里的老师傅因为体力不支，把技术教给了这名年轻人，而杨总也成了店里的新主人。

那一刻，曾祥淑想着，自己3个人一起干了10年的店，怎么就突然冒出来个杨总？那这十年的辛苦又是什么呢？自己会不会因为老师傅的离开，人走茶凉？

不过，杨总接管这家店后，就开始改变店里的各种细节。比如店里的卫生，店里的环境。曾祥淑觉得有些烦，这样干了10年了，有什么需要改的，年轻人就是毛病多。

但是呢，自己也回不去农村了，也挑不动大粪了，连种菜的地也被征收了。关键是没有拿到多少赔偿款。城市里继续找工作，能找到什么样的工作呢？到处都在选择年轻的，有学历的，长得漂亮的。更重要的是，老公的工作也不稳定，女儿从学校毕业了也没有稳定的工作。过去10年省吃俭用的收入，刚刚抹平了家庭的基本开支，没有一点积蓄。一旦工作没了，家就垮了。

想到这里，曾祥淑只能咬着牙，跟着这个叫杨总的年轻人，坚持干下去。

不过，杨总对曾祥淑说，只要你像原来一样兢兢业业地工作，服务好每一个客人，这个店就会让你干一辈子，以后你就是这家店的老板。

这句话，让曾祥淑心中有了怀疑，她农村出身，打工养活自己家里都不容易，还能当老板？没想到，杨总接管后的第一个月，她拿到了换老板后的第一个月工资——7000多块。

这没有给她带来惊喜，反而给她极大的恐惧。"这是要干啥子哦？天底下，可没得白吃的午餐哦！"

但后来，她发现，杨总的到来，让这家背街的苍蝇老店，渐渐变成了一个更加正规的，生机勃勃的连锁餐饮品牌，这两年里，公司不断派人到店里"学习"，不断调整制鸡工艺，不断优化供应商，不断对卫生和服务提出更高的要求。

这些年，曾祥淑没有被取代，她依旧做着和老店一样的工作，招呼客人，慕名而来的客人也越来越多。随着产品服务和卫生水平的提升，李子坝梁山鸡的老店生意越发火爆，原来一天两三千元的营业额，现在已经上升到了一万元。为了进一步扩大店面，李子坝梁山鸡老店带着老店的八张半桌椅，来到了位于如今位于李子坝正街的新的店址。

就像曾祥淑自己一样，从渝中区看守所的老店，到如今的新的老店，他们都被"传承"了下来。

被鸡"啃"了半辈子

现在，李子坝梁山鸡已经不仅仅是一家店，而且成为一个全国连锁店的品牌，老团长曾祥淑也不再是店里帮忙的阿姨，而是餐饮公司的合伙人。这家店，也真真正正成了她自己的店，在过去的十年时间，她买了4套房子，其中最大的一套足足有150平方米。

有新来的店员打趣说，老团长的半辈子光阴都被鸡"啃"了。曾祥淑说，鸡也给了她无限回报。

这么多年来，曾祥淑见证了李子坝梁山鸡的发展和变迁。梁山鸡老店已经从之前的八张半桌子，发展到现在的四五十张桌子，无论是周末还是工作日，店里的顾客和外卖从不间断，生意好时每天高达两百八十多只鸡。甚至有些游客不远千里来李子坝梁山鸡老店吃鸡。"我认得你，你就是电视上那个老团长！"诸如此类的话语，曾祥淑已经听过无数遍，很多人就是冲着她这张脸来吃老店的鸡。

相比其他新的连锁店，老店里仍然散发着独有的老重庆的味道，在老店的店内，还有一面独属于老团长和顾客的照片墙，都是来店里吃鸡的，无论是明星还是美食家，都要和老团长拍一张合照，可以说，曾祥淑已经成为象征李子坝梁山鸡老店的"符号"。

从在农村挑大粪到城里打工，再从月薪600元到4套房，再到自己工作20年的梁山鸡入选非遗，曾祥淑说，这20年，仿佛像做梦一般。

"我觉得，不管是在以前的老店，还是在现在做成连锁品牌的店，我做的事情似乎都没有变过，就是招呼客人。"曾祥淑说，如今的自己，已经是这家老店的合伙人，不需要像以前那样，过着早上8点就要上班，一天还要宰几十只鸡的日子。但唯一不变的，是她要在这家店一直干下去的执着。

"梁山鸡已经成了我生活的一部分，不管我以后再买多少房子，赚多少钱，我都不会离开这家店，离开梁山鸡。"老团长说，"很多年轻人喜欢问我成功的秘诀，我哪儿有啥子秘诀哦？实在要说的话，那就是做你喜欢的工作，坚持做下去。"

"这次评为非遗，是对我们坚守'传承之道'，保留老重庆回忆的肯定。"

文中的杨总，李子坝梁山鸡的联合创始人杨艾祥表示，正是因为这份传承与坚持，如今的李子坝梁山鸡不仅仅是美食名片，更是老重庆的文化象征。

老团长告诉记者，老店会一直保留那份原汁原味。老店存在的意义，已经不是为了去扩张、融资、赚钱，更多的是对传统美食的坚守、对老重庆记忆的保留。

对外地人而言，李子坝梁山鸡是他们来重庆必打卡的美食，而对于更多的重庆本地人来说，来到李子坝梁山鸡老店，点上一份鲜美的梁山鸡，更像是在品尝老重庆，老渝中的味道。（文：徐铭霞　指导教师：郝树静）

采写手记

《商道故事》项目启动后，我也开始尝试着摸索，怎么样才算是真正的商道故事，这个问题不时困扰着我。我想着，那就先做，做着做着，说不定就能走出一条路来。

记得这一次采访是2023年10月左右，那个时候的我刚到綦江校区任职，也组建了第一批新闻采写产业学院研修班学员，同学们都特别渴望能借由采访的机会走出去。这个时候，我看到了原来的采访对象——李子坝梁山鸡的新闻，那段时间，他们的手艺被评为了重庆渝中区非遗，我觉得是一个很好的由头，便重新联系了对方品牌部门，想要去做一次采访，对方也爽快答应了下来。

采访中，老团长的故事和淳朴的笑容打动了学生们，虽然因为对方店里比较忙，我们的采访延后了半个小时，但是在这个过程当中，却充满了欢声笑语。在采访中，我们从老团长的故事中了解了李子坝梁山鸡的来历，这个品牌是怎么从一个普通的江湖菜，到全国开设连锁店，这些故事，都让前来采访的学生欣喜不已，可能对一名记者来说，这只是一次采访，但是对学生来说，这是为数不多的可以像一名专业记者一样，去聆听和记录别人故事的机会。

我将学生稿件整理后，学院通过校外合作媒体刊发了出来，也获得了对方品牌的认可。看着学生满怀热情地整理采访笔记，讨论如何让故事更加生动，我深知这次活动的意义远超课堂所学。（文：郝树静）

开遍重庆的呼啦面

导读

小面，贯穿在每一个重庆人的生活中。在重庆，几乎 10 步以内就会出现一家重庆小面馆。市场成熟，也就意味着竞争激烈。但，在这样一座遍地形形色色小面馆的城市，却有一家连锁品牌面馆突出重围，开遍了大街小巷，连锁了 100 多家门店，它是如何做到的？

失败的小面馆

重庆江北区盘溪路有一家呼啦面馆，是 100 多家呼啦面馆连锁店中的其中之一。整个店加起来也就四五十平方米，煮面区域的上方，挂着布置的挂牌，上面写着各式菜名——牛肉面、豌杂面、酸辣粉、番茄鸡蛋面……与普通重庆小面店不同，这里除了有更丰富的菜品种类，还有醪糟汤圆、银耳汤等特色饮品小吃，尽管已经过了午饭时间，店里的客人依然络绎不绝。

呼啦面馆的创始人名叫韦一，曾是一名北漂，在十几年前，他还在俏江南工作过，是一个地地道道的厨师。不过，他并不想一辈子只当一名厨师。

后来，他从北京辞职，回重庆做过各种各样的工作，比如房地产销售员、老板助理等等，通过销售赚到第一桶金之后，他决定回到餐饮赛道，这一次，他把创业的方向定为重庆小面。

在重庆，小面遍地都是，为何韦一会把小面作为创业赛道？原因其实也很简单：一方面，小面做起来简单，创业门槛低。另一方面，重庆人几乎每天都要吃小面，市场需求大。

2014 年，呼啦面馆的"前身"开张了，名叫"呼啦原汤小面"。和大多数重庆小面一样，这家店的装修简单，几个简单的木质桌椅，店就这么开了起来，还很快开了三家。

那个时候，韦一不懂管理，煮面阿姨经常吵架，顾客也经常因为各种问题投诉，就连煮面的设备也常常也因为各种原因出现故障——这一切，都让韦一意识到，现在自己还不具备做一个连锁小面店的能力，于是，他决定关掉三家店，沉下心来探索品牌运营之路。

重返小面赛道

经过了两年的沉寂之后，韦一和团队再次创业。这一次，他们选择了做盒饭的项目。

选择盒饭的原因，是他觉得小面很难做出差异性和特色性。盒饭相对来说也比较简单，找到一个厨房和厨师，在里面炒好菜，再装进饭盒打好包，按时送到客户那里就行。

然而这个项目，依旧迎来了和之前小面店相同的问题——为了保障利润，盒饭店通常都是和固定单位和公司签单，按时把盒饭送过去，但是，一家单位就有上百个人，合作单位也不止一家，通常都有好几家，送工作餐的时间基本都固定在中午，也就是说，在早上至中午这段时间，韦一和团队必须做好几百个人的饭菜，按时按点送到客户那里。

巨大的工作量，使得送餐时间根本得不到保障，客户投诉量也是以前开小面店的好几倍。除了这些问题，还有菜品的重复和单调，也让许多固定客户不满意。

尽管最后这家盒饭店还是关闭了，但在这个过程中，韦一和团队学习到了不少的经验，了解了别人如何做到长期推陈出新、稳定客户，明白了如何根据时令季节更新菜单，同时还学会了一些接地气的营销策略。

为了做好下一个项目，韦一带着团队成员，一起报名参加餐饮运营学习，和行业"大佬"做同学。通过学习，他逐渐发现了自己和真正连锁品牌餐饮的差距，开始认识到成熟连锁品牌在许多关键领域的高度专业化和系统化运作。例如，大多数成功的连锁餐饮企业都拥有完善的供应链管理系统，有一套完整的员工培训体系和晋升机制，通常会通过各种会员计划奖励，增强顾客的粘性和复购率……这些都是韦一团队不具备的能力。

通过学习，韦一决定把速度放缓，打造一个成熟的连锁品牌。

一年后，韦一重返面馆赛道。他重新打造了新的门店模型，更改了店名，根据重庆人吃面时会发出的"呼啦"的声音，把门店定为"呼啦面馆"这个更有记忆点的名字。他还重新更改了门头设计，把整个门头变成暖色调黄，更加符合面馆的主题，给顾客眼前一亮的感觉。

此外，他还调整了店内的主推产品，从之前的小面换为豌杂面。豌杂面的日销量高，而且更容易和小面店做出差异化。此外，他还增加了更多样的小吃和饮品，完全改变了面馆原有的定位，而这一系列变化，直接提升了门店的销售额。作为"试验点"的爱琴海店日均营业额，直接从原来的5000元提升到了10000元，成功打破了原来靠小面获取利润的单一局面。

除了把主推菜品改为豌杂，韦一团队也开始着手提升菜品的质量，比如，豌杂选用更好的猪肉和豌豆制作，用肉丁制作杂酱，摒弃了传统面店使用肉末制作炸酱的方式，而豌豆则是用骨头熬制，这些改良，更好地提升了菜的品质。

很快，到了2020年，疫情期间，门面费用大幅下滑，呼啦餐饮团队也在这个危机中看到了"生机"，接盘了许多疫情后的低价门面，迅速实现了扩张。而且这个期间，店开一家火一家，外卖和堂食都爆单。

做扎根重庆的小面

呼啦面馆的扩张引来了乡村基的注意。2020年10月，面馆拿到了乡村基的投资，之后它的扩张速度更快，到2021年，呼啦面馆在重庆新增了28家门店。

有了投资，真正的品牌供应链开始融入到呼啦面馆中。面馆拥有了自己的中央工厂，随后又成立了重庆小面首个专业的供应链物流中心，有效降低了原材料成本，提升了运营效率。

"传统的面馆经营流程很辛苦，每天早上三四点钟就要起来开始忙碌，再到菜市场去买食材回来加工再制作，这一整套流程下来每天都要占用好几个小时，而现在，我们拥有了自己的供应链物流中心，很多流程得到简化甚至直接去掉，这大大地提高了效率，保障了食材的新鲜度。"呼啦面馆联合创始人朱颜成说。

这些，又反过来帮助了面馆的进一步扩张。前50家门店，都是由创始团队直接运营，之后，团队干脆开放了加盟渠道。与传统模式不同，呼啦面馆选择加盟店，有钱并不是唯一的选择条件，要通过数次"考试"，才能成为呼啦的加盟商。

"重庆有8万多家小面店，每个重庆人心中都有自己觉得最好吃的小面店，我们想要做成重庆小面的标杆，必须在口味和食材干净卫生标准上面下功夫，让顾客带孩子，带老人来吃都放心，这才是我们品牌生存的基础。"朱颜成说，因此，他们必须在"筛选"加盟商上下足功夫。

在原材料上，呼啦面馆会选择相比传统小面成本更贵的原材料。比如，榨菜选用的是知名的榨菜品牌乌江榨菜，肉也是由菜市场每天提供的新鲜肉，加工后配送到门店。哪怕是辣椒油、酱油等基础调料，也会选择更贵的品牌，这些都和八万多家传统重庆小面店做出了差异。而这些标准，也让呼啦面馆对加盟店有了更高的要求。

呼啦面馆近年在重庆开了上百家连锁店
（受访者供图）

现在，呼啦面馆共运营旗舰店、标准店、小店三类门店模型。在开设一家门店之前，呼啦团队都会对门店址进行周全的分析，比如店址能覆盖的人群、周围是否有其他竞品面馆等等。每一家店，都必须使用品牌建立的标准体系，这些都会吓跑百分之八十的加盟者，但是，只有刨除掉想挣快钱的加盟商，才能筛选出真正想沉下心来，把面馆做好的优质合作伙伴。

呼啦面馆希望，把自己做成重庆小面一块响亮的招牌，它的发展逻辑是一个城市做深做透，再走向第二个城市，而不是各地开花。"未来，我们会继续深耕重庆，在保障服务和产品质量的同时，做好连锁店的扩张工作，立足重庆，逐步向外。"朱颜成说。（文：黄继英　指导教师：郝树静）

采写手记

呼啦面馆，一家用8年开遍重庆的面馆，这次带着学生前往了对方的办公室，从品牌总监朱总的口中了解了呼啦面馆的整个创业过程。第一次接触到连锁品牌的商业核心，参与采访的学生们都欣喜不已。

呼啦面馆已在重庆营业超过8年，始终坚持使用有劲的面条和独家调料，秉承"干净、品质、服务"的经营理念。在采访之前，一位同行的同学尝试了呼啦面馆的招牌面——番茄鸡蛋面，他赞不绝口："面条劲道，味道鲜美。"

像呼啦面馆这样的品牌连锁店，从一家不起眼的小店发展到遍布重庆的知名面馆，其品牌的影响力值得关注。令人欣喜的是，在这次采访中，除了黄继英同学独立完成了稿件，谭威同学也从这次采访中找到了灵感和素材，把呼啦面馆的营销案例搬上比赛，获得了首届全国中小型企业营销案例大赛最佳创意奖。

这次采访让我认识到，学院的教学模式对学生可以起到极大的积极的影响。通过小班授课和现场采访的形式，学生不仅能拓宽眼界，也能获得老师更多单独的指导。这种全面的教育方式不仅提升了学生的思维能力，还培养了他们观察能力和合作能力，是对学生的能力的综合性培养。

通过这次采访，我们不仅了解了呼啦面馆的成功之道，也感受到了品牌连锁店的商业脉络。呼啦面馆的成功，不仅在于他们对产品质量的坚持，还在于他们对市场变化的敏锐洞察和不断创新的精神。（文：郝树静）

被流量推着走

导读

作为央视节目《国宝档案》的摄影组组长，一度认为可以在央视干一辈子的张益铭，突然遇到赞助商撤资，节目直接被腰斩，自己也只能从央视离开。在巨大的失落中，他收拾好心情，迅速转型，很快变成了抖音运营专家，成为上海一家全国前十 MCN（网红孵化中心）公司总运营，后来又紧跟流量转换赛道，自己创业。这一路走来，他创造了数十亿加的流量，帮助 100 多家商家名列抖音本地生活榜前茅。

丢了"铁饭碗"

"赞助商停止赞助了，节目没了。"说完这句话，工作人员转身离开，留下张益铭和摄影组组员们愣在原地。大家都没想到，广受全国人民好评的《国宝档案》节目，竟然说砍就砍——几十个人的工作岗位，没了。

从大一开始在央视节目《国宝档案》当实习生，再到当上摄影助理，最后当上摄影组组长，管理二十几人的摄影团队。一直以来，张益铭都被家人视为骄傲，他也一度认为，他可以在央视干一辈子。上一期，他主导拍摄的那期节目还刷新了 CCTV4 中文国际频道的收视纪录，却没想到，赞助突然中止，一档做了十几年的节目，说没了就没了。

团队里的成员大多都是张益铭的大学同学和好友，大家纷纷离开北京，寻找新的出路。2020 年的冬天，他窝在重庆家里，看着以前的节目，不停地思索自己能做什么。在家里窝了三四个月，他迸发出一个念头——在北京待了那么多年，干脆也去其他城市闯一闯。

因为在央视节目组的工作经历，他很快收到了一家上海 MCN 公司的邀请，让他担任公司的达人视频的摄影师。从 2020 年起，抖音 APP 流量爆发式增长，各类网红达人层出不穷。作为一家全国排名前十的 MCN 公司，这家公司签约了大量的素人博主，并由专业团队为其量身打造剧本和拍摄后，将这些视频投放在市场中，选择市场反馈好的博主继续孵化，直到成为粉丝上百万千万的博主。

然而，要把一个素人孵化成千万粉丝达人并非易事。刚入职的张益铭只能接触到拍摄这一环。要想成功跨界，他必须打破电视台到手机端的壁垒，为了让刚进公司的自己受到重视，张益铭想了一个方法——"抢活"。

"我还在负责摄影的时候，通常每次拍摄都会有一个公司的资深编导担任导演。不过，公司的博主实在太多了，编导每天都要排很多场拍摄，十分疲惫。这个时候，我就找准时机，让编导休息，我来帮他写剧本，安排现场工作。"张益铭说，因为他喜欢"抢活"，公司的编导都争相与他合作，三个月后，公司给他连升两级，让他

张益铭在活动上代表公司发言（受访者供图）

担任公司达人的运营，并安排了数名达人给他，让他负责达人的整体包装。由此，他开始跳出摄影师的身份，进入到全新的运营领域。

戛然而止的直播

那段时间，正是短视频达人市场"蓝海"的时刻，一条几分钟的达人广告，就能卖出几十万，甚至上百万的价格，甲方还会主动给公司后台发信息要求合作，根本不愁客户——但这一切的前提，都是合作的博主必须有极高的真实粉丝数量。

"以前在央视的时候，你不用去考虑市场的反应，更多的是平台的高度会带来流量，只要内容做得好，自然有赞助。"然而，对于达人运营而言，观众的喜好，平台的侧重，博主人设的选择，一切都是未知数。

如何破局？张益铭选择了这样的运营方式——粗管理，精管控。运营账号多，他就先给每个账号定一个发展方向，并关注同类型的账号，并根据同类型账号的好的视频，将视频脚本优化。

"做短视频，就是要会'抄'。"张益铭也没想到，曾经推崇原创，对抄袭嗤之以鼻的自己，竟然会有一天也开始"抄袭"。而这一切，却和短视频平台运营底层逻辑息息相关——短视频市场求新求快，起号的时候需要大量的视

频去充流量。对同类型的热点视频,他会要求团队迅速追上热点,第一时间赶上热度流量池。在这样快节奏的运营下,张益铭手中的素人博主纷纷"起号",个个成了粉丝上百万甚至上千万的大博主。

当时,抖音的市场环境一片大好。只要博主有粉丝,就不怕没有广告,一个拥有十几个百万千万级账号的部门,最多时候一个月有十几条广告,变现上百万。张益铭坦言,当时的自己确实有点"飘"了,在那段时间,各大品牌商纷纷主动要求与张益铭公司旗下的网红合作,一条短短两分钟的视频,就能直接变现几十万元。因为为公司孵化出大量达人号,张益铭成了公司的总运营,负责公司所有达人的孵化。然而,一场直播,却把他打回了现实。

2021年年末,各路直播开始兴起,除了李佳琦,罗永浩等知名主播外,各路演员明星也纷纷"下场",卖起了九块九包邮的生活用品。对企业而言,一场直播,就能直接为企业卖出几十万的订单,相比植入达人视频广告,直播才是企业更愿意选择的合作方式。这一转变,无疑给以达人广告为主的MCN公司带来了巨大的冲击。转型,迫在眉睫。

公司要求,公司旗下的所有达人必须进入直播领域,抢占市场。仓促的准备后,张益铭决定让旗下一名千万粉丝级的女性博主做一场直播。

"考虑到她平时的广告都是生活用品和美妆,我们提前和商家做好了对接,现场直播售卖。"虽然是第一次踏足直播领域,但张益铭并不担心。这名女博主是自己孵化出来的,平时一个视频点赞就是三四十万,播放量上亿次。就算只有几十万人进入直播间,销售数据也绝对拿得出手。然而,数据出来,他傻眼了。

这场直播,最后虽然有十万人观看,但是真正下单的寥寥无几,每个商品只有几十个用户买单,一个上百单的产品都没有,甚至还需要公司自己出钱把数据刷上去。一个千万级粉丝的美女博主,这场直播,一共才卖了十万元不到。显然,这个成绩,完全不足以说服合作商家继续合作。

这场直播,给转型后一直顺风顺水的张益铭带来巨大的冲击。问题出在哪里?他反复观看当天的直播复盘。再看了五六遍后,他明白了问题所在:成也人设,败也人设。

因为人设的制定,这名美女博主的定位是活泼开朗的职场年轻女孩,感情上敢爱敢恨。而在直播间中,没有导演,没有剪辑,没有编剧,她只能展现自己平时最真实的一面——一个普普通通的内向女生。粉丝进直播间看到的人设和平时视频中看到的人设大相径庭，怎么可能愿意买账？这样的直播，失败是必然。

转战餐饮

这场直播失败，让张益铭也开始注意到市场的变化。MCN公司按照原有的市场风向孵化出的博主，都存在既定人设的问题，将他们直接放在直播市场，只有死路一条。

如果说，原有的博主会遭到以直播为主的市场淘汰，那么自己作为一个孵化网红博主的运营者，也势必考虑转型问题。这一次，他没有选择向变现最快的直播领域转型，反而选择了抖音本地生活板块。

"那个时候，我了解到家乡重庆的互联网运营公司也开始发展，我就想回到家乡，重新做一个可以深耕的领域。"张益铭称，有一家重庆的运营公司，愿意给他和上海相同的薪资，让他回来负责运营工作。并且，公司负责人透露，抖音本地生活业务即将上线，公司未来将主推本地生活商务合作，并让张益铭全权负责运营业务。这个和本地商家高度结合的市场化提议，让张益铭心动不已，他决定，离开上海，回到重庆家乡发展。

两个月后，抖音本地生活上线。抖音本地生活团购功能上线后，抖音成为像美团、大众点评一样的可以展示商户和产品的平台，而且，抖音伴随的巨大流量更能影响用户的消费决策。不少餐饮商家看到了抖音自带的巨大流量，纷纷主动要与运营公司合作，拍摄专门的美食视频，引导用户线上下单。

"当时，很多人都喜欢宅在家，不喜欢出去玩，我们就应季推出了一款外卖烤肉的产品，让大家足不出户就可以品尝到美味的烤肉，还可以在家享受自己烤肉的乐趣。"张益铭称，只要用户在抖音下订单，下游公司就可以直接将食材和烤肉工具送到用户家中。这款外卖烤肉产品推出后，连续四个月在抖音重庆外卖榜蝉联第一，每天能卖上万元，三个月足足卖了一百多万元。

因为烤肉产品的成功，无数商户合作协议蜂拥而至。针对不同的餐饮品牌，张益铭会为其制定不同的营销策略。例如，在一次和一家板栗商户的合作中，他让团队拍摄了大量在寒冷冬天中热乎乎板栗的视频素材，还推出了一个"新鲜暴栗"的广告语，色泽饱满的板栗加上吸引人的文案，让消费者一看视频就馋，疯狂下单。这家品牌的板栗也迅速登上当季抖音本地生活榜单榜首，成为当年冬天最热销的小吃之一。

流量的局限

在运营餐饮的那段时间，张益铭合作了上百家餐饮商户，除了订单提成外，他还通过运营入股等方式，在本地生活领域取得了极大的商业性成功。

半年后，抖音生活一开始的热度也渐渐退去，市场逐渐恢复平静。他发现，无论是这个栏目还是餐饮品牌，流量来得快，去得也快。

"像我最初运营的外卖烤肉品牌，很快就无法继续盈利了。因为抖音修改了推荐机制，平台自己将运营外卖业务，不再由第三方运营。"张益铭和团队运营的外卖烤肉品牌，仅四个月后，就退出了市场。而这四个月中盈利的资金，又被拿去孵化新的品牌。每天都有新的品牌推出，而这背后，又有无数的品牌在市场中消失。

"从2023年开始，大环境的改变，让实体餐饮业也更加艰难。"这一次，张益铭选择脱离公司，自己创业，而这一次，他把创业的方向定在了孵化企业家的个人IP。品牌的热度是有限的，而如果将视角放在企业家本身，并通过企业家个人IP来推动餐饮品牌的创立和运营，那么企业家的每一次品牌创立，都会引起新的热度。

从央视摄影师，到MCN公司总运营，再到餐饮品牌资深运营，到如今孵化企业家个人IP——在这短短三年时间，张益铭从就业到创业之路，是市场流量风向改变造就的必然选择。

"这短短几年的转型之路，大多数并非我自己的选择，而是市场推动我去选择。"在这场专访交流会上，张益铭向"移通"学子们分享，在如今互联网商业时代，商机、市场，无时无刻不在发生新的变化。新的流量舞台早已准备就绪，只要敢于搭上流量平台的顺风车，未来，一切皆有可能发生。（文：陈金峰　指导教师：郝树静）

采写手记

采访张益铭，是利用学校"商道大讲坛"接触到的机会。张益铭老师是学校"商道大讲坛"的嘉宾，本来说，我们新采师生只是过去提前参加一下数字媒体产业学院组织的见面会，写个消息稿子。但是在见面会上，越听越觉得张老师的经历很丰富，便想着干脆做一个商道故事。

采访时间很紧张，因为对方还要做一个大型的讲座，因此我们把采访时间控制在讲座前的一个小时。不过，张益铭老师对采访格外上心和认真。他每次都能快速做好各种职业转变的丰富经历，也让现场的学生们获益良多。

因为过往的媒体工作经历，我们往往会被经验所局限，总觉得采访，就一定要带学生出去，去采访社会上有头有脸的企业老总，公司老板，但我们更该利用好的，是学校这座资源宝库。每周，每月，学校都会邀请各行各业的专家来到学校，如果我们能利用好这些专家名人，以及行业领袖资源，这对于拓宽学生视野和专业素养具有重要意义。

这次张益铭老师，也是一次利用好学校资源的一次有意义的尝试，他的丰富经历和独到见解为学生们打开了一扇观察社会、观察世界的新窗口。因此，我们应该更加重视校园内的资源，积极参加各类讲座和活动，主动与来校交流的教授、学者多多沟通，从而挖掘出更多有价值的故事。（文：郝树静）

茶铺老板的茶厂梦

导读 ::::::

　　重庆永川三河汇碧文创街区，有一家售卖永川秀芽的茶叶店。老板是一名年轻小伙，名叫龙康。小小的茶叶店，是他和妻子以及未出生的孩子赖以生计的希望。

小茶铺撑起一个家

　　在重庆市永川区的三河汇碧文创街区，有一家不到20平方米的茶叶店。年轻的男子和怀孕的妻子坐在店内，看着文创街区往来的游客。不过，光顾这家小店的客人并不多。偶尔有一两人踏入店内，称上一二两茶叶，也能让小两口开心上一刻。

　　这对年轻的夫妇都是永川本地人，他们的家乡就是永川的茶山竹海，也是永川秀芽的主要产区之一。"退伍回来后，我的爷爷介绍我们认识，加上结婚这四年，我们在一起已经10年了。"年轻老板龙康告诉记者，婚后，他曾经做过室内装修，后来想着媳妇在家没事做，就拿出自己的所有存款，总共五万多元，一起开了这样一家小小的茶叶店。如今，妻子陈明月怀孕已有6个月，这家开

龙康和妻子正在为客人装茶叶
（殷恺 摄）

了半年多的茶叶店，见证着两人爱情结晶的茁壮成长。

　　茶叶，是二人感情的见证者，也是两人的媒人。不过，这一路走来，小两口过得并不顺遂。

退伍回来后，龙康和陈明月走到了一起，为了给对方一个安稳的生活，龙康跟着家里的亲戚学起了室内装修。装修的技术不难，工资也不低，一天就能挣两三百元。不过，赚来的钱，龙康都攒了起来，想给未来小家一个安稳的未来。不过，突如其来的疫情打破了他的幻想。

"在疫情封控之前，手里的活儿还是多，三天两头就有人叫我去装修，后来也不知怎么地，买房的人少了，装修的人也自然少了。"龙康告诉记者，以前装修行情好的时候，自己一个月收入能上万元，但后来，找他装修的人越来越少，甚至一个月都没有一单，那个时候，他就想着，拿出自己以前的积蓄，做点小生意，维持稳定的收入。这时，他得知亲戚有个门面，正好在文创街附近，也愿意打折租给他们，于是，他带着妻子来到这里，开了这家小小的茶铺，夫妻俩也迎来了新的新生命。

兼职的茶铺老板

三河汇碧文创街区是永川的知名文创街，游客络绎不绝，夫妻俩想着，在这里卖茶叶，肯定不差生意。

"我们一个月的门店租金是 3000 元，租的亲戚的，比其他临街的商铺更便宜。"龙康和陈明月的家乡又在茶山竹海，在那里拿货特别方便，这个门店，在当时的龙康看来，是最适合夫妻俩创业的行当。

不过，营业额很快让两人认清了现实。抛开日常费用，这家小小的茶铺一个月只能赚个几千元生活费，勉强运行二人的基本生活开支。不过，想维持二人的生活，基本上是一件不可能的事情。那怎么办呢？龙康想到了一个法子——兼职装修工。

"这个店，有生意做的时候，就赚点生活费。平时有其他人叫我去做水电装修，我也去做一些。"店门口，停着龙康的代步电动车。两人每天清晨从家里开到茶叶店，晚上又从店里开回去。有装修兼职的时候，龙康也会从兼职的地方返回来接妻子，两人一起回家。

记者询问龙康，是否考虑过其他途径销售茶叶，龙康摇摇头："我不是很懂那些直播，也觉得放一个手机架子在这里怪怪的。"对他和妻子而言，两人已经习惯了这种传统售卖茶叶的方式，"我们这个是实体店，大家看得见，摸得着，比起线上销售那些加了滤镜的产品，我们还能给客人泡上一杯，让他试试口感。这可不是线上销售比得了的。"

在分工上，两人也都是一起去拿货，一起售卖。现在，妻子的肚子渐渐大了，走路不方便，就由龙康去拿货。他去做装修兼职的时候，妻子就留在店里看店。在夫妻俩心中，这样的平静的日子，大概会一直过下去。

小老板的茶厂梦

小小的店铺被各式各样的茶叶装满，除了茶叶，两人还放了一些菊花，枸杞，天麻、三七等杂货放在店中售卖。龙康说，来店里买茶叶的多数都是中老年人，为此，夫妻俩还专门进了一些大宗的中药材，顾客来买茶叶的时候，这些卖出去，也能或多或少增加一些店里的销售额。

茶铺内，除了当地特产永川秀芽外，还推出了养生花茶等零售产品。"店里的茶叶有几百元一斤的，也有十元一斤的，一般三四十元一斤的卖得比较多。"采访中，记者注意到，大概中途有两个客人来买过茶叶，总共营业额在200元左右。

不过，因为现在线上渠道的透明化，茶叶生意已经失去了大量利润。不过，对于未来，龙康还保持着乐观的态度。

"我以前做装修的时候，喜欢喝可乐，喝雪碧。我有个表哥，他家里是开超市的，天天喝可乐，结果喝成了糖尿病。喝点茶，更有利于身体健康。"龙康说。现在，便利店中有着各式各样的茶饮料，比如东方树叶、冰红茶、乌龙茶等等，但生在茶山的他始终相信，传统茶叶还是有着巨大的市场。

"茶者，南方之嘉木也……其巴山峡川，有两人合抱者，伐而掇之。"从《茶经》中的记载，可见重庆地区产茶历史由来已久。重庆是我国茶叶主产区之一，近年来，茶产业已被重庆纳入全市十大现代山地特色高效农业之一，作为重庆针形名茶的代表品牌，永川秀芽种植面积超过10万亩，干毛茶产量8500吨。

"我们的梦想是存够资金后，创立自己的茶品牌，甚至开设一家茶厂。"他说，老家有一块地，他希望，等生意更好之后，自己和家人一起种植茶叶，并把自己种植的茶叶拿到茶铺来售卖。到那个时候，他甚至不用再去经销商店里拿货，直接把自己种的茶拿到店里售卖。

"虽然现在赚得不多，只能维持日常开销，但我每次一想到茶厂，我就觉得，未来特别有希望。"每次觉得生活艰难的时候，开设茶厂的梦想就是龙康夫妇的支柱，两人又有了坚持下去的动力。"在很多人眼里，我这个梦想特别远，特别空。但我相信，只要我坚持下去，我们一家人一定能实现这个梦想。"（文：殷恺　指导教师：郝树静）

采写手记

在重庆永川三河汇碧文创街区，在去文理学院参加重庆大学生作品展颁奖仪式之前，我和学生偶然走进了一家临街的茶铺，永川以永川秀芽闻名全国。店主名叫龙康，他和妻子在这里经营着这家小小茶叶店，妻子的孕肚很明显，对于未来，小两口充满希望，他们希望通过这家茶铺，把生意稳定地做起来，养活他们一家三口。

在与龙康的交谈中，我了解到他和妻子为了经营这家店铺付出了巨大的努力。他们每天起早贪黑，从选茶、品茶到销售，每一个环节都亲力亲为。龙康说，尽管辛苦，但每当看到顾客满意而归，他便感到无比的满足和自豪。

在采访的最后，我问龙康对未来有何打算。他微笑着告诉我，他最大的愿望就是能够将这份事业继续下去，甚至想在老家的茶山上自己种茶，售卖自己种植的茶叶。让自己对家乡茶叶的这份骄傲，一代代传承下去。

学生下笔的时候，也觉得这个人物故事比较平淡，有些无从下笔，但我却觉得，有时候平淡的故事，恰恰是最真实的生活写照。龙康对茶的热爱，可以通过他，看到永川卖茶人的一个缩影，从而折射出这座小城的风土人情。

采访结束后，我们和他们夫妻俩道别，也祝愿他们未来的生活会像永川秀芽一样，在岁月中越泡越醇，越泡越香。（文：郝树静）

吃白肉就要去颜记

导读

颜记李庄白肉在泸州已经开了 20 多年。在泸州提起白肉，大部分泸州人都会说"当然要去颜记撒"。走进颜记，店里的墙上各式各样的老照片，展示着这家餐馆的发展历程，也向你诉说着它的故事……

在泸州老城区闹市的龙泉桥下，有一家开了 20 多年的餐馆，吸引了无数吃货前来打卡——它就是颜记李庄白肉。

国企下岗后"继承家业"

颜记李庄白肉店的创始人是颜勇的父母。年轻时父母为了讨生活，想着做一门生意。后来听说李庄白肉是宜宾流传已久的一道名菜，而泸州当时还没有一家专门卖这种美食的餐馆。他们看到了商机，便决定开一家专门经营李庄白肉的餐馆。

"师傅一般不会把所有秘诀都教给你。刚开始的时候，我父母并没有太多经验，只能走街串巷，向各地的名师名厨请教，虚心学习。他们当时钱也不多，都拿来买了猪肉，练习烹饪技艺。"说起店的来历，颜勇深有感触。

年轻时的颜勇对开餐馆并不感兴趣，也不理解父母的工作。看到父母起早贪黑地忙碌，为了餐馆的事情忙得团团转，他觉得这样的生活琐碎且辛苦，太无聊了，自己应该出去闯荡一番，于是索性去当了兵。

退伍后，颜勇来到了宜宾机械厂，成为一名国企工人。他本以为，自己能在厂里干到退休。然而，20 世纪 90 年代末，国有企业掀起了打破"大锅饭"、"铁饭碗"和下岗分流的改革浪潮，宜宾机械厂也不例外。

面对这种前所未有的挑战，颜勇感到困惑和无助，他不知道自己应该如何应对。

"现在家里生意也需要有人帮忙，要不你就回来吧。"正当颜勇陷入迷茫之时，父母提出让他接手家里的生意。

颜勇有些犹豫，他回了一趟家，看到了父母每天依旧在店里忙来忙去，面容却有些苍老了，他突然觉得父母需要自己，自己应该去承担家里的这一份责任。

从愣头青到颜老板

2000 年，颜勇开始"继承家业"，经营颜记李庄白肉。

"刚回来的时候我啥都不懂，甚至都没有进过厨房。"回忆当时的场景，颜勇的话语中带着一丝自嘲。那时，他对餐饮几乎一无所知，没有系统学习过烹饪，只能跟着父母从零开始。挑选食材、烹饪技巧、白肉的制作工艺……从最基础的工序学起。

颜勇推荐吃白肉喝白酒（顾一鸣 摄）

"爸妈告诉我，餐厅的食材必须自己亲自去挑选。"颜勇的父母坚信，食材是餐厅的灵魂，是菜品质量的保障，所以颜勇也是从买菜开始学。

"每天早上四五点就要起床，去市场，学习如何分辨食材的新鲜度和质量，了解每一道菜要选择什么样的食材。"每天跟在爸妈后面观察，学习他们的经验，久而久之，颜勇也成了市场里的"专家"，一眼便能分辨食材的好坏。后来，市场的老板都知道颜勇是懂行的，就会把最好的食材拿给他，这让他感到自豪和满足。

白肉的制作非常讲究刀工，看似简单的切片工作，实则需要深厚的功力，要懂得找准下刀点，每一刀下去，都要干净利落，才能切出薄如纸片的肉片。这对于颜勇来说，是一道很久都没有迈过去的难关："师傅说切肉全凭感觉进刀，而我一直没有找到那个感觉。"

学习时，颜勇常常因为刀法不熟练而划破手指，每一次都让他感到疼痛和挫败，想着自己没有进步，颜勇一度怀疑自己可能就学不会了，而父亲则告诉他："找感觉就要一直练习、不断练习，丰富的经验就是你的感觉。"

他在父亲的指导下，一点点摸索，用一把钝刀反复寻找切肉时的手感和力道，有时一天五六个小时都在练习，常常练得胳膊都抬不起来。日复一日的练习，让握刀的手从开始磨出血,到后来磨出了厚茧。

直到有一天,父亲看到颜勇端出一盘白肉说:"这盘还不错,可以上桌了。"颜勇知道自己终于成功了。

虽然如今,颜勇的店已经有了其他切肉的师傅,不需要他主刀,但他每天依然会手痒,向顾客展示自己的技艺。他觉得每天都要练一练,切一切肉才舒服。

从采购到烹饪再到经营,颜勇摸索着一步步前行。慢慢地,他也能够独当一面了,开始正式接手店里的生意,成了第二个颜老板。

不做昙花一现的快餐

颜勇的白肉店没有做过推广和宣传,之所以能在泸州小有名气,除了美食的独特口味之外,离不开颜勇的用心经营。

"父亲告诉我,经营餐厅最重要的是菜品和服务。"这个道理,颜勇深深记在了心里。他一直坚持在菜品的品质和服务上做到极致,不让颜记做昙花一现的快餐,而是久经考验的老店。为了保证菜品的质量,二十多年来,餐厅中所有食材与调料的供应必须由颜勇亲自挑选。

"这道白肉卖了很多年,甚至可以说我们就是靠这道菜才坚持现在的。"颜勇深知李庄白肉是餐厅的镇店之宝,于是在这道菜的研究上下足了功夫,形成了现在"选料精、火候准、刀工绝、调料香"独具"颜"记特色的李庄白肉。

"蘸水最后要搅成密度适中的糊状,且流且凝的状态,既要确保蘸水能稳稳粘在肉片上,又要防止大量蘸水粘成一团。"白肉的蘸料是颜勇花了最多心思的环节,也是除了刀工外,这道菜成功与否的关键。

为了实现肉香与佐料的完美融合,颜勇曾上百次反复尝试改良调料的种类和比例,严把用料关——辣椒要选辣味周正的印度椒,剪成小块,经过开水发了以后,再春;蒜要用颗粒最为饱满白皮蒜,来让白肉散发出最极致的香味;酱油要用德阳的精酿酱油,带点甜味……他制作的秘制蘸水,香辣到位、回味浓郁,让人吃一口就忘不了。

除了菜品,颜勇在服务上也是高标准:"一个好的餐厅不仅要提供美食,更要提供一种舒适、温馨的氛围。"他要求餐厅的员工热情周到、耐心细致地对待每一位进店的客人。

颜勇认为,老板是一家店的"主心骨"。"主心骨"在,店就能稳稳地立住。他坚持每天在店里招呼客人,甚至能叫得出大部分店里老顾客的名字,与很多人成了多年的好友。几乎去吃过颜记的人，也都会记得这位总是面带笑容的颜老板。

渐渐地，颜勇的餐厅口口相传，许多人慕名而来。曾经，与颜记李庄白肉在同一条街道上有火锅、干锅、面条等五花八门的餐饮店。如今，大部分的店铺都因为经营不善或倒闭或转让，唯有颜记李庄白肉依然挺立在时光中，并且，从最初的一间门市扩张到现在的五间。

"传承"需要坚持和创新

随着时间的推移，泸州的城市面貌发生了翻天覆地的变化，成本的增加、食客的多样性、同行的竞争、互联网效应，这些因素都给颜记的经营带来了不小的压力。

有一次，颜勇从网上看到了顾客的质疑："味道一般，调料很普通，也就那样吧""专门过来吃的，和其他地方也没有什么差别""菜品没有特色，性价比不高，不值得前往"……那天，他几乎一晚上都没有睡着。他开始思考餐厅该如何经营——坚持传统虽然可以保持忠诚的顾客群体，但也可能导致顾客的审美疲劳，特别是对于那些希望尝试新口味的顾客来说，餐厅会缺乏吸引力；如果考虑降低价格而不改善菜品质量或者提升服务水平，可能会导致餐厅形象下降，顾客对于菜品的体验感也会减弱。

最终，颜勇意识到颜记李庄白肉要想获得更多食客的青睐，需要在保持传统精华的同时与时俱进。

为此，颜勇和厨师们尝试了百余种不同口味的菜肴，尝试在其中找到更多精进李庄白肉的可能性。

李庄白肉原本是一道凉菜，冬季的寒冷让颜勇对白肉有了新的思考：冬天太冷，白肉上桌一会儿，瘦肉就会变硬，肥肉会凝结，口感变差，会让顾客觉得白肉不好吃。为了解决这个问题，颜勇和厨师们尝试了各种方法，最终发现，用汤锅能保证食客能吃到热乎乎的白肉，且能留住白肉的原汁原味。

此外，颜勇想到店铺正好在泸州老窖景区旁边，游客很多，一定会品尝这里的白酒，便与泸州的一家白酒厂合作，反复尝试，推出了一款和店里白肉最搭配的白酒。

"颜记对于我来说不仅仅是一门生意，也是我们家的一种传承。"如今颜勇年事渐高，他也在思考如何将颜记李庄白肉继续传承下去。目前，最大的一个问题是没有找到接班人。颜勇的儿子在外地工作，学习设计专业。虽然很想儿子回来接手生意，但颜勇也表示会尊重儿子的选择和兴趣："年轻人有年轻人的想法，他有自己想做的事，我不会要求他回来。"

现在，颜勇已经开始培训新的厨师和烹饪师，并期待在年轻一代中找到真正有兴趣和热爱这门事业的接班人。他坚信，只要踏踏实实做生意，有坚持，有创新，颜记就能传承下去："我希望，未来只要泸州有人想起吃白肉的时候，就会马上想到颜记，到这里踏踏实实整一盘！"（文：顾一鸣　指导教师：杜公英）

采写手记

这是我指导学生写的第一篇商道故事。采访前，我在网上查阅了大量关于李庄白肉和颜记的资料，了解李庄白肉的起源和特点，还收集了许多点评APP上关于颜记李庄白肉的评论，期望对这家老店有更多的了解。

在修改稿件的过程中，我发现学生的稿子里面有许多空话，没有细节描述，这使得故事显得干瘪，无法打动人心。而颜勇的故事中，本就有许多这样的细节，它们都能够深深触动人心。

比如，颜勇每天在凌晨的黑暗中起床，带着一丝不苟的态度前往市场，精心挑选最新鲜的食材。还有他练习刀工的情景，那是对技艺的极致追求。另外，颜勇为了保持白肉的原汁原味，不断尝试新方法的创新精神，也是故事中的亮点。加入这些细节，就能使故事变得更加生动和真实，让人看到一个立体的、有血有肉的人物形象，从而与他的故事产生共鸣。

于是，我带领学生一步步深入了解颜记李庄白肉，通过细节来塑造人物形象。同时，我也鼓励学生在写作中融入自己的感悟和思考，让文章不仅仅是一个简单的叙述，而是有深度、有温度地表达。（文：杜公英）

没有门面的水果店

导读 ●●●●●●

杨明是一家水果店的老板，按照传统的经营模式一番努力后，他沮丧地发现，此路不通！于是，他的目光盯上了微信群，由此，他一步步从销售者变成了团购平台组织者，在数据流时代，为"服务"赋予了崭新的意义。

原本在广东打工的杨明和杨倩夫妇，厌倦了长期和孩子、父母分离的生活状态，他们想回家乡泸州，找一份既能养家糊口，又能陪伴家人的小生意。在朋友的建议下，两口子看准了水果生意——既不需要太大的投入，市场又很大。

天天赔钱

经过反复考察，杨明夫妇找到了一处店铺，位于泸州长江现代城小区外。小区有 1000 多户，多为有小孩和老人的家庭，对水果需求量大。而店铺就在小区居民回家的必经之路上，且路上没有其他卖水果的店铺，几乎就是做"独家生意"。同时，店铺小，租金 1600 元一个月，比较便宜，不需要太多的启动资金。

定下了店铺，杨明就着手进货的准备。杨明明白，店开在小区门口，就要做口碑生意，水果质量是关键。同时，店铺经营规模不大，货量不能太多，但每个品种的水果都要有。

几番斟酌，杨明考虑到小区居民既重视品质，也关注价格，所以就将水果定位为性价比较高的中等价位。为了保证进货的效率，他们甚至还专门买了一辆小货车。

很快，水果店就开了起来。然而，现实并不如预期那般顺利。尽管他们坚持每天黎明前去批发市场精心挑选最新鲜的水果，但生意并不红火，顾客的流量没有达到他们的预期。除了开业第一天热闹了一下，之后水果店鲜有人光顾，一天常常只有一二十单生意。水果不易保存，损耗大，过夜后卖相不佳，更难卖。

看着卖不出去的水果，感受着每天的亏损，杨明夫妇心疼不已，愁闷像座山一样压在他们心头。

经过观察他们发现，小区外虽然没有卖水果的店铺，但是附近有大型的超市和菜市场，里面的水果更具有价格的优势，居民去买菜时有顺便购买水果的习惯。同时，有很多小商贩也会到小区门口贩卖水果，他们的水果许多都直接来自产地，而且小摊的位置离小区更近。这些，都直接影响了他们的生意。

入群就打折

面对困境，杨明和杨倩陷入了苦闷和焦虑之中，怎么办？

连续思索之后，他们意识到，要想在市场中立足，就必须找到属于自己的顾客。于是他们想到了网络，想到了微信群，也许，可以通过微信群营销的方式来卖自己的水果。

怎样能吸引大家加入微信群呢？杨明开始策划，每当顾客在店里购买水果时，他都会热情地邀请他们入群："加入我们的微信群吧，您今天的消费可以打九折哦！以后还可以第一时间知道新鲜水果到店的情况。"很多顾客会被优惠吸引，拿出手机扫码加入。杨明还使用了激励机制，以老带新——顾客拉好友进群，不仅能获得额外的红包，还有小礼物赠送。

这个策略迅速奏效，微信群的成员数量开始上涨，杨明的水果群很快就聚集了第一批粉丝。

杨明开始每天都会在群里分享各种水果的图片和信息，红彤彤的苹果、金灿灿的橙子、晶莹剔透的葡萄，每一张图片都是他用心挑选的——"早安，家人们！今天店里有新鲜的车厘子到货，颗颗饱满，甜到心里哦！"他一边在微信群里分享着图片，一边热情地介绍着。

许多顾客会被图片吸引，纷纷在群里回应，询问价格，讨论水果的口感："小杨，昨天的苹果真的很甜，今天还想买一些""有没有新到的橙子？家里的孩子很喜欢吃"……

杨明在一一回复后，还会在群里询问顾客的意见和建议，并把它们认真记录下来，分析顾客的需求，从而调整水果进货的种类和数量。经过分析，杨明夫妇逐渐总结出了一些自己的水果生意经：顾客一般在都喜欢购买应季水果，而且对于新鲜度要求高，对于价格不是一味追求便宜，更在意水果的品质和口感，存在同一时间对同一水果购买率高的情况……

　　为了与顾客有更多的互动，杨明还会在群里发一些关于水果的科普以及一些小红包，这些消息可能不是每一个顾客都会看，小红包金额也不大，但却保持了微信群的活跃度。

　　随着时间的推移，顾客的需求越来越多样化："小杨，可以预留一些橘子吗？下班后我过去拿""小杨，上次的橘子可以再进一些吗？家里的吃完了，想再买点""有没有送货上门的服务？工作忙，没时间过去"……

　　对于顾客的要求，能满足的，杨明总是尽量满足。这让微信群的黏度越来越高。

　　就这样，在微信群的帮助下，杨明夫妇的水果生意渐渐有了起色，微信群也有了几百人，奠定了小店的客户基本盘。

水果搬运工

　　有一天，看着数百人的微信群，杨明突然有了一个想法：可不可以帮助大家组织水果的团购？一方面，团购可以精准地统计需求信息，减少库存积压几率，降低损耗；另一方面，直接从农户手中拿货，能减少中间环节，降低成本，还能保障水果的品质和新鲜度。

　　这时，正是葡萄上市的季节，杨明决定试着去实现自己的想法。他们通过熟人介绍，联系上了几家农户，开着小车去龙马潭区特兴街道的果园看了货。通过对比，他们选择了品质和价格最合适的一家，随即在群里发送了葡萄果园现场的照片和预订信息——"果园直供的葡萄，新鲜直达。五斤起送，早上采摘，下午送达，城区送货到家，保证每串葡萄都是精挑细选。"

　　令杨明欣喜的是，群里很快就有十几个人下了单。到第二天截单的时间，他们总共收到五十多个订单，每单的量最少是五斤，营业额达到了三千多元。而且，因为是批量购买，他们有了更大的议价空间。

　　为确保每一串葡萄的品质，第二天天还没亮，杨明夫妇就来到了果园，监督采摘和包装。为了避免在运输过程中受损，杨明选择了结实的塑料果篮来装葡萄。他要求工人们在装货时，每一单都多装一些，确保分量充足，不能让顾客觉得吃亏。

　　货拉到城区后，根据订单的位置，他们迅速做好了区域划分。杨明夫妇负责附近的配送，较远的区域则交给了跑腿服务，确保第一时间把葡萄送到顾客手上。

当天，杨明收到了很多好评："葡萄真的很新鲜！家里人很喜欢""味道也很棒！下次还来"……跟随好评而来的是微信群里顾客数量增加。

趁着这一波热度，几天后，杨明夫妇又做了一次葡萄的团购，这次订单量继续攀升。

一次次团购组织下来，杨明夫妇水果采购经验越来越丰富，知道了什么时候什么水果的口感最好，也与许多农户建立了深厚的合作关系，当水果达到最好的口感时，农户会主动联系杨明前去看货。

对自己的这个模式，杨明形象地概括为"水果搬运工"。

草莓出问题了

找到了自己的营销之路，杨明夫妇开始将这一模式复制并扩展到其他水果上。每个周他们都会根据时节寻找相应的水果农户渠道，走访一个又一个果园，在田间地头亲自品尝、挑选，从春天的草莓、李子到夏天的桃子、葡萄、荔枝，从秋天的龙眼、苹果、石榴到冬天的橙子、柚子、车厘子……

为了找到合适的货源，杨明夫妇常常都奔波在前往货源地的路上——他们走遍了四川，还去了云南、贵州等地。为保证新鲜，水果需要在三四点就开始采摘，为了监督农户的采摘和装货，杨明夫妇也会加入其中。在这样的经历中，他们也总结出了许多经验——"同一个果园的不同批次口感不一样""同一果园的不同树上的口感也不一样""水果在早上太阳直晒前就要采摘"……

杨明在果园和果农一起挑选装箱水果
（受访者供图）

但，团购之路也不总是一帆风顺。任何一个环节的疏忽，都有可能导致"翻车"。

2021年初，杨明团购了一批草莓，顾客反馈很好，于是，杨明夫妇和农户直接预订了下一批的草莓。一回生，二回熟，这次，他们觉得没有什么问题，就没有亲自前去，结果一周后，草莓送到了顾客手中，却收获了很多差评，甚至很多老顾客也在抱怨："小杨，上次的草莓真的很甜，这次的怎么就这么差？""每次的水果品质都很好，为什么这次这么差，太失望了！""就是看了群里的反馈很好才买的，为什么差距这么大"……

看着一条条的意见，杨明意识到了问题的严重性——这关系着自己的信誉！他深吸了一口气后，立刻在群里回复："亲爱的顾客们，非常抱歉这次的团购给大家带来了不好的体验。我们会负起责任。我在这里向大家保证，为每一位遇到问题的顾客解决这个问题，并确保以后不会再发生。"

随后，杨明立刻赶往现场，与农户进行沟通后，了解到原来是采摘工人没有认真挑选、把控，导致了品质不一。回来后，杨明夫妇立即给顾客们一一做了售后，为受到影响的顾客退款，并在群里公开道歉。

这次经历，给杨明敲响了警钟。此后，为了确保每一次团购的质量，每次水果采购杨明夫妇都会亲自到现场挑选，严把质量关，不敢有一点儿疏忽。

就这样，杨明夫妇的信誉越来越好，回头客也越来越多——每一次团购后，都会有新顾客通过现有顾客的推荐加入群，到目前，杨明已经有了4个团购微信群，像是今年7月热销的泸州合江荔枝，一次团购就有两百多单，带来上万元的营业额。

随着业务量越来越大，杨明夫妇逐渐把精力都放在了团购生意上。最终，他们放弃了传统的水果店面售卖方式，把门面转变成暂时存放、清点货物的仓库。

一家小水果店，就这样，蜕变成了一个团购平台。（文：幸坤阳　指导教师：杜公英）

采写手记

在指导学生修改文章的过程中，我们特别注意捕捉并突出故事中的转折点，这些转折点是故事的心脏，它们不仅推动情节发展，更是情感和信息传递的关键。

起初，尽管我和学生已经讨论了杨明夫妇的水果店故事的大致内容，但学生的初稿显得杂乱无章，缺乏清晰的发展脉络。我带领学生重新审视采访内容，在讨论和分析后，我们从零开始，一步步跟随他们的故事，了解他们面对困难时，如何一步步解决，每一个转折都发生了些什么。重新理顺并抓住杨明夫妇在经营过程中的每一个转折点，以及他们如何通过与顾客的紧密联系，建立起一种自己的生意模式，不仅讲述一个关于创业的故事，更是展示了杨明夫妇如何在挑战中不断学习和成长，最终找到了适合自己的商业模式，以这样的逻辑线索构建一个有说服力的故事框架。

在故事的每一次转折中，指导学生捕捉具体的事例，比如杨明在面对每一次困难具体的做法。这些细节的添加，让故事框架变得更加丰满和有说服力。在这个过程中，我和学生一起从采访的信息中不断筛选、总结，提炼出故事中最有价值的部分。在写作的过程中，我们都要不断地回顾和反思，确保每一个细节都能够服务于故事的主题，每一个转折都能够推动情节的发展。（文：杜公英）

百万豆花店求生记

导读 ::::::::

在綦江铜锣湾国际广场的公共汽车站台后面，有一家名为"石豆花"的餐馆。这家普普通通的餐馆，却是一家扎根綦江16年的老店。十几年风雨，石豆花起起伏伏，走过了一条怎样的路？

綦江人都知道的豆花店

一说起"石豆花"，附近的居民都说"晓得"，说这家店是以前的老汽车站老店搬过来的，老板娘姓石，是万盛人，娃娃都上高中了。

"石豆花"店面不大，也就五六张桌子，还不到六点，店里已经坐得满满当当。顾客有学生，有工人，有附近工作的年轻人。"老板，再来碗豆花！""来了来了！"听到客人的喊声，老板娘撸起袖子，打了碗热气腾腾的豆花送到桌上，又给客人加了蘸料。"我们的佐料都是我们自己做的青海椒，味道又鲜又辣，来的客人都喜欢。"石英说。

说到周围居民都喜欢来吃豆花饭，石英笑着和笔者说起了一件往事。两年前，自己还在汽车站老店做生意的时候，一天中午，有一个小女孩走丢了，在店门口大哭。

作为两个孩子的家长，石英知道家长丢了孩子多么地着急，她急切地询问女孩子关于她家长的信息，可小女孩还很小，完全不能提供什么有效的线索，她只能暂时把小女孩安置在店内，安排了一位店员照看着这个孩子。

凑巧有个顾客进来吃饭，看见小孩子被店员哄着，就好奇询问发生了什么，在听完店员的解释后，这名顾客立刻发了在綦江本地论坛发了一个帖子："是谁家的孩子走丢了，在石豆花这里，父母快点来接回去。"当天晚上，女孩的父母火急火燎地赶到石豆花，总算找到了走丢的小孩。

"后来，网友们都留言说，孩子能找到，全靠这家开了十几年的老店。"

石英自豪地表示，自己的店，几乎是当地的"地标"。"一说石豆花，綦江人都知道在哪里。"

一天能卖八千元

虽然在綦江开店16年，石英却告诉记者，自己其实是万盛人，从老家专程来到綦江开的店。

"我是初中毕业16岁就出去打工的，那时候是90年代末，我们几个差不多年龄的老乡坐上中巴车，跟着亲戚到广东那边去打工。"石英说，她还记得，第一次出去打工那一年，她背了个军绿色的书包，剪了一个男式短发，像个小男生，这样能给自己壮胆。"那时候也没出过门嘛，总觉得女孩子容易被人欺负。"那个时候的她，看什么都新鲜。

在她的少年时代，西南地区的农村人都流行南下打工，"那个时候，车站候车的民工特别多，挤满了人，我们候车的时候，被人攘来攘去的，像叫花子一样。"

她和一群不认识的人挤在一辆中巴车里，就这样去到广东，进了一家东莞的工厂。

在东莞打工的日子，是没日没夜地加班，一个月只能挣几十块。但在那个年代，对于来打工的外地人而言，几十块也是一笔不小的钱。"如果不是我的身体熬不住了，我估计还会留在那里打工。"因为身体的原因，石英辞去了厂里打工的职位，回到了万盛老家发展。

回到老家后，她像所有同龄的女青年一样，认识了自己的丈夫，走向了结婚生子的生活。

"当时我刚生完第二胎，月子都没做完，就离开了万盛。那个时候，二胎属于超生，要罚款，一罚就是好几万。我偷偷生下来的。"生完孩子半个月后，石英东拼西凑找亲戚朋友借了6万块钱。那个年代，6万元可不是一个小数目。"亲戚能借钱，都是因为觉得我那个时候可怜，如果不借我钱出去做生意，我就要留下来背二胎的罚款，二胎的罚款也是几万元，他们也不忍心看到我走到那个地步。"靠着亲人的信任，石英怀着忐忑的心情，带着这笔钱，和家人一起踏上了前往綦江的路，并在老汽车站旁开了第一家饭店。"这家店不仅是我吃饭的生计，也是我的家。"

这家店，一开就是16年。

拿着借来的 6 万块，她用 4 万块租下老汽车站旁边的店铺，其他 2 万块做材料这些启动资金。为什么要做豆花饭呢？笔者询问。"我是农村人出身，煮饭炒菜总是会的，也会一点手艺，豆花成本低，重庆人都爱吃豆花，我就想着用豆花来创业。"石英说。

豆花很便宜，几块钱一碗，一碟佐料，一碗饭，加上价廉物美的家常炒菜，一顿饭下来也就不到 30 块，有荤有素，加上口味好分量足，又开在汽车站这样有人流量的位置，石豆花一下子就成了当地的知名餐饮店。

说到自家店一炮打响的原因，石英说，自己就是打好了店址和选品这两张牌。豆花饭是重庆人几乎人人都

石英在店里为客人介绍菜品（龚鑫诺 摄）

喜爱的美食，鲜嫩可口，蘸上佐料，入口麻辣鲜香，开胃下饭，而且价格十分便宜，就算不点其他菜品，吃上两碗豆花下饭也能饱餐一顿。而且，汽车站人流量大，自家店定位的就是物美价廉，直接对标汽车站的流动人群。豆花上餐快，勺子一舀就可以上桌，而且吃豆花饭的客人基本上都是赶时间的，很快就能快速翻桌，一天要翻好几台。"那几年，我还是挣到一些钱。"

回忆起开店火爆的那段日子，石英的眼神有了光。"那个时候，我请来专业师傅来掌勺，再请几个杂工打下手，我自己就招呼下客人。"石英说，中午和晚上是石豆花生意最火爆的时间，每天的营业额平均下来有三四千块，最高的时候甚至一天就有 8000 块。

百万买了个"寂寞"

因为口味好，价格不高，分量足，老店一炮而红。老店生意火爆，那些年，石英攒下了上百万元的积蓄。后来，她听说綦江铜锣湾商圈要大力发展，她把所有的积蓄都投入其中，又贷了几十万元，盘下了这家位于铜锣湾广场的店面。

"生意做好了，人就有点'飘'。当时我觉得，反正我店里生意好，我在哪里开都生意好，就想买一个门面，把给房东打工的钱放在自己荷包里，踏实稳定下来。但是我老公觉得，做点小生意赚点钱就行了，不要去给自己那么大压力。"因为经营理念不合，两人常常吵架，最后，两人以离婚收场。留给石

英的，只有两个孩子和这家花光自己所有积蓄的门面。

但谁曾想，这家店，寄托了石英所有的期待，却也给了她最沉重的打击——每天早上六点，石英就要起床到店，熬豆花，洗肥肠，清洁店内卫生……在把所有的食材准备好之后，时间差不多就到中午了，轮不到她休息，客人就要来吃豆花了。现在店里虽然忙碌，生意却还不如原来的一半。

"当时买商铺的时候，开发商说这个位置好，以后要成为綦江商圈的黄金地段，我就买下了公交站台后面的一块门面，把原来的老店搬到了现在的位置。"石英本来想着，门面花钱买了，房租不用交了，自己更没有后顾之忧，专心开店，生意一定会越来越好。但她没想到，商圈店铺交付后，铜锣湾商圈并没有像开发商承诺的那么火爆，门面售价和租金反而直线下滑。与租金相对应的，就是商圈商铺的生意。受到商圈人气和经济不景气双重影响，新店的生意远不如老店。她还要面对生意惨淡的压力，还要独自扛着贷款和两个孩子的生活费用。

"以前老店生意好，我可以多请几个员工来帮忙，现在，人是请不起多的了，基本上都要靠自己，甚至有时候两个娃儿也会来帮忙。"石英的声音有些无奈，她说，孩子寒暑假的时候也会来店里帮忙，做些招呼客人，端菜，收银这些力所能及的工作，也算是能节省一些用人成本。

"我也想过，把这个店转让出去，可现在市场环境不好，降价几十万都没有买。我也没办法，只有把店开着，尽力维持。"

石英刚说完，店里又响起顾客的声音："老板，来两碗豆花。""哎，来了！"石英站起身，回到狭窄的厨房制作菜品，一切做完之后，再回到店内接受笔者的采访，"正好可以坐一下，休息一下。炒菜站久了，腰有些吃不消。"石英笑笑，笑容中带着疲惫。生活再苦，再累，她都依然坚持着。

笔者问石英，是否有后悔过没有留在原来生意红火的老店，石英叹了口气："回想起来，我当时一头热，相信了商圈要大力发展的广告，把经营了十多年的老店换到这里，搬过来才晓得，广告吹得再凶，没有落地都等于零。"

"但是，开弓哪里有回头箭哦，我自己做了决定，就必须为这个决定负责。像我们这种做小生意的，最好还是稳到点，一个老店积累的口碑，是任何新店和人流量都无法替代的。"石英说。

外卖"盘活"新店

采访当晚，笔者帮着石英算了一下当晚的营业额，尽管翻了两次台，但顾客的消费水平也比较低，即使翻台两次，加上外卖的订单，当晚营业额也不过五百多。多数客人一单消费也不过十一二块。但只要有客人上门，石英的脸上就带着热情的笑。"无论大小客人，我们都要笑脸迎客。"石英说，无论顾客吃多少钱，哪怕只点一碗几块钱的豆花，那也是店里的客人，做好了就会成为回头客。"我们做小生意的，有客来就好，细水长流。"

为了提升店里的生意，石英想了个办法，除了堂食以外，她还专门开辟了外卖生意，给附近一公里内的店铺商户送餐。石英说，外卖平台抽成高，如果要做外卖平台，就不能保证每一餐的分量。为了"保质保量"，石英只和附近的距离稍近的公司、商铺签了送餐协议，直接让员工送餐上门。因为自家炒菜价格公道，分量也大，环境干净卫生，送餐的业务开了之后，石英的店每天就多了上千的营业额。这样算下来，一个月还能多盈余一万元左右。

"我们家里是两个孩子嘛，一个在重庆读交通大学，一个在读高中，开销也会比较大，再加上生意现在差很多，还要给员工发工资，能勉强维系开支就不错了。"石英坦言。不过，她还是希望这家店可以开下去。如今，送餐的营业额甚至超过了堂食的，虽然送餐比堂食更累，但这让石英看到了经营下去的希望。

"以后啊，我就想继续开着这个店，把两个孩子读书钱供出来，过上安稳的日子。等孩子长大了，有自己的生活了，我就找个稳定的男朋友，好好过我自己的生活。"说到这里，这个直率的老板娘害羞地笑了。（文：龚鑫诺　指导教师：萧婷婷　郝树静）

采写手记

在萧婷婷老师的带领下，我们来到这家位于铜锣湾广场的豆花店进行了采访。可能是晚上的缘故，在采访的过程中，我们并没有看到多少食客。在了解完原因之后，我才明白，在商圈，这种街边餐馆，他们最忙碌的时间是中午和晚上的饭点。而且在采访过程中，老板也不断在门口拉客，可见做生意的艰辛。

采访中，我感受到了萧婷婷老师的专业与细致。新闻采访不仅是做一个倾听者和观察者，还要做一个引导者，引导别人说出自己的故事，在平凡中发现不平凡。

在铜锣湾广场的这家石豆花饭店，我们虽然没有看到熙熙攘攘的食客，但感受到了老板的热情与坚持。在老板娘的讲述中，我也体悟了经商之道，比如老板娘换店之前一天营业额最高时达 8000 元，后来因为没经过充分的市场调研，用自己百万积蓄买了门面，把店搬了过去，结果造成营业额直线下滑。这些都让我学会了前期市场调研的重要性。不过，老板娘并没有被打倒，反而重新开辟了外卖赛道，提升了店里利润，在她的身上，我看到了一个女性经营者的"韧劲"。

在綦江这座城市，无论是繁华的商圈还是寂静的小巷，每一个人都在用自己的方式，为这座城市增添着色彩。在未来的日子里，我希望能挖掘这座城市更多人的故事，用心去聆听，去记录，并在他人的人生经历中收获成长。（文：龚鑫诺）

从微商到三家店

导读 ••••

　　彭思佳是一个普通的95后女生，从大学开始，她就开始做微商，2020年又只身一人，从重庆坐火车去杭州，只为能在四季青批发城学做服装生意。那时的她，没有指路人，没有伙伴。三年后，彭思佳终于从一个稚嫩的小商贩，蜕变成了一个拥有三家店的店主。

蜕变，从地推销冠开始

　　彭思佳从小很独立，但性格却很内向。一直以来，彭思佳都有一个"自己开店"的创业梦想。为了增强自己的社交能力，她在大学时就开始做兼职，包括微商、美团地推、糯米团和发传单。

　　一开始，彭思佳只是想赚点生活费，减轻家庭负担，于是她通过高中同学的推荐做起了微商，利用课余时间卖卖货。做微商的经历让她收获很大。刚开始，彭思佳总是恐惧和别人讲话。但兼职通常都是根据业绩拿薪酬，如果不去推销，也就意味着很难赚到钱。几天过后，她不甘心每天花费了时间却不能有所收获，于是她开始努力尝试向别人进行推销。

　　"因为自己不自信，常常在鼓起勇气开口推销时，就被人拒绝了。"彭思佳坦言，刚开始做兼职给别人推销东西时总是失败，还可能会让人感到厌烦。但她没有被眼前的挫折打倒，依旧坚持着。一有空闲时间就接兼职，还不断在私下练习，调整自己的不足之处。

　　随着自己的兼职经验越来越多，销售技巧也越来越成熟，推销出去的单数也越来越多，常常还能拿到业绩排名的第一。这让彭思佳内心有了许多感触，她不仅体会到了努力拼搏做成一件事的成就感，还结交了许多朋友，锻炼了自己的沟通能力和团队协作能力，还学到了很多市场营销的知识。

破局，在 12 小时里苦中寻乐

2020 年，疫情打乱了所有人的生活节奏，大家的内心都充满了不安与迷茫。但对于彭思佳而言，这却是勇敢破局、毅然追寻梦想的关键时刻。

她接受了一位当主播的网红朋友邀约，不顾亲人朋友的担忧和劝阻，只身前往杭州，成了一名助播。在这座机遇与挑战并存的大城市里，彭思佳开启了另一条与之前工作不一样的路。助播的经历让她对线上销售有着独到的见解，她觉得，现在年轻人的消费方式已经发生了改变，线上销售能够打破很多局限性，更适合自己发展。

彭思佳正在店里整理衣服（赵春雨 摄）

但电商工作的强度超乎想象，每天她需要从早上 10 点忙到晚上 10 点。那时候，他们整个团队都一起住在一栋别墅里，睡醒了就工作，工作完就睡觉，循环往复，没有周末休息，有的只是不停地"上链接"。有时候甚至连吃饭的时间都没有，工作内容繁重且复杂，上午要进行选品，下午要总结产品的直播话术，晚上还要进行直播。主播累了或者去吃饭，当助播的她就要迅速顶上。这不仅考验着她的应变能力，更要求她对各类产品的话术了如指掌。

12 个小时的意义已经不只是停留在表面的助播工作上，对于彭思佳来说，更多的是面对各种压力的锻炼。巨大的工作量常常让她加班到深夜，但她从未有过一丝抱怨，反而非常热爱这份工作。彭思佳笑着说："哪怕再辛苦，也从不觉得乏味，在忙碌中感受到了前所未有的充实。"她觉得这是另一种快乐，因为她能在工作中学习更多的东西。每一个环节、每一次挑战，都成为她提升自己的阶梯。

尽管彭思佳大学所学的是会计专业，但内心的声音告诉她，这并非她真正热爱的领域。她曾无数次在人生的十字路口徘徊，感到迷茫和无助。但杭州的助播经历，却为她点亮了前行的道路，让她找到了属于自己的人生目标——投身于电商行业。

为了更好地适应行业的发展，彭思佳利用业余时间自学剪辑、电商运营，努力提升各方面的技能。终于，在 2022 年，她所学的这些技巧，为她铺平了创业的道路。

收获，把梦想照进现实

2021 年，由于团队出现了一些无法调和的矛盾，彭思佳回到了重庆。此时的她，对自己的职业规划早已有了清晰的目标——创业。但为了实现这个梦想，她必须先有一份稳定的工作，积累创业资金。于是，她找了一份房地产销售的工作。

那段日子，每日不辞辛劳地在房地产项目与客户之间奔波，这份辛勤不仅换来了业绩，还给原本 150 斤的她带来了一份意外之喜——瘦下来了。

在那之后，她便开始热衷于购买各式各样的衣服来装扮自己。对服装的热爱逐渐占据了彭思佳的内心，她决定将这份热爱转化为事业，开一家属于自己的服装店。

凭借着之前在微商和电商领域积累的经验，彭思佳深知宣传渠道的重要性。她熟练地运用抖音和小红书等平台，积极推广自己的服装。她最初只是做线上，通过各种引流，逐渐积累起一波自己的私域流量。在进货方面，她精心挑选广州、深圳的批发市场，以确保服装的品质与款式紧跟潮流。

创业的旅程从来都不是一帆风顺的。在创业初期，资金的短缺成了彭思佳面前的一座大山。庆幸的是，家人也十分支持她的想法。依靠自己之前工作挣来的资金以及家人的支持，她艰难地迈出了第一步。

2023 年的 11 月，彭思佳在大学城熙街开了第一家服装实体店。面对第一次创业的她，很多事情都需要亲力亲为，仅拥有宣传方面的经验远远不够，所以很多时候她依旧处于一个小白的阶段。

卖货多年的"资深老玩家"能通过买家对材质的判定和版型的偏差等方面来判断买家是否有进货的经验，而第一次创业的彭思佳恰恰缺乏进货的经验，所以她第一次去深圳拿货时便踩了雷——由于过于信任老板就没有点货，没想到还是让老板钻了空子，货到了手里版型却对不上号。

吃一堑长一智，从第一次进货被骗之后，以后无论进多少货，她都会反复仔细检查衣服是否对版，并亲自去了解货源的可靠性。

彭思佳的第一家店，开在了位于大学城人流量最大的商业街上，地理位置优越。但由于店面小且租金高，自助的售卖方式也让很多顾客体验不佳。于是在租金到期后，她便没有再续约。

第二次开店选址时，她就将目光锁定在了自己的家乡——重庆璧山区。考虑到居民楼租金低，无需押金且不用重新装修，能节省不少成本等优点，她决定不找临街的门店，转而在居民楼里开了一家服装工作室。"因为我的客户大部分是在线上，工作室能够更方便拍照、直播，租金还便宜。"彭思佳对自己的工作室的定位非常清晰。

但，线下的需求也一样需要满足——同城的客户却大多希望能够到店试穿，为此，彭思佳又作了一个大胆的决定——重新开一家服装实体店，并取名"屿你 STUDIO"。她觉得，店名的谐音就像在说她与顾客之间因服装产生的一种微妙的缘分。

2023 年底，她果断地租下了一个临街不临市的门店，开始了第三次开店。"如今店铺生意好坏的关键不在于地理位置，而在于有效的宣传。"在她看来，选择临街，是为了让客户方便找寻；但不临繁华闹市区，是为了节约房租成本。"如今的服装市场早已经卷得不行了，利润非常微薄，如果不在成本上加以控制，那真的要亏钱。"

随着互联网宣传的力度不断增大，彭思佳的店铺还吸引了不少附近小区和居民楼的客人。"很多顾客都是通过刷抖音看到我们的同城定位过来的。"虽然现在店内每天的客流量还不是特别大，但她很开心。"目前店铺还是更多依靠线上流量，线下稍微少一些，每天也就十几单吧，但成交率挺高的，我们的衣服质量好，价格公道，进店的客人只要选到合适的，基本都会买走。"彭思佳谈及现在的状态，露出了满意的笑容。（文：张盈　黄继英　指导教师：赵春雨）

采写手记

采访不仅是一项技能，更是一种艺术。

在指导学生进行采访的过程中，我会先让同学们明确采访目的，这也是成功的关键。每次采访之前，我都会和学生们一起讨论采访的主题和目标。我们需要明确想要了解什么，采访对象是谁，以及希望通过采访传达什么信息。这不仅能帮助学生们制定清晰的提纲，还能让他们在采访过程中保持专注。例如，在彭思佳的人物采访中，我们明确了要探讨的内容是 95 后女生的创业路，这样学生们在提问时就能更有针对性。

其次，准备充分的采访提纲是必不可少的。学生们通过查阅资料，了解到受访者所在行业的真实情况和问题，最终提出了一系列深入的问题，得到了受访者详细的解答。

接下来，倾听与互动是采访成功的另一重要因素。在采访过程中，我强调学生们要学会倾听，而不仅仅是机械地问问题。倾听不仅能帮助他们捕捉到对方的情感和细节，还能根据对方的回答及时调整自己的提问方向。

在采访结束后，及时进行总结与反思也是我指导学生的重要环节。每次采访后，我都会和学生们一起回顾采访的过程，讨论哪些问题提得好，哪些地方可以改进。这样的反思不仅能帮助学生们巩固所学的知识，还能激励他们在未来的采访中不断进步。我们要用心去倾听每一个故事，尊重每一个观点，这样才能真正作出优秀的报道。（文：赵春雨）

一个硕士和他的 37 年老店

导读

在合川营盘街，有一家农资店"川塔农资"，还保留着20世纪90年代风格：包浆的高高木质货架上，陈列着五花八门的各式种子；电子秤上的圆盘早已因农药染色而失去原本的底色；柜台上的红色塑料桶里盛放着菜种；店铺四周还陈放着农药桶和化肥袋；店外近40℃夏日高温，店内却仍靠风扇消暑……和老旧的装饰形成鲜明对比的是它的主人邓睿，一个八零后，本科西南政法大学法学系、硕士重庆大学经济管理学毕业的年轻人。

"川塔农资"最早是邓睿父亲于20世纪90年代开起来的农资店。有着良种场工作经验的父亲，积累了丰富的种子相关经验和农资人脉关系，而这些对于一家农资店来讲，至关重要。不久，经过深思熟虑，父亲决定停薪留职，开办一家农资店。

20世纪90年代的合川，农资市场尚处于起步阶段，只有三四家专门销售农资的店铺。邓睿的父母凭借着他们所掌握的紧俏资源，尤其是农用薄膜、化肥和种子等基础农资，使店铺的生意红红火火——在邓睿记忆中，仅农用薄膜，一天的营业额就高达500元。而当时，一名正式的国营职工，月工资也才不到100元。

但好日子没有几年，2000年以后，"市场化"开始渗透到社会的各个角落，依赖"关系"做生意的邓家店铺，经营渐渐出现"原地打转"的窘境。到2008年前后，邓睿的父母已经老去，无力再去维持店铺的经营，而他们又不愿意放弃倾注了满腔心血的店铺，于是就商量让邓睿回来接手。

而这时的邓睿，已经在一家律师事务所有了稳定的工作。面对父母的期望，作为独生子的他，一番犹豫后，毅然选择了回家，去接父母的班。

先解决"买谁的""向谁卖"

2008 年，邓睿正式接手了家里的店铺，但真正运营起来，满怀信心的他却有些傻眼：课本上所学的经济理论知识与当前所面对的市场状况根本接不上轨。邓睿发现，尽管店铺在整个地区名气很响，但周围早已有多家新店铺崛起，已然形成强大的竞争力。更糟糕的是，知名品牌的农资产品也开始进入合川市场，以更低的价格和更丰富的产品线吸引了大量顾客。

邓睿正在向客人介绍自家的蔬菜种子
（罗影 摄）

对此，邓睿无比焦虑，常常在店铺的后仓里徘徊，想着经营 20 年的店铺该如何在市场浪潮中破局。一番思索，他决定向自己的老师请教。

"用户在选购农产品时，通常只关心两个问题：一个是'买谁的'，一个是'向谁卖'。前者是品牌，掌握在厂家手里；后者是终端，掌握在农资店主手里。"导师的话语给他指明了方向，他意识到，若想在竞争中立足，首先要有合作的大品牌，其次是掌握客源。

恰好此时，一个全国知名品牌的农药厂正在合川寻找区域性代理。邓睿的店铺因生意稳定、知名度高，被纳入了合作考察的对象。邓睿很重视这次机会，如果入选，不仅可以解决"买谁的"的问题——拿下全国知名品牌的代理权，成为该品牌在合川地区的独家代理商；也能解决"向谁卖"的问题——集中乡镇农资店的客源，大家都得向他聚拢。

但邓睿面临的问题也很突出。当时，邓睿的店铺只是一家零售店的规模，根本无法拿下整个合川的代理权。这就要他跳出"舒适圈"，主动跑周边乡镇的农资店，通过推销扩大业务量。

在当时的合川农资行业，市场经济刚刚萌芽，邓睿的这个想法显得格外另类。妈妈第一个站出来反对，神情中带着不屑和傲气："不带这么'贱'地做生意，哪个说我们家做生意还要上门求人的？丢不起这个人。"邓睿心中一阵失落。他知道，母亲的态度反映了当时区县商户的普遍心态——"卖方"为大，跑市场做服务的意识根本还未形成。

眼看几次沟通无果，邓睿决定瞒着家人，先干起来。

"坐商"改"行商"必须求变

那段日子里，邓睿终日在十几个乡镇中奔波，拜访一个又一个农资店。在这个过程中，他遭受了不少"白眼"，那些乡镇店主对他这种上门推销形式持怀疑态度，认为这种主动上门，可能隐藏着各种猫腻。

几次失败，让邓睿感到无比沮丧，几乎想要放弃。他坐在店铺的角落，不断回想自己上门推销的经历，心中满是疑惑与挫败——难道自己真的步子迈得太大，想法与现实真的不能融合？

正当邓睿满心焦虑的时候，店铺的一名老顾客给了他一线曙光。这位老顾客与邓家有着十几年的深厚友谊，见证了邓家的成长与变化。他耐心开导邓睿说："乡镇的农资店主大多守旧，他们更看重切实的好处，而不是说大道理。你要明白，他们不一定能理解你的想法。"老顾客觉得，这些店主年龄普遍较大，跟他们交流需要一些"牵线搭桥"的关系："我这里有位店主地址，你下次去的时候可以找他，他还是能帮你说几句。"

有了熟人的引荐，邓睿逐渐与几个乡镇农资店主建立了联系。跑这些乡镇时，他常常将最新的农资产品带给店主，详细介绍哪些种子在市场上更受欢迎、哪些农药使用起来最经济实惠。依靠真诚的交流和分享，邓睿逐渐赢得了几位店主的信任。在接下来的两个月里，十几个乡镇的农资店开始渐渐从邓睿这里采购农资产品。他积极帮助店主解决在销售过程中遇到的问题，进一步巩固了彼此的合作关系，慢慢地，批发业务开始逐步成型。

最终，邓睿成功拿到了这个大品牌的代理权，老店的利润直接翻了四五倍。

事后回忆这段经历，邓睿依然很感慨。就在那段时光中，他实现了"小生意靠守，大生意靠走"的转向。

尝到甜头的邓睿，继续如法炮制地开拓农资代理权。为了提升运营效率，他放弃了"单打独斗"，组建了一个专业的销售团队。

做自媒体，老店也能"乘风破浪"

就在邓睿自信满满准备迈向下一个阶段时，农村电商平台也迅速崛起了，这迅速改变了整个行业的竞争格局。邓睿清晰地感受到，越来越多的农民倾向于通过线上渠道购买农资，毕竟，便利的配送服务和透明的价格优势太香了。

邓睿看着自己合作的品牌，纷纷建立了公众号，并积极在抖音等新媒体平台发布视频。他与乡镇农资店的"农二代"们闲聊时，也发现大家都愿意通过这些平台，以农村人喜爱的视频形式传递与他们生活息息相关的内容，在嬉笑乐呵间促成一次买卖。尤其是平台可以根据大家偏好，提供个性化推荐，拓宽大家对产品的认知面。

面对这些，邓睿意识到，自家快 30 年的老店已经走到了一个新的瓶颈期。

就在邓睿决定也加入自媒体的主流时，毫不意外地，反对的人再次出现了，这次是他的媳妇。"增加人力成本，短期看不到收益，这样有点赔本赚吆喝。"邓睿媳妇不满地表示，"我们家经营得好好的，何必自找麻烦？"

邓睿耐心地解释自己的想法："电商是未来的趋势，我们不能只固守传统。现阶段需要借助平台接触到更多客户，打响自身知名度。"邓睿媳妇还是摇头，担心投入那么多时间和金钱，万一失败了，就是竹篮打水一场空。

说不通，邓睿照样是先做起来再说。

做自媒体的第一年，邓睿摸索着别人脚本，独自一人当演员，自己拍摄、剪辑，尽管人气惨淡，但他依然坚持不懈。看到邓睿如此执着，尽管成效不佳，媳妇也不再多说什么。第二年，随着助农电商风潮的兴起，邓睿把目光盯在了田坎边，开始拍摄花种、蔬菜种为题材的短视频。由于抓住了受众的情绪点，即使粉丝不多，但还是成功卖出了 15 万元的产品。

这对邓睿的鼓励很大。到了第三年，邓睿果断组建了一个三四人的专业运营团队，充分利用各种新媒体平台，专注于以趣味田间科普形式，向大家介绍果蔬花卉种子的成长故事。

正如邓睿所想，团队抓住了新媒体潮流，成功赚取了 35 万元，并在短时间内吸引有效粉丝达 5 万人。

如今，5 年过去了，邓睿的店铺年收益增长到了 400 万元，仅是电商部分每年都有几十万元的稳定增收。与之相较，同样位于合川的另一家老店，没有新媒体和电商的加成，年收益则从当初的 600 万元逐年下滑，目前已降至 400 万元。

这让邓睿庆幸不已。

一根丝瓜开始了新生

站稳了线上和线下的市场，邓睿又有了新目标，他不满足于只做一个地区农资批发商，而是想把市场做得越来越大，于是，他盯上了农产品。

这个想法源自父亲良种场时对蔬菜种子的研究。五六岁时，邓睿常在父亲的试验地边玩耍，目睹父亲为蔬菜授粉、去雄，记录和测量蔬菜的生长情况。随着年龄的增长，邓睿也逐渐参与一些力所能及的工作。耳濡目染中，他对许多蔬菜种子里的门道，也学了个大差不离。这段经历，让他决定先从蔬菜开始"试水"。

于是，他把老店全权交给媳妇打理，自己白手起家，创立蔬菜种子科研培育基地。

迈出第一步很难。邓睿团队小，没有市场影响力，一趟趟跑全国各大科研院所和农业大学时，吃了不少闭门羹。

那段时间很愁人，主动权在别人手里，邓睿无可奈何。他自己也想了很多招，比如积极参加各种农业展会和论坛"刷脸熟"、通过新媒体平台结交农业领域有影响力的人物，然而这些都是收效甚微。

那段时间，邓睿时常与父亲探讨基地发展问题。对儿子的困局，父亲给了一个方向："你就去'捡'大企业看不上的种子品种，做出成绩一步步地来嘛。"父亲的话让邓睿眼前一亮，他决定不再追逐那些热门品种，而是从最基础的种子开始，寻找那些被忽视的机会。

一趟又一趟地跑了几个月，终于有所研究院愿意拿出一个丝瓜的品种，让邓睿去做。捧着那颗来之不易的种子，邓睿心中的激动与感动交织在一起，瞬间热泪盈眶。

在接下来的日子里，邓睿与团队全力以赴，精心培育这个新的丝瓜品种。每一次浇水、施肥、观察生长，邓睿都倾注了无尽的心血。当第一批丝瓜成熟时，他心中充满了成就感和对未来的希望。

为了做大销售规模，邓睿和他的团队成员在全国一个省一个县地去拓展，将"行商"理念执行到底，让当地的农资店代理他们的丝瓜品种。经过几个月努力，全国有500多个农资店代理了他们种子。

凭借这一坚实的合作基础，邓睿和团队更加自信地与研究院和大学洽谈种子合作。如今，他与研究院合作了辣椒、黄瓜、南瓜等多种作物，甚至还包括利用卫星搭载的太空育种技术研发的莴笋和苦瓜等优良新品种。

有了"成绩"，老店自然升级成了销售总店。在店里，邓睿总是"骄傲"地把自家的各种蔬菜种子摆放在最显眼的位置，仿佛在向每一位客人诉说他的梦想与坚持。他舍不得将店铺进行翻修，就想保留那个初创时的模样。它经历过父母辈农资店的"黄金时代"，每一件陈设都承载着那个年代情感。如今，它将与邓睿一起继续顺"时"而变。（文：闵健萍　指导教师：罗影）

采写手记

　　8月25日开学当天，我经过农贸老街时，看到一个招牌上写着"种子批发"。虽然我对这类店铺有些"壁"，但内心的好奇促使我想采访这种店，记录商道故事。通过进一步搜索，我找到了这家有37年历史的老店。

　　我总共去过这家店三次。第一次去时，我被那个"复古"的环境震惊。我表明来意后，店员拨打了老板电话，经过沟通，最终双方约定了采访时间。

　　作为一名记者，我已有11年的采访经验，但从未涉及"三农"新闻。为了做好准备，我围绕"农资市场经济发展""种子研究"等30个关键词，深入阅读相关新闻和农资故事，在近十天内整理了大量资料，最终与邓睿见面。

　　邓睿并非普通"农二代"，他是西南政法大学法律本科生和重庆大学经济研究生，现经营种子基地并专注研发。通过深入交谈，我意识到自己对这个行业还需要更多了解，于是提出先进行初步了解，再预约深度采访。

　　在第三次采访中，我重点关注两代人如何经营这家老店，尤其是邓睿如何应对转折期的挑战。最初，邓睿倾向于谈自己的经营成功，对波折不愿多谈，这让我感到话题偏离。经过几次引导，他逐渐理解我的需求，最终顺利聊完。这次采访对我而言是挑战，但邓睿以通俗易懂的方式分享专业知识，帮助我在整理内容时避免了一些错误。

　　通过这次采访，我意识到自己需要保持"空杯"心态，在每次"破壁"中成长。（文：罗影）

用花讲故事

导读 ▪▪▪▪▪

　　李丽蓉是合川区一家小花店的老板兼员工。作为一家标准的微型企业，一粒米中藏世界，也包含了经营中的起伏波折——哪怕是一家小店，要想做好，也实属不易。

　　在合川合阳城街道附近有一家花店，李丽蓉既是老板又是唯一的员工。她今年 38 岁，合川人，个子不高很瘦，与人交谈时热情中略显谨慎。

传统包装"好土"

　　开花店以前，李丽蓉走南闯北，四处打工。虽说文化水平并不高，但也算是见多识广。2017 年，当第二个孩子出生时，她决定回到家乡发展，在照顾孩子的同时，做点小生意。

　　经过长达 2 个多月"摆龙门阵"式的调查，李丽蓉决定入手花店。主要想法是合川有多所高校，年轻人对鲜花的需求较大，再加上她养过花，对这个行业有所了解。于是，她拿出了打工存下的 3 万元积蓄，想开一家花店。

　　对开花店的关键点，李丽蓉调查后得到的认识有三个方面：一是店铺选址要好，二是销售的品种要对路，三是花卉供应渠道要畅通。在几个备选店址中，她一咬牙敲定了超市旁的一家 30 ㎡ 的门面，虽然月租金要 2000 元，比其他选址贵了近 500 元，但考虑到超市人流量庞大，能为花店带来更多客源，这个钱李丽蓉觉得花得值。

　　把目标瞄准高校学生寝室后，李丽蓉选定了一些价格不贵的鲜花以及多肉、小盆栽等容易养活的植物，还有观赏鱼和小乌龟等小动物。这些动植物不仅可以增加花店的多样性，而且进价并不算贵，可以为花店带来持续的流动性生意。

　　对渠道，经过一番比价和考虑，李丽蓉在重庆市选定了几家供应商。为了省路费和时间,她每月亲自跑一趟挑选货品,其余时间就通过电话或在线联系供应商补货。

就这样,花店开始了运行。一段时间后,李丽蓉翻看着账本,眉头皱起来:每天都有还算可以的生意,但却没有赚到什么钱——每一笔销售的利润微薄,三块五块、十块八块,尽管人气还算旺,但盈利空间却让人不乐观。面对这种情况,李丽蓉很苦恼:怎么才能把盈利水平提上来?

2018年情人节,一个学生模样的年轻男孩走进了李丽蓉的花店,询问是否可以包装花束。李丽蓉热情地说:"可以可以!"她用传统花纸包装了男孩选的玫瑰花,并在上面系了一个蝴蝶结。然而,男孩却皱起了眉头,明显不满地哼了一声:"好土!"毫不留情地扬长而去。

男孩对花束包装的不满,让李丽蓉突然意识到,要做学生的生意,只定位低价,只盯着小植物和小动物是不够的,必须跟上他们的消费思路,否则就赚不到钱!

为了解决这个问题,李丽蓉与家人商量了一下,决定拿出2000元,去学习花艺技术。

经过半个多月专业机构的课程集训,再加上从抖音上学习各种花艺技巧,李丽蓉从模仿起步,开始了自己的设计之路。在花艺课老师建议下,她推出了一项活动——到店购买鲜花即享免费包装设计服务——通过包装设计,赠送贺卡的方式,让花束看起来更有质感和价值。在2018年上半年的各种节日和毕业季,这个活动受到了附近高校学生的好评。在此基础上,李丽蓉巧妙地略微上浮了鲜花的单价。

很快,李丽蓉发现每个月的利润增加了3000多元。

把店搬到网上去

花店慢慢开始步入正轨,李丽蓉的销售方式也变得更加灵活与贴心。除了提供整束花的定制包装,李丽蓉还特别设计了单枝花的包装。这种个性化的服务更贴近多样顾客的心意,赢得了更多口碑,吸引了更多回头客,使花店的最高月盈利一度达到6000元。

然而,好景不长。随着"悦己经济"和"她经济"的快速发展,越来越多的经营者开始关注这个行业。自2019年开始,合阳街道开始不断有竞争者加入,一家又一家的花店陆陆续续开起来。这让李丽蓉的花店受到了影响,毕竟整个街区的"蛋糕"就只有这么大。那段时间，李丽蓉花店的利润开始急剧下滑，一度降至2000元左右，尤其是暑假期间，生意更是清淡，利润甚至缩水至1500元。

面对这个困境，李丽蓉不知所措，不断地考虑是否放弃这个花店，继续外出打工。但一想到这几年的客户与经验积累，她又觉得很可惜。

举棋不定时，一次偶然的抖音浏览让李丽蓉重拾信心。在一个短视频中，云南省斗南镇展现出世界最大鲜切花产区的璀璨景象，种类繁多的鲜花以及实惠的价格让李丽蓉眼前一亮。通过与当地花农在线沟通，她发现了更优惠的价格，甚至这种优惠的价格还可以灵活谈判，花材还可以包邮到店。李丽蓉欣然决定，将进货渠道从线下转为线上。

这个改变让她每月至少节约了800元的购货成本。

看到线上带来的优势，李丽蓉开始关注网络营销。她学习了朋友圈点赞模式——新顾客凭着点赞数到店可以享受相应的折扣，而老顾客凭着点赞数则可以获赠一束到店的鲜花。这种点赞奖励的模式引起了顾客，尤其是占比70%以上学生群体的兴趣，他们每次到店，都会购买一些鲜花或其他植物。

就在李丽蓉因新营销模式而稍松一口气时，另一场新的危机又悄然而至。2020年，疫情暴发。这给整个社会带来了巨大的冲击，居家隔离和封控措施让她的花店陷入亏损状态。这次，李丽蓉并没有太过于沮丧，她受到别人在抖音、淘宝等平台直播销售生活用品的启发，决定再次利用互联网的力量，学习如何通过线上直播销售。

起初，她对在线直播卖花一窍不通，就先把这个直播平台当作与熟人顾客聊天、排解焦虑的窗口。随着时间的推移，她开始注意到顾客偶尔会询问鲜花情况，就开始与顾客在线沟通，并利用视频直播，让顾客看到花朵最真实的情况。尽管最初在网上卖花的粉丝数量有限，每月的销量也并不理想，但李丽蓉将这看作是一个新的销售机会。她一边通过直播平台学习别人销售，用小本子记录别人话术，一边又去与斗南鲜花基地联系，寻求成本低又量大的鲜花，以盘活店铺的销售流水。

李丽蓉的直播销售逐渐引起了顾客之间的关注，销售业绩慢慢好起来。

就这样，李丽蓉的花店挺过了第一波疫情影响。

第一波疫情过去，李丽蓉发现，周围的花店关门倒闭了一大半。虽然竞争对手减少了，但市场的冷清让她感到很不安。受疫情影响，居民的消费习惯已悄然改变，大家不再喜欢扎堆逛超市了，曾经热闹的超市变得萧条。这对于依赖超市人流量的花店来说是个巨大的挑战。此外，顾客们也反映出她的花店位于负一楼，通风不佳，加之位置不显眼，所以缺乏吸引力。

望着几乎没有行人经过的超市，李丽蓉心中充满了焦虑。她意识到要适应新的市场环境和消费习惯，才能重振花店的线下业务。

花店有一名老顾客是大学教师，他主动对李丽蓉提出了建议：搬迁！把花店搬至临街的店铺，在人流较大的地段选一个位置，主动出击增加曝光度。李丽蓉觉得这个建议很好，几年花店经营和网络学习所得的经验也告诉她，如今的消费者更重视购物体验和环境氛围，店铺的位置和外观直接影响顾客的选择。四下努力寻找了一番后，在2021年，她鼓足勇气地将花店从负一楼搬迁至一楼，租金也从每月2000元上涨到4000元。尽管增加了成本，李丽蓉还是觉得值，一定能为花店带来更大回报和长期发展。

李丽蓉正在包装客人预订的花束
（梁心月 摄）

事实证明，她的这个选择是正确的——她的小账本显示，搬迁后的花店的确吸引了不少新顾客，2021年每月线上线下销售也带来约3000元净利润。

与之同时，尝到了线上营销的甜头后，李丽蓉充分意识到了社交平台的推广的价值。但这时，李丽蓉的线上营销也遇到了"麻烦"。起初，每完成一个心仪的花束作品，她都会用不同角度的全景、特写，甚至尝试不同的位置摆放，找出最美的视觉效果，然后线上分享。这种做法一开始还能收获顾客的点赞，后来渐渐演变成了刷屏广告，逐渐失去了关注度。

李丽蓉开始思考如何提升自己的营销水平。看到网络上其他花店博主分享的内容，李丽蓉意识到自己还只是在卖花阶段，还不会用花束来讲故事。考虑到客户多数是学生，又值2022年的毕业季，李丽蓉就想试水讲讲故事。她选用水蜜桃、车厘子为主角，再点缀粉橙色的玫瑰花和绿色的尤加利叶，包装了一组名为"桃李满天下"的花束。发布到朋友圈后，这束花的售价为288元，没想到在短短3天的时间里就售出了20多束。随后的母亲节，李丽蓉再次以染成青绿色的康乃馨打造了一束特别的花束，并搭配了感人的朋友圈文案，引起了顾客们的共鸣。

这几次尝试，让李丽蓉意识到将常见的花束包装升华为一个充满情感的载体，更容易唤起顾客的购买欲。在不断探索创意的过程中，李丽蓉包过钱、包过香烟、包过酒，甚至包过彩票，主打"万物皆可包"的理念。她发现，在特殊日子里，用花束讲故事的需求越发增长，并且使用的花材都是偏吉利、颜色鲜艳喜庆、寓意好，橙色系、红色系、紫色系更受大家的欢迎。

2024年，李丽蓉迎来了她经营花店的第七个年头。这七年来，她由一名在家照顾孩子的全职宝妈逐渐蜕变为一个充满事业激情的花店老板。这家花店不仅是她的经济支柱，也是她与社会联系紧密、不断与时俱进学习的纽带。（文：梁心月　指导教师：罗影）

采写手记

柴静在《看见》中提到，采访中我最关心的便是人。这次采访花店老板李丽蓉，让我深刻体会到了这句话的含义。

在交谈中，我们了解到李丽蓉回到合川想开一家花店，一个原因是她在家当全职宝妈无业，还有一个原因是她自己从小就很喜欢花，这个起始成本也较为低，容易上手。

当被问及经营花店的困难时，李丽蓉的脸上也是带着谨慎的笑，说道："刚开始没人来，那时候就比较艰难，后来就是疫情的时候，大多的居民学生在家，街上没多少人，而且现在竞争也很激烈。"面对这些麻烦，李丽蓉并没有放弃，而是通过不断摸索，找到相对应的解决方案。

在采访中，我觉得只有仔细观察人物，才能写出故事，因为细节便是一个个故事，只有故事才能打动人。采访者与受访者其实是一种双向奔赴，记者要在采访中拉进与受访者的距离。只有把对方当朋友，营造轻松的采访氛围，她们才愿意和你分享。

通过这次采访，我不仅了解了李丽蓉的创业故事，也在新闻采写产业学院的实践培训中，逐渐明白了写作技巧和提升思维能力的重要性。（文：梁心月）

从两千元到两百万

导读 ▮▮▮▮

　　刘德静是重庆移通学院毕业的大学生，在校期间，他就依托校园电话卡的销售创办了公司。从 2000 元到 20 万元、80 万元……刘德静和他的团队走过了一条独特的大学生创业之路，他们不断收获商业营销的经验，并开始在多元化的路上迈开了步子。

　　刘德静至今都深深记得，2020 年，自己首次卖电话卡赚到了 2000 元。那段时间，他每天都背着行囊，穿梭于校园的各个角落，顶得住烈日，扛得住拒绝，靠热情和耐心为每一位同学提供真诚而专业的销售服务。这段经历，成为他踏上创业之路的起点。

打感情牌赚了 2000 元

　　2019 年 9 月，刘德静从一个小县城考上了大学。生活费紧张的他最初在校内干一份勤工俭学的岗位，每月挣 500 元的助学费。此外，他还额外去寻找一些兼职工作。

　　大一的寒假前，室友刘洋分享了一则某电信运营商在学校招收校园兼职的广告。刘德静抱着试试看的态度报了名，结果幸运地通过了面试。开学后，凭借学生干部工作和参加各种比赛所积累的人脉，刘德静迅速组建了一个由 80 人组成的校园销售团队。团队成员中甚至有些人并不清楚自己应该做什么，完全是出于对刘德静平日性格和为人的信任。大家积极的态度让刘德静备受鼓舞和感动。

　　在运营商负责人的指导下，刘德静开始对团队进行管理、培训和维护工作。他首先挑选出 15 名队长，让他们负责管理剩余的队员。每周，刘德静都坚持线下会议，还在群里给队员发红包，与大家聊天，增进感情。这种亲和力与"感情牌"

让整个团队更加团结，更有凝聚力。

经过 3 个月的努力，刘德静凭借出色的团队组织和管理能力，成功获得了暑假前往该电信运营商北碚分公司进行前置营销培训的机会。培训有一项检验任务，要求一周内销售 50 张电话卡。尽管和团队成员相互磨合过一段时间，但面对这次销售实战，刘德静内心仍然充满忐忑与紧张，不确定自己和团队能否完成任务。

刘德静决定，销售先从团队内部开始。他通过视频，充满激情地介绍了这款校园卡的促销优势：29 元的价格，享受其他电信运营商四五十元套餐相仿的功能！他的真诚分享和详尽对比，得到了 80 多名团队成员的充分信任，甚至很多人表示愿意更换自己的电话卡，并积极努力说服其他同学购买。

于是，在短短两天时间内，刘德静和团队共同努力，成功售出了 50 多张电话卡，赚到了 2000 元。他兴奋地拨通了妈妈的电话，并自豪地说："妈妈，这个月你不用再给我寄生活费了。我学会赚钱了。"

在这次前置营销培训中，清晰而有效的沟通能力以及团队建设和激励技巧，让刘德静有了更大的自信。

2020 年 9 月，又迎来新一年的开学季。经过半个多月的努力，刘德静的团队成功销售了 500 张电话卡。这引起了运营商的注意，合川公司的销售负责人找到刘德静，告知他们，这个开学季，他们是整个合川地区表现最出色的校园销售团队。销售负责人邀请他们成为合川地区的校园代理，专注于拓展校园电话卡。

刘德静立即意识到，这家运营商是一家大公司，跟着他们干肯定比从事其他兼职更有前途。于是，他和室友经过半个月的认真考察和分析，充分了解了工作内容和流程，决定办理营业执照，并与运营商签订了代理商合同。

线上"扫街"获得 20 万

尽管成立了公司，签订了合同，但刘德静明白，在没有新客户资源的情况下，销售 500 张电话卡已经是团队的极限。他与室友刘洋认为，壮大销售团队、拓展客户资源是当务之急。

此时，刘德静手中握着卖 500 张电话卡赚取的 15000 元和获得的 5000 元励志奖学金，以及室友刘洋合伙出资的 20000 元，总计 40000 元。他们决定将每张电话卡的提成涨至 100 元，力争成为合川区域提成最多的代理商。

这一举措果然吸引了大量销售人员的加入，销售团队迅速发展，从几十人增长到了400多人。

有了队伍，刘德静决定利用这支队伍进行"扫街"营销。最开始的"扫街"目标，定位在合川各大高校，希望能直接触达学生群体。然而，突如其来的疫情蔓延让他们的计划落了空。线下拓客策略失效，让刘德静倍感压力和迷茫。就在团队陷入困窘之

刘德静的团队正在做校园推广活动
（受访者供图）

境时，一位大二的队员提出了一个新的想法：充分利用刚入校的新生适应学校的窗口期，在抖音、快手、小红书等平台，发布校园攻略类的优质内容。通过内容营销，将大学新生从公域引流到团队建立的私域，再进行营销转化。

这个新的策略让刘德静眼前一亮，他决定转变思路，利用大学生喜闻乐见的新媒体平台"线上"拓客。同时，团队再在微信群、QQ群等渠道开启"扫街"行动，在各个校园群中发布产品信息、价格和优惠活动，采取"见缝插针"式的广告宣传。他们主动与群主和管理员建立联系，参与社群维护、组织抽奖等活动，努力为群组注入活力，提升自己的影响力和知名度。就这样，从2020年9月到2021年3月，刘德静及其团队成功拓展了上千名潜在客户。

为了更好地提供线上服务，刘德静与室友刘洋又决定开发一款应用小程序，展示电话卡产品信息，提供在线购买功能，并设置在线客服。但这时，由于前期拓客的开销及销售人员的提成，刘德静发现已经没有足够的资金来支持程序的开发了。因此，他们试图与运营商合川公司的销售负责人进行沟通。结果，运营商认可了他们的努力和计划，获得了20000元的资金补贴。

在线小程序给了刘德静团队巨大的帮助。在2021年9月的开学季，他们成功完成了运营商下达的任务指标，销售了1200张校园电话卡，获得了20万元的收入。

这时的刘德静，已经没有了大一获得2000元的激动，他长长舒了一口气，如释重负。经过一年的锤炼，他终于完成了第一步的身份转换。

靠"小"伙伴挣到 80 万

为了进一步拓展业务，2022 年 4 月，刘德静背起背包，开始了重庆各个区县的运营商高校代理业务之旅。凭借在合川的销售经验，他的团队迅速赢得了沙坪坝、永川等四个地区高校电话卡的代理业务。

而这时，运营商又给他们加了码，下达了 7000 张电话卡的销售任务。这让刘德静感受到了压力。他意识到，面对这一庞大任务，仅依靠团队寻找客户显得单一且困难。因为每一个商业区域都已经处于饱和或者是垄断状态，他们每卖出的一张卡，都是从别人的碗里抢食吃。

面对团队规模小、无法与大型企业进行合作的现实，刘德静把目光转向了同样"小"的合作伙伴——那些高校附近的小食摊、小卖部、网吧、台球馆，希望与他们展开合作，在小众市场中建立起竞争优势。为争取他们的支持，团队注重与这些店铺的工作人员紧密沟通，灵活调整成本分配，提高拓客提成比例，同时还在自身客户群中协助这些小商户进行推广和引流，实现利益互惠共赢。

搞定环境后，刘德静他们就在学生聚集的商业区域，设置宣传展台，以简单、明了、醒目的方式展示运营商电话卡的品牌优势，同时还举办抽奖活动、推出特惠学生组合套餐、提供免费赠品等，吸引学生群体的眼球和积极参与。在活动中，他们总结出了一些关键经验：团队成员配备 4—5 人，固定地点，采用走动式营销。当现场气氛冷清、缺少围观者时，就让团队内成员排队围观，营造热闹氛围；人气高峰时段，加快开户进度，而人数较少时，则延长与客户沟通的时间，促使人群聚集，保持活动的热度和吸引力……

为了能"抢到饭吃"，刘德静还认为必须加强对团队的培训。他把培训新人作为重要的营销策略之一："做销售就是客户上门咨询了，然后把产品卖出去那么简单吗？这是公司客服不是销售。去市场一线与其他电信运营商争夺客户资源，那才叫销售！"

在有效的培训和指导下，新人很快就融入了团队，提升了整体销售绩效。2022 年的新学年开学季过后，刘德静的团队成功完成了 7000 张电话卡的销售任务，取得了 80 万元的收入，也帮助该运营商打破了其他运营商在合川区域强势的局面。

希望品牌化能挣到 200 万

随着业绩的增加，刘德静也开始面临更大的压力。一方面，运营商招募了更多的校园代理；另一方面，下达的销售任务也大幅增加，达到了万余张。

面对这一情况，刘德静和刘洋意识到必须开辟新的赛道，同时，还要树立品牌化的意识，打造团队的 IP 形象。于是，他们召集了团队的核心成员，组织了一次头脑风暴会议。

讨论中，大家说到疫情期间许多实体门店都倒闭关门，觉得这是一个商机。经过深入考察后，他们发现合川职业学院附近还没有台球馆，并且有门店出租，于是就决定抓住这个机会。刘德静意识到，经营好一家校园自助台球馆，一年就能有 20 万元左右的收入，这对于团队的稳定有极大的支撑作用。

有了稳定的现金流支撑，对电话卡营销，刘德静和团队将重点放在了品牌化建设上。他们希望在诸多代理团队中建立知名度，让大家谈起时都能想到自己。为此，团队开始在校园内举办宣传活动和路演，并邀请校园 KOL 参与销售站台，提高他们线下销售的人气；利用社交媒体平台如小红书、QQ 空间和抖音发布吸引人的宣传内容和优惠活动，购买广告流量，以提高销售团队的曝光度，吸引更多潜在学生关注和购买校园卡；通过举办与校园生活相关的话题活动，吸引学生积极参与，提升品牌认知度和口碑。此外，刘德静还运用数据分析工具，研究学生行为和偏好，与运营商紧密沟通，推出符合学生个性化需求的产品和服务，提升用户忠诚度。

在这个过程中，他们还有了意外的收获。随着知名度的逐步提升，刘德静发现了在重庆各个高校销售新生被套的潜在商机。在深入调研后，2024 年初，他们勇敢地成立了圆梦园有限纺织公司，专注于接手重庆各高校的被套业务。接下来，他们将充分利用在高校各学生团体建立的牢固人脉基础，迎接新的商业机遇与挑战——据测算，这一领域有望为团队带来超过百万元的年收入。

对这项代表着多元化发展的新业务，刘德静寄予了很大的希望。毕竟，电话卡这项业务，自己已经快要触摸到经营的天花板了，深耕与精耕的边际效应越来越小。当然，这并不是说要放弃，相反，刘德静觉得，自己经过 4 年的积累和沉淀，已经在重庆高校销售校园卡领域积累了丰富的经验和资源，依然可以为公司的发展带来相当可观的利润。甚至，他计划，要进一步深入市场，了解当地教育机构和学生群体的需求，制定更加精准的营销策略，比如与当地商家和教育机构建立合作关系，开展促销和推广活动。"如果完成今年运营商给出的所有代理区域的目标考核任务，我们将有200万元的收入。"刘德静向团队传达出了势在必得的决心。（文：梁心月　指导教师：罗影）

采写手记

　　这次商道故事采访的是一位重庆移通学院已毕业的学生刘德静，这也是我第一次接触到发生在我身边的创业故事，我深刻领悟到创业之道的困难和收获。首先，学长在面临生活费不足的情况下，选择不靠父母而是自力更生，勤工俭学，去兼职，这种坚持和努力的态度让我深受启发。学长的坚持不仅体现了他对自我独立负责的态度，也展现了他对未来的积极追求和拼搏精神。这让我意识到，在面临困难时，不是逃避或依赖他人，而应该勇敢面对挑战，寻找解决问题的方式和办法。

　　其次，刘学长在创业过程中遇到了诸多困难和挑战，包括资金的短缺、激烈的竞争等。他在讲述自己整天吃不下饭、睡不好觉的时候，我深刻感受到了创业者的压力和付出。创业之路充满着无数的困难和挑战，很多时候胜利只属于坚持不懈、勇往直前的人。通过学长经历，我认识到成功的背后是无数艰辛与努力，只有不畏风雨，坚定前行才能最终取得成功。

　　最后，重庆移通学院提供的商科通识教育为学生提供了重要的理论支持和实战指导。刘学长在创业过程中运用了在学校学到的商科知识。这让我深信学校的商科教育的重要性，不仅是为了丰富知识储备，更重要的是为未来的创业之路打下坚实基础。学校对创业的鼓励和支持，为我们提供了更多的发展空间和机会，让我们在竞争激烈的社会中更具竞争力。（文：梁心月）

开局就赔 50 万

导读 ⦙⦙⦙⦙

　　王晨宇是一个从巫山走出的大学生。兜兜转转几年后，他又重回大山，去推销家乡的水果。在电商为王的时代，王晨宇利用两年多的时间，闯出了另外一条成功的道路。

　　2022 年 4 月上旬，巫山恋橙销售季已经结束，而即将到来的脆李季还未开始，在这个空档期，王晨宇开始盘点前期的恋橙的销售得失，计划李子的销售方案。

　　一番盘点下来，王晨宇发现，尽管今年年初的恋橙果子，果肉饱满，汁水浓郁的橙子受到热捧，每天都能成交五六千单，但销售季结束后，经测算却亏损 50 万元左右。这令他的心里蒙上了一层阴影，对即将到来的李子销售有了隐隐的担忧。

　　售卖橙子和李子是一门好生意吗？现在王晨宇已经不太乐观了。他苦笑着诉说他的创业窘境："非常客观理性地说，大家看到的多是电商直播助农的火热景象，真实却是背后更多创业者寻求破圈的焦虑。为了赢得网友的口碑点赞，这不得不赔本赚吆喝。"

要制定果子标准

　　王晨宇是出生在巫山的 90 后，他说自己是一个"巫山娃"，对土地有着深厚的情感。2021 年，工商管理专业毕业，在外闯荡 10 余年的王晨宇，回乡创业当起了"新农人"，带领团队利用电商平台销售推广巫山的特色水果。

　　对故乡的水果，王晨宇是有着深厚的感情的。之前，他走出大山去外面读书，毕业后从事的是文化出版相关的工作，一到巫山橙子成熟季，王晨宇就会在好友圈乐此不疲地介绍自家的橙子。巫山县有 65 万人口，农业人口就有 50 多万，这个"王婆卖瓜"的销售意识早已融入了王晨宇的基因了。

谈起他为什么在文化出版和阅读教育工作小有所得的时候，还要回到家乡重拾锄头成为"新农人"，王晨宇说，往文艺点描述就是实现晴耕雨读的梦想，往实际点谈就是看到了家乡恋橙的"钱景"。

2021年下半年开始，受疫情和"双减"政策的双重影响，王晨宇的文化出版事业不瘟不火，他开始关注其他赛道的机会。

当年的秋冬时节，王晨宇和往常一样回家探亲，与儿时的伙伴相约聚会闲谈。这个季节聊天，总绕不开橙子的话题。一番交流，王晨宇发现，当下由于受大环境影响，村里不少闲散在家的年轻人都在搞直播带货卖家乡恋橙，再加上当地政府的政策引导和老家农业龙头企业的引领，大家也算是搞得有声有色。看着老家的发小卖橙子这么热闹，王晨宇动了心，也想趁这个恋橙季好好干一番。

作为巫山走出去为数不多的管理学研究生，大家都认可他的业务水平，尤其是老家的农业龙头企业听说他想卖橙子，立即伸出橄榄枝邀请他加盟。2022年初，王晨宇与他的4名核心成员沟通后，大家一起来到了这家企业，负责公司经营管理工作。

巫山恋橙是王晨宇老家响当当的一张水果名片，企业依托这张名片再有电商的助力，每年的业绩也算是可圈可点。然而，王晨宇发现果子的销售缺乏根据市场需求制定标准，也没有品牌宣传意识，有着"看天吃饭"的意味。他觉得，"无论是什么产品都要有标准，这样产业才能更好运作。从'二八原则'来说电商占整个产业的总量不超过20%，80%的产品都还是在线下流通，因此光是依靠直播带货是不够的，线下落地很重要。"王晨宇的见解得到了同伴的一致认同。

经过全天候下沉市场调研，深入了解水果生鲜行情后商讨，王晨宇他们决定，将按照盒马鲜生、沃尔玛、麦德龙等商超的标准对收购的恋橙进行分级，并将果子的成品率作为重要指标：盒马鲜生按克分级，规定180克到230克为橙子的进货综合标准；沃尔玛则以果径分级，规定75毫米到80毫米为他们的综合标准；而在国外市场，按一定的箱规来对产品分级，例如一箱装14公斤，规格可能是48个、56个或64个橙子……

"现在搞标准化不是给你们增加麻烦，而是要摆脱种多少卖多少不稳定的局面，让大家以后照料这些果子更加有盼头。"在大昌镇马渡村，王晨宇及其团队成员一遍遍向果农介绍，强调要按标准收购的重要性。而面对大家既不懂标准化，也不懂品牌营销的尴尬情景，王晨宇还要不断地给大家吃个定心丸："别怕，这些都会由专人带领和指导，你们跟着学照做就行了。只要符合标准我们就收果子，即使后面亏损了我们自己承担。"

就这样，十几户果农加入了他们。

近年来，随着全国柑橘产量的日益饱和，柑橘市场越发疲软，价格持续低迷，价格从一斤两三元跌到一元多。可王晨宇对此还比较乐观。他相信，家乡的山好、水好、日照充足，果子品质很好，只要加强营销，应该很快能够打开销路。于是，2022 年的恋橙销售战，王晨宇制定了一个目标：卖出 3000 吨橙子！

赔本赚吆喝，长远看也是"赢"

为了快速促进恋橙销售，王晨宇和团队设计了一种分级销售的模式。除了优质大果按市场定价之外，他们还推出了特惠装的中小果包装，每件 5 斤重的果子定价仅售 9.9 元，而且还包邮。他们希望能够借助低价的中小果带来流量，带动整个橙子的销售。根据不同果子情况，他们设定产品 SKU（库存单位），并在原有腾讯视频号直播销售渠道之外，开设拼多多、京东等平台店铺，拓宽网上销售平台，风风火火在网上卖橙子。

恋橙上架之后，果然受到了消费者热捧，高峰时期每天都能成交五六千单，甚至还进入了拼多多柑橘销售榜前三。网友对恋橙的口味赞不绝口，称赞果子物美价廉。一度，这种火爆也让王晨宇很兴奋："那段时间，很多果农看到我们搞得热闹都想加入我们，有些远房亲戚还在托家里人情关系走'后门'呢，但是没有符合标准的，我们也没有收。"

王晨宇正在采摘巫山恋橙（受访者供图）

就在大家都觉得这次要大赚一笔时，算过账来的王晨宇却笑不出来了——最终发现，他们却亏了 50 万元！

复盘后发现，网上最主要的是中、小果热销，而他们所期盼的大果畅销局面并没有出现。即使不算邮费，中、小果包装 9.9 元的售价，都不够成本。

雪上加霜的是，周围的快递站也收散户的橙子卖，他们的快递盒比正规水果商贩的礼盒便宜几毛钱，一走量，累计起来数额就大了。而且，他们的橙子好劣掺卖，只图找快钱，网上扯皮的事情越来越多，这在无形之中增加了王晨宇他们推广的难度和营销成本，这是典型的劣币驱逐良币。

有时候，增加成本的因素，他们根本想不到。有一次，他们与卡车司机谈好了 5000 元拉车橙子去其他城市，结果要到目的地了，卡车司机却以稀奇古怪理由涨价至 6000 元。橙子是鲜果，时间耽误不起，有理都说不通，只有付了这笔"冤枉钱"。这样一来，原本能挣钱的业务，可能就因此而带来亏损。

王晨宇终于明白，商业实操与教科书上的理论知识最大区别是，教科书上你是站在上帝视角能计算出结果，而实操是摸着石头过河。一来就亏了 50 万元，整个团队都有些焦躁，王晨宇只好站出来安慰大家：前期是要付出学费的，毕竟需要花钱去适应这个行业的规则。做农产品没有什么胜利可言，唯一的就是让现金流不断，持续地经营。

王晨宇意识到，继续按照电商平台为主的模式，会继续赔下去。他们决定要转变思路，除了网络销售，必须加强线下直销和分销。

于是，他们联系了前期调研市场获取的人脉资源，依托企业的影响力和当地政府的支持，打通了盒马鲜生、沃尔玛、麦德龙、谊品生鲜等商超销售渠道，并与浙江嘉兴水果市场、广州江南果菜批发市场建立了联系，搭建果品线下销售网络。经过团队不懈努力，2022 年，巫山恋橙销售站最终完成了 3000 吨的销售任务。

大家事后总结，50 万元的亏损不能说是必要，但也是不得不支付的学费，毕竟后来争取到政府的支持，团队跑线下市场比较顺利，都是因为看到了网上做出的影响力，并积累了一定基数的粉丝。所以，即使电商平台有诸多问题，但依然不能放弃。

做好售后服务，瞄准中高端赛道

恋橙刚下市，接着就是巫山脆李的成熟。作为中国果品流通协会评选出的"中华名果"，巫山脆李色鲜个大，质地脆嫩，汁多味香，酸甜爽口，很受消费者欢迎。但是，巫山脆李对包装、贮存和运输的要求也比其他很多水果更为苛刻——它的保鲜期只有 4 到 5 天，给异地销售带来了很大的挑战。

为了延长脆李保鲜时间，王晨宇带领大家前期进行了大量实验。目前，市面上各种冷库贮藏保鲜、浸泡保鲜剂等手段技术都不够成熟，甚至在处理过程中让脆李表面残留污物或水分流失，影响口感，这直接影响了品牌形象。

幸运的是，2022 年 6 月底，正当大家犯愁时，重庆大学刘坤副教授携团队来到巫山县，主动提供了无偿科技服务——自主设计研发的空气放电自由基果蔬保鲜系统，使脆李的保鲜时间提升到了 2 周。这个技术不仅给王晨宇及其团队争取到销售时间，更是让整个巫山的脆李"走"得更远寄予了希望。

在销售脆李时，他们吸取了恋橙销售的经验，同时拓展线上线下销售渠道，再加上有政府的收购兜底、营销奖补、种植保险等支持，当年整个巫山的李子销售都不错。王晨宇及其团队不仅在网络上积攒了口碑人气，同时，由于优秀的品控、强大的品牌意识以及良好维护的线下商超渠道关系，取得了令人满意的成绩。

到了 2023 年初，因疫情刚解封，橙子市场价格非常好，价格基本上浮了100%。趁着这个良好的势头，王晨宇打算深化果子标准化和品牌化的同时，去开拓中高端市场，避免低价的内卷。然而，这次他的想法与所在企业的经营理念发生了分歧，大家最终分道扬镳。6 月，王晨宇就带领最早的 4 名核心成员重新组队，重新出发。半年后，团队规模终于发展到了 10 人。

如何实现持续发展，避免被淘汰并增加市场份额，是新团队面临的关键问题。

由于进一步优化成本的代价太大，团队决定在丰富营销方式方面深化"服务"策略。他们不仅在各大网络平台推广，还专门建立了面向客户的微信群，定期发布果子宣传并提供售后服务。同时，还推动定制化项目，为有需求的客户提供个性化水果礼盒。这些举措经过一段时间的试行，吸引了越来越多目标消费人群的参与。终于，在牢固锁定一些连锁超市的基础上，他们开始不断提升品牌知名度和服务质量，拓展销售渠道，在中高端市场获得了更多认可和支持。

从 2021 年开始，两年多时间过去了，作为"新农人"的王晨宇，终于在电商平台之外，发展出了线下直销、商超及定制等渠道，不仅为家乡的水果走出大山作出了自己的贡献，也使自己的事业迈上了一个更高更新的平台。（文：陈燕　指导教师：罗影）

采写手记

与老师一起采访王晨宇，我深有感触。从文化出版到农产品直播带货，再到成立耕田而食电商公司，他都没有好高骛远，而是一点一滴地慢慢积累。从开始对各地的优质水果进行实地考察，并在各大连锁超市学习销售模式，再到后来品牌推广落地实体店，他的每一步都做得踏踏实实，而且颇具决策力和执行力。

即使一开局就亏50万元，他也没有选择放弃，而是带领团队复盘总结，并制定出补救措施。作为巫山县为数不多的研究生，本来可以坐办公室"过安逸日子"，而他却选择在田间地头里劳作。破旧的帽子，褪色的衬衫，甚至是有些小麦色的皮肤，王晨宇如今已成了一个地道的山里娃。又是什么让他能坚持到现在？

而让我最深刻的是在采访时他说的一句话："其实，我很感谢我的家乡——巫山。小时候总盼望着能走出去，见见外面的世界。长大受挫后，最终还是回到了家乡。我决定让大家都了巫山，一个山清水秀的地方，也想让大家品尝到我们巫山的好果子！"

从大山里出去再回到大山，这需要多大的决心。

身为农村娃的我在读书生涯中一直都有这样的想法：我要走得更远，飞得更高！而王晨宇的故事却动摇了我的观念。如果每个人都前往大城市，那么自己的家乡又该怎么办呢？难道农村里就只能有一群留守儿童和耄耋老人吗？我觉得不是，农村应该需要像王晨宇一样有朝气的年轻人，脚踏实地带领家乡朝着新希望迈进！（文：陈燕）

20 世纪 80 年代农村集市生意人

导读

今年 79 岁的陈德发，是"三个农民的从商之路"系列第一篇的主人公。他在农村生活困难的 20 世纪 70 年代末和 80 年代初，做过一阵子小商贩，成为改革开放第一批经商的农村人。

三轮车拉碗换"生活"

今年 8 月初，笔者来到重庆市大足区龙水镇，走进村民陈德发的家中。一进门，一辆破旧的三轮车配件吸引了笔者的注意。这个配件虽然历经岁月洗礼，但依然能看出它的生产年份。陈德发看到它，脸上露出了微笑，思绪万千。

在笔者的询问下，陈德发开始回忆起这个配件的由来。在当时，镇上的生产队遇上粮食减产，每家人分到的粮食都不够一个人吃饱，陈德发家也面临着严峻的生活挑战。他们不仅需要应对粮食短缺的问题，还要面对养育两个小孩的艰巨负担。为了生存，他们不得不想尽一切办法来换取粮食。于是，陈德发和妻子杨英决定四处借款，并购买一辆三轮车，开始过上了一种"以物换物"的生活。

"刚开始，我并不知道该拿什么去换取粮食，只能在家里看着三轮车和剩下的借款感到焦虑。然而，在一次赶集的时候，我发现了商机。"陈德发说，那天正好遇到镇上赶集，他像往常一样，开着三轮车来到街上闲逛，打算顺便购买一些生活用品。就在挑选商品的时候，他突然注意到一个非常冷清的摊位。这个摊位的守摊人没有叫卖，反而和隔壁摊位的人聊天。

这个异常的情况引起了陈德发强烈的好奇心。于是，他将三轮车停在路边，走上前去查看。他发现是两筐烧制的瓷碗，外观非常精美。他好奇地问道："大哥，你的碗做得很好啊，怎么没人买呢？"这个人叹了口气，回答道："现在的行情不好，价格太高了，没人愿意买。"听到这里，陈德发心中有了一个想法，

他可以考虑购买这些碗，然后用这些碗来换取粮食。

陈德发认为，碗是每家每户都需要的物品，肯定能够换出去。于是，他提出以成本价购买这些碗，那个卖碗人最初感到十分惊讶，但很快脸上洋溢着笑容并答应了。在得到这些碗后，陈德发非常激动，他觉得这些碗是他们生存的希望。随后，陈德发将两筐碗搬上三轮车，重达一百斤，但他却丝毫不觉得吃力。

由于碗的数量太多，陈德发叫上了哥哥和侄子一起帮忙。他们用三轮车运载着这些瓷碗，前往90公里外的内江原坝厂进行交换。

经过两个多小时的行程，他们终于抵达了内江原坝厂。接着，他们开始挨家挨户询问是否有剩余的粮食，但大多数人家都表示没有。在穿越山岭和农田之后，他们几乎快要放弃希望时，意外遇到了一户愿意用碗来换取粮食的人家。最终，他们成功换取了20斤粉渣和30斤红薯片。

在谈及这段回家的经历时，陈德发一度情绪哽咽。

由于过度疲劳与饥饿，陈德发在回家的途中昏倒了。幸运的是，一位善良的老奶奶发现了他们，并慷慨地给陈德发倒了一碗清水，还为他们煮了一些烂豌豆。老奶奶不仅救了陈德发一命，也暂时解决了哥哥和侄子的饥饿问题。

"当我们回到家中后，我的两个孩子看着一袋袋红薯片，两眼直冒金光，急切地爬上三轮车，不管红薯片是生的还是熟的，就往嘴里塞。"陈德发说，这个场景至今仍让他难以忘却。后来，通过他不断地交换粮食，家里的基本生存问题逐渐得到了改善。

烧鹅摊卖出"商道"

到了20世纪80年代中期，国家政策进一步开放，倡导让一部分人先富起来，这也对农村的经济状况产生了积极的影响。此时，陈德发家的两个孩子即将进入初中，家庭开销逐渐增加，之前的生意已经无法满足家庭的需求。

为了筹集本钱，陈德发决定卖掉那辆三轮车，并保存了一些配件以备不时之需。后来，这些配件是他在过去艰难岁月中的珍贵记忆，至今仍然舍不得扔掉。

陈德发告诉笔者，为了找到新的谋生途径，他想尽了办法。有一天，他发现离家不远的地方有一家生意兴隆的烧鹅店。每天路过店铺门口，他都能看到店内顾客熙熙攘攘，老板在数钱时流露出满足和自豪的神情，这让他心生向往。于是，他回到家里与杨英商量，决定转行卖烧鹅。

"幸好之前做生意时结识了一些朋友，他们也改行做了烧鹅。"陈德发说，他的朋友名叫罗华，当时住在宝兴镇。为了学好这门手艺，他和妻子步行三公里前往宝兴镇，找到罗华寻求帮助。在说明来意之后，罗华很乐意帮忙，但他提出一个条件：不收取学习制作烧鹅的费用，但要求陈德发无偿协助他工作一段时间。

为了学到制作烧鹅的技巧，陈德发不得不答应罗华的要求。在刚开始的一个星期里，他们只是帮忙打下手，烧柴火、烧热水、烫毛、拔毛等。逐渐地，他们开始上手制作烧鹅。早上五六点起床，到集市上买鹅，然后烧水、烫毛、拔毛，取出内脏，清洗干净后进行卤制和熏制。

陈德发制作完成后，将烧鹅带到附近的集市上销售。由于是熟食，他每天只能制作5—6只烧鹅。一开始，仅有身边的熟人才会前来购买。杨英看在眼里，便借此机会与这些熟客"套近乎"，有时他们在购买烧鹅的同时，杨英还会赠送鸭脖子或鸭腿，并诚恳地请求他们帮忙宣传。

陈德发沉浸在阅读的乐趣中（陈燕 摄）

在熟人们的热情帮助下，越来越多的人开始光顾陈德发的烧鹅摊。不仅附近的街坊邻居会前来购买，甚至隔壁村镇的人们也会慕名而来。随着时间的推移，陈德发每天的销量逐渐增加，从最初只能卖出一两只烧鹅，到后来每次摆摊都能迅速售空。

"由于当时家庭普遍没有冰箱，冷藏技术也不发达，烧鹅几乎不能'过夜'。"陈德发说，随着夏季的到来，烧鹅的销量有所下滑，为了提高销量，他决定采取新的策略，开始制作烧鹅半成品。这样，顾客购买后只需进行简单的加热即可食用。

陈德发还向笔者谈到，为了确保新鲜的烧鹅能全部售罄，他根据不同时段的人流量，把摊位搬到了安岳、宝兴或龙水的集市上销售。随着市场的扩大，烧鹅的销量显著提升，每日烧鹅的供应量比之前增加了3倍。

"你是怎么在这么短的时间内，把烧鹅的生意做得这么好，难道有什么秘诀吗？"笔者好奇地问道。

陈德发洋洋得意地笑了笑说："我经营烧鹅生意靠的不仅是人际关系，还有产品质量。如果烧鹅肉质不新鲜，味道不过关，熟人便不会再次光顾，更别提帮忙宣传了。"

在陈德发看来，品质才是决定胜负的关键。

此外，陈德发还告诉笔者，通过卖烧鹅赚来的钱，他的两个儿子才有机会读初中，也让他们的生活逐渐得到改善。依靠卖烧鹅的收入，他们家庭度过了困难时期，逐步迈向更好的生活。

顺应时代"灵活就业"

在20世纪80年代末，中国社会开始转型，农村逐渐走向富裕。此时，陈德发的两个孩子已经长大成人，他不想再继续售卖烧鹅，打算改行做点其他小生意。

"当时，镇上的五金制造业非常发达，剪刀、锁头和菜刀等产品都卖得非常好。"陈德发说，经过多年的"摸爬滚打"，他积累了足够的资金和敏锐的商业眼光。陈德发捕捉到了五金制造业的商机，于是决定尝试转向新的商业赛道。

陈德发的弟弟得知他计划从事五金生意后，便特意前往外地学习如何制作汤勺。

"虽然汤勺的利润可能没有剪刀等物品高，但制作过程相对更快，且市场需求较大。"陈德发说，他的弟弟通过手把手的教学，把从外地学到的制作汤勺技术传授给他，他很快就掌握了这门手艺。

虽然上手很快，但是条件十分艰苦。陈德发回忆道，在制作汤勺的那段日子里，每天天刚蒙蒙亮，他们就得起床开始炼铁水、制作模型，直到夜幕降临才得以休息。在盛夏时节，天气异常炎热，但他们仍然需要围在火炉旁边，不停地敲打烧红的铁块。为了防止汗水滴入眼睛，他们还在脖子上随时挂一条毛巾来擦汗。

陈德发从房间深处翻找出一把曾经由他制作的汤勺，他笑嘻嘻地向笔者展示："看嘛，这里还有一个没卖掉的，我保留到了现在！"

陈德发表示，在制作出一百个汤勺后，他和妻子杨英便一同背着这些汤勺前往镇上售卖。他说："如果情况好的话，一天通常能够卖出一半，如果卖不完，我们就会拿到镇上的供销合作社，低价处理剩余的汤勺。"

陈德发还分享了他们一家人做其他生意的经历。当被问及为何要尝试这么多生意时，陈德发无奈地回答道："人生如此漫长，如果不去尝试做一些生意，岂不是很可惜？在那个贫困的年代，如果不努力做生意，我们一家人又该如何维持生计呢？"

如今看来，尽管当时的大环境充满困难和挑战，但陈德发并没有被抱怨或气馁所困扰。相反，他和家人积极地探索不同的谋生手段。随着时代的变迁，他总是能够敏锐地找到适合自己的经商之道。

"现在与过去截然不同了，大家不再需要像过去那样吃苦了。我们那个年代，农民为了谋生，不得不四处寻找商机，并灵活应对市场的变化。在当时的环境下，我们必须有敏锐的商业洞察力，懂得随机应变，才能让家人过上更好的生活。"陈德发苦笑着感叹道。（文：陈燕　指导教师：罗青）

采写手记

从最初用三轮车拉着碗碟走街串巷谋生计，到后来开设烧鹅摊铺，一步步拓展自己的商路，再到最后顺应时代潮流，灵活选择就业方式，陈德发的一生仿佛就是一部活生生的奋斗史。在那个物资匮乏、生活艰辛的年代，他没有选择抱怨和等待，而是用自己的智慧和勇气，不断寻找着改变命运的机会。

访谈中，陈德发那句"那时日子太艰难了，若不是做点小买卖，仅靠种田，全家恐怕都难以糊口。人啊，得学会变通"的话语，如同一记重锤，深深震撼了我。我意识到，正是他这种乐观向上的心态和灵活应变的智慧，才让家庭在困境中找到了出路，一步步走到了今天。

如今，我们的生活已大为改善，贫困的日子早已远去，人们不再满足于基本的温饱，而是追求更加丰富的物质和精神生活。然而，无论我们现在的生活多么美好，都不应忘记是先辈们的辛勤付出所换来的，应铭记"饮水思源"的道理。

同时，作为一名大学生，我们更应该从故事中汲取智慧和力量。在这个日新月异的时代里，变通已经成为一种必不可少的生存技能。未来，无论我们身处哪个行业、哪个领域，都需要具备灵活应变的能力，才能在激烈的市场竞争中立于不败之地。（文：陈燕）

"草根画家"蔡启伦

导读 ▪▪▪▪▪▪

　　蔡启伦是"三个农民的从商之路"系列第二篇的主人公,他是上个世纪90年代农民工的代表。经历了打工潮后,他在合川文峰古街内白塔旁,搭起了一个看似不起眼的流动商铺,那里堆满了石膏娃娃,还不时吸引小孩子来画画。

背起行囊南下谋生

　　蔡启伦今年49岁,合川官渡镇人,目前在文峰古街经营一家名为"星艺油画"的工作室。每天,他除了与妻子在白塔旁摆摊之外,还会抽出时间专注于绘画创作。

　　平时,令他最愉快的事情就是,自己的画作被人订走。说到自己的"油画人生",蔡启伦很有一番感慨:"我从小就很喜欢画画,可是生活在农村,家里太穷了,没有条件支撑我去学习,还更别说去读专业的美术学校。我只有用画笔描绘自己钟爱的卡牌人物和各种喜欢的东西。时间过得很快,转眼间我就17岁了,在1991年,达到这个年龄就意味着需要独立于家庭,自行谋生。"

　　当时,正好是20世纪90年代的打工热潮,许多年轻人都纷纷南下寻找工作。蔡启伦也背起行囊,独身一人去了广东开平。在工厂的日子里,尽管忙碌和疲惫,但他始终没有放弃对绘画的热爱和学习——在工地上,他也会自掏腰包购买点画笔纸及油彩颜料,利用休息时间进行绘画创作。

　　令蔡启伦意想不到的是,机会很快便降临了。

　　有一天,蔡启伦正在一家工厂做杂工,听说工厂附近新成立了一家油画公司,主要业务是出口油画。工厂的人都知道他对绘画的热爱,便鼓励他去报名。蔡启伦在大家的鼓励下,抱着试一试的心态报了名,参加了培训,没想到,他仅用了两个星期就掌握了大部分绘画技巧。

　　后来,经过三个月的学习,蔡启伦已经能够熟练地绘制油画。在一番深思熟虑后，他决定放弃在工厂的工作，专心投入绘画领域。那两年里，他不断磨练自己的绘画技巧，逐渐在绘画领域崭露头角。

后来，为了进一步提升自己的绘画水平，追求更好的生活，蔡启伦决定前往广东东莞。东莞的经济更加发达，聚集了更多的公司，尤其是油画公司。在东莞，靠绘画谋生的方式变得更加灵活，他不仅可以在公司内绘画上交作品，还可以在附近的出租屋内创作，再交给供应商。

虽然一幅画当时并不是很值钱，最多也就几十块，但源源不断的订单量，却让蔡启伦的绘画技术快速得到了磨练与提升。他的绘画速度也越来越快，甚至每天能绘制七八张油画，一个月的收入可达2000多元。在当时，这已经是很可观的一笔收入了。

就这样，他在东莞一待就是十年。

到2010年，经过重庆老乡的引荐，蔡启伦前往海南的一家油画公司。老板对他的油画作品赞赏有加，决定让他专注于这种风格的油画创作。蔡启伦原本打算在海南长期发展，但一次偶然的机会，他在公司的网站上看到自己的画作价格时，感到十分惊讶："我简直不敢相信，原本价值几十元的画作在网站上竟然能卖到几百元。我无法接受这个事实！"

蔡启伦精心完善客户预订的样板画
（罗青 摄）

这时的蔡启伦，依然挣着2000元的月工资，而他第二个孩子又出生了。生活的压力让他觉得仅仅依靠给别人打工似乎不能满足家庭的需求，应该开始自己的事业。于是，在海南待了三年之后，他带着一家人回到了家乡合川。

拿起画笔返乡创业

当蔡启伦刚回到家乡时，手头并没有太多的资金，于是便在合州市场租了一个小门市来经营。他不仅在这个门市内售卖小饰品，也在店内继续创作油画，并将成品悬挂在店外吸引顾客。

后来，市场拆迁，蔡启伦又带着妻儿来到城北的大南街，租下了一个不到60平方米的门市。边卖一些小商品，边创作油画，这样每月也能赚三四千元，

支撑起整个家庭的开销。

慢慢地，蔡启伦开始积累起了一定的名气。两年后，文峰古街开始招商，开发商认为蔡启伦的油画非常适合在古街发展，于是极力邀请他到古街开设商铺。

就这样，蔡启伦的店是最早开在文峰古街的商铺之一，一直到现在，其他商铺差不多都搬光了，只有他还坚守在那里。

在古街，蔡启伦租了一个商铺，但令他感到沮丧的是，无论他的画作多么出色，都没有人来购买。分析原因，他发现，可能是自己的商铺位置过于隐蔽，游客和附近的商铺都不知道他在卖油画。

面对这种情况，蔡启伦感到十分苦恼。一天，当他在白塔附近写生时，注意到了在白塔对面的斜坡处有一个未被租用的流动摊位。虽然这个摊位的装修不规整，但它位置当道，人流量较大。蔡启伦立即决定租下这里，并将自己的画作展示出来。

本以为有了地理位置优势，生意会逐渐红火起来，但蔡启伦发现，除了偶尔的油画定制之外，仍然没有很多顾客光顾。

有一次，蔡启伦用手机浏览新闻时，偶然看到一则关于"石膏娃娃在各大商铺火爆销售"的新闻。他感到非常好奇，仔细了解后发现，制作石膏娃娃的过程非常简单，只需要使用模具和颜料即可。他意识到这是一个很好的商机。

于是，蔡启伦立即前往附近的市场采购了所需的模具和颜料。在妻子何芳梅的协助下，夫妻二人合作完成了模具制作。他们将成品放在商铺外的置物架上，并摆放好颜料。同时，为了提高自己油画的知名度，蔡启伦还将油画摆放在石膏娃娃的对面。

果然，第二天下午，许多人纷纷前来光顾，整个商铺挤满了人，其中大多是附近中小学的学生。

尽管商铺的生意逐渐好转，但蔡启伦的油画仍然很少有人问津。2015年，他在网络上了解到很多地方举办的3D画展都非常成功，吸引了大量的游客打卡观光。因此，他决定与自己的堂妹合作，尝试举办一次这样的画展。经过将近一个星期的精心筹备，他们花费了4万元，终于在春节这一天，3D画展在汇江楼广场开门迎客，现场展示了50多幅出自蔡启伦之手的精彩画作。

蔡启伦期待有很多人来打卡观光，但结果并不理想，结果让他甚至有些亏损。不过，这次画展虽然没有达到经济目的，却通过邻里的口口相传，让蔡启伦的知名度得到很大的提升。

在这次画展之后，隔壁商铺的老板对他啧啧称赞："要不是你举办了这个画展，我根本就不知道你还有绘画的才华，真是隐藏得太深了！"

从那时起，向蔡启伦定制油画的需求日益增多，还有一些人慕名前来向他学习如何画油画。蔡启伦非常高兴，只要是真正热爱绘画的人，他都愿意教授。如今，向蔡启伦学习画油画的人数已达两三百人，涵盖了各个年龄段和不同背景的学员，从 5 岁儿童到 60 岁的老年人都有。

"如果要问我是如何逐步扩大这些商铺的规模，那么只有一个字：'稳'。"蔡启伦说他办事情从来都只讲求平稳，不想冒太大的风险，更别说自己如今有一大家人需要照顾。在做生意方面，他始终坚持一边画油画一边赚钱，慢慢地积累财富。只有当他攒的钱足够多了，他才会考虑扩大自己的商铺。

转眼间，蔡启伦已经在这里度过了 13 年。他谈到了自己的新计划："我认为自己的名气还不够大，需要加大宣传力度。如今网络如此发达，我打算通过抖音直播来销售我的画作。"

开启直播线上卖画

如今，网络直播带货正迅速成为一种热门的商业现象。蔡启伦敏锐地抓住了这个商机，决定利用电商平台采取直播带货的方式，以扩大自己的销售量和提高知名度，他开始尝试直播卖画。

网络直播对蔡启伦来讲，显然并不容易。与产品销售直播不同，蔡启伦需要在直播中一边创作油画一边进行宣传。这个过程需要耗费大量的时间，往往一幅画需要 2—3 个小时才能完成。如果没有足够的耐心或者对作品不感兴趣，观众可能不会购买。

为了吸引更多的顾客，蔡启伦在抖音直播上将自我定位为"草根画家"。这个新颖的定位确实吸引了一部分人的关注，但蔡启伦发现，目前在他的直播间里，主要还是看客，真正购买的，还是以前的老客户。

除了在抖音直播上卖画外，蔡启伦也会在线下销售画作。与以往不同的是，他现在主要承接商业绘画项目。在过去，他通常创作自由画并进行销售，但这种方式既耗时又卖不起价格。

去年，蔡启伦接到了一项商业绘画业务。当时，正值合川官渡镇的桃花盛开，为了吸引更多的游客，官渡镇计划重新装饰围墙，因此找到了一家广告公司来绘制桃林。广告公司缺乏合适的墙绘师，他们通过抖音直播找到了蔡启伦。

这是蔡启伦接到的最大一笔大订单，也是他画过的最大一幅画。整整用了一个星期，蔡启伦才把桃林画好。交货后，蔡启伦不仅得到了丰厚的报酬，在商业绘画领域也收获了名气，越来越多的公司企业来找他，让他帮画商业墙绘。

从打工到自由创作，兜兜转转，蔡启伦又回到了商业上来。这让他明白了一个道理：艺术一旦用来谋生，就不能再随自己的性子了，必须按照市场的要求来生产。这让他对未来的发展，有了更明确的目标。（文：陈燕　指导教师：罗青）

采写手记

这次我和罗老师来到了文峰古街的一个流动商铺进行采访，这也是我第一次在校外进行采访。在大一时，我和室友一起去过文峰古街游玩，也看到了这个堆满石膏娃娃的商铺，当时并没有过多留意。然而，在这次采访中，我惊喜地发现，这位蔡老板不仅开设了这个流动商铺，而且还是一位来自农村的"草根油画家"。他的画作深深地吸引了我，不仅有精美的创作油画，还有写实的风景画，每一幅都充满了艺术的力量和生命。

谈及油画，蔡老板的脸上流露出抑制不住的喜悦。在我们的采访中，他分享了自己从小对绘画的热爱，甚至在农村的艰苦条件下，他仍然坚持不懈地描绘自己的梦想。不论他身处何种环境，不论条件多么艰苦，他始终未曾放弃过自己热爱的艺术。他凭借自己的努力与勇气，坚定地追求梦想。作为学生，他的这种"草根"精神深深地激励着我们，让我们明白只要有梦想，就能无所不能。

此外，我们也了解到蔡老板的商业之路充满了挑战和转变。从依赖绘画为生，到开设实体店销售画作，再到如今在抖音上进行直播销售，他的每一步都充满了对时代的敏锐洞察和自我突破。这种积极适应并顺应变革的精神，不仅对其他行业有很好的启示意义，也是当今商业发展的必然趋势。

在市场竞争日益激烈的环境下，各行各业只有不断学习、思考、创新和适应，才能保持领先地位。我期待蔡老板能够继续保持敏锐的商业触觉，紧跟时代步伐，在互联网时代的变革中探索新的商业模式，开启新的商业篇章。（文：陈燕）

用心的"炊哥"

导读

现年 58 岁的罗强,是"三个农民的从商之路"系列第三篇的主人公。从 2008 年开始,他在路边摆地摊卖粉面,首次创业。2017 年,他和妻子又前往非洲开饭店,实现第二次创业,却遭遇了意想不到的"双重窘境",不得不选择回到故乡,并重新开始第三次创业。罗强说:"无论在哪个阶段,我都始终坚持'用心'二字。只要用心做事,就没有克服不了的困难。"

创业 1.0:弃武从厨专心卖粉

1979 年,家住合川县肖家镇新学村的罗强,14 岁时被当地的文工团选中学习曲剧。每天的练功训练,让他深切体验到了辛苦的滋味。然而,四年后,县文工团进行了改编并裁员,罗强被迫下岗,便和亲戚一同前往广东寻找务工机会。他们入职过各种类型的工厂,尝试了不同的工作,但最终只能赚取微薄的收入。面对生活的重重困境,罗强毅然决定返乡创业。

罗强在回到合川后,某天晚上与家人一同逛夜市时,意外地发现夜宵在当地非常受欢迎,但摊位却很少。这个发现激发了他内心深处的创业激情,在朋友的引荐下,罗强找到了当地一位享有盛名的川菜厨师,向其请教川菜的制作技巧。短短一年的刻苦学习,罗强便熟练掌握了许多经典川菜的制作方法。于是,他跃跃欲试,决心将所学付诸实践,开启自己的首次创业之路。

2008 年,罗强决定在金马广场的流动摊位开始摆夜市。当时,他主打的产品就只是重庆牛肉面和泡椒猪肝粉,每碗定价为 5 元。第一天,顾客并不多,只赚了 250 块钱。第二天生意开始有所好转,总共卖了 600 多块钱。随着食材品质的保证和顾客口碑的提升,来路边摊消费的顾客越来越多,生意越来越红火,甚至每天需要排队拿号。不到一个月,罗强就赚了 4000 多块钱,他倍感欣慰,没想到自己的粉面摊如此受欢迎。

渐渐地，罗强不满足于仅在路边摆摊的经营，决定利用摆摊积累的资金，在双牌坊附近租下一个门市。起初，这个门市和之前的摆摊一样，只销售重庆牛肉面和泡椒猪肝粉两种产品。罗强本以为生意会和以前一样顺利，但实际上并没有太多人来光顾。他开始感到苦恼："问题究竟出在哪里呢？"

有一天，一个顾客对罗强说："罗老板，你的店铺这么大，怎么只卖两种粉面？都没有我喜欢的口味呢。"罗强恍然大悟，瞬间意识到，光靠两种产品是不够的，还要更新菜品种类来适应大众需求。

于是，罗强立即前往重庆主城考察了解新的菜品和烹饪技术。经过两个月的学习和摸索，他决定自主研发新的菜品和不同口味的粉面。

在那段时间，罗强花费了不少精力。他每天都会投入大量的时间研发新产品，反复试验，并亲自品尝。他的后厨堆满了各种调料和一碗碗未吃完的粉面，只有当他满意后，才会将新产品推向餐桌。由于每个人的口味都有所不同，顾客的反馈并不理想。每当有顾客对粉面的味道提出意见时，罗强都会积极寻求改进的方法，并尽力满足对方的需求。很快，他的小店生意开始火起来。

曾经有人询问过罗强做生意的秘诀是什么。他总是笑呵呵地回应道："哪有什么秘诀啊？只不过是自己做事认真罢了。"罗强深知，只有精益求精，用心做好每一碗粉面，自己的生意才能更上一层楼。

创业 2.0：夫妻携手闯荡非洲

然而，就在罗强的生意蒸蒸日上时，他的身体却出现了问题。长时间的辛苦劳累与不规律的饮食，让他患上了严重的胃病。在医生的建议下，他不得不暂时放下生意，休养身体。门店自然无法持续经营，最后只能转给他人。

这段时间对于罗强来说，无疑是充满沮丧和失落的。

就在罗强逐渐恢复健康的时候，一个意想不到的机会出现了。罗强得知妻子的哥哥在非洲南苏丹做生意，并且在那里赚了一些钱，还积累了一定的好名声。罗强了解到南苏丹的华人很多，有很多发展的商业机会。经过与妻子邓明菊商量后，他们决定去苏丹开一家饭店，重新开始自己的事业。

2017 年，罗强和邓明菊来到了南苏丹首都朱巴。在亲戚的帮助下，他们很快找到了一家合适的门店。门店有两层，五百多平方米，罗强计划将一楼作为餐厅，提供川菜和粤菜等中式美食；二楼则用来提供住宿及客房服务。为了实现这个计划，夫妻二人花费了不少资金进行装修和雇用员工。他们雇用了一些中国的厨师和当地的服务员，为顾客提供高质量的服务。

经过一个半月的装修和准备工作，他们的"中国饭店"开业了。和之前的粉面馆不同，罗强的身份也发生了转变，由粉面"炊哥"变成了饭店"总指挥"。同时，他也改变了经营模式，由之前单一的餐饮模式转变为餐饮与住宿服务结合的新模式。他的妻子也加入了饭店的管理团队，担任前台大堂经理。

罗强夫妇在后厨忙碌地烹饪粉面（罗青 摄）

罗强的饭店价格定位在中高端水平，每桌基本定价在人民币 3000 元左右，如果菜品种类更丰盛一些，价格甚至可以达到 5000 多元，算下来一天的收入就有好几万元。面对可喜的收入，罗强相信，盈利只是时间问题。

在饭店经营上，罗强一直极为认真。他每天都是起得最早，睡得最晚。他深知，作为店主，自己的责任重大，必须确保每一位顾客都能得到最好的服务。为了菜品的新鲜美味，罗强每天亲自前往当地的中国超市进行采购，精心挑选最地道、符合川菜和粤菜口味的食材。同时，只要顾客有任何问题或疑虑，他都会亲自出面，尽力用他有限的外语词汇和肢体语言来解释，以尽量消除误解。

正当罗强的饭店红红火火时，南苏丹的国内形势开始紧张。本来，南苏丹就是一个经历了长期动荡的国家，政治、经济、社会等各方面的环境都十分脆弱，这时随着内战和冲突升级，偶尔窗外传来的枪声，经常让夫妻俩感到惊慌失措。雪上加霜的是，2019 年春节期间，疫情在全球各地蔓延，南苏丹也面临着严峻的困境。由于当地的医疗卫生条件极其恶劣，一旦感染几乎无力回天。

面对这种形势，罗强和妻子邓明菊深知在当时的情况下，回国才是最好的选择。于是，夫妻俩不得不忍痛关掉了门店，坐上大使馆安排的飞机回到了中国。

创业 3.0：再次返乡重启"面庄"

回国后，罗强决定在合川继续做他的老本行，开始"第三次创业"。然而，由于疫情的影响，顾客数量大幅减少，街道上的人流量急剧下降，人们甚至很少出门吃饭。值得庆幸的是，之前的老顾客得知罗强回国后又开了一家新的面粉店，陆续前来光顾。

罗强记得，第一天营业时，他发了一条朋友圈，结果有一个十几年前在金马广场开店时认识的老顾客，专门跑到我这儿来吃粉面。直到现在，罗强都记得这位老顾客边吃边说："老罗，你可算回来了，我太想念你们家的粉面味道了。"说完还不忘向他竖起大拇指。

老顾客经常光顾，也带动了附近的街坊邻居前来支持。就这样，即使在疫情期间，罗强的小店也顽强地生存了下来。

然而，令罗强没想到的是，疫情的影响还是从侧面打击到自己。第二年收房租的时候，房东提出要上涨房租——房东无奈地告诉罗强，由于大环境的影响，他的收入也受到了冲击，不得不提高房租。罗强理解房东的处境，但在这种困难的形势下，房租提高后，自己的生意也就不赚钱了。没办法，他只好将门市转了出去。

那段时间，罗强一直奔走在合川的各个大街小巷，寻找适合重新开店的商铺。直到有一天，在合川区人民医院住院部对面的街道，注意到一个店铺招商的广告，他立刻拨打了上面的联系电话，详细了解了情况后，决定租下这个商铺。理由是这个商铺的租金比之前便宜了不少，而且刚好在医院对面，地段当道，人流量大。

2022年6月，罗强正式接手了这个店铺，并改名为"罗氏特色粉面庄"。

开业后，罗强发现，自己是最后一批进入这个街道的店铺，之前这条街上已经有不少其他的面馆，竞争压力非常大。为了提升自己的核心竞争力，他不仅再次更新了粉面的种类，还增加了其他的菜品，包括包子、馒头和炒家常菜。他觉得，如果只卖粉面，可能无法吸引太多的顾客。根据之前的经验，必须更新菜品，分别在早上提供早餐和中午提供家常菜，这样才能覆盖更多的时间段，服务更多的人。

果然，"罗氏特色粉面庄"的顾客变得越来越多，其中一部分人都变成了罗强的回头客。当别人问到罗强用什么来留住回头客时，他回答了两个字："用心"——"只要你用心，顾客是能从你做的粉面中感受到的。"

罗强认为，这个用心，是从食材就开始的。他每天天还没亮就起床炒料备货，接着又马不停蹄地前往菜市场选购新鲜食材。罗强对食材的严谨挑选以及对菜品质量的坚定追求，使得顾客们对他的粉面赞誉有加，好评如潮。

对于罗强而言，"用心"二字不仅是他的经营之道，更是他的人生哲学。现在"罗氏特色粉面庄"也称得上是合川的一个知名小吃——正是因为有了这位出身农村的粉面"炊哥"罗强的坚守，合川粉面才有了这独特的味道，让不少合川人心中留下了难以忘却的情怀。（文：陈燕　指导教师：罗青）

采写手记

刚开始着手《商道故事》项目采写时，我决定将镜头对准那些在社会底层默默奋斗的农民创业者。我的目的很简单，就是想通过他们的创业故事，展现那些不被广泛关注的底层创业者的经历。因此，在与学生沟通下，我选择了陈燕的爷爷陈德发作为第一篇报道的主角。起初，这篇文章初稿只有短短五百字，故事发展线很不完整，随后又进行了补充采访，对内容进行了二次梳理，文章结构以及故事情节细节逐渐丰富起来，最终形成了一篇近四千字的文章。

在整理陈德发的故事时，我联想到了费孝通先生《乡土中国》中对于中国传统的乡土社会变迁进行了全面剖析，这让我有了一个新的想法：通过讲述不同年代的农民商业故事，来反映社会的商业发展历程。于是，"三个农民的创业之路"系列报道应运而生，它包括了"农民生意人"陈德发、"草根画家"蔡启伦和"粉面炊哥"罗强三位主人公的创业故事，他们的经历跨越了20世纪70至90年代，展现了三代农民在商海中的奋斗与成长。

与之前采写《我在书院读大学》不同，《商道故事》采用了第三人称叙述，这让我更容易从记者的视角去写作稿件。同时，我也避免将这篇报道写成一篇简单的民生新闻，而是深入挖掘了每个商业人物故事背后的商业之道。虽然这对我来说是一个不小的挑战，但我也在写作这"三部曲"的过程中收获了很多。

经过"三个农民的创业之路"系列的采写，我更加深刻地认识到，《商道故事》是对个体命运的记录，更是对社会变迁中商业逻辑与人性光辉的一种提炼。希望通过讲述这些创业者的故事，让读者在感受个体命运起伏的同时，也能洞悉社会商业发展的脉络与趋势。（文：罗青）

刘家霞：孤独的装裱师

导读 ••••

　　目前，书画装裱这门古老的手艺逐渐变得小众，面临严峻挑战。一些装裱店铺门庭冷落，顾客稀少；有些则苦苦支撑，生意难以饱腹。有人选择关门转行，另寻出路；有人还坚守阵地，观望等待转机。在这"非战之罪"时代洪流中，53 岁的刘家霞，手握着祖辈留下来的技艺，又将走向怎样的未来？

　　在重庆市合川区钓鱼城街道苏家街，有一家名叫"云辉阁"的书画装裱门市。店内，一名女子正聚精会神地坐在工作台前，修复一幅霉变又破损的旧画，这画是已故的合川著名书画家周北溪先生的山水画作品。

　　在一旁，藏家李先生看得眉头紧锁，眼睛死死盯着那幅画，心里十分着急。刘家霞看到李先生的神情，立马拿起手中的工具，对他保证说："您放心！这画交给我，我肯定能把它'抢救'回来！"

接盘家族手艺

　　刘家霞于 1971 年出生在重庆铜梁，在爷爷刘德辅介绍下，1987 年来到了合川翰声书画社。初到合川的刘家霞，身体瘦小，看上去就是一个土里土气的乡下妹。对于城里的生活，既陌生又新鲜，对于装裱字画这门活路，更是感到稀奇。看着翰声书画社其他装裱师傅们熟练地操作着，她心生羡慕！

　　当刘家霞主动拿起字画练习时，却遭到了年长的师姐奚落："你一个农村来的黄毛丫头，也想到城里来学装裱书画，想得美！"另一位师姐告诉她，这里的每一幅字画都非常珍贵，一旦弄坏了，是要照价赔偿的，最好不要随便乱摸。

　　尽管被人瞧不起，甚至被泼冷水，刘家霞却并没有因此而放弃。她暗自发誓："既然不被看好，我偏偏要做到，甚至还要比别人做得更好！"

在老一辈书画装裱师傅的耐心指导下，刘家霞踏上了她的学艺之路。她就像把书画社当成了自己的家，一门心思地钻研书画装裱。日复一日，年复一年，她的技艺也越来越精湛。除了基础的装裱技巧，她还学会了怎么修复那些破旧、发霉的字画。

刘家霞专注地进行书法教学（受访者供图）

随着爷爷的去世，刘家霞不得不接盘书画装裱的家族重任。2004 年，刘家霞离开合川翰声书画社，加盟合川钓鱼城书画院，负责该院书画装裱工作。后来，在钓鱼城书画院的书画家们的帮助下，刘家霞在合川溪子口步行街开办了自己的门店——云辉阁书画社。从此，她开启了以书画装裱为支撑的文化创业之路。

创业之初，刘家霞多亏了爷爷在世时积累的人脉，让她有机会见识到更多的书画作品，装裱技术也远超同行。她长期为周北溪、阎松父、江从革等书画名家及四川美术学院、重庆师范大学涉外商贸学院装裱修复字画，客户群体大部分都是一些收藏家和文化单位团体。

俗话说："三分画七分裱"，装裱的质量可是关乎作品的成败。刘家霞深知这道理。她觉得，装裱得好，那作品就更显档次，装得不好，那可就大打折扣。而且，装裱质量的好坏，直接决定了回头客的多少，毕竟书画家们都是懂行的。

大家都喜欢"货比三家"，不仅要看质量，价格也得比。刘家霞做生意讲究诚信，她从不乱报价，都是按尺寸来收费。普通字画的装裱费每平方尺 60 元，整幅作品下来在 200 元到 300 元之间；而那些破旧古画，修复起来得花点工夫，所以每平方尺收 300 元；要是碰到名贵的字画，修补一下价格就得上千。

刘家霞的价格合理，又讲究童叟无欺，所以她的"云辉阁"成了不少顾客心中信得过的书画装裱店。凭借这份诚信和专业的技术，在一个又一个装裱店纷纷关门歇业时，刘家霞却凭着每月过万的收入，支撑起了她一家人的日常开销，过上了安稳的生活。

八小时"面诊"

在刘家霞眼里，做好客户服务，更是打响品牌、树立口碑的关键。

一个周末清晨，天还蒙蒙亮，一位中年男子就在云辉阁前等待，刘家霞刚把门帘打开，看到那位男子抱着手里的物件，一路小跑进了店里。他迅速将书画展开，才发现是一幅珍藏许久的真迹古画。顾客说，他是在网络上了解到云辉阁，在业内小有名气，于是，他从沙坪坝连夜坐车赶到合川，以求修复。

当刘家霞轻手轻脚地拿起那幅古老的字画，准备步入房间进行修复时，顾客却提出了两个要求。首先，他希望能在当天就取回修复后的作品，这一要求虽有些紧迫，但尚在可接受的范围内。然而，第二个要求却令刘家霞陷入了为难——顾客坚持要"画不离眼"。

字画修复是一门高度保密的艺术，每位修复师都拥有自己独特的技巧和秘诀。顾客这样的"面诊"要求，无疑给刘家霞带来了不小的挑战。如何在确保技艺不泄漏的同时，又能充分满足顾客的需求，成了摆在她面前的一道难题。

经过与顾客的深入沟通，刘家霞了解到这幅字画仅需要进行简单的毛边修复。在权衡利弊后，刘家霞决定接受这一挑战。于是，她迅速召集了几位经验丰富的修复师和技艺精湛的学徒，共同商讨并制定了一套详细的修复方案。

这次修复工作，刘家霞可是挑了大梁。她亲自动手，对字画的那些小毛边，一个个、一点点地进行了精细的修复。这一过程，就像走钢丝一样，每一滴药水，每一次轻轻地抚摸，都可能给这字画带来无法挽回的影响。所以，她特别细心，生怕出一点点差错，每一步都做得非常精准到位。

除了顾客坚持要"面诊"外，刘家霞还碰到了一个头疼的问题——那就是纸张在药水里泡过之后怎么保持平整。她心里清楚得很，纸张一沾水就容易膨胀，这对于后面的装裱工作是个大麻烦。

为了解决这个问题，她安排了七八个学徒，有的拿着蒲扇轻轻扇风，有的操作着小风扇，小心翼翼地控制着烘干的温度。大家都特别小心，生怕烘干得太快或者温度太高，把纸张给弄坏了。

经过八个小时的持续工作，功夫不负有心人，这幅珍贵的古字画得以成功修复。最终，顾客在当天满意地取回了修复完成的字画。

刘家霞的手艺也得到了这位顾客的认可，消息一传十十传百，整个收藏家圈子里都知道了云辉阁有位手艺超群的女当家。她的名声一响，那些有修复需求的顾客就像潮水一样涌来。但是刘家霞没有满足于现状，她开始思考如何进一步拓宽自己的"圈子"，让更多人了解和关注她。

把作品搬上网

刘家霞想到的第一个拓展市场的办法是利用网络来展示装裱动态。这源于有一天，刘家霞下班回家，躺在沙发上刷短视频时，偶然发现了一条关于油纸伞制作的视频，该视频点赞量高达上百万，网友们纷纷对这种传统手工艺人的工匠精神表示赞赏和喜爱。这一发现让刘家霞深受启发，她心里默念道："为何我不能将书画装裱与修复这门技艺也分享到网上呢？"

于是，刘家霞以"云辉阁"书画装裱社为名，注册了一个抖音账号和小红书账号，开始自行研究学习视频拍摄剪辑。为了提升视频的质量和吸引力，她还特地咨询了行业内的专业人士，吸引网友的点赞和关注。2020年12月，她发布了第一条短视频，就得到了成百上千的点赞和分享，一下让她信心大增。于是，刘家霞持续发力，不断更新内容，分享她的工作日常和装裱手艺的点滴。

随着时间的推移，她的关注者越来越多，其中不乏对装裱手艺感兴趣的年轻人，不断地有大学生来"云辉阁"询问，希望能跟随刘家霞学习书画装裱。刘家霞逐渐意识到，打铁要趁热，要让这门手艺再次"活起来"，必须有人"学起来"。

于是，刘家霞开始尝试各种方法来培养传承人才，比如师父带徒弟，开设网络课程，大咖交流，等等。有时候，她看着一帮年轻人围着自己，忙得不亦乐乎，心里非常高兴，同时又有一丝隐忧。没有传承人，让人发愁，传承人太多，也让人担心。毕竟，装裱行业现在已经变成了一个非常小众的市场，这个狭窄的小池塘，养不起更多的鱼和更大的鱼，以后的装裱师，将会越来越孤独。在这门手艺日益式微中，自己能坚持下来，别人也能坚持下来吗？全国各地都有很多装裱从业者，通过网络扩大的每一个市场，也不过是从别人的碗中抢来的饭，只要总体市场不扩大，这个行业的经营就会越来越难。

装裱业的困境，其实也正是很多传统手艺行业的共同问题。不过，对自己，刘家霞还是很有信心的，她明白，自己已经通过拼坚持、拼技术、拼服务活下来了，以后，这个行业还会拼这些，自己已经先行一步了。（文：陈汗东　邱枫　指导教师：罗青）

采写手记

随着社会的进步，小众文化行业的推广和经营越来越被人们所关注。在这个领域里，有很多像"云辉阁"书画装裱掌柜刘家霞这样的热心人，他们凭借自己的坚持和毅力，努力将小众文化带给更多人，让大家都能够了解和关注。但不得不说，这行也碰到了一些难题。如何让小众文化在现代社会里更好地立足和发展，真是个让人头疼的问题。

首先，做小众文化推广得有那股子热情，还得有毅力。这过程中，经营者可能会遇到资金短缺、市场不大、人才难找等一堆问题。但只要有热情、有毅力，带着一股文化传承的信念感，就能战胜这些困难，甚至取得一些成果。

其次，小众文化的推广得跟上现代生活的步伐。经营者得想想怎么让小众文化与现代生活结合起来，让它更符合现代人的喜好和需求。

最后，小众文化的推广得注重创新和营销。小众文化行业要想走向大众市场，就得让更多人了解和关注它们。

如今，小众文化行业的生存和发展确实面临一些挑战。现在很多传统手艺都在慢慢消失，小众文化也不例外。作为一名大学生，我对小众文化的了解大多来自于书本和网络，我也思考过它们的发展。我发现，小众文化行业的接受群体相对较少，而且要想深入了解和掌握，需要投入大量的时间和金钱。

对于现在的小众文化行业，我们应该想想怎么把它们跟现代技术结合起来，让它们更符合现代人的审美和需求。同时，也得想办法培养更多的传承人，让这些传统手艺能够得以延续和保护。这样，小众行业才能有更大的发展空间。（文：陈汗东）

学石油的酒老板

导读 ::::

　　从毕业到就业再到创业，刘权经历了职业生涯的潮起潮落。在家庭和生活的压力下，他选择放手一搏。如今，正值"中年危机"的他，在社会的纷繁复杂中，能否找到属于自己的一片领地？

　　泸州的街道，到处弥漫着淡淡的酒香。作为享有"中国酒城"美誉的地方，泸州随处可见的酒铺就是这座城市的生动写照——仙潭酒铺就是其中的一家，它的主人叫刘权。

骑驴找马可惜没驴

　　作为一名90后，刘权大学学习的石油工程专业，自2014年毕业后便加入了安东石油集团，但钻井队艰苦的环境和东奔西跑的生活终究抹平了这位年轻人的耐心。于是，他只待了一年半，便匆匆跳槽，转向了房地产行业。这一干，就是七年。

　　就在刘权准备扎根房地产，放手大干一场时，行业却遭遇了前所未有的冲击。随着企业裁员风波的掀起，人手短缺的问题日益凸显，他的工作职责也因此发生了变化。原本作为企划负责人的他，工作量日渐增加，重压之下，他感到难以承受。在迷茫中，他看清了自己目前的行业前景，也看透了自己的未来。

　　"如果再这样下去，自己的路是走不远的，再拖下去，年龄也拖大了，毕竟35岁是一个坎儿，年龄越大，竞争力越小。"说到这里，刘权依旧感慨万分。他当时决定，不能再拖了，应该及时寻找一条出路。

　　说干就干，刘权着手准备跳槽。为了保障有个稳定的工作，他将目光投向了一些国企和事业单位。然而，让他没想到的是，简历几乎全都石沉大海。即便少数企业给了他参加笔试的机会，但最终也未能传来好消息，一切都杳无音讯。

正在这时，另一条消息又如同晴天霹雳打在了他的身上——公司第二批裁员马上开始。由于经济下行压力加大，相比第一次裁员，第二次的离职补贴大打折扣。况且，刘权也不敢去赌自己能幸运地留下来。与其被裁掉，不如主动出击，至少还能保证有一笔可观的补贴。本来打算骑驴找马，现在这条驴也没了。

刘权为顾客细心装酒（罗青 摄）

那段时间对刘权来讲非常煎熬。没有了工作，虽然可以有更多的时间去应聘，但是年龄摆在这里，和那些小年轻相比，毫无优势可言。况且，没有了稳定的收入，家庭的开支还得继续，房贷车贷还得还……这一切，都让刘权开始发慌，觉得进入了人生中最黑暗的时刻。

出于一个男人对家庭的责任，他并没有将所有真相告诉家人，而是选择自己默默承受。每到深夜，烟灰缸里总盛满了这个男人的无助与惶恐。

有一次饭桌上，刘权的朋友带来了一瓶仙潭酒。他已经记不清是第几次喝这酒了，但这酒的口感却非常熟悉，值得回味。酒过三巡，他向朋友倾诉起自己中年失业的彷徨和慌张。互诉衷肠后，朋友一拍脑门："你反正闲着也是闲着，要不我们一起创业，开个酒铺做经销商，就买这个酒。"

这的确不失为一种办法，但创业需要启动资金，已经肩负着家庭、房贷和车贷的他，对这个提议丝毫不敢胡来。酒局过后，刘权思考了很久，最终重重碾灭一根烟，拿起手机，拨通了朋友的电话："开酒铺，我可以！就这么办吧！"

按图索骥从零开始

为了给创业做好充分准备，刘权压上了自己的全部家当，并向银行借贷了18万元。刘权的想法是，做的是加盟生意，酒的品质是可以把握的，加之泸州酒城的文化底蕴，白酒行业的前景也很可观，另外，加盟的这家酒厂在当地小有名气。所以，在最初的准备中，刘权将主要精力放在了店铺的选址上。

对于选址，刘权主要考虑三点，一是店铺要处于相对繁华的位置，这样人流量大；二是希望可以有两层楼的门店，毕竟好酒也要尝了才知道，可以搞个厨房，整张餐桌，顺便做点家常菜，好让更多的人能在吃饭时了解到自己的品牌；

三是，希望店铺的租金可以少一点。

按照这样的思路和标准，刘权按图索骥，几经波折后，最终找到一个比较满意的店铺。就当他准备和房东细谈租金的时候，却得知上一个租户不肯退租，只好无奈地重新选择。

一天，他开着车在街上逛，四处寻找合适的店面。转过一个十字路口，旁边的一排门市吸引了他的注意：正好有一个店铺卷帘门上贴着"旺铺招租，非诚勿扰"的纸条。刘权赶紧拨打纸条上的电话号码，和房东聊了许久。他感觉虽然租金超了一点预算，但是这店铺空间大，旁边还有一个小区，可以把小区的住户发展成潜在客户——后来，根据经营情况来看，刘权的分析是正确的，最初店面的大部分客户，都是从门口路过的小区住户间发展来的。

2023 年 4 月，与房东迅速交接好门店后，刘权也和加盟商签署了合同。为了增加店铺的人气，他还特地赶在五一前完成了装修，并在节日当天正式开业。

逆水行舟寻找转机

当一切在向好的方向发展时，刘权没想到，新的危机也接踵而至。

早在开业前，刘权就做过关于白酒行业的背调，深知白酒的旺季主要和节假日及季节有关——节假日宴会众多，对于白酒的需求也大幅提高，但随着季节的升温，人们更倾向于喝冰镇啤酒。

尽管早有心理准备，但刘权还是没料到现实是如此残酷。没了节假日的加持和天气的升温，顾客出现了断崖式下跌，原本的老常客也变得寥寥无几。虽然刘权根据季节作出了一些产品调整，租了一个冰柜，开始卖一些冰啤酒，但收益却是杯水车薪。

望着每月的水电缴费单，再看看入不敷出的收益，刘权意识到，自己必须再次做出改变。于是，从产品不同的口感到群体的饮酒习惯，他开始了更加全面深入的分析——这也让他对自己的产品有了更清晰的了解和定位。

刘权发现，仙潭酒名气大多只停留在老一辈的印象里，年轻人只听过泸州老窖、郎酒等品牌，对仙潭酒根本就不了解。另外，因为自己是加盟商，卖的散装白酒，在一些高端的商务宴请上，上不了台面，再加上泸州多数酒厂是以浓香型白酒为主，这也奠定了当地人的饮酒习惯，大部分人对酱香型白酒喝不习惯。

由此，刘权得出结论："酒香也怕巷子深，只有让人喝到，才是最好的宣传。"自那起，刘权便开始了"跑业务"，他先从身边的朋友入手，举办各种品酒交流会。那段时间，刘权几乎像泡在酒缸里一样，天天都是大醉而归，第二天又继续再战。刘能感觉身体已经到了极限："虽说酒城儿女，喝酒像喝汤，但也禁不住这样高强度地喝啊。"

好在，随着酒局增多，刘权的圈子也越来越广，仙潭酒的名气也越来越响。甚至身边一些平时只喝浓香型白酒的人，也逐渐进店购买仙潭酒了。渐渐地，生意也有了起色，刘权也顺利度过夏天销售淡季。随着节假日的到来，家庭小聚在所难免，刘权的白酒生意也开始转亏为盈。

眼看开业将满一年，刘权的仙潭酒铺又迎来了新的挑战——加盟商须完成50万元营业额的任务。这一次，尽管任务艰巨，刘权并没有了最初时的惊慌和彷徨，前期的经验积累，让刘权信心十足："这一年的时间也让我明白了一个道理：客户一定要牢牢掌握在自己手上，而问题的关键，就是要主动出击！"

为了应对挑战，刘权早早地就开始谋划了。在春节时，他给一些常来的熟客准备好了新年礼物。"虽说礼物是一些泸州的土特产，不是很贵重，但是表达了自己的一份心意，让老顾客感受到我们的诚意和温度。"对于那些省外的顾客，刘权也会主动邮寄，借此机会联络一下感情。

同时，刘权通过一年的人脉积累，列出了潜在顾客清单，并主动打电话和对方协商，承担对方宴请酒水的供应。并且，他也接触到了一些企业大客户的资源，与其展开合作，达成了一批不菲的订单。

除此之外，他还加大店面的宣传力度，开始在各个自媒体平台发布短视频，增加店面的曝光度。"尽管这个宣传是一笔不小的开销，但我觉得这是值得的，因为不少外地顾客是来泸州出差路上，通过大数据刷到我们的短视频，顺便就来打酒了！甚至有的顾客把仙潭酒当成茅台的平替，打了一次又一次，这群回头客还时常介绍一些朋友过来品鉴，我觉得非常好！"

"我对仙潭酒很有信心，我对自己更有信心，这个挑战，我一定可以拿下！"刘权眼中闪烁着对未来充满希望的光芒，笑着说。（文：张苡铭　指导教师：罗青）

采写手记

　　35 岁，对很多人来说是人生的一个分水岭，受访者刘权也不例外，他也在这个年纪经历了人生的起起落落。之前他是一家知名地产策划经理，但房地产行业的寒冬让他不得不重新规划人生。面对困境，他选择了勇敢面对，把对酒的热爱变成了创业的动力。

　　采访中，刘权的话很实在，没有半点浮夸。他说："35 岁，真的感觉是个坎儿。没两把刷子，很容易被社会淘汰。"他认为，35 岁后的人生充满了太多未知，但他不想被社会淘汰，更不想给人生留下遗憾。于是，他选择了创业，选择了这条充满挑战的路。

　　这短短两个多小时的对话里，尽管偶尔能从他脸上看到一丝焦虑，但更多的是对未来的坚定和期待。他希望自己的仙谭酒铺能越做越好，也希望自己的故事能激励更多人，在困境面前积极寻找机遇，勇敢迈出下一步。

　　采访一结束，我就和同学们现场分析了这篇稿子该怎么写。我给他们提了一个思路，可以尝试写一个 35 岁男人，面临"中年危机"，事业上有压力，家里也得操心，他心里头是怎么个滋味？把这种感觉写出来，让读者看着有故事性，明白刘权在每个关口是怎么抓住商业机会的。

　　另外，我也让执笔的同学试着"代入"一下，把自己想象成那个正在打拼的刘权，去感受他的那些不容易察觉的小紧张，还有对未来的盼望。这样一来，写出来的人物就更有血有肉了。我还提醒他，要拿具体事例来支撑文章的商道"点"，这样故事才能站得住脚。

　　通过这次实践采访，学生们对《商道故事》的采写也慢慢摸到了门路，知道怎么从故事里挖掘"商道"，怎么抓住那些关键的细节。（文：罗青）

靠拳头打出的事业

导读 ▪▪▪▪▪

随着贾玲执导主演的电影《热辣滚烫》风靡一时，拳击运动再次成为众人关注的焦点。在这股热潮中，合川"拳励以赴"拳击健身俱乐部的负责人潘攀深有感触："贾玲在电影里的经历，我在现实生活中早就经历过了！"令人不禁好奇，这位"合川贾玲"，如何在拳击事业中演绎她的"热辣滚烫"？

今年44岁的潘攀，身为拳励以赴拳击健身俱乐部的负责人，近期正享受着拳馆生意红火的喜悦。乘着电影《热辣滚烫》的热度，拳馆吸引了比以往更多的学员。她觉得，这段时间是她开拳馆6年来最舒心的日子。

"不要黄粱，要面包"

19岁那年，正在健身房挥汗如雨的潘攀，遇到重庆红岩武馆来健身房选拔拳击手苗子，她正好被武馆负责人所看上，也从那时，她与拳击结下了不解之缘。或许出于天赋，又或许出于渐渐产生的兴趣，这一去，她就待了两年。尽管是40个人一起训练的大课，但她依旧认真地挥出自己的每一拳。

20岁，她遇到了人生的第一个转折点。那时，红岩拳馆要选一个去沙坪坝比赛的名额，如果选上，那将是她人生的第一场比赛，也是迈入职业生涯的敲门砖。

为了抓住这次机会，她不断地训练，拼命地健身，可天意弄人，尽管自己各方面综合能力都要略胜一筹，但最终机会还是落在了另一个人身上，教练给出的理由是："那个女娃儿的身高高一点，先天更有优势。"说到这儿，她叹了一口气。

虽然当时吃了身高的亏，但潘攀并没有气馁，她觉得自己对拳击的热爱是认真的。也就在那时，她有了一个梦想：既然别人不要我，那我就开一个属于自己的拳击馆！

可没有"面包"的支撑，开拳击馆终只能是空想。大学刚毕业的她，没有金钱，没有资源，空有一个梦想。为了实现有"面包"的基础，她做过保险销售，卖过箱包，开过火锅店，开过酒吧，还做过滴滴司机。从 20 岁到 35 岁，整整十五年，她感觉被生活折磨得"体无完肤"，连自己曾经最热爱的拳击，都被搁置了十年。工作上的应酬和浑浑噩噩的生活麻木了她的内心，过度的碳水和热量摄入，让她的体重直线上升。潘攀自嘲道："我最胖的时候，体重快飙到了190 斤！"

突然有一天的早上，她起床洗漱，抬头照镜子的一瞬间，发现不认识自己了。35 岁的她看来皮肤暗沉，身体肥硕，和以前拳击时的自己，判若两人。那一刻，她猛地惊醒，必须改变这一切！

算了算卡里的 30 多万元的余额，不算太多，但至少有了一些底气。于是，她辞去了所有工作，一头扎进了健身房中。"胖就减肥，弱就变强！"潘攀一遍遍地告诉自己，并且一边健身，一边不忘留意着各种创业的资源。

很多人都没有想到，她只用了两年时间，就从 180 多斤减到了 120 斤。她自己也很骄傲："电影里，贾玲做的一切，我早就做过一遍了，哈哈哈。"

吃了一年的土豆

身体健康了，她就想着圆自己的拳击梦。意识到自己还没多少经验，所以她决定先到朋友的拳馆入了一股。在朋友的拳馆里，她虚心向他人学习如何经营拳馆，以及如何管理团队。

2018 年，38 岁的潘攀迎来了第一个合伙创业的拳馆。拳馆位于学府路附近，因为毗邻移通学院和对外经贸学院两所高校，拳馆的学员大部分都是两所学校的大学生。

对于合川这座城市来说，拳击是一种小众的运动项目，着实吸引眼球。加之紧靠大学，也符合年轻人的运动休闲方式，所以，甫一开始，生意就很红火。

但这种红火中也存在隐忧，那就是一到七八月和二月寒暑假期，拳馆便变得冷冷清清。

还没等潘攀想出对策，2020 年疫情大面积暴发，生意一下子跌到冰点。那一年，拳馆亏损了十几万元，直接关门倒闭。

不过，潘攀并没有气馁，她暗鼓励自己："闭店反正也不是第一次，正好借此机会，复盘一下，重新开始！"

后来，在资金、人脉、经验都已充分准备的情况下，2022 年 5 月 13 日，属于潘攀自己的第一家拳击馆开张了，取名"拳励以赴"。

对这个名字，她的解释是：借"全力以赴"的谐音，以"拳"代"全"，以"励"代"力"，一个人不管怎么样，要有励志的精神，只要你自己不放弃，你就一定行！

潘攀坚持每天练习拳击（罗青 摄）

有了上次的教训，她明白，不能将俱乐部的受众群体仅仅限定在大学生，而应扩大辐射面，吸引合川范围内更多热爱运动健身的人群。所以，这次拳击俱乐部坐落于南北城的中心地带，紧邻着连接两城的涪江一桥。每当人们想要前往对岸，必然需要跨越这座桥梁，而每当走过桥梁，拳击俱乐部的身影总会映入眼帘。

然而潘攀没有料到，她的想法虽然很好，但现实却不买账。开业之初，拳馆并没有像设想的一样顾客盈门，甚至连以前最常见的大学生，都少了许多。"创业那一年，基本没什么人，为了节省开支，让拳馆生存下去，我吃了一年的土豆。"现在再谈起那段日子，她已经很平静了。可当时，她也有些动摇，想着大可不必这般，只要将店铺关闭，就能轻松摆脱亏损的困境，转而带着剩余的资金干点别的。但一想到此次创业或许是自己距离梦想最近的一次，也可能是最后一次机会，她就告诉自己必须坚定信念，咬牙坚持，只要能够挺过这个难关，相信一切都会好起来。

那一年，她推掉了所有的社交活动，吃喝拉撒睡都在拳馆。每天唯一的外出，就是下午去菜市场，找那种要收摊的菜农，买点最便宜的土豆，回到拳馆，清水一煮，就着凉开水，对付着饥饿的肚子。

除了省吃俭用，潘攀也无时无刻地寻找着破局之法。既然没人，那就去推广宣传，去人群中引流。她开始带着一些学员去街上训练，在老城最繁华的步行街上宣传拳击。随着短视频的兴起，她也投身于视频创作的热潮中。从日常琐事的分享到专业训练的精彩展示，她不断尝试各种拍摄风格，在短短两年的时间里，发布了 800 多条视频。

这些做法取得了明显的效果。潘攀发现，近期来报名的学员大多是通过抖音、美团、高德地图等平台了解到拳馆。而随着线上线下不断地推广宣传，拳馆的学员慢慢多了起来，这些学员年龄跨度从4岁到40多岁，并被划分为成人组和青少年组。同时，她还推出了月卡、季卡、年卡等团课套餐，根据不同群体的需求，还制定了一系列私教及定制课程——成年人白天忙于工作，晚上才有时间锻炼，因此成人组的训练特地安排在工作日的晚间；中小学生由于平日需要上学，青少年组的训练时间主要集中在周末。

慢慢地，潘攀的拳馆开始站稳脚跟，不仅收回了之前的投资成本，开始持续保持着盈利状态。

为了留住学员，潘攀对每一个来拳馆的学员，都当成朋友来处。在空闲的时候，她会带着学员们一起外出逛街，或者在门店楼下举办烧烤聚会，增进彼此间的友谊。当有学员生病时，她不仅会送上关心和慰问，为了让学员无后顾之忧地休养身体，她还会将他们的会员卡有效期顺延，直至他们恢复健康。

成立拳击协会

为了扩大拳馆的影响力，潘攀想到了一个主意，那就是依托拳馆，成立合川区拳击协会。她的想法是，有了这个协会，就可以自己主办赛事。

为了达到这个目标，潘攀奔走于各个主管部门之间，从区体育局到区文旅委，再到区教育局等。最终，她如愿拿到了协会资格。

曾经，在拳馆经营步入稳定之后，潘攀与教练团队一起带领一批基础扎实的学员参与过各类比赛——主要是业余赛事，并且参赛范围主要局限于西南地区。拿到协会资格后，不仅可以自主报名参加职业赛事，甚至有了自己组织举办比赛的资格，这让潘攀感到无比兴奋。

在深入合川各个校园，积极推广拳击运动，并从中挖掘有潜力的拳击苗子的同时，潘攀和团队一起主办了重庆市第七届运动会合川拳击、散打队（青少年组）选拔赛。

一谈起这次比赛，潘攀就非常激动。这是她拿到协会资格后，以拳馆名义主办的第一个赛事。在比赛前，她忙得不可开交。为了确保比赛的顺利进行，她连续一个星期都没睡好觉。白天，她早早起床，赶赴各个部门等待领导签字授权；到了晚上，她又反复修改确认比赛流程，不断完善每一个细节。终于，她的努力得到了回报，选拔赛成功举办。这次比赛不仅是合川区首次以拳击协会名义举办的选拔活动，更是为市运会选拔优秀队员的重要一步。

谈到做这些的意义时，她说："起初，我就只是想着让这个拳馆在市场竞争里头站稳脚跟。不过，随着拳馆经营得越来越稳当，我发现光盯着眼前的这点儿利益可不行。跟重庆周边那些区县比起来，合川的体育发展还是差了点儿火候。作为一个有梦想的体育事业经营者，我觉得咱得担起责任来，培养一批优秀的职业拳击选手。这既是对这个团队的承诺，也是我们体育行业应该给社会尽的责任。"（文：张苡铭　指导教师：罗青）

采写手记

第一次踏进拳击馆，看见拳击馆的名字，我就对这个老板产生了浓厚的兴趣，以及迫不及待想采访她。

走进潘攀的拳击馆里，不仅能看见挥洒汗水的运动员，也能看见和潘攀一起跳舞的小伙伴。这就是潘攀独特的经营之道，作为一个在外乡漂泊的人，她深知漂泊的不容易和孤独。于是她将拳馆变为顾客的第二个家，让每一个来到这里的人都能体验到家的温暖。

最能打动人的，是她讲述的细节。2022年这一年，潘攀为了开源节流，在拳馆吃了一年的土豆。为了让大家都了解拳击，她每天都在更新视频——目前已经更新有了八百多条关于拳击馆的视频……

潘攀吃了很多苦，但近一个下午的采访，她几乎都是笑着讲的——不是客套地笑，而是发自内心的乐呵。很难想象，一位历经风雨的中年女子，脸上并无沧桑，有的，是一种坚强的乐观。

我想这就是一种精神，人不能失去梦想。虽然道路上充满了坎坷，但是潘攀从未放弃，四十四岁的她仍然在为了自己的梦想努力。哪怕一开始不太顺利，但是她做到了。从一百九十斤到一百四十斤，从几十人的会员到一百多人的会员，从无到有是很难，但是只要坚持，未来一定会更好。（文：谭诗颖）

重启扩张之路

导读

　　"在乐山，想了解当地小吃，问谭老板准没错！"这是当地人给谭磊的评价。作为"黄鸡肉"的第四代传人，谭磊经历了两次扩张之路，第一次不懂经营，被撞得头破血流。在北上学习之后，他开始了第二次的扩张。这一次，他能成功吗？

我要卖鸡！

　　在乐山，黄鸡肉历史悠久。据说，秦代李冰在五通桥区牛华镇红岩子平盐溉那里搞起了盐业，让五通桥因盐而繁荣，也因盐而逐渐形成了独特的饮食文化——这里的盐腌制品名扬四海，而五通桥"黄鸡肉"更是其中的招牌菜。

　　"黄鸡肉"，说起来，本质上就是四川名小吃"钵钵鸡"——用陶器钵盛放配以麻辣为主的佐料，加上多种调料的去骨鸡片拌和而成。"黄鸡肉"来源于一对黄氏父子——黄国顺和黄泗海。父亲黄国顺是五通桥的盐运商人，不仅会做生意，还会做饭，他做的凉拌鸡，那味道更是当地一绝。黄泗海从小看老爸做饭，自然也学到了不少。

　　解放战争结束后，在重庆讨生活的黄泗海为了凑够回家的路费，就挑着竹篓，满街叫卖他的凉拌鸡。时间久了，大家都亲切地叫他"黄鸡肉"。

　　后来，黄泗海的后人继承了衣钵，不仅四处开店，还广收门徒。谭磊的父母，就这样学到"黄鸡肉"的制作手艺。

　　谭磊接过手艺开店时，为了与其他的钵钵鸡区分，他选择了创始人的名字作为商标，打出了"黄泗海·黄鸡肉钵钵鸡"的招牌。

　　回想开店之路，谭磊走得并不是一帆风顺。受重农抑商传统观念的影响，父母开始极其反对谭磊接手家业，他们更希望孩子可以吃公家饭，有一份稳定而体面的工作。但一直受家族经商影响的谭磊，却觉得经营自己的店铺才是有意义的事儿。

2000 年，谭磊遵从父母的意愿，参军入了伍。殊不知，这段经历却让他经商的念头越发强烈。

那时，正值改革开放初期，四川作为内陆之地，经济发展比不上东部沿海，加之信息的闭塞，导致很多人对四川有着"穷山恶水"的偏见。谭磊在山东服役期间，就感受到了不少异样的眼光。这让他有了一个念想：我一定要变得有钱！

军队的生活是单调的。除了每天训练执勤外，还有不少的空余时间。不同于其他人吹牛谈天，谭磊很喜欢"打算盘"："一只鸡差不多6斤重，一斤6块钱，一共就是36块，拔毛去骨，煮熟做好会缩点水，差不多4斤。卖出去15块一斤，那么一只鸡差不多可以赚30块，一天卖80只鸡，就是2400块！"这个数字在当时，几乎超过了很多人一个月的工资。让谭磊大吃一惊：原来自己家里这么有钱！

这个对比，坚定了谭磊从商的想法。

2006 年，谭磊从部队退役，回到家乡乐山，想再劝劝爸妈，希望他们能支持他创业。可惜，父母依旧不同意，他拗不过，只好去了个国企单位"混日子"——安装锅炉。

但是，谭磊经商的心中之火一直没有熄灭。儿子出生后，那股火苗烧得更加旺盛："成家立业，家已成，我必须也要立好我的事业！"终于，在他软磨硬泡下，父母同意让他试试，并撂下话："给你一年机会，干不好就回来。"

亏个精光

2009 年，谭磊拿着办婚礼余下的 4 万块钱，在乐山一家超市里租了个摊位，专门售卖鸡和凉拌菜。那时候的钵钵鸡市场还没啥大品牌或者连锁店，基本上是小摊小贩在街头巷尾摆摊，顾客也都是附近的街坊邻居。第一个走入超市的谭磊，靠着先发的机会和老字号的好口碑，每天都能卖出两三只鸡，除去摊位费和成本，一个月下来能挣个七八千块钱。这在当时，已经算是挺可观的收入了。

市场的需求坚定了谭磊的信心，他在着手把摊位变成门市的同时，也开始向父母学习鸡肉制作。他没想到，从原材料的选取，到佐料的搭配，再到混合调味，一道看似简单的凉拌菜竟然有这么多学问！这让谭磊感受到了历史的厚重。

学到本事后，谭磊开始着手开第二家店，也是他真正意义上的门店，结果生意依旧火爆，生活也越来越滋润——不到一年时间，房贷车贷都还清了。尝到了创业甜头的谭磊，继续加油干，第三家、第四家店很快也开起来了。

开到第五家门店时，已经初具连锁品牌的雏形。但那时，谭磊并不知道连锁的含义，也无法理解这些市场管理知识。他只感觉到，店面越来越多，自己渐渐力不从心，同时营销额在攀升到一个顶点后逐渐下降，他开始慌了。

谭磊觉得，可能是消费热情不高，市场活力下降，于是就陆续关店，只保留了第一家老店。

殊不知，那段时间恰是乐山消费市场复苏前的沉寂期。就在几乎与谭磊一家家关店的同时，"叶婆婆"钵钵鸡入驻乐山，迅速又在成都市人民南路成立了第一家分店，稍后又在建设巷、太古里、万象城、锦里、宽窄巷子等地开设了分店。

此时的谭磊并未看透其中的商机。关店后，他转投了其他行业。但很快，这些靠黄鸡肉赚来的钱亏得精光。

就在满心沮丧之时，一个来自北京的餐饮老板找到了谭磊，想求得黄鸡肉钵钵鸡的配方。深陷危机的谭磊想了想，就把配方卖给了对方。听到谭磊做连锁失败的经历后，对方邀请说：要不去北京看看？

反正也是闲着，谭磊便和对方一起到了北京，在那家餐饮店做起了行政主厨。在北京，谭磊对身边的一切都感到十分惊讶，尤其让他想不通的是，在五道口那种繁华地段，那么平淡无味的中餐居然也能赚钱！

为了搞清楚其中的道理，谭磊花了一笔不菲的学费，去全国各地商学院四处求学，线上线下听了一些商业理论课程，学习一些商业理论知识。这时他才明白，连锁经营并不是自己一个人做完所有工作，而是要分"蛋糕"，让其他加盟商也有利可图。谭磊还明白了，要做一个连锁品牌，一定要有曝光度和知名度，这样才能带来更多的潜在客户——为什么在五道口平淡无味的菜也可以赚钱？因为五道口人流量大，曝光度高。

重回乐山

就在谭磊醍醐灌顶的同时，乐山的餐饮市场也迎来了春天——甜皮鸭在乐山市区开了成百上千家门店，竞争对手"叶婆婆"在成都CBD地区开起了第七家分店，"叶婆婆"和"纪老四"钵钵鸡两家店面在乐山一夜爆火，年收入高达200多万。

这时的谭磊，已经看明白这些网红店的运营方式——先去大城市CBD商圈开连锁店，增加曝光，进而打出名气，做到引流。这样不管哪边赚，都不亏。

　　同时，谭磊从网上看到一组数据：随着乐山政府对旅游业开始大力扶持，乐山旅游人数也在大幅上升。大部分游客来乐山以逛休闲和体验美食为主，其中，97.6%的游客会向亲戚朋友推荐来乐山旅游，并且游客大多以年轻人为主，年龄在18—35岁的占比总游客的50.4%，乐山甜皮鸭、钵钵鸡和跷脚牛肉是游客首选特产。

乐山滨江路的"黄鸡肉"店景色宜人（罗青 摄）

　　谭磊嗅出了浓重的商机，他觉得这是一个千载难逢的机遇，如果不回乐山，以后就再也没有机会了。"这一次，我必须赌一把！"面对妻子的反对，谭磊毅然地说。

　　辞去了北京的行政主厨工作，谭磊重新回到了乐山。他很庆幸，当初还留下了一家门店委托给父母经营。只不过，比起蒸蒸日上的"叶婆婆"，曾经辉煌的"黄鸡肉"显得黯淡无光。

　　回到乐山后，谭磊做了一个市场调查，以验证是否是黄鸡肉口味的问题。他先是去做网约车司机，并且尽可能只拉外地游客，与外地人闲聊他们的消费需求和想法。据他自己的调查数据统计：100名来乐山的游客里面，有50个人是来看大佛的，还有50个人是专门来乐山品美食的。从美食排行榜来看，排名第一的是跷脚牛肉，然后是钵钵鸡，再是油炸串串，最后打包带走甜皮鸭。

　　谭磊开始给外地游客推荐自己的黄鸡肉。在见识了北京五道口10万元一个月的房租后，面对乐山17万元一年的房租价格，谭磊眼睛都没眨一下，直接向银行申请了贷款，并向父母寻求了部分资助。知道儿子的执着，父母也开始大力支持谭磊。最终，在筹措到48万元的启动资金后，谭磊回乐山后的第一家门店开业了。

　　为了尽快提高曝光度，他开始在美团和大众点评上大肆宣传，三个月猛砸了20万元广告费。同时，为了和"叶婆婆"区分开，他再次启用了创始人"黄泗海"的名字商标，找了媒体拍摄纪录片，在新媒体上投放广告。不仅如此，他还联动出租车、网约车等司机朋友，让他们帮忙宣传。

　　慢慢地，店面收入开始翻倍暴涨，从第一个月每天营业额两千元，到第二个月直接每天两万元。"黄泗海·黄鸡肉钵钵鸡"随着品牌效应，口碑越来越好，名气也在互联网平台的推广下越来越大。

谭磊知道，"叶婆婆"之所以在成都开店，是因为把店卖给了成都的运营团队。于是，生意红火起来后，谭磊再次打起了扩张的主意。他想起了以前学过的商科秘诀："大城市开小店，小城市开大店。"于是，他花了高额的租金，抢下了乐山滨江路南段那条网红美食街的门市。

为了把这店弄成"网红打卡地"，谭磊在装修上可是下了大功夫。从租金到装修落地，总共花了600万元。他一点都没觉得亏，他明白，这就像凤凰涅槃，疼归疼，但过了这一关就能展翅高飞。

此外，谭磊还在美团和抖音上搞了一大波福利活动，送出1000个免单名额。他要是让全城的市民和游客都知道，他的店已经搬到了这条网红美食街。活动当天，店里的生意火爆得不行，流水直接冲到了16万元，毛利高达60%，等于说他只用了6.4万元的成本，就打了个响亮的广告。谭磊觉得，这钱花得太值了！

活动结束第二天，店面营业额直接涨到了10万元，第三天持续增加，飙升到了15万元。也正是这一战，"黄泗海·黄鸡肉钵钵鸡"稳住了在乐山的影响力和地位。

如今，谭磊又开启了新的扩张征程。随着一家又一家地连锁，一切都在向着好的地方发展。但这次与上次不同，谭磊懂得了经营之道，心中已经有了完整的经营思路，所以扩张显得有条不紊。他给自己定下的目标是："守住黄鸡肉制作技艺，就是守住黄家百年基业，守住五通桥美食口碑，擦亮'乐山味道'美食名片。"（文：张苡铭　指导教师：罗青）

采写手记

通过采访，我们了解到一只鸡是如何产生价值的，以及如何计算其中的价格和利润。谭磊从一个普通的创业者开始，凭借着自己的努力和智慧，一步步走到了今天的高度。他告诉我们，创业的过程充满了艰辛和挑战，但正是这些挑战让他不断成长和进步。他强调，成功不是偶然的，只有付出足够的努力和汗水，才能收获甜美的果实。

关于商业理念，谭磊认为，营销其实就是增大品牌的曝光量。归根结底就是要找到合适的平台，然后来包装自己。这其中不能缺少的是学习，正是因为他年轻时没有经历过系统的商业知识学习，所以在创业的这些年，他越发觉得这些知识的宝贵。因此，他花尽一切办法去学习：跟朋友去北京发展，自己分析朋友的经商方式；在开滴滴时，通过乘客去了解乐山游客的需求，挖掘乐山潜在市场；在事业小有成就后，再花费26万元去系统地学习经商知识；在和竞争对手的比拼中，取优补劣，学习对方长处……

不仅仅是学习，谭磊老板的一些运营方法也值得我们总结研究。在采访之前，我一直以为餐饮行业不需要流量和线上推广，毕竟酒香不怕巷子深。但是在采访结束后，我明白了现在的餐饮行业为何越来越注重线上推广以及团购的出现。一是线上的推广面对的人群不仅仅是当地的百姓，也有外地游客，现在外出吃饭都会先看评分和评论；二是酒香也怕巷子深，如果靠推广，仅仅是自己知道"香"，那么长久下去就会被别人挤占生存空间。我想这也是老板在不断学习和总结的原因。

谭老板的发展路还有一个很有意思的地方，那就是他非常擅长顺势而为。在跟朋友去北京的那段经历，让他意识到了一个道理：在大地方开小店，在小地方开大店。于是，他回到了乐山，开起了当时乐山最大的店铺——黄鸡肉钵钵鸡。这项经营理念，如今看来是非常正确的，这也让他的店在乐山一炮走红。

（文：谭诗颖　孔宣）

从乡下到城里的童装生意

导读

　　二十四年前，王仙琼还是一名朴实的涪陵农妇，眼见周遭乡邻进城务工，内心充满不甘。她决心改变命运，挽起袖子摆摊创业。为将童装生意做大做强，她干脆迁居合川。然而，进了城，她才发现，生意依然不好做。

　　初次见到王仙琼，是在 2023 年初冬的一个午后，天空突降细雨，热闹的街道略显冷清，而合川义乌小商品市场内反而更加热闹起来。王仙琼正在"恋沐童装"服装店内热情地招呼着来往的顾客，双眼敏锐地洞察着每一位顾客的需求。

乡下摆摊卖童装

　　1999 年，王仙琼被一亩三分地所带来的微薄收入所困扰，深感生活的压力与无奈。每日重复着面朝黄土背朝天地劳作，生活的单调与乏味让她对未来感到迷茫。

　　那时候，"农转非"已形成一股浪潮，王仙琼不甘心一辈子只能和庄稼打交道，决心闯荡一番。村里有人进城打工，王仙琼也想过，可又放心不下年幼的孩子。

　　想了好几天，王仙琼才有了一个既能照顾家庭又能创业的好主意，在农村的赶场天摆摊经营童装生意。一来自己给孩子挑选的衣服村里人都夸好看；二来在"家门口"摆摊，孩子也能照应。

　　重庆最大的服装批发市场在朝天门，每个商场的价格款式都不一样。经过对比和深思熟虑，王仙琼选择了深色系的童装，"妹妹弟娃喜欢亮眼的衣服，但不着数，毕竟出钱的是妈老汉"。

　　王仙琼虽然没有多少经验，但还是懂得研究人的消费心理的：农村人讲究的是经济实惠，便宜耐脏的衣服才是他们的首选。

　　到了赶场日，王仙琼早早地支开摊位，把各种样式的童装摆出来供人挑。

凭借一副好口才和好面料，她赢得了顾客的信任和好评，生意也日渐兴隆，钱包也鼓了起来。

"那几年，赚了点钱，也吃了不少苦哟！"谈起朝天门进货的经历，王仙琼感慨万千，"为了赶早回镇上卖货，我半夜三更就出门了，拿着一根扁担和几个蛇皮口袋，走几里路去车站，再赶车到朝天门批发市场。有时，朝天门的棒棒儿看到我一个女子驮起这么多货，都惊讶得很，个个都来问我要不要帮忙。我想到尽量节约点儿钱，个人也扛得起，不轻易求人。"

随着进城务工的年轻人越来越多，来赶场的基本是老人。到了摊位前，他们是看的多问的少，挑的多买的少。一天下来也卖不出去几件衣服，进的货都堆在了家里。

王仙琼咬牙坚持了几个月，生意也不见好转，每天都活在焦虑中，看着家里堆成小山的衣服发愁。后来，王仙琼和老人攀谈才知道，年轻人在主城落了脚就会把孩子接走，这才是童装生意惨淡的根本原因。

生意得跟着消费群体走。想通了这一点，王仙琼决定进城："为啥子自己不拿上积蓄去城里开店呢？为啥子不让娃儿过得更好，送去城里读书呢？"

树挪死，人挪活

王仙琼进城的第一站选择了涪陵城区，可惜境况没有得到多大改善，依旧是不温不火。事后总结只有两个字——盲目：自以为对涪陵很熟悉，忽略了做政策调研，导致新店入驻新商城后反倒乏人问津。原因无他，新老城区交替，各项建设刚起步，各项基础设施不完备，老百姓对新商城的接受度并不高。

俗话说"树挪死，人挪活"，王仙琼决定二次搬店，早早就开始打听并研究政策。"重庆要大力发展渝西北地区"的消息给了她勇气。她决定新店落脚合川，寻找商机。

有了失败的教训，王仙琼深知开店选址的重要性，靠着一双腿逛遍了合川城区的大街小巷，几经探听终于找到了一个风水宝地：新建的合川义乌小商品市场位置略显偏僻，前后左右被学校包围，学生多家长也多，童装的消费需求自然旺盛。

"学校多，自然娃儿就多，小孩子长得快，衣服换得也勤。我这里，从八个月大的婴儿装到十五六岁的青少年服装都有，可以说是让孩子们从小穿到大。"每当提及当初选址的决定，王仙琼对义乌小商品市场的初印象便浮现在眼前。

刚建好的义乌小商品市场尚处于起步阶段，入驻的店铺不多，人流量不大。面对这样的环境，王仙琼担心会重蹈覆辙，打算仔细观察再做决定，这一蹲点就是七八天，心情也像坐过山车一样起伏不定：看到大人带着小孩过来，王仙琼赶紧放下手里的干粮，一路注视他们走进市场；十几分钟后看着他们空手走出来，心情瞬间低落下来。那段时间，王仙琼晚上经常睡不着觉，好不容易迷迷糊糊睡着了，又会做着各式各样的梦。

让王仙琼下定决心的是大概半个月后的一次商场演出活动。小地方的人对于热闹充满了激情，市场门口搭了个舞台，有人唱唱跳跳。

王仙琼惊讶地发现周围社区的人几乎都出动了，乌泱泱的有几百人，其中就有不少小孩子，卖糖葫芦的开心坏了。这一幕让王仙琼有了底气：旁边这么多学校，虽然现在还没完全发展起来，但以后肯定会越来越好的。我现在去，说不定还能抢占先机呢。为什么不去试试呢？

入驻义乌小商品市场，王仙琼摩拳擦掌，发誓要干出一番事业，这一坚持，便是14年。她像从前一样，坚持从朝天门码头用自带的蛇皮口袋将衣服拖回店里，只为了节省一点车费。

头三年，生意尽管不如预想得好，但起码有微薄的利润维持小店运转。许多同行因无法维持而纷纷退出，王仙琼保持着更多的耐心和专注，常常思考一个问题：为什么不少顾客进店只是看了看衣服款式，连试穿都没有却扭头就走？

直到那次义乌市场组织商户赴广东考察，王仙琼才终于找到了这个问题的答案。

广东考察找到答案

2010年4月，一辈子没离开重庆的王仙琼登上了去广东的长途车。车上睡了一路，睁开眼看到的是与重庆截然不同的繁华：高档的滨江大道，热闹的罗湖区，川流不息的各式轿车，甚至就连公交车都比重庆高级了不少。路上行人穿着时尚，女人们烫着当下最流行的发型，穿着她从未见过的时髦裙子。

尽管过去了十多年，王仙琼仍清晰记得刚下火车的那一刻激动心情："土包子进城是什么样，我就什么样！"

在考察团的带领下，王仙琼深入到各个衣服生产车间，才知道自家店里的衣服不仅款式过时，质量工艺也远远比不上。广东的服饰受到舶来品的影响，逐渐与国际时尚潮流接轨，这里的衣服不仅款式新颖时尚，生产速度也非常快，最关键的是生产成本比重庆朝天门更低。

王仙琼最关心的还是街头小孩们身上的衣服，她一边看，一边设想，穿在儿子身上会是什么样子，这件确实好看，但是太花哨了，儿子肯不肯穿出去？

"可以进些款式新颖的童装，但不能太多，要让合川当地人接受。"在农村摆过童装摊的王仙琼深深懂得这个道理。她不再局限于过去的经验和眼光，而是尝试新的款式和风格，满足不同顾客的需求。

在义乌小商品市场生意不温不火的几年里，虽然看似磨人又漫长，但王仙琼却默默用时间积累经验。她凭借独到的眼光和深圳、广州等地潮流时尚、品质优良的货源，在义乌小商品市场里逐步站稳了脚跟。

生意好起来了，王仙琼也忙碌起来了。她时常因忙于事务而无暇顾及家中琐事。她的丈夫在老家经营烧烤店，两人相隔距离遥远，一年之中也难得相见几次。后来，烧烤店的生意干不下去了，王仙琼便动员丈夫来了合川，共同经营"恋沐童装"。

"我主外，他主内。"王仙琼笑着调侃她与丈夫的分工合作。她主要负责进货的安排，确保货源足且品质好；而丈夫则负责管理店里的日常运营，确保店铺的顺畅运转。虽然两人性格迥异，丈夫性格较为急躁，有时会因一些小事与顾客扯皮；但王仙琼经过多年的历练，已变得从容不迫，多了一份"佛系"心态。

在生意上产生分歧，王仙琼和丈夫约法三章"两口子吵架不能超过三句话"，他们会在闭店后，静下心来复盘一天的经营情况，共同探讨遇到的问题。

对于王仙琼而言，家庭与事业是她生命中同等重要的组成部分。"每当我想打退堂鼓的时候，都是家里人让我重新挺起腰杆。看到丈夫有事业心，儿女有出息，我很满足了。只要家人过得好嘛，我受点累、吃点苦都不算啥子。"

王仙琼这番话说完，脸上露出了幸福的笑容。随后，她又转身忙碌起来，继续招呼着店里的客人。（文：李晨　指导教师：罗青）

采写手记

王仙琼，是我第一次参与商业人物故事的采访。她性格健谈开朗，每当谈及以往创业的艰辛与奋斗，她总能如数家珍地娓娓道来，每一个细节都清晰可见。在我采写的过程中，我细细聆听她近二十年来经营童装生意的点点滴滴，那些看似平凡的故事，在我手中化为文字时，却显得如此艰辛而感人。这篇文章，我修改了很多次，将内容的叙述方式改为故事化一直是我感到困难的地方。我总习惯让故事的主人公以故作深奥的哲理之语来塑造其形象，却未曾意识到，在那些看似平凡无奇的话语中，往往蕴藏着每个普通人最真挚的情感，它们最能触动倾听者的心灵深处。在老师的指导建议下，我试着融入了一些口语化的表达来增强文章的生动性。果不其然，这让文章的流畅性和逻辑性都得到了提升，内容更具有感染力。

对于标题的拟定，也让我犯难。我总想拟一个"空前绝后"的标题，以为这样更让人耳目一新。在修改后的稿件里，老师将标题变成了平凡的一句话，甚至是一句句俗语，我受益颇多——"原来平凡的话作标题也照样可以出彩！"

王仙琼的故事似乎就是"一个平凡农村女性为家庭生计而辛勤忙碌"的缩影，与那些戏剧化的"逆袭大女主"或"运筹帷幄的商战风云"相去甚远。然而，正是这份平凡中的坚持与努力，让她的故事显得如此真实而感人。它没有华丽的辞藻，没有惊心动魄的情节，却用平凡书写着伟大，用真实诠释着英雄。在未来的日子里，无论是采访还是写作，我都会更加关注那些平凡又感人的细节，就算在平凡又普通的日子里也要保持激情和热爱，才不辜负生活的意义。（文：李晨）

卖茶的杨老板来了!

导读

从肩挑茶担的小贩到茶叶批发商,再至"合川红茶"品牌创始人,一辈子与茶叶结缘的杨伟,一步步完成了人生的蜕变。

杨伟第一次到合川城,才15岁。那时,他挑了40斤茶叶,跟着邻居进城卖茶。走进合川,他心里非常激动。一切都很新鲜的合川城深深地吸引着他,他暗暗发誓:一定要成为城里人!

从一星期到三天

52岁的杨伟,出生于重庆市合川区双凤镇塘湾村。上小学时,双凤镇开始让村民开发山区荒地种茶,杨伟家里也开发了几亩荒地,种上了茶树。

每年3月,村民就将采摘的茶叶背到附近的茶厂去卖。因采摘的茶叶质量参差不齐,经常被茶厂拒收。为了让自家的茶叶变成钱,杨伟从12岁开始就跟大人学炒茶,并将炒好的茶挑到附近乡场去卖。

第一次进城卖茶的杨伟,没有任何经验,而邻居生怕杨伟抢了自己的生意,就故意说合川兴隆(今合川区燕窝镇)一带茶比较好销,鼓动他去那里卖。

见邻居不愿带自己,杨伟只好花两块多钱买了一张从塔尔门到兴隆的车票。哪知到了地方,人生地不熟,杨伟又害羞,不敢吆喝,所以挑着担子转了一上午,一两茶叶也没卖出去。眼见出门时带的20多块钱只剩下了2块多,只够买1张回塔尔门的车票,杨伟只得挑着茶叶垂头丧气乘车返回,又在青龙桥一带挑着茶叶转悠了一个下午,依然无人购买。这时,他兜里已没有一分钱。看着天色越来越晚,想着自己初次外出卖茶受挫,杨伟伤心无助,越想越委屈,蹲在青龙桥头,忍不住大声哭了起来。

不想这一哭,引来不少人围观。有一名中年男子问:"你这娃儿哭啥子?"

杨伟一边哭一边回答，说自己从老家外出卖茶，转了一天没卖掉，兜里没钱了，回家也难了！

"你这娃儿能够从乡下挑着担子来卖茶挣钱，有志气！莫哭了！"杨伟的境遇，引起这位中年男子的同情。为人热情的中年汉子安抚杨伟说，这附近有家餐馆老板是他的熟人，他去叫老板买几斤。在这位中年男子的帮助下，餐馆老板买了3斤茶，杨伟兜里终于有了10块钱。拿到钱后，杨伟先花1.5元钱吃了一碗豆花饭，然后就在青龙桥附近的一家小旅馆住下。

杨伟在小旅馆想了一整夜："我不可能就这样回老家了，我不甘心！"于是，第二天早上，杨伟又买了一张合川至兴隆的车票，想再去碰碰运气。

在青龙桥上的一场大哭，给了杨伟很大的启发。他觉得，要想卖出茶，就必须鼓起勇气来吆喝，必须和别人交流，让人家了解自己。

于是，杨伟鼓足了勇气，第一次张开了口，有了第一嗓子，他的声音开始越来越大，吸引来的人也越来越多。尽管有的人一次只买几两，但总架不住人多啊。

就这样，杨伟挑着茶，一路喊着，从合川兴隆卖到武胜万善、复兴，用了一个星期的时间，他终于把一挑茶叶卖完了。尽管一周的时间太长，赚的钱几乎都花掉了，但能卖掉茶叶，他还是很高兴，对自己做生意开始有了信心。

当杨伟回到家里，母亲吃惊得不敢相信："你这么多天出去，一点消息都没有，别人都说你不在了，你到

杨伟展示茶道，为顾客带来优雅体验
（受访者供图）

哪里去了？"杨伟一边安慰母亲，一边拿出从城里买的几个大馒头递到母亲手里，给母亲分享他首次外出卖茶的成绩。信心十足的杨伟告诉母亲，只要肯张口，会宣传，茶叶就好卖，而且卖茶比在家里种地强，他以后不仅要外出卖茶，而且还要在合川城里开一家属于自己的茶馆，自己当老板！

待了两天，杨伟再次挑着茶叶，乘车来到合川。他先去了买他茶叶的那家餐馆，一则向餐馆老板道谢，二则问餐馆老板还要不要茶叶。老板见他为人诚恳，又一次照顾了他的生意。

因为有了销售经验，这次很顺利，一挑40来斤的茶叶3天就卖完了，杨伟挣了几十块钱。

从挑担子到开汽车

就这样日复一日，慢慢地，杨伟手里有了一点钱。到了1995年，杨伟再次想到了自己进城当老板的梦，就打算带着新婚的妻子尹小琴到城里租个门市卖茶叶。考察了一番后，他发现钱不够租门市，只好向亲戚借了两万块钱，在合川别凡溪市场边摆摊做茶叶批发生意。

尽管摆摊没有挑茶卖那么辛苦，但由于地段比较偏，摆摊生意并不好。就在准备放弃时，新建的合州市场一位负责人找到了他，动员他到合州市场去做茶叶生意，条件是租一个门市，可以先免三个月房租——做得好就继续租，做不好，可以抽身退出。杨伟一听，顿时动了心，决定去碰碰运气！

租下一个门市，杨伟决定大干一场。他总结了过去自己卖茶的经历，觉得不能等客上门，还是应该主动宣传推广，于是就主动联系客户、送货上门。只要有人要茶，哪怕是步行，他也给顾客送过去。那段时间，他走遍了合州市场周边的大街小巷，并与不少茶馆老板交上了朋友。

三个月后，杨伟不仅能挣起房租，而且还有不少盈余。

为扩大生意半径与送货效率，杨伟想买一辆自行车送货。当时，一辆自行车100多元，在普通人家仍属于"奢侈品"。事业刚起步，家庭也需要用钱，妻子尹小琴开始不同意。杨伟再三劝说妻子，有了自行车，不仅能到更远的地方卖茶，而且还能及时把茶送到顾客手中，效率提高了，卖的茶更多！

有了自行车，杨伟就开始上门向顾客推销，北至五尊、思居，南至东津沱，都有他骑着自行车卖茶的身影。合川城里的人们也渐渐熟悉杨伟，只要是他的自行车出现在大街小巷，大家都会吆喝："那个卖茶的杨老板又来咯，买茶的快来哦。"

过了一阵子，又有人向杨伟建议："你要是买个摩托车多好，不光比骑自行车快，而且哪里都能去。"杨伟越想越觉得有道理，有了摩托车，不仅卖茶的效率更高了，甚至平时有空也可以跑摩的赚点钱！

这次妻子态度更明确。她一听买一辆摩托车要2000多块钱，坚决反对。杨伟依然锲而不舍，天天做思想工作，一连坚持了半个月，才把妻子磨得没了脾气。

有了摩托车，杨伟的卖茶范围更是扩大，他不仅做了合川城区的生意，而且还骑着摩托车到几十公里外的钱塘、龙市、肖家乃至与合川交界的武胜、岳池等地去送货。挣的钱越多，杨伟的干劲也越大。即便是冬天的寒夜，杨伟和他的摩托车也轻易歇不下来。

转眼到了 2000 年，杨伟不仅在合川站稳了脚跟，而且茶叶生意越做越大，他已不能满足于骑着摩托车卖茶，他开始学车考驾照，准备买一辆小货车，做茶叶批发生意。

这次，妻子很痛快地同意了他的想法。于是杨伟就开始开着一辆二手长安小货车到成都进货，然后不仅在合川批发、送货，还亲自开车送货到合川周边的武胜、岳池、华蓥等地。一辆二手小货车，让杨伟尝到了茶叶批发生意的甜头，也让杨伟在合川及周边区县做出了名气，特别是在武胜万善、复兴一带，当年的老顾客深表感慨地说："以前挑担子卖茶的小货郎，已变身为开货车批发茶叶的大老板了！"

从卖产品到卖文化

2013 年，为了让自己的生意做得更有档次，不满足于只做茶叶销售的杨伟，又想着租一个门市，开一家集茶叶展销与休闲娱乐于一体的茶馆。

这个想法源自于一次到成都进货。在一家茶馆休息时，杨伟发现这家茶馆里面坐满了人，居然没有人打麻将。他点了一杯茶。在茶馆坐了半小时，看了一场传统的茶道表演，等结账的时候，老板居然要收 128 元！杨伟觉得这个利润要比卖茶叶可观多了。回到合川，他决定也开一家不打麻将的茶道馆。

6 月的一个早晨，杨伟迎着江风在合川嘉滨路跑步，无意中发现一个正在修建的临街门市。独特的门头以及临江的环境，让人感到十分惬意，杨伟一下子就相中了这里。一番讨价还价后，杨伟决定买下这个门市。几个月装修打造后，杨伟期待已久的这家集茶叶展销、产品开发、茶艺表演、实践研学、书画鉴赏、商务洽谈、休闲阅读等于一体的茶艺馆"茗扬茶道"开业了。

"茗扬茶道"馆开业后，杨伟不光亲自到成都学习茶道，还把成都的茶道文化引进合川，让合川市民体验不一样的茶道乐趣与文化魅力。此外，他还深度挖掘合川历史上的"水南茶"文化，开发拥有合川辨识度的"合川红茶"系列茶品，让"合川红茶"成为合川的特色伴手礼。随着人气不断高涨，杨伟的"茗扬茶道"馆成为合川的一张文化名片，杨伟也因此成为合川乃至川渝两地小有名气的茶道大咖。

现在的杨伟，经常站在茗扬茶道门前，眺望着嘉陵江滚滚东去的江水，心中充满了对未来的期许。回顾自己半辈子和茶叶打交道的经历，他很有感触。从一个嚎啕大哭卖不出一两茶叶的孩子，到成为茶叶批发商和茶道宏扬者，合川这座城市成就了一个农村孩子的商业之路。从宣传到服务，从产品到文化，杨伟完成了一个成功商人应该有的蜕变。（文：谭诗颖　指导教师：罗青）

采写手记

这次写商道故事，对我来说是一次大挑战，头一回自己一个人动手写这种题材。运气不错，在媒体导师周云的带领下，我采访到了合川当地一个茶行老板——杨伟。杨老板给我讲了他和茶叶那些年的不解之缘，故事一个比一个动人。但，当我在整理这些素材时，发现故事逻辑很散，无法将故事内容串联在一起。

后来，我先去找了罗青老师。罗老师的眼光独到，文字功底也厚实，从故事整体来挖细节，提炼每一个部分的价值点。我们一合计，就把杨老板的故事脉络给捋顺了，三个小标题讲述不同的商业经历。

可一动笔我还是蒙了。周云老师让杨老板从十几年前开始聊，故事是丰富了，细节也到位了，但文章太长，重点不好找。那么多信息，我怕漏了重要的细节，又怕写得太啰嗦，没人愿意看。初稿写出来，五千多字，我自己看着都头疼，不知道咋改。

好在罗青老师又出手相助了。他拿着我的初稿，一阵调整修改。经过他一改，平平淡淡的细节都活了起来，成了文章的点睛之笔；那些好玩但不贴题的，就被巧妙地删减掉了，文章一下子紧凑多了，也更有"商道"的感觉了。最后，文章得到了老师的认可，我心里头一下对《商道故事》写作也有了新的感受。

这次采写经历让我明白，写一篇《商道故事》真不容易，但也挺有意思。它教会我，写作不能光是把采访的话记下来，还得琢磨怎么让细节为文章的主体服务。以后，我还得继续加油，提高文字功底，争取写出更多、更好的《商道故事》。（文：谭诗颖）

一个老牌国营酒厂的重启之路

导读 ••••

四川泸州江阳曲酒厂始于 1856 年，作为泸州老牌国营酒厂之一，它曾在 20 世纪七八十年代风光无限。然而，随着市场的变迁，这个陈年老字号逐渐淡出人们的视线，中国白酒五千年历史，文化与传承不应该被遗忘，于是新生代 90 后酒厂掌舵人王亭启动了品牌复兴之路。

"风过泸州带酒香，人到泸州醉一场。"酒，不仅是泸州的城市名片，更是泸州经济产业一大支柱。

11 月 18 日，笔者一行人重庆驱车 170 余公里来到中国酒城泸州，有幸采访到了泸州江阳曲酒厂董事长王亭女士。在采访中，她向笔者讲述了江阳曲酒厂的"前世今生"。通过她的讲述和存留下来的珍贵资料，笔者得以一窥这座昔日的老牌国营酒厂全貌。

白酒是有人情味的

王亭，出生于泸州市叙永县的 90 后小姐姐，初次见面就给人留下了深刻的印象。她那甜美的微笑和亲切的态度尽显温柔与优雅。然而，让人意想不到的是，她竟然是掌管一家百年酒厂的舵手，更是这个酒厂的"复兴"人。

王亭自小就对酒有着特殊的喜爱之情。她表示，泸州的风都是带着酒香的，身为酒城儿女，自毕业后，她一直从事着与酒相关的行业，尽管身份多次转换，但她始终未曾离开过酒类行业。

王亭描述了她在 2011 年加入泸州老窖集团的工作经历，这段经历对她来说非常宝贵，不仅提炼了她的能力，积累了人脉资源和阅历，还帮助她找到了未来的发展走向。

王亭经常需要深入到酿酒车间工作。每当酒窖开启，醇酒流出的那一刻，总能带给她深深的震撼。

当笔者一行来到酒厂时,恰巧车间正在进行蒸馏。亲眼见证了整个过程,看到白色蒸汽升腾环绕,酿酒师傅们围在锅炉旁,他们的汗水与热气交织在一起,流露出对酿酒工艺的执着和追求。这些酿酒师傅虽然岁月已经在他们的头发上留下了痕迹,但他们的精神仍然旺盛,每一个动作都充满敬意和热情。他们反复进行操作,不仅是为了酿造出优质的美酒,更像是在迎接一个新生命的诞生。

大家站在一旁,目睹着白酒随着"牛尾巴"缓缓地流出。"白酒传承是很有意义的,是有人情味的,有情感的,这就是我喜欢这个行业的意义,我们年轻人一定要把这种文化传承下去。"在那一刻,看到了王亭眼中对白酒的尊重和热爱。

老品牌"江阳"重启了

在时代的变迁下,大品牌的压力和网络经济的冲击让许多老牌酒厂开始走向没落,江阳曲酒厂就是其中的一员。

江阳曲酒厂,原为四川省泸州国营酒厂,其窖池被评为四川省非物质文化遗产。它的历史可以追溯到19世纪50年代。在过去的岁月里,江阳曲酒厂的系列产品曾连续获得多项荣誉,包括1986年中国农渔牧业部优质产品、1985年四川省第三届优秀酒、1988年农业部优质产品、1990年四川省优质产品、1993年首届国际名酒香港博览会特别金奖以及1996年中国名牌产品等。

王亭在谈到自己为何接手江阳曲酒厂时表示:"我看到这些沉甸甸的奖牌,这是多少代人辛苦劳动获得的荣誉印章,我不想这样的老酒厂就这样没落。"

"您当初突然接手这个厂,心里没有一丝害怕和担忧吗?"

王亭笑了笑说道:"不怕,可能是那种'初生牛犊不怕虎'的勇气吧。前路虽远,总要步履不停!当时我做的泸州老窖的全国开发产品,有一个十几人的销售团队,他们都是深耕市场从事白酒10余年的人员,再加上我工作积累的资源,我们都有信心和能力去接管这个老品牌。"

90后的王亭致力于复兴老牌国营酒厂
(受访者供图)

江阳曲酒厂的酿酒技艺是当地的非物质文化遗产，酒厂的酿酒师可以说是世代都守在这里。他们对这片土地投入了太多的情感。

窖池，可以说是酒厂的元气所在，一方方古老窖池，这是白酒行业最传统的地方，也是匠心匠艺传承、永续的灵魂。

王亭说，泸州老窖1573之所以好，其中一个原因就是窖池是从1573年持续使用至今的，时间沉淀的价值，是任何东西都无法复制的，我们的窖池也持续使用到现在有一百多年了。

尽管酒厂已经重新运营，但巨大的经济压力仍然压得她喘不过气来。而解开这一局面的唯一办法就是扩大销量。

于是，王亭及其团队着手整理酒厂的历史文化，并借助国营老酒厂的历史基础，展开了品牌的构建工作。他们陆续推出了一系列品牌，包括江阳特曲、有情岁月、山河纪、叙泸春等。在保持原酒输出的同时，王亭还聘请了优秀的设计师团队来设计成品，并积极参与政府组织的川酒中国行、丝绸之路、酒博会等推广活动。此外，她还与报社、周刊及央视频道等媒体进行了品牌推广合作。

为了增加酒厂的竞争力，提高自己的专业度和增强经销商对品牌的信任，王亭还考过了国家级品酒师和国家级酿酒师职业资格证，如今，她已是一名省级白酒评委。

有了专业技能的加持，再加上奖项的助力，她得以在全国范围内与众多经销商交流沟通。对于经销商提出的问题，她能够流利、准确且全面地介绍产品的优势，并针对性地解决他们当前面临的难题。尽管一年大部分时间都在出差，每天都在马不停蹄地奔波于各地，只能在车上休息，但她却乐在其中。看着公司逐渐上涨的销售额，她觉得一切都是值得的。

随着她的不懈努力，酒厂的销路逐渐打开，酒厂渐渐进入大众视野，公司业务也在此逐步扩大，贴牌生产、基酒供应、品牌产品三大板块也得到了同步发展。

截至目前，公司已经注册了几十个商标，扩建了数百个产品。同时，新增贴牌开发产品也得到了快速发展，占到了公司业务的30%。

酒香也怕巷子深

2022年，白酒市场遭受了线上经济严重的冲击。对于以线下销售为主导的传统酒企来说，这无疑是一次致命的打击。

　　为了深入了解和学习新的经济模式，王亭决定前往杭州——这个线上经济最为活跃的城市之一。在杭州，她带着一款精心挑选的产品，亲自走进直播间，与达人们进行互动。

　　"在那之前，我是抵触传统酒业在互联网上销售的，因为我觉得，这和一个有着历史文化沉淀的企业很不搭。但那次直播经历，却让我改变了这个看法。"王亭告诉笔者，当时是她的第一次接触直播，在直播我们产品的时候，她被达人助理突然拉到镜头前，她不知所措。平日里游刃有余的言辞在此刻不知所终，一贯侃侃而谈的她居然紧张得说不出话来，只觉得大脑一片空白。她磕磕绊绊地完成了平日里已经形成肌肉记忆的介绍词后，便草草地离开了镜头。

　　不过，她却深深地记住了当时直播间的人数——40万。那是她花费30万元参加一场糖酒会都不可能触及的人数。

　　王亭回忆说，那天晚上已经很深了，她躺在床上翻来覆去睡不着。窗外，雨下了一整夜，而她的手机也响了一整夜。各个经销商纷纷打来电话和发来消息，只是因为直播的价格让他们无法接受。

　　她无法入睡只是在重新审视自己的企业战略。她说道："以前总说酒香不怕巷子深，但事实上，我们这样的传统酿酒企业走传统经销模式会很艰难，而互联网是一个足够开放的窗口。"于是，在2022年底，王亭决定跳出传统经销模式，进驻抖音、快手、京东、天猫等互联网平台，与平台头部主播合作。这样，一方面可以让江阳曲酒厂的历史文化直接宣传介绍给消费者，另一方面也能借助电商流量风口，打开销售局面。

　　随后，另一个问题又随之而来："如何避免线上销售对线下销售产生冲击？"王亭反复思考着这个问题。

　　"作为90后，我深知年轻人的思维活跃且富于创造性。"王亭表示，她并没有安于享受互联网带来的便利，而是充分认识到其中的利益与风险。这确实是一个充满挑战的任务。要让线下经销商也能分享到线上流量带来的好处。我会确保公司是产品供应的唯一渠道，实现线上和线下产品的区分，掌控价格和数量，然后把线上流量引导给我们的线下经销商。这是我们必须共同面对和开辟的道路。"王亭坚定地说。

　　在采访结束前，王亭还告诉笔者，白酒行业是有文化沉淀的，与互联网的营销有些不搭。酒品如人品，做事先做人。人，才是白酒行业最为关键的一环，她的企业理念是诚信经营，是对酒文化的传承，对经销商的负责，绝不以投机的心态去做市场。

正如王亭所说，江阳曲酒厂始终以传统酿造为基础。然而，以前江阳厂衰落的原因正是因为只注重酿造而忽略了市场的发展。如今，虽然搭上了时代的快车，但仍然面临走不到底的困境，我们必须再计划着一个崭新的发展蓝图。

至此，在新一轮的战略发展期中，拥有百年酒厂基础和名酒开发运营经验的江阳曲酒厂，为传统区域白酒品牌如何链接新时代轨道探索出一条与众不同的发展道路还需要继续前行。

对于王亭来说，从传承到接盘，再到创新，每一步都需要巨大的勇气和智慧。未来，她将继续传承白酒文化，诚信待人，立志成为让消费者信赖的优秀企业，这就是她企业发展的底气。（文：张苡铭　指导教师：罗青）

采写手记

这次《商道故事》的采访，对我们师生来说，无疑是一次难得且难忘的学习与实践之旅。与以往接触到的那些小本经营的商贩不同，这次在媒体朋友的热心推荐下，我们有幸采访到了一位真正的商业女杰——90后的王亭女士。

为了确保采访的顺利进行，同时也为了让同学们在实践中锻炼采访和写作技能，我提前安排大家做了充分的准备。同学们在网上搜集了大量资料，仔细阅读了王亭董事长过往接受媒体采访的内容，对江阳曲酒厂的历史沿革和当前的经营状况有了较为全面的了解。

采访前，执笔的同学心里多少有些紧张，毕竟要面对的是一位身价不菲的企业家，担心她难以接近。但正是这份敬畏之心，让他更加认真地对待这次采访，提前准备了一份详尽的采访提纲，连每一个细节都考虑得十分周到。

然而，采访当天，王亭女士却展现出了非常亲和的一面。她不仅与同学们坦诚地分享了自己的创业历程，还耐心地回答了大家提出的各种问题。整个采访过程流畅而自然，完全没有我们之前担心的那种距离感。

在交谈中，王亭女士详细介绍了她如何将白酒这个传统行业与互联网相结合，创新性地采用了线上线下双线推进的经销模式。她确保了公司是产品的唯一供应渠道，实现了线上和线下产品的有效区分，并通过精准的价格和数量控制，成功地将线上流量引导给了线下经销商。这一系列的举措，不仅为酒厂开辟了新的发展道路，也让同学们见识到了年轻企业家的勇敢与魄力。

通过这次采访，同学们不仅开阔了商业视野，还学到了很多宝贵的商业知识，更重要的是，他们亲身体验到了充分准备与真诚对话在采访工作中的核心价值。

（文：罗青）

重归婚庆

导读

　　土家族姑娘张春余辞掉了企业高管工作，和丈夫刘洋回合川老家创业。夫妻俩从摆摊卖十字绣到开店做婚庆，摸爬滚打了十二年，在合川婚庆市场开疆拓土，站稳了脚跟。现在，事业眼看着越做越好，两人却又犯愁了："现在的年轻人都不想结婚了，那我们这行以后可咋整啊？"

　　2007 年，在广东的一个招聘会上，湖北恩施的土家族姑娘张春余，作为一个企业人事主管，遇到了前来面试的重庆合川小伙子刘洋。结果两人一聊起来就特投缘，随着交流越来越多，两人擦出了爱情的火花。

初做婚庆

　　两年后，刘洋和张春余结了婚。他们觉得，总在外面飘着也不是长久之计，就商量着辞职回到合川，安家落户。他们用打工攒下的几万块钱，在嘉陵江边租了个店铺，打算开家十字绣店。可没想到，这店刚开没多久，合川就发了洪水，江边店铺全部被淹。这下好，不仅没赚到钱，还把之前的积蓄都搭进去了，两人心里十分迷茫，不知道接下来该如何是好。

　　天无绝人之路，就在夫妻俩不知所措时，家里的一位亲戚找上门来，提出了一个合作的新机会——做婚庆策划。虽然听着这个机会很诱人，但经历了一次失败的夫妻俩，开始变得谨慎了。为了保险起见，两人亲自到合川市场上跑了一遍，他们发现，合川的婚庆市场前景相当不错，一场婚庆的价格在 2000 元至 6000 元之间，甚至有的更高。随着经济的发展，这个数字预计还会持续上升。

　　有了切身的感受，又听取了身边朋友的建议，两人终于下定了决心，借了 3 万元，开始筹备婚庆策划业务。

婚礼策划对小两口来说完全是个新领域，一切都得从头学起。为了摸清门道，他们花了整整两个月的时间，跟着合伙人一起跑婚礼现场，看人家怎么布置场地，怎么组织流程。他们啥都学，啥都问，努力让自己变成行家里手。

摸着石头过了一段河，他们的婚庆生意渐渐有了起色，特别是在几个节假日和春节期间，结婚的人多，甚至有时候都忙不过来。很快，他们就用赚到的钱还清了之前的债务。

闯入主持

一天，张春余在一场婚礼上，为新人维持现场秩序。婚礼结束后，一位老人误将她认成主持人了，还邀请张春余帮忙去主持他的寿宴。张春余觉得自己从未经过专业主持培训，便一口回绝。然而，老人却一直在坚持鼓励她说："你形象气质这么好，不做主持人可惜了！"

那天回到家，张春余坐在那儿想了好半天。她想起自己参加过上百场婚礼，那些主持词她都听过不知多少遍了，有的句子闭上眼睛都能说得溜。再说，做婚庆主持收入也相当可观。这让她有些心动：为啥我就不能试试这个新角色？

第二天，她给那位老人回了电话，接下了这活儿。

为了做好这次主持任务，临近顾客的寿宴之际，张春余几乎整天都泡在家里练习，她一遍又一遍地背主持词，那份认真劲头连她的孩子都受到了影响，甚至也能背出几句。看到她终迈不过一紧张就结巴这个坎儿，丈夫就劝她："如果实在不行就算了吧，别把人家的寿宴给搞砸了。"但不服气的张春余还是觉得应该努力试试。

在寿宴主持当天，面对满座的宾客，张春余发现，做主持与做幕后工作还是不同，真正站在台上，盯着那么多双眼睛，她一下子紧张起来，话语变得磕磕绊绊。尽管她努力调整状态，但失误仍然无法避免。每一次说错或结巴，她都能感受到宾客们微妙的目光和窃窃私语。那一刻，她真的想找个洞钻进去。

宴会结束后，虽然老人并没有埋怨她，但张春余对自己的表现失望透顶，那种挫败感让她难以释怀。

此后，张春余把主持梦深深搁置在了心底，继续专心做婚庆策划。直到2013年，她在重庆学婚礼插花时，发现楼下有家主持培训班。有一天，她看到插花课的老师在帮主持培训班招生，听到四千多块钱就能包学会，心里一动，主持梦再次浮了出来。她算了一笔账：在合川，一场婚礼下来，主持人的劳务费用少则八百元，多则上千元，经过专业的培训和经验的积累后，自然身价也会高些，这不就是她重燃主持梦的机会吗？

于是，张春余毫不犹豫地交了钱，报名参加了培训班。经过一个月的集训，张春余发现自己整个人的气质都变了，说话也更有底气了——看来，这钱花得值啊！

培训结束后，张春余回到合川，决定重拾婚礼主持的饭碗。主持了几场婚礼后，她和老公发现，合川这边婚礼主持人稀缺得很，很是庆幸自己选对了路。

然而，不久，一件事打断了张春余的计划——她发现自己怀上了宝宝！挺着肚子往外跑去做婚庆策划和主持，确实不太方便。

怎么既能在家安心养胎，又能参与主持工作呢？一番琢磨后，张春余想到了一个周全的主意——自己开主持培训班！这样既能在家养胎，又能为合川的主持市场培养些新人，还能为孩子赚点奶粉钱，一举三得！

转战培训

2017 年，中止了婚庆生意的夫妻俩，拿着几年婚庆策划赚到的钱，买下了步步高的一个店面，创办了名为"赢夫人"的培训机构。

有了场所，培训最大的问题就是学员了。一开始，4000 元的报名费让不少人望而却步。为了吸引更多人，张春余叫上了老公刘洋一起想办法。刘洋在百度、搜狐等网站上制作了词条，大力推广他们的主持培训班。张春余也没闲着，她开始承接各种商业活动，比如商场开业、品牌地推，还参与了《中国好声音》合川赛区的活动。

为了把"赢夫人"主持培训机构的名声打得更响，张春余和刘洋一起还组织了好几场主持进校园的公益活动。同时，随着短视频越来越火，夫妻俩还抓住网络风潮，以"土家妹子合川郎"这个名字，在多个自媒体平台上注册了账号，拍了不少短视频，记录他们的工作日常和生活点滴。

一来二去地，培训班的名声就渐渐传开了，连夫妻俩也成了小有名气的网络达人。越来越多的待业青年、大学生甚至中年人都慕名而来，加入了张春余的主持培训班。

因为只有自己一个人当老师，精力有限，所以她和刘洋商量着，每期培训班就只招 10 名学员。在教学的时候，张春余不仅仅是教大家主持技巧，更像是大家的领路人。她教的内容都特别实在，把自己之前学到的主持经验技巧毫无保留地分享给学员们，比如婚礼有哪些流程、遇到紧急情况怎么应对、如何让婚礼气氛热起来等等。她教学的方式也特别接地气——直接带学员去活动现场观摩，甚至实操，这样大家就能亲身体验到婚礼主持的魅力，感觉更加有参与感，学起来也更带劲儿！

为解决学员的就业问题，张春余和刘洋还特地去联系了一些曾经在婚庆行业积攒下来的人脉和资源，与婚庆公司、活动主办方等开展合作，为他们输送主持人才。

张春余记得特别清楚，有一个五十几岁的学员给她留下了非常深刻印象。她曾劝那位大叔，年纪这么大了，可以培养点别的兴趣爱好来消遣时间。但大叔却告诉她，自己的兴趣

张春余夫妇认真观看中式婚礼客户视频
（罗青 摄）

爱好不多，就想圆一圆年轻时没完成的主持梦。张春余心里特别感动，重新思考了当初创办培训班的价值。后来，在夫妻俩的帮助下，那位大叔不仅站上了主持的舞台，还在财富广场成功主持了一场活动，赚到了一笔零用钱。

重回婚庆

随着报名的学员越来越多，张春余发现合川的主持人岗位逐渐饱和，对主持人的要求也越来越高，越来越挑剔。这让张春余和刘洋头疼不已，他们想尽一切办法，给这些年轻人多找些机会和平台，让他们能靠主持这口饭养家糊口。

一夜又一夜地翻来覆去后，张春余做了一个决定，她对丈夫说："我想重回婚庆行业，毕竟我们在这行混了这么多年，有点人脉，也有点小名气。更重要的是，咱们可以组织那些学员成立几个小组，给他们接点活儿，赚点钱。"

刘洋也觉得这是个好主意，立马点头："既然要重回婚庆，那就得干出点名堂来。搞培训的那个场地，确实不太适合开婚庆公司了。"

为了选到合适婚庆公司的场所，夫妻俩跑遍了合川大街小巷。终于找到一家门店，位于热闹的商业街，二楼还是个大平层，面积宽敞，房租还低。最重要的是，这个店铺不仅能放置婚纱展示区，还具备一定的私密性，方便和客户坐下来洽谈业务。

2022年，夫妻俩带着20万元的启动资金，重振旗鼓，再次踏入了婚庆行业，并将公司取名为"绮梦婚庆"。

那一年，中式国风婚礼开始越来越受年轻人喜欢，于是他们带着学员一起，学习中式婚礼的流程和细节。中式婚礼不仅要求新人重视传统文化礼仪，更在细节和仪式上非常讲究，每一个步骤都不能马虎。中式婚礼收费有高有低，从七八千元到四五万元不等，根据新人的需求和预算来定。

这时的张春余，更像是指挥官，彻底从前台退出。她把主持人的"重任"交给了学员们。学员表现越好，收入就越可观——一场婚礼下来，有的人能挣个三四百元，重要岗位的学员能挣上千元。学员们也很满意："特别是像传统节日或者黄金周这样的旺季，虽然忙得不可开交，但比在外头打工强多了，辛苦点也值得！"

从婚庆转行做主持，从主持到培训，又从培训重归婚庆，兜兜转转，夫妻俩似乎又回到了原点。但，有了这个曲折的过程，两人对经商的理解与认知完全不同了。如果说一开始做婚庆，只是解决了"做什么"的问题，到最后再回婚庆时，他们已经明白"怎么样才能做好"的问题了。

对于婚庆行业的未来，张春余和刘洋都觉得需要拓宽思路，把格局打开——跟花店、酒店、影楼等这些婚庆相关的行业联手合作。大家互相介绍客人，互利共赢，这样生意才能更红火。在计划不断扩大人脉圈子，打造一个更完整的产业链的同时，他们还意识到了要不断创新才能生存下去："现在的年轻人，工作之后社交圈子就小了，找对象更难。而未来，如果愿意结婚的年轻人越来越少，那么婚庆这个行业将越来越难生存。现在我们打算先跟团委、妇联谈谈合作，搞搞相亲活动，给青年朋友牵线搭桥，未来再根据形势变化，不断调整服务方式吧。"（文：谭诗颖　指导教师：罗青）

采写手记

我发现，那些在平常的生活中，努力奋斗的人，他们都有一个共同的地方，那是一种不被生活打倒的韧性，一种为了追求自己的目标，努力拼搏的精神。

这次的张春余夫妻也不例外。他们是平凡的人，同时也是有想法敢行动的人。这一对夫妻，初次的相识源自于男方的一次面试，两人因此相识并走在了一起。她跟着他回到了家乡，开始创业。但，经商之道并非一朝一夕就可领悟的，最开始的那段时间，他们入不敷出，虽说没有遭到巨大的打击，但也不容乐观。他们的一切改变，都建立在学习的基础之上。这种不断学习地不断提升自己的精神是我在他们身上所发现的闪光点。她学习主持，他学习摄影，因为学习的关系，他们的水平越来越高，店铺日益扩大，产业也逐渐开拓起来。

另外，他们在生活的困难中，仍旧顽强生长的样子令我们动容。这种不屈向上的精神，正是无数中国基层劳动者的真实写照，也正是有无数的这种平凡的劳动者，才编织起了社会的大网。我们应该同他们一样，保持坚韧，保持学习，尽最大努力，找到属于自己的方向。

回过头来再看我们许多当代大学生，做事情基本上都是三分钟热度。学不进去，玩不尽兴，睡不踏实。没有坚定的毅力还总犹豫不决，渴望出类拔萃却难以脚踏实地，看到别人取得成功就焦虑不安，自己行动时却总是明天开始。

这是我第一次参与商道故事采写。此次采写不仅拓宽了我的眼界，让我感受到了创业的不易。在行业不景气的时候及时找到出路很关键，要不断适应社会的发展变化，不断地学习各方面技能，从而提高自身的综合素质。（文：张苡铭　冯小雪）

年入百万的创业密码

导读 ⠿⠿⠿⠿

"炒杂酱要热锅冷油，一斤肉使用200克大豆油，油温五成热时下姜米，火不能太大……"在"重庆疯狂掌门人"抖音直播间，主播热情洋溢地介绍杂酱面的制作过程，观看人数一路攀升。点开该账号，一篇名为"油辣子的做法"的作品点赞数超过9000，账号累计获赞近300万。

"疯狂掌门人"走红抖音，离不开具有记忆点的主播，离不开接地气的直播方式，更与背后的操盘手柯正华密不可分。

柯正华自称是一个喜欢"折腾"的人，毕业伊始，就坚定了一个目标——创业。2023年12月6日，在重庆移通学院"商道大讲坛"开始前，他接受新闻采写产业学院学生专访，分享了自己从做会计培训小有盈利，到打造短视频IP矩阵，再到抖音直播年入百万的创业历程。

创业初期的探索

2012年，从武汉城市学院毕业的第二年，24岁的柯正华拖着一个行李箱来到妻子所在的城市重庆，渴望在这里闯出一片天地。刚刚走出校园的柯正华，此时的想法异常明确，做自己的事业，不给别人打工！

一开始，柯正华选择的是会计培训。他开设学校、招生、培训，一切都按照传统模式运行，小有盈利。但做了一段时间，他觉得这并不是自己心中真正的创业。

柯正华有个亲戚做服装生意，那段时间空闲时，他常到亲戚的店里帮忙，从店员做起，全面了解进货、销售、资金分配等开店流程，亲戚告诉他顾客上门怎么说，怎么积累回头客。

经过几个月的积累，柯正华跟妻子商量："我要创业开服装店。"妻子轻轻说了三个字："可以啊！"然后拿出了自己全部的积蓄。

柯正华在新世纪百货盘下了一个 60 平方米的店面，开始卖女装。尽管女装在冬天可能会有一些收益，但夏天基本上维持在平稳状态，利润有限。

当时柯正华是在杭州进货。每次进货，柯正华都会去参加各种培训。2013年底，一次偶然的机会，柯正华在杭州参加了一场关于领导力培训的活动，结识了一位从事互联网行业的大哥，专注于做百度关键词优化，即通过一些手段和策略，使自己的产品在百度搜索中排名靠前，从而获取更多曝光和流量的方法。

这个新兴领域让柯正华眼前一亮。他觉得这位大哥事业做得好，人也热情，还愿意教自己，就决定跟他学——自己创业就做这个。

尽管家里人认为做服装生意更稳定，对他的选择不太理解，可妻子拍拍他的手，一如既往地对他说："可以啊！"

那时候，百度搜索相当热门，大家通过搜索关键词获取信息——比如"哪个祛痘产品比较好""哪个牌子的卡车比较好"，就会出来排名。大多数企业还没有网络品牌度，除了日常的推广之外，还是希望用户可以搜索到自己。

针对企业的强大需求，柯正华算是站上了风口，那几年收入也比较可观。

然而，随着时间的推移，到 2018 年，抖音短视频平台异军突起。几乎整个行业都看到了这样的趋势，用户的搜索习惯改变，内容消费场景向短视频集中，作为互联网行业从业者的柯正华，非常清晰地感受到百度流量的流失。

思考了好几天，柯正华下定决心，进入短视频行业。"互联网节奏是非常迅速的，可能今天兴起这个，明天就没人关注了，如果一直待在一个地方，很可能被时代的浪潮淘汰，所以要多尝试新事物。"

2019 年初，柯正华结识了一个在重庆从事小吃培训的创业者。这位大哥通过独特的推广策略建立了品牌，涵盖了多个培训方向，如重庆酸辣粉培训、重庆纸包鱼培训。通过占领关键词，吸引了大量希望通过培训掌握技能并开设店铺的学习者。

这样让柯正华有了新的思考。结合自己在培训领域的经验，他产生了一个大胆的想法：通过在短视频平台做品牌推广，构建矩阵式的影响力。

品牌矩阵的打造

2019 年 4 月，柯正华与一位做重庆小面的朋友一拍即合，决定在多个新媒体平台上共同打造一个小面培训品牌的矩阵——"疯狂掌门人"。

转型并非一帆风顺。从百度到抖音，柯正华感受到最大的挑战是曝光问题。抖音平台的兴起带来了消费习惯的巨变，让更多人看到自己的视频成为一大难题。

他们在抖音、快手、小红书等平台上运营几十个账号，每个账号有着特定的内容定位和精准的分工。根据他的设想，就是通过量的优势达到质变，"打爆"一个视频，从而获得大量流量。

如此庞大的账号矩阵下，分工成为关键。柯正华主要负责账号的拍摄、剪辑、文案等工作。通过矩阵的运作，

柯正华正在给公司员工做培训（受访者供图）

增加曝光率，吸引关注者。然后，通过后端转化，变为私域流量，再以知识付费的方式做技术或运营技巧的培训。

在做账号的过程中，柯正华强调了一个态度："始终保持平常心，没有人能确定自己的第一个账号、第一条视频就一定能成功。"

刚开始做视频时，抖音上娱乐化的内容很多，柯正华按照自己的思路，加入了一些剧情演绎的元素。第一个账号运气较好，发布第七条视频时，播放量超过 1000 万，粉丝量也迅速增加到七八万。

运行了一段时间，柯正华发现，尽管剧情类视频能够吸引大量播放量，但了解我们想传达的信息的观众却很少。账号咨询量低，变现能力就差，达不到他们的核心目标——尽管有着约 10 万的粉丝，柯正华还是果断放弃了该账号。

柯正华改变思路，开始专注于制作小吃教程类视频，例如重庆小面和重庆牛肉面的制作教程，这种教程能吸引那些真正想学做重庆小面的人。大量垂直度高的食品教程，成功吸引了精准的观众群体，也为他们带来了更多的咨询。

最令人意外的一次是一条关于南北饮食差异的视频，柯正华以为流量会很稳定，但它突然爆火了——涨粉近 20 万！

这一成功更让柯正华更加确信，了解受众需求是成功的关键。

于是柯正华目标更精准了。一番努力运作之后，"疯狂掌门人"成为柯正华运营中最成功的品牌之一。在抖音搜索这一关键词，一系列粉丝数十万的账号映入眼帘："疯狂掌门人官方账号""疯狂掌门人加盟""疯狂掌门人重庆小面"……

直播带货的逆袭

网络时代，最常态的东西就是变化。刚取得短视频的成功，柯正华发现，直播悄然兴起了。这让一直思考如何从做内容到实现成交转化的柯正华眼前一亮。

2020 年 8 月，柯正华开始接触直播。试图通过直播吸引观众咨询，然后转化为线下学习的客户。最初的直播，他以自己上镜的方式，讲述一些餐饮、创业和人生的故事。当时并没有考虑卖货，而是纯粹通过 2 小时的聊天，引导观众线下成交。

坚持了几个月后，柯正华觉得自己的口才越来越好，但直播间人气却并不高。每天晚上从 8 点开播到 10 点，长期在线人数只有一两百人，这让柯正华很苦恼。

转折始于 12 月末，当时，柯正华通过曾经在杭州的人脉，进入了一个电商圈子，认识了一批直播带货的专业人士。在那里，柯正华看到了直播带货和他以前的变现方式的差距。这群人的赚钱方式让他大开眼界，很难想象一场直播带来的收益可以达到几百万元，甚至上千万元。

在与他们的交流中，柯正华逐渐认定直播带货是未来的趋势。他愿意付费去获取流量，也发现在这个圈子里，经验和想法的碰撞是非常宝贵的，这些实用的经验对自己的改变至关重要。在这里，他能更快地了解抖音内部规则的调整，把握市场动态，精准选品，流量运营得以优化。

此后，在直播中，柯正华不再仅仅是分享餐饮经验，而是通过深度选品和精准的流量运营实现更高的销售额——比如季节性产品的选择，比较热门的年货、取暖器等，别看它们是小东西，市场潜力却很大。

当然直播带货也不是好做的，做好一场直播需要长时间、高密度的输出，对体力是更大的考验。刚开始直播间没啥人气，为了避开大主播的直播时段，柯正华选择凌晨三四点开播，这样坚持了几个月，才终于有了起色。他通过直播的方式教别人做重庆小面的油辣子，或者炸酱面的炸酱，已经能做到四五千人在线。而 12 月 12 日晚上的一场直播时长 17 小时，累计观看人数达到 3.62 万人，直播间成交金额 50.25 万元，更是让柯正华信心倍增。

为了扩大规模，他开始增加选品，租仓库，主播团队也增加到了十几个人。生意逐渐稳定后，业务方向越发清晰，市场越发成熟，从知识分享过渡到带货，柯正华的目标不仅是国内直播市场，还计划做好跨境电商。

柯正华成功的秘诀就是不断跳出自己的舒适圈，挑战自我，挖掘自身更多可能性。他说："机会不是等来到，是闯来的，不去做、不去试，永远不可能成功。"

（文：幸坤阳　指导教师：杨洛）

采写手记

柯正华是一位有着十多年创业经历的商人，从会计培训到服装店，再到如今的短视频品牌矩阵与直播带货，他一直在尝试与突破。和学生们一起回顾柯正华的创业历程，我感受到一种强烈的信念感：突破舒适区、勇敢去尝试，不断寻找新的方向与机会。这样的信念贯穿了他的每一次转型，让他在各个行业变化中都能及时调整方向，抓住机会。

尤其是在柯正华讲述他从传统行业转型到短视频和直播带货的经历时，我感受到一个创业者在面对新媒体和技术变化时所具备的敏锐力与学习能力。面对百度流量的下滑，他果断转向短视频，面对直播间冷清的状况，他凌晨三四点起床直播。柯正华的每一次坚持和付出都提醒我，时代的变化虽然迅速，但真正决定一个人成功与否的，依旧是他能否在变化中找到自己的位置，并坚守住对自己的信念。

在这次采访中，我带领学生们经历了从前期准备、实地采访到后期整理的一整个流程。这次的采访不仅仅是单纯的对话记录，还需要深入挖掘柯正华背后的创业动机与心路历程。为此，我引导学生们在准备采访提纲时，着重设计能够引发细节描述的问题，例如："您第一次创业时遇到了哪些难题？是什么促使您决定转型短视频？"通过这些问题，我们得以更加深入地了解柯正华在创业历程中的转折点与抉择。

在采访过程中，我引导学生以对话的方式展开采访，关注柯正华表情和语气的变化，捕捉他在描述不同阶段的心境时的情感波动。这种细节捕捉不仅使稿件更生动，也让学生们更加深刻地理解到，采访不仅仅是提问和记录，更是一个心与心的交流过程。

采访结束后，我和学生们重新梳理了采访的时间线与核心主题。不仅关注了柯正华的创业细节，还试图挖掘其中的情感和思维转变。我鼓励学生们在写作时，以细节为切入点，不仅让文章更有代入感，也培养了学生们在写作中挖掘人性与思考的能力。（文：杨洛）

马树亮和他的一口汤饺

导读

　　"一口汤饺"坐落在重庆市江北区洋河四路的一个街角，小店门脸朴素，红底白字的招牌格外醒目。店内空间不算宽敞，不时有氤氲蒸气飘出来。看上去平平无奇的小店，中午时分，店内座无虚席，饺子香味扑面而来，淡淡的葱香和肉香交织，让人垂涎欲滴。店主马树亮说："我们的汤饺都是现包现蒸，一天要卖两三百笼。现在人心浮躁，很难沉下心来细细品味食物的味道，但我们坚持做传统的味道，相信懂的人自然会来。"

成长：从学徒到师父

　　马树亮今年50多岁，曾经是重庆老字号"小滨楼"的厨师，19岁开始做学徒，有着近30年的烹饪经验。

　　刚做学徒那会儿，马树亮正年轻，小伙子心高气傲，一心想去光鲜亮丽的国营单位，但却处处碰壁。之后，不得不进了小滨楼做学徒。

　　最开始当然是给师傅打下手。马树亮去过很多部门，也学过很多的手艺，待得最久的是白案面点部。带马树亮的师傅很严，学徒做错事情，他张嘴就是训斥，甚至时不时拿木勺子比画：你做得不够快！马树亮经常被骂得心灰意冷。

　　那时，学徒们的工作除了擀面、包馅，还得锻炼体力。比如加水练习，一个水瓢装五斤水，水管离锅很远，要一瓢一瓢舀水把锅装满，不断弯腰，一天下来，腰都直不起来。

　　每天早上4点就要到店里发面、擀面、拌馅。站在热气腾腾的厨房里，汗水湿透了衣服，手脚酸痛，整个人疲惫不堪。师父的严厉和工作的艰辛，让马树亮产生了放弃的念头，但一想到出去后就很难再找到工作，他只能咬牙坚持。

　　店铺分为两层，楼下卖小吃，楼上卖中餐，早上7点排队至下午2点，天天门庭若市。慢慢地，马树亮的心态开始被小楼里发生的人和事改变着，由最开始"躺平"的态度，转变成享受烹饪的快乐——走在人声鼎沸的大堂里，听到的都是食客对美食的赞扬，入目的都是他们因为吃到美食而感到幸福的模样，这让他受到了震撼。他开始认同，将普通的食材烹饪出让人称赞的美味，这是一件很酷的事。

"食客的夸奖让我觉得很有成就感，也让我有了一直走下去的动力。"

创业：失败中总结经验

在小滨楼待了13年，已经干到厨师的马树亮积累了扎实的烹饪技艺，决定辞职创业。

马树亮在解放碑临江门的商场下面租了两个档口开火锅店。当时，临江门人流量很大，做餐饮的人也多，他觉得挣钱应该很容易。

然而，创业的道路并不顺利。

年轻气盛、急于求成的马树亮在经营中遇到了很多困难。他尝试了各种促销活动，还精心设计了菜单，试图满足不同顾客的口味需求。然而，火锅店的竞争异常激烈，食材采购和成本控制能力不足，员工管理不善，推出一系列问题让生意始终没有起色。他试图将自己在小滨楼的经验运用到火锅店中，但现实远比想象要复杂得多。

在小滨楼，马树亮熟悉了高效率的厨房操作、菜品制作和顾客服务，但他没有意识到，小滨楼的背后有庞大的团队和成熟的管理体系支撑。再加上小滨楼作为一家已经运营多年的餐厅，拥有稳定的顾客群体和良好的口碑。

本就一切从零开始，再加上压根没有预料到市场竞争的激烈程度的马树亮，陷入了困境中，小店的生意日渐萧条，最终不得不关门大吉。

年轻的马树亮不甘心，觉得失败只是偶然，没有真正去总结经验，所以对创业的热情和信心也没有消退。随后他又陆续开过各类餐饮店，都没能持续很长时间。

经历了一段时间的挣扎，马树亮不得不面对现实，他意识到自己需要更加深入地了解餐饮市场和顾客需求。后来，他去了广东、辽宁、四川等不同的酒楼上班，接触各地的特色美食，了解不同地方的饮食文化，学到了各种点心手艺。

在反思了自己的经营方式后，马树亮发现了自己的两点不足：缺乏对市场变化的敏感度，不能及时调整经营策略；不能有效地控制店铺的运营成本，导致利润空间被不断挤压。

在观察分析了别人的经验后，马树亮还明白了一点：餐饮行业需要耐心和毅力，能够守得住寂寞，不轻言放弃。这让他开始沉下心来学习，暗暗积累经验，以图东山再起。

逆袭：成功的创业路

后来，随着母亲年龄渐长，马树亮外出闯荡的心渐渐沉寂下去，他决定回重庆再次开店。

很快，他相中洋河四路的一家小店。小店当时经营服装，生意惨淡，有转让意向。店面紧邻洋河体育馆和众多住宅区，人流量大，周围也没有卖包子的店。

为了做好准备，马树亮每天在附近观察。他发现，早上上班族多，这一带人流不断。到了中午，附近的餐饮店迎来大量食客，生意火爆。下午两点后，街区的人流渐渐减少，店主也开始闲下来。晚上五六点，上班族陆续回家，又迎来了用餐高峰。

马树亮动了念头：在这里开一家包子店，早上路过的行人可以顺便带走，生意一定会很好。

于是，2015年，马树亮用自己的名字——"马记亮包"命名了这家小店。35平方米的小店，一半的空间都设置成了烹饪区，来往的顾客可以清晰地看到店内工作人员的一举一动。"我觉得开放式厨房能够增加信任感。"这是马树亮多年来总结出的经验。

店里的包子都是纯手工，皮儿是现擀的，褶子捏得细细长长，蒸熟之后，汁水被紧紧包裹在面皮里。由于马树亮的精湛手艺和小店得天独厚的位置，"马记亮包"很快成了街坊邻居心中的宝藏小店。顾客知道他是小滨楼的厨师，对他做的包子信任有加，口碑传播得很快。

有了口碑支持，马树亮仅用一年时间就赚回了开店的成本，也积累了一批老食客。

靠卖包子起家的"马记"在2019年迎来了转折。包子店生意越来越好，马树亮开始感到身体吃不消。发面、醒面、揉面都需要大量的体力支撑，身体出现了问题的他很难应付每天的工作。

思考良久后，他将目光投向了小小的饺子。他心想：饺子皮的制作没有包子皮费力，就是馅料制作稍微复杂些。再加上饺子主要在中午和晚上销售，放弃早上的食客，可以减轻工作压力。

"江浙的口味更甜，广东的馅料更多样，我们可以做独一份的酱肉馅。"马树亮不满足于简单地复制小滨楼的味道。他深知时代在变，人们的口味也在变，所以他结合各地特色，加入了地瓜在酱肉馅里，让饺子不仅爽口，还能解腻。

馅料变了，小店也由"马记亮包"更名为"一口汤饺"。

马树亮正在接受采访（杨洛 摄）

传承：品质铸就口碑

从小滨楼出来的马树亮更懂得传承的可贵。为了将这门手艺传承下去，他收过 10 余名徒弟，如今店里留下的有两名。师傅们每天 7 点到店，准备 1 个半小时开店，营业至下午 2 点半，再从下午 5 点营业至晚上 8 点半，其余时间都在准备各种食材。

为保证食材的口感，所有饺子都是现包现蒸或现煎，顾客等待六七分钟，一笼热气腾腾的蒸饺就上桌了。"我们有一个特别的制作工艺，就是将肉皮子熬冻，再蒸出来，这样可以保证汤饺的汤更加鲜美。"

马树亮认为口味是店铺生存的根本，而最大的挑战就是保持稳定性。他摸索出一套高效的生产流程，将材料进行科学配比，将制作工序进行合理分配。"以前我的师傅教的是凭经验，我觉得有一个标准可以保证每一份食物的口感始终如一。"

每一次调整都要经过多次试验，花费很多时间和精力。单单是汤饺，马树亮就花了两年时间调整，不仅精确地记录下了面粉和水的用量，甚至盐和其他调味料也都严格称量，连蘸料中的醋都调整了七八次。

小店开在居民区，一半都是老主顾。开店多年，马树亮早已发现，想把客人留下来，除了卖的东西好，还得服务到位。因此，他常常主动与顾客交流。结合顾客的意见建议，店里慢慢又推出了新款：姜鸭面、豆芽汤、花生浆、凉粉等特色小吃。

随着短视频探店行业的兴起，越来越多的博主开始自发为马师傅的小店推广。从去年下半年开始，店里的顾客更多了，尤其是中午座无虚席，并且翻台率不断提高。这样的变化，马树亮也有点没想到。

有食客建议他开通外卖服务。深知可能会影响食物的新鲜度和口感，马树亮拒绝了。他的家人和徒弟都很不理解："人家那么多店都开通外卖了，生意多火爆啊！我们为何不扩大规模？"

"外卖员接单难免会延迟送达，影响饺子的口感，食客会认为饺子本来就是这个味道，那口碑就差了，肯定不能为了追求利润而降低食物的品质。"马树亮耐心解释，尽管这样做可能会导致一部分客人的流失，但他相信，只要食物的品质和口感得到了保证，客人自然会为之而来，口碑也会随之传播，最终带来更多的顾客。

如今，"一口汤饺"已经成为小有名气的网红店，每天都吸引着大量的食客前来品尝。对于店铺的未来规划，马树亮表示，还想要开一间面积再大一点，小吃种类更丰富的店，把豆腐脑、油茶等重庆名小吃融入进来，让"老重庆"的味道一直传承下去。（文：李玉莲　指导教师：杨洛）

采写手记

走进"一口汤饺"，香气迎面而来，让人不禁想起了小时候与家人围坐在一起吃饺子的温馨时光。

马师傅的汤饺之所以能唤起食客们的记忆，正是因为他将传统的手艺与对食物的热爱结合在一起。他对每一个细节的关注，以及对食材的严格挑选，都展现了他对美食的执着与热情。

在与马师傅交谈的过程中，我深刻体会到了他对"坚持"的理解。无论是从严厉的师傅那里吸取的教训，还是经历多次失败后对市场的重新认识，马师傅都在不断调整自己的经营理念。他的故事告诉我们，在追求梦想的过程中，失败并不可怕，重要的是从中总结经验，勇敢面对未来的挑战。

在指导学生采访时，我强调：在采访前，应对采访对象进行一定的背景调查，了解马树亮师傅的创业历程、烹饪技巧和店铺特色等，提出更有深度的问题。引导学生制定开放式问题，鼓励采访对象详细分享他们的故事。例如，可以问："您在开店过程中遇到的最大挑战是什么？"或"您如何看待食材的选择对味道的影响？"这样的问题能够引导出更丰富的回答。

在采访过程中，我跟学生强调倾听的重要性，让学生专注于采访对象的回答，及时记录关键信息和感人的细节，以便在撰写时引用。提醒他们注意语气、表情和情感变化，这些都会丰富他们的采写。

在采访结束后，我带着学生一起思考整个采访的主题，帮助他们提炼出采访中最有启发性和触动人心的故事，以构建清晰的结构。完成采访后，引导学生进行反思，总结他们的收获。可以讨论采访过程中遇到的困难、学到的新知识，以及如何将这些经验运用到未来的采访和写作中。

通过这样的指导，我希望学生能够不仅掌握采访的技巧，还能从中体验到与人交流的乐趣，增进对生活的理解与感悟。（文：杨洛）

移动的棉被店

导读

马志文做生意的方式很奇特，就是从不稳定在一地，到处跑。20年来，从事棉花加工业的他，几乎跑遍了长沙、昆明、株洲、贵阳、重庆等城市的所有乡镇。今年，他的移动棉被店开在了綦江区登瀛小镇。虽然小店不起眼，却因天冷时的棉被、天热时的蚕丝被以及棉被翻新而生意红火。

走街串巷弹棉花

地处南北气候过渡区的河南鲁山县，是马志文的家乡，那里柞树成林，是山蚕生存佳地，蚕丝绸业已有千年历史。这片土地上，卖丝棉的生意逐渐成为一大特色，并渐渐走红，在全国各地掀起了一股热潮，号称"十万卖棉大军"。

马志文的记忆中，打小就是扶着棉案子学走路、把丝绵堆当床铺。每到天气转冷，他就会跟随父亲走村串户卖棉，挑着单弦弓，身上挂着弹花锤，一声声"弹棉花"的吆喝声悠长。

弹棉花是一件费力且精细的活儿，敲弓要花大力气，随着弓弦振动，棉絮轻舞，每次看到一床床松软洁白的新棉被，他都会感到一种满足感和成就感。

在耳濡目染和父亲的指导下，马志文逐渐熟练掌握了棉花的加工技巧。20岁时，正式进入了这个行当。那时候弄缝纫机摆摊的人相对较少，竞争没有现在这么激烈，他花了1万多元，买了机器、帐篷，走南闯北打"游击"卖棉被。

他还清楚记得第一次在湖北省孝感市云梦县的一个乡镇摆摊，在一个人流量大的集市入口，生意异常火爆。大早上就有人敲帐篷让起来营业，晚上10点多才能吃上一顿饭。一算账他乐坏了：7天，收入6600元，纯利4000元！这让他对这个行当充满信心。

于是，他决定大量进货，迎接年末需求高峰期。在朋友的介绍下，他载着大量的丝绵，兴冲冲前往贵州省毕节市纳雍县的一个乡镇。但这次没有合适的位置，只好选在了乡镇的边缘地带摆摊，人流量不大，顾客对蚕丝被的接受度也不高。更糟糕的是，当地市场上还有很多价格便宜的其他棉被。一些人发出质疑："你这个棉被价格太高了，性价比不高""冬天蚕丝被有点凉，不够暖和，羽绒棉价格便宜还更暖和""没听说过你们那里产丝绵，是不是假的"……

货卖不动，资金被占压，马志文只好反复对大家解释："其实蚕丝具有很好的保温性能，蚕丝被的纤维结构还有良好的透气性""鲁山柞丝绸与传统的桑蚕丝绸不同，富含优质蛋白质和氨基酸。"

但这还不足以打消顾客的疑虑。思考再三，马志文引入多样化的产品线，除了蚕丝被，还增加了普通的棉花被和羽绒被。同时，他还推出了棉被翻新服务，既能满足不同顾客的需求，也能通过翻新服务吸引更多的顾客，间接带动新被子的销售。此外，他还重新进行选址，认真考察人流量、顾客需求和市场竞争情况。

在此基础上，考虑到市场饱和的因素，每次摆摊一个月左右，他就换一个地方，到邻近的乡镇去干。

慢慢地，他的销售情况有了好转，滞销的货物得以出清。这个过程让马志文深刻认识到，灵活应变和多样化是经营的关键，对市场需求的准确把握和多元化的产品策略，是生意成功的根本。

盲目跟风不可取

15年的时间里，马志文把棉被卖到了全国各地。2020年春节过后，疫情的暴发，马志文停下了奔走的脚步，在家乡待了3年，只能养桑蚕。

2023年春节，他计划选择新址，再次摆摊卖棉。这时，他发现，随着越来越多的人加入，市场逐渐饱和，利润也变得微薄。

根据以往的经验，南方省份冬天没暖气，棉被的需求大。然而，多年来，自己熟悉的大部分南方乡镇市场逐渐饱和，竞争加剧，移动摊贩的经营条件也变得越来越艰难。于是，马志文发动朋友和之前的老顾客，帮自己介绍合适的地方。

朋友介绍的第一个地方是湖南省华容县的一个小镇，虽然面积不大，但居住的老人比较多，租金便宜还可以短租。马志文看中了这里，他认为，作为产棉大县，这里可以重点发展棉被翻新服务，顺便促进新棉被销售。

果然，店一开，上门的顾客络绎不绝。2个多月最高月进账1万元。他总结出了店面选址的妙招：优先考虑租金便宜，降低经营成本；选择附近没有同类服务的地方，避免竞争；小镇的规模小，宣传起来更容易。

10月到12月通常是每年生意最好的时候。然而，随着越来越多的人给他介绍地方，马志文变得有些急躁。听说这个地方生意好，匆忙赶过去，十几天后，听说另一个地方更有前景，又急忙转场。每次刚有点起色，就急着转移，导致宣传不够，客户群体不稳定。

两个多月下来，马志文频繁地奔波，摆摊成本和运输费用不断增加。结果，不仅没有赚到钱，最终赔了几千元。他意识到，频繁更换地点虽然看似增加了机会，但实际上却分散了精力和资源，不利于稳定的销售和长期的发展。

经过这次教训，马志文决定改变策略。他开始注重人流量和市场需求的稳定性，然后在同一地点经营3个月以上，逐步建立起顾客基础，积累口碑。

今年3月，他盘下登瀛小镇的店面。开店前，他进行了实地考察：这里租金便宜，附近没有弹棉花的店，镇上除了老居民还有很多在此租房的老师。镇上规模较小，宣传起来比较容易。老师们还可以把信息带进学校，扩大宣传效果。

他的生意逐渐恢复了稳定，利润也逐步增加。

折戟互联网销售

面临市场竞争越来越激烈，利润空间越来越窄的形势，感受到电商的魅力，马志文开始希望借助互联网扩大市场，吸引更多的顾客。

然而，网络销售并非他所想的那样简单。马志文没有经营网店的经验，没有进行充分推广，导致新店铺无法吸引到足够的客户。即便在微信、抖音等平台请人进行产品宣传，但由于力度不够，入驻淘宝半年，他的网店店铺几乎无人问津。

而且，在线上，他的产品缺乏竞争力。虽然鲁山柞丝绸相比传统的桑蚕丝绸有许多优点，比如富含优质蛋白质和氨基酸，丝缕匀称，绸面密实，柔韧挺括，抑菌防腐，具有良好的吸湿透气性，但在网络上，顾客很难通过屏幕直接感受到这些优点。许多消费者在选择产品时，更倾向于选择有知名度和口碑的品牌。这让他很难在众多竞争对手中脱颖而出。

此外，市场上以假乱真的现象层出不穷。在线上，消费者往往无法辨别真伪，好东西卖不上好价钱。而价格方面，马志文的产品又没有优势。由于桑蚕丝生产成本高，他的产品价格相对较高。网络上的价格竞争非常激烈，甚至很多低价假冒产品充斥市场，进一步压缩了他的利润空间。

他逐渐明白，虽然互联网销售可以扩大市场规模，但要取得成功，需要大量的品牌建设和市场推广，这意味着需要投入更多的资金和精力。鉴于目前的经验和资源有限，他决定暂时放弃互联网销售，专注自己更擅长的线下销售和服务。

"线上销售还是一门很深的学问，得多学新知识啊！"闲暇之余，马志文也通过参加在线课程、刷视频学习网络销售的知识，了解运作机制和技巧。过去，他没有重视客户的积累。现在，他利用线下资源和优势，开始加更多客户的微信，并通过建立微信群的方式，直接向顾客提供服务，并收集反馈。这种互动性不仅增强了他与客户之间的关系，也为他未来再次尝试线上销售打下了基础。

工厂搬到家门口

如何通过提升服务质量和客户体验来吸引更多顾客？马志文想到了一个新的线下推广理念。

对于许多线下消费者来说，触觉和实际的使用体验是决定购买的重要因素，而这些在网络销售中都无法直观呈现。300多元一斤的手工蚕丝被在韧性、保暖性和蓬松度上都优于机器制造的产品，薄薄透透的棉纱，一片片拉开到被子的尺寸，一层层叠着铺匀下来，蓬松如同云朵一样。顾客能够亲眼见到生产过程、感受产品实物，从而产生信任感。

他将这种消费者心理总结为"把工厂搬到家门口，看着做，才放心"的宣传理念。他把这句话做成一张大大的宣传海报贴在墙上，海报上还展示着柞树林、养蚕、收蚕丝的图片，天然桑蚕丝的特色、功效介绍，以及100%桑蚕丝的制作流程。

马志文正在为顾客翻新棉被（杨洛 摄）

与此同时，他的产品也更多样化，蚕丝被、羽丝被、羽绒被、羊毛被、棉花被、大豆被等等，满足各类人群的需求。比如：相比蚕丝被、羽绒被等，制作一床普通棉花被的价格相对便宜，既暖和又舒适，一百块钱都能拿下，适合在镇上租房的老师。

店里除了售卖各类被子外，旧棉被翻新也越来越受青睐。一床旧棉被翻新，最低几十块钱就能搞定。相较于手工蚕丝被千元价位，翻新丝绵的价格也不到三分之一。旧棉被这头进去，那头出来的就是翻新了的棉花，检查到机子压得不太匀称，他会再用磨盘手工磨。

不同于商场里制作好的被子，顾客还可以根据自己的需求定做棉被。还有顾客从衣柜深处翻出好几件羽绒服，七八件羽绒服就可以整合成一床暖和的被子，加工费只要200元。如果带来的羽绒服拆出的绒不够，可以直接在店里买新的绒补进去，价格按照不同的档次称重收费。

"被子不是易耗品，一床被子可以用几年甚至十几年，这几天我们生意越来越差了，意味着要换新的地方了。"由于棉被的耐用性，市场需求有限，一个地方的需求一旦饱和，生意自然就会下滑。

总结20多年的心得，马志文觉得，无论做哪一行，不仅需要勤劳，更需要对市场敏锐洞察和灵活应变能力，才能在激烈的竞争中站稳脚跟。这是他从一位走街串巷的卖棉人到移动的棉被店老板的成长之路，也是无数"鲁山卖棉大军"的缩影。（文：谭威　指导教师：杨洛）

采写手记

马志文的移动棉被店，是一堂生动的商业课，让学生们在实践中体会到成功的真谛。他的故事让大家深刻感受到灵活应变的重要性。20年来，他在不同城市和乡镇间奔波，凭借敏锐的市场洞察力，不断调整经营策略，以应对市场的变化和竞争的压力。他的成功源于对产品的深入理解和对顾客需求的准确把握。

这种不断调整和适应的能力，不仅是马志文成功的秘诀，也是我们每个人在学习和生活中需要具备的素质。面对变化的环境，我们应该保持开放的心态，勇于尝试新方法，学会从失败中总结经验。这种坚韧和灵活的精神，将会在我们的学习和职业生涯中起到重要的作用。

在采访过程中，我观察到学生们表现出浓厚的兴趣与积极的参与度。他们不仅认真记录马志文的经验分享，更主动提问，深入了解他的经营理念和市场策略。这一过程让学生们意识到，理论知识与实践经验的结合，能够帮助他们更好地理解商业运作的真实情况。

通过马志文的经历，学生们也体会到了团队合作和人际关系的重要性。明白了品牌建设和市场推广的重要性。大家意识到，在当今竞争激烈的市场中，创新和技术的运用同样至关重要。虽然马志文选择了暂时放弃线上销售，但他仍在不断学习，努力提升自己的能力，这种终身学习的态度值得每位学生借鉴。

（文：杨洛）

扎根社区的服装店

导读 ••••••

    在重庆市南岸区二塘路一个静谧的街角，有一家小小的服装店。它既不像繁华商圈那样热闹非凡，也没有大型商场的熙来攘往，却在这片小社区里扎根了三年。为何邱萤选择将服装店的根深深扎入社区之中？她的店铺又是如何实现商业服务社区化的探索？

    一大早，邱萤正在整理新到的货品，将一件件款式新颖的衣服细致地挂在展示架上。她一边忙碌，一边留意着进店的顾客。

    "最近有没有什么新款推荐啊？"一位刚送完孩子的"宝妈"走进来。

    邱萤放下手中的衣服，迎上前去："有呢！刚到了一批夏装，特别适合这个季节。来，看看这件裙子，料子轻薄透气，颜色也很衬你的肤色。"

    "你这眼光就是准，每次来你这里都能淘到好东西。"……

    自从把店开在了社区里，邱萤每天的工作，与其说是卖货，倒不如说是与人聊天。店里每天进进出出的多为小区的业主，时间一长，大部分顾客都和她很熟络。

"另辟蹊径"的社区店

    2021 年 9 月，随着"地产大开发时代"的落幕，邱萤和丈夫就职的房地产公司进入了低谷。正好当时她也不愿干这行了——卖房子需要打很多电话，总是很晚才能回家。经常，她早上出门时，儿子还没醒，晚上回来时儿子已经睡了，一天都见不到孩子的脸。在"宝妈"与"职业女性"的身份差异间，邱萤觉得非常疲惫，但未来要做什么营生，她并没有想好。

    有天晚上，邱萤和一位经营服装店的朋友吃饭。听了她的烦恼后，朋友建议她也尝试开一家服装店："服装店是个低门槛，又没有技术含量的行业，开一家店投入成本也不高，风险也不会太大。"朋友表示可以教她经营服装店的技巧，还愿意介绍可靠的厂家给她。

在朋友的引荐下，邱萤前往沙坪坝的几家工厂进行考察。看到工厂的生产流程和成品质量后，心里踏实了不少。很快，她与其中一家工厂旗下的品牌"汐涧泠"签订了合作协议，并交了押金。

解决了货源的问题，接下来就是寻找合适的店铺。邱萤需要照顾孩子，开店不想离家太远，这样可以在经营店铺的同时，更好地兼顾家庭。利用过去在房地产行业积累的市场分析经验，她决定从自己所在的保利观塘小区入手。

保利观塘小区分为多个组团，定位十分明晰，主要面向刚需，大部分住户都是年轻人。小区仅一期和二期就有 17 栋楼，近 6000 户居民，每户按 3 人计算，总人口达 1.8 万人。这为她的服装店提供了庞大的潜在客户群体，特别是年轻家庭，正是她的主要目标顾客。

除了庞大的潜在客户群体，将服装店开在这里，邱萤还有一个另辟蹊径的思考：相比很多开在商圈的服装店，紧邻居民区的服装店与社区居民联系更紧密，有利于收集消费者信息做推广活动。同时，运营成本相对较低，优质的产品和服务容易获得顾客的认可和推荐，形成口碑传播效应。

筹备过程中，邱萤与做房地产的丈夫和经营服装店的朋友进行了讨论，逐渐形成了自己的思路。

彼时疫情反复，紧邻居民区的商业区域正逐渐崭露头角，但许多人不敢冒险开店，导致社区商铺的租金相对便宜，能为她节省不少成本。邱萤的预算有限，租金不能超过 3500 元。她注意到一个位置优越的商铺，对面有一个公交站，附近有斑马线、两所学校，行人流动量大。而且，这个商铺离家很近，步行仅需 5 分钟，符合她对店铺位置的期望。

当时，社区周围没有其他服装店，这意味着她将是这个区域唯一的服装店主。她决定赌一把！

邱萤希望，这家店不仅能给她带来收入，更能让她找到一份与家人相处时间相平衡的生活方式。

不仅仅是卖货

买了芦苇帘儿、碎花布、射灯，简单装饰了一下，邱萤的服装店"汐涧泠"开业了，店内主要卖 20—45 岁年龄段的中端女装，通过小区业主群、幼儿园家长群等社交平台互动，邱莹发现社区内20—45岁女性群体占比较大，且具有一定的消费能力和购买意愿。

正如邱莹所言："服装行业越来越透明，顾客可以在1688、拼多多、淘宝等各种APP比价，所以质量不能太差。"因此，提供性价比高的商品成了吸引和留住顾客的关键。选择中端女装作为主打产品，正是为了保证品质的同时，满足顾客对价格的敏感度。

试营业的第一天是一个周六，邱莹以为周末人流量会更大，生意也会更好。然而，她忽视了一点，周末很多人都选择去商圈购物、带孩子游玩，或在家休息，社区周边的行人并不多。看着门外稀稀拉拉的行人，邱莹犯了愁。

邱莹正在跟顾客交谈（杨洛 摄）

"周围都是卖菜的、卖水果的、卖药的，怎么在这卖衣服哟？""就是啊，把店开在这里能做得起吗？"听到路人的议论，她更是心头一沉。

开业前两天，每天的营业额只有一两百块钱，这让邱莹有些寒心。看着空荡荡的店铺，她开始怀疑自己的决定。

然而，令她没有想到的是，生意的转机出现两天后的周一。邱莹的店铺位于送孩子上学的"宝妈"们的必经之路，很多妈妈和奶奶们送完孩子后会顺便进来逛一下。开业的第三天起，营业额迅速攀升，700、900、1200……数字每天都在增加。虽然到了周末和节假日营收不佳，但首个月底，总营业额竟然达到了3万元，这让邱莹感到既惊喜又难以置信。

她发现社区店有别于商圈的服装店，最繁忙的时间并不是在周末，而是每天上午8点和晚饭后。那些刚送完孩子的"宝妈"和晚饭后散步的人成了她的主要顾客群体。

之前在房地产行业积累的与人"打交道"的经验告诉她，只靠吸引客流是远远不够的，尤其是社区化经营的辐射范围有限，除了卖货，还要注重与顾客的深度互动和长期关系的建立。

经营过程中，邱莹充分发挥了社区化经营的优势，通过微信群、私信等方式与顾客保持密切联系，提供个性化的服务和关怀。清晨7点，天刚刚放亮，邱萤已经睁开了睡眼，开始一天的工作。她习惯性地在微信群里问候群友，紧接着，把新品一一发到群里。刚开始的时候，群里人不多，但她坚持每天活跃在群里。

社区化经营可以深入了解社区内顾客的生活习惯、消费水平和购物需求，邱萤会把"常客"的喜好和需求记在备忘录上。客户李女士喜欢简约风格的服装，每次上新品时，邱萤都会特意挑选几款简约的衣服私信给她。客户陈女士偏爱亮色和流行元素，邱萤也会特别留意这些风格的新品，并第一时间通知她。

不仅如此，邱萤还会在节假日或者客户生日时，发送特别的问候，客户来店的时候准备好小礼物，虽然只是一个发夹、一条丝巾或是一支护手霜，但这些细致入微的关怀，让客户们感受到特别的重视和温暖。她认为，做生意就是要"脸皮厚"，其实很多时候发微信客户不会回复，但可以建立起与顾客之间的情感联系。深度融入社区，理解社区居民的需求和习惯，邱萤一步步扩展了自己的客群，形成了稳固的客户基础。

社区化经营的创新

去年下半年，随着疫情后经济下行的影响逐渐显现，邱萤的店铺也受到了冲击。由于小区居民与店铺之间的这种紧密联系，邱萤能够迅速感知到居民消费能力的改变。顾客的消费行为变得更为谨慎，尤其是年龄较大的顾客，进店频率和购买力均有所降低。此外，她还面临着一个更为严重的问题：店铺的品牌创新不足，产品设计及款式更新速度越来越慢，导致服装风格逐渐显得过时，年轻顾客越来越难挑到满意的衣物。

她发现，店里的顾客群体中，85%以上是年轻人，而且通常不会过于讨价还价，付款也更加爽快。邱萤决定调整她的消费者画像，将目标转向年轻人。为了迎合年轻消费群体的喜好，邱萤选择了同一个厂家的另一个更年轻化的品牌"三叁"，这个品牌主要针对的是20—35岁年龄段的女性。

她知道，社区的服装店与商圈中的大型服装店有着本质的区别。在商圈中，由于人流密集，顾客更替快，店家可以较为宽松地管理货品更新周期。然而，在社区环境中，人群流动相对较小，顾客群体相对固定，这就要求她必须以更快的速度更新货品，满足顾客对新鲜感的需求。

为了保持店铺的吸引力，她加大了进货频率，每周两次前往沙坪坝的厂家挑选货品。对店铺的陈列布局，邱萤也下了不少功夫。她深知店铺的外观是吸引顾客的第一步，因此，她经常根据季节变化、流行趋势以及销售情况来调整店铺的陈列。门口的玻璃橱窗更是她精心设计的焦点，时常更换展示的衣服和搭配，吸引过往行人的目光。

在社区化经营模式下，细致入微的服务增强了顾客的满意度和忠诚度。随着店铺逐渐步入稳定期，邱萤又开始思考，如何为店铺带来更多的潜在客户，形成口碑传播效应。

邱萤开始策划一些创新的活动。她通过发布店铺新品和优惠信息在朋友圈进行宣传，并鼓励顾客进行点赞和分享。顾客点赞或分享店铺信息时，会获得一定的优惠、积分奖励或小礼品，这不仅增加了顾客与店铺的互动，还扩大了店铺的影响力，吸引了更多的潜在顾客。

同时，她鼓励顾客拉朋友进群，成功邀请新朋友加入微信群，可以获得店铺的热门单品、优惠券、折扣卡或者是独特的时尚配饰作为礼物，也激发了他们拉朋友入群的积极性。

随着越来越多的朋友被邀请进群，邱萤的微信群逐渐壮大起来。她鼓励顾客在群内分享自己的穿搭心得和购物体验，形成了一个活跃、互助的购物社区。

今年，邱萤30平方米的小店生意逐渐"回春"。月营业额高峰时可达4万元，平均稳定在2万元。对她来说，利润已经颇为可观。她深知，这一切需要的不只是敏锐的嗅觉和独到的审美，更要有持续学习的热情，只有顺应市场变化不断创新，方能让她的小店在激烈的竞争中乘风破浪。（文：幸坤阳　指导教师：杨洛）

采写手记

邱萤的服装店不仅仅是一个买卖交易的场所，更是她与邻里建立情感联系的平台。她每天与顾客交流，细心地了解她们的需求，甚至记下每位顾客的偏好。在采访中，邱萤提道："做生意就是要'脸皮厚'，与顾客建立情感联系，才能赢得她们的信任。"这样的理念不仅提升了顾客的满意度，也让她的店铺在激烈的竞争中脱颖而出。

在整个采访过程中，我时刻提醒学生，成功的商业模式往往建立在对客户深刻理解的基础上。通过与邱萤的交流，学生们逐渐意识到，经营者不应仅仅关注销售数字，更应关注客户的体验与感受。

我鼓励学生在采访时要有针对性，关注被访者的情感和思考。深入挖掘邱萤创业背后的故事与情感，使采访变得更加生动有趣。在对话中，邱萤分享了创业初期的种种挑战，包括资金不足和对市场的陌生，但她从未放弃。

此外，学生们学会了关注人物与顾客之间的互动，以及这些互动如何影响商业决策，让他们理解情感连接是建立忠诚客户群体的关键。在邱萤的店铺里，顾客不仅仅是交易对象，而是她努力工作的源泉和动力。

在采访结束后，我引导学生反思所学的经验，并探讨如何将这些教训应用于自己的写作或未来的商业思考中。这样的总结过程，有助于他们更好地提炼出有价值的"道"。（文：杨洛）

大咖的流量之路

导读 ⣿⣿

从一个研一的学生，到视频累计播放量破亿、粉丝数量超过 1500 万、直播实现自然流量单场 GMV 高达 120W+、月度 GMV 更是惊人的 1000W+、ROI 最高 28.6……长青仅用 6 年的时间，就成了业内的佼佼者。他，是怎么做到的？

6 年前，短视频风潮席卷全国。那时，23 岁的长青刚进入研一，就读广播电视新媒体专业。当时，导师的一句话让他印象深刻："不要局限于课堂，把你学到的这些东西放到你的工作当中去。"意识到新媒体在各行各业都有应用的可能性，长青决定试一试，3 个人的团队，将目标投向了美食探店领域。

凭趣味杀出百万流量

尽管当时抖音用户已经如潮水般涌入，但内容创作仍处于起步阶段。作为擅长拍摄和剪辑的"专业选手"，长青对团队的作品"出圈"充满期待。

尽管投入了大量精力，每个画面精雕细琢，后期制作也反复剪辑、精心修改，但团队拍摄的第一条探店视频却没有引起太多关注。

失望的同时，长青他们开始反思原因所在。他们觉得，短视频用户偏好轻松有趣的内容，他们的作品缺乏亮点和独特性，没有很好地抓住观众的兴趣点。长青意识到需要在内容创意和形式上做出调整：融入更多搞笑、创意的元素，让视频更加有趣，吸引观众的注意力；通过评论互动、话题挑战等方式，提高观众参与感，增加视频的传播性；调整视频的节奏，让内容更加紧凑、高效，避免冗长的介绍和画面。

团队开始尝试拍摄一些搞笑、有趣的内容。终于在一个多月后，一条"花式吃火腿肠"的短视频突然蹿红，获得了上百万的播放量。

这让长青意识到了趣味性和互动性的重要。为此，团队建立了创意库，定期进行头脑风暴，收集灵感和素材，通过数据分析，总结经验教训，不断优化视频内容和发布策略，并根据观众的评论和建议，及时调整内容方向，开创了剧情加探店的模式，拍摄各种有趣的故事情节。

果然，粉丝噌噌上涨。6个月的时间，他成功打造了"安安日记""魔都嘻游记"两个在上海本地拥有 100 万+ 粉丝的账号。大大小小的餐饮店，前一天还默默无闻，后一天就跟着团队火遍全网。

长青陶醉于成功的喜悦中。当时，广告报价相当高，基本上每条要价 12000 元，每天中午和晚上各一条广告，这种繁忙的工作节奏和丰厚的收益让他异常兴奋。

唯一不变的是变

然而，随着团队的成功，模仿者也开始层出不穷，从产品选择到脚本、机位、镜头，无所不仿。再加上随着 2019 年底抖音电商板块的蓬勃发展，越来越多的商家加入其中，尤其是美食行业，竞争尤为激烈。这直接分流了团队的关注量。

那段时间，长青经常躺在床上翻来覆去睡不着。于是，他给导师打电话："我们被抄袭了该怎么办？"导师回答他："什么样的作品能红？没人知道答案。内容创作唯一不变的就是'变化'，而不是看到别人拍什么火了，跟风去拍。"

这番话让他明白，只有不断创新，才能保持竞争力。在对市场分析思考了许久后，长青决定去开拓剧情类短视频。

2020 年，因为家庭的原因，长青带着这个想法到了北京，加入了一家公司。当时北京做剧情类短视频的人还比较少，由于附近有传媒大学，许多专业的剧情拍摄、剪辑和后期制作人才也纷纷加入到了团队，这对于长青短视频创作提供了很大的便利。

在一个叫"灰姑娘佩佩"的账号中，长青尝试进行突破——它以传统戏袍与小剧场相结合的新颖方式吸引了大量观众，剧情的独特翻转让人耳目一新。而另一个综艺账号，长青又尝试了一个"网友奔现"的选题，内容涵盖各种奇奇怪怪的网友奔现故事，类似于《欢乐喜剧人》。

一开始，团队成员对这两个方向都心存疑虑，觉得观众可能不会接受这种创新。然而，视频一经发布，立即走红网络。"灰姑娘佩佩"粉丝数量在短时间内增长到了 1300 万，视频点赞量更是上亿；"网友奔现"选题的播放量迅速突破 5000 万，账号一夜之间变"网红"，成为当时最热门的视频之一，并持续走高。

随后，团队延续了同样的创作方式，拍摄了 7 条类似的视频，增加了 28 万粉丝量。

看着视频播放量"10 万 10 万地涨"，长青开始思考如何将这些流量有效转化。于是，他第一次开了直播。

直播之前，长青非常紧张，担心自己会讲错，也害怕没有人跟他互动。实在不知道播什么，他现场做起了平板支撑。

然而，令他惊喜又尴尬的是，直播间超过 5000 人在线观看，评论区飞速刷新，他不停地回答着网友们提出的问题，互动十分活跃。

尽管每天直播时依然感到盲目，不知道拍什么段子，但常态化的数千人在线，让长青觉得，做直播没有想象中那么难。

直播遇挫

很快，长青被公司安排到了直播带货的岗位。因为当时缅甸的翡翠赛道非常火爆，是一个极具潜力的直播带货市场，所以这次的主战场转移到了缅甸。一直顺风顺水的长青没有想到，就是在这里，他遭遇了"滑铁卢"。

如何卖翡翠？对于这个新的账号，除了更多的资金投入，长青还想了很多办法，其中包括采用"瀑布流"的方式：每次开播前发布数十条视频，然后在直播开始后隐藏或删除这些视频，以此获取自然流量。此外，他还尝试了"日不落"直播模式：整个团队轮流坐班，保持连续直播最长达到 72 小时，不间断地吸引观众的注意力。

但这些努力并没有收到预期的效果，他们的直播间人数始终在十几个徘徊，几乎没有人下单。一场直播下来，算上主播人力、场地等成本，"入不敷出"成为常态。

投入大量时间和精力，却看不到立竿见影的回报，面对新的挑战，原本积累的成功经验似乎也不再适用，这让长青感到沮丧和困惑。

"隔壁'举石珠宝'是走播的形式，一个月卖了 300 多万，为啥他做什么都有人来看？"一天吃饭时，同事不无艳羡地说道。"300 多万……"长青心里默算了一下，快速吃完外卖，又去开播了。

如何"爆单"是门玄学，对于团队而言，似乎只有两个因素是确定的——作品和直播时长。所以，他们不能停下来，抖音的粉丝并没有强黏性，进入直播间的基本都是流动买家，必须不停重复介绍商品。

就这样不死不活地坚持了三个月。就在长青几乎坚持不下去的时候，突然有一天，他的直播爆单了！

事后，长青总结发现，这次爆单的原因是直播前他发了一个跟缅甸人讲价的段子，一下子吸引了一大批观众。这让他意识到，抖音电商引流的入口依托的依然是短视频内容，想要销量好，不仅要有好的商品，更要有好的主播和有创意的短视频——不仅要和观众分享产品，还要和观众讲述自己的故事，从而吸引粉丝的关注和互动。

为此，长青开始学习当地的语言和文化，并尝试多种直播模式，包括探访当地市场，采访手工艺人，等等。这些为他的直播内容增加了丰富的素材和新鲜感，而且，通过参与当地的社群活动，他建立了不少人脉资源，为直播间带来了更多的关注和支持。

除此之外，他还经常举办持续一周的直播马拉松，每天不同时间段推出优惠和限量产品，吸引回头客。

最终，这些努力逐渐转化为直播间的流量和销量，半年以后，直播间渐渐有了起色，每天的订单量开始稳定增长。

转战知识赛道

2022年，经历了种种磨难，长青选择离开缅甸回到了家乡重庆。

这一年，他切身感受到了流量的变化：达人数量的极速膨胀与内容供给的暴增，用户对于内容审美要求日益提高，最终导致内容流量的极度分散，不管是达人还是品牌越发感觉爆款难做，能选的赛道已经很有限。

此时，他接到了一家互联网公司的 offer，需要他带领团队，担任知识产权领域的操盘手。对于从未接触过知识产权的长青来讲，这无疑是一个巨大的挑战和机会。

长青在重庆移通学院与学生交流
（杜公英 摄）

长青留意到，这时的抖音，"知识类"内容不断增加，如情感育儿、美妆穿搭、游戏教学等，这类视频在抖音的播放量往往还很高——数据显示，2021 年 1—9 月，泛知识付费用户数量同比增长 26.4%。

从商业角度来看，知识内容比电商更适合变现，投入成本可无限均摊，没有仓储和配送成本，具有很强的可持续性，用户黏性也非常强。这让他看到了抖音知识变现的潜力。

为了摆脱小白的身份，长青从最基础的税法、专利开始学习，通过线上听课、阅读大量相关书籍，以及参加各种培训，学习知识产权的理论知识，深入了解其中的实践操作，不断丰富自己的知识库。

创建账号初期，在深入研究市场和用户需求后，他确定了目标客户群体，并通过制作有价值的内容，与潜在用户互动，积极参与相关社群，逐渐建立起了与目标客户的联系。

经过一段时间的努力，团队的主营业务线上商标销售，每天有超过 300 个客户咨询，转化率通常在 5% 左右，有时甚至能达到 10%。不到两年，团队已经发展到数百人，拥有 100 多个知识产权账号，其中最高的一个账号粉丝数量超过 20 万。

对未来，长青计划招募更多主播，打造 24 小时不间断的直播平台，并着手打造自己的品牌和 IP。根据他的理解与认识，在泛知识领域，涌入的创作者已经呈现爆炸式增长，抖音的算法和推荐规则也在改变。长青深信"君子不器"的理念，不愿将自己局限在固有的框架内。他相信，只有始终坚持不断尝试、不断学习，提升自己的能力和眼界，才能永远在变化中求生存。（文：谭威　指导教师：杨洛）

采写手记

长青的故事让我和学生们感受到了短视频行业的飞速变化以及背后的艰辛与挑战。采访中的细节，让学生深刻理解到"唯一不变的就是变化"这一行业生存法则。

对学生们来说，这次采访提供了深刻的写作启示。采访人物不仅要还原故事的细节，更要挖掘背后的思维方式和行动逻辑。通过与人物的对话，学生们学会了如何将表面上的成功与深层次的坚持、适应变化的能力联系起来。同时，他们还领悟到，要善于从采访素材中提炼出具有普遍价值的经验，并通过文字传递给读者。正如长青所展示的那样，变通与创新是通往成功的关键，而写作的灵魂则在于深刻地思考与表达。

长青的故事最让动人的是他的不断创新和应对挑战的韧性。这种不断变化和挑战的环境，逼迫着他去打破固有的思维模式，探索新的内容形式和商业模式．学生们通过采访了解到，成功并非一蹴而就，而是不断试错、坚持创新的过程。长青从最初的美食探店到后来的知识类短视频，每一次转型都伴随着市场的需求和自我的成长。

此次采访对学生们来说也是一次宝贵的学习机会。在学校里，学生们学习了很多关于新媒体的理论知识，但如何将这些理论应用到实际工作中，是他们一直以来面临的挑战。在采访过程中，长青不断提到"创新""用户需求"和"互动性"等关键词，这些都引发了学生们的思考。

在对学生写作的指导中，我强调，除了记录事实，文章还应赋予故事思想的高度，使读者不仅了解故事，更感受到其中的力量和智慧。这也正是写作与采访的核心所在：从现实中提炼出经验，并以生动的语言传递思想。（文：杨洛）

老周和他的奇怪餐馆

导读

在重庆綦江登瀛小学对面，有一家很奇怪的餐馆，门口贴、挂着一堆招牌："綦瀛烧鸡公""周记串串""周记烧烤""周记藕王汤"……似乎每推出一个菜品，老板就会新增一个招牌。为什么不重招牌重菜品？老板自有他的一番道理。

这家不知准确应该叫什么的小店不大，看起来整洁明亮。店老板叫周维均，熟悉的人都喊他"老周"。老周是土生土长的綦江人，从小就生活在这个镇上，他自己说年轻的时候特别贪玩："换句话说就是不务正业。"2012以前，老周基本靠着做零工生活，可以说是做一天玩一天。后来，有朋友介绍他去北京做电工，他在北京待了两年。再后来大姐让他一起去西双版纳卖水果，但去了以后，他觉得自己不怎么想卖水果，所以在2012年末又回到重庆。

门外汉"偷学"厨艺

40岁回到重庆的老周又做回了零工老本行，然而，当时室内装修行业的市场竞争日益激烈，他越来越难接到活儿。那段日子他很苦闷，经常和朋友讨论生活、工作和未来的方向。

年轻时，老周结识了一位后来成为厨师的朋友。与朋友聊天，他觉得餐饮行业可以发展，就萌生了开餐馆的想法——自己创业总好过等活儿干。于是，夫妻俩经过商量，雇老朋友掌勺，拿出所有的积蓄，准备开一家餐饮店。

为了十足的把握，开张前，老周四处转悠，逛遍了綦江主城的各条街道，足足考察了一个月。在哪里买菜买炭、不同地段消费人群、消费水平等等，都在他的考察范围内。最终，他将目光锁定在滨河大道——据说这里即将修建万达广场，周边的农民工特别多，白天与夜晚人流不息。夫妻俩一合计，就选这里吧！

除了选址，老周还对店内的装修、菜品选择、口味等进行了研究。农民工来自各个区县，也有部分外地人。夫妻俩根据不同群体的口味制定了具有特色的菜单。白天老周负责藕王汤；晚上忙碌一天的工人爱喝个酒，他便交由儿子负责口味重点的麻辣鱼和烧鸡公；厨师炒菜时，老周就装作不经意地站在旁边，实际上把做菜的步骤和要点详细记下来，仔细琢磨。有时厨师累了，他就上前帮忙，此时厨师也会对他的炒菜技术作出指点，时间一长，从杂活、配料、操作到管理，老周都学了不少。

"刚开始我们做得很大，180平方米，光租金就六七千块，而且周边没啥餐厅，可以说我们就是第一家了。"周边缺乏竞争对手，老周的生意一度十分火爆，雇用了五个员工，每个月人工成本就上万元。

修建万达广场时农民工成了常客，老周凭借"耍娃"的性格，很擅长与客人打交道，怎么和老客寒暄，怎么打折给客人尊重，他心里"门清儿"。因此店里的人流络绎不绝，生意越做越好，2015年老周又在登瀛镇上开了家烧烤店。

2016年底，随着万达广场的建成，周围商业格局发生了翻天覆地的变化，农民工逐渐离开，周围兴起了许多特色餐饮店，这给老周的生意带来了巨大的冲击。看着刚鼓起的钱袋子又渐渐瘪下去，老周的心情开始郁闷。不想轻易放弃，但自己的资源和能力都有局限。重新调整菜单、加大宣传力度或寻求外部投资需要时间和精力，并且不一定能够带来即时的回报。

生意逐渐入不敷出，老周无法承受经营压力和财务压力，坚持到2017年初，不得不将大店面转让出去，重新寻找出路。

让头回客变成回头客

万达那边干不下去，老周就专心做登瀛烧烤店，还有点小赚。靠着每天新鲜的菜品和良好的人缘，老周的店在镇上一开就是八年多。

"在镇上开店，做的都是邻里的生意，如果耍滑头、不真诚肯定不可能长久，所以大家既是邻居也是朋友。"老周在分析万达广场店最终的失败后，认为他的顾客群体不稳定。农民工作为随着工程队走的流动群体，注定不可能成为餐饮店最终的客户。同时，他意识到要在竞争激烈的市场中立足，不仅需要规模化，更要有自己的特色和优势。

"在镇上主要是做出口碑，只要你的餐馆味道好，价格适中，就不愁顾客。"老周将重点放在了烧鸡公等特色菜品上，保持菜品的口味独特性和品质稳定性。

同时，为了保证菜品的新鲜，他坚持每天去菜市场买菜。老周家的烧鸡公，不仅味道独特，而且分量十足，成为店铺的招牌菜之一。

凭借着本地人的优势，老周与顾客建立了深厚的信任关系，让顾客不仅是顾客，更是朋友。这种人情味和真诚让老周的店铺在镇上迅速获得了认可和好评。老周说，自己有一个顾客，是镇上的老居民，后来搬走了，依旧忘不了老周家烧鸡公的味道，经常带着朋友回来吃。她说："老周家的烧鸡公很有特色，味道好分量足。"

一位移通学院的老师也是老周家的回头客，还加了他的微信。有一次，在微信上给他留言："老周，我要组织班里的学生团建，想在你这预订一些烧烤，到时候麻烦你送到我们学校门口。"

"大单"就这样来了。第二天，夫妻俩一大早就去市场挑选食材，下午4点左右开始烤，直到6点才烤完。后来，那位老师发消息说："今天的烧烤特别好吃，同学们也很喜欢，还问我要烧烤店的地址，以后也想去吃。"

得到老师学生认可，夫妻俩很开心。

2019年末，老周看上了位于黑山谷游客服务中心的一间门面，妻子担心店开多了，管理起来费劲，于是劝他不要投入太大。老周却告诉妻子："做餐饮，在顺风顺水时步子就要迈大一点。如果2015年没有在登瀛镇开烧烤店，万达广场店关门后就没了退路。"

于是，拿着这两年的积蓄，2020年初，他又在黑山谷开了一家餐饮店。

那时，短途游突然火爆，黑山谷游客激增，老周的生意一下子红火起来。就这样老周和妻子以及儿子分别管理着黑山谷与镇上的两家店。

"从早上到凌晨，每天睡两三个小时，早上五六点去进货，再串肉、配料、准备炭火，又是一天的经营。"夫妻俩回忆，"那时候是真的累并快乐着。"

2021年移通学院在綦江建校，此时短途游的热潮正在退去。黑山谷店铺生意逐渐冷淡，他再次果断关掉黑山谷店，在镇上开一家更靠近移通学院的新店。

持续开发新菜品

选择在移通学院附近开店，老周主要是看中了学生和教职工等固定群体，他们能为店铺提供更多且相对稳定的客流量。

"学生在价格上更为敏感，但也更愿意尝试新鲜有趣的美食。"考虑到学生群体的消费习惯，老周决定把新店和烧烤店合在一起，变成一家店，在菜单设计上注重平衡，既有价格实惠的主食如烧鸡公、串串和烧烤，又有经济实惠的各类炒菜，满足了学生们对美食的需求，也给他们提供了一个经济实惠的就餐选择。

过了一段时间，附近的居民、学校的师生都知道了这家店，顾客渐渐多了起来，每月能稳定盈利。"这不得不说，我们店铺的多元化菜品了，主打烧鸡公，烧烤，串串，后面我们还做了藕王汤，还有各种辅菜，可以满足各种人群的口味。"谈及菜品时，老周信心满满。

老周和妻子在为顾客备餐（郝树静 摄）

可好景不长，2023年，学校对面的小吃街正式营业，提供了便宜且多样的选择，形成了集群效应，吸引了大量顾客。与之相比，老周的店铺位置相对偏僻，需要越过多条马路和楼梯，导致客源流失。同时，学校门口的餐饮店也在增加，加剧了竞争压力。

老周的店铺只提供正餐堂食，无法满足客户的不同需求，而学生和教职工等固定群体更倾向于方便快捷的小吃。这使得老周的店铺在竞争中逐渐失去了优势。

由于成本不断上升，老周的盈利空间被进一步挤压，生意越来越难做。尽管他不断推出新的菜品，但仍无法吸引足够的客流量。

发现单纯依靠品牌招牌和传统经营模式已经不足以应对变化，老周不得不再次寻求变化，这次他的目标是多元化。

"开店就是在不断解决问题，最近我琢磨着，咱们得跟着形势变化活下去，还得留住固定的群体。"如今，老周不断地在自己的店铺引入一些新的理念，比如"地摊火锅"。

"我学做菜学得很快，做餐饮的朋友也多，他们愿意教我，所以我打算去考察'三六九'模式的地摊火锅，就是素菜三元，荤菜六元、九元，价格实惠、口感美味，我觉得在学校附近，这样的火锅应该会很受欢迎。"老周说，尽管现在生意不是很好，但是他想多去试试别的新东西，推出新的菜品。对于学生这个群体来讲，招牌不重要，重要的是菜品，只有有吸引力的菜品，才能够吸引他们。（文：幸坤阳　指导教师：杨洛）

采写手记

老周跌宕起伏的创业经历，深深吸引了学生们的注意。他的故事，不仅展现了一个小人物的坚韧与执着，还凸显出他在逆境中的应变能力和乐观心态。特别是他对于失败的坦然接受，和重整旗鼓继续前行的决心，给学生们带来了深刻的启示。"创业不是一条直线，而是充满了崎岖和选择的多样化过程。"老周的这句话，成了学生们深思的关键词。

此次采访活动也是一次对学生采访技巧的实践教学。在实际采访中，学生们不仅要学习如何通过问题引导受访者，还要观察受访者的言行举止，从细节中提炼出故事的深度。老周的故事丰富而具体，这就要求学生们不能仅仅停留在表面的记录上，还要善于思考并挖掘他成功与失败背后的原因。

带学生外出采访，最大的收获莫过于他们逐步学会了如何更好地与受访者建立联系，特别是通过自然的对话打开话题。面对老周的热情，学生们也在实践中逐渐掌握了如何进行开放性提问，促使对方更自然地流露出真实感情。比如，老周谈到生意低谷时，学生们巧妙地问到了他对未来的规划，这不仅使得采访更加完整，也让他们学到了如何通过问题引导对话深度。

采访结束后，我和学生们一起复盘了这次的采访过程。在总结中，我鼓励学生不仅要关注故事的表面情节，还要深入思考人物的内在逻辑。正如老周所说："开店就是在不断解决问题。"学生们的采访也一样，需要不断地调整提问策略，寻找故事背后的本质。（文：杨洛）

大男孩煮串串

导读

　　一家小店，60平方米，只能容纳28人同时就餐。但就是这样一个小店，每天自下午五点营业后，却客流不断，时常要经营到第二天早上五、六点才能关门。店开一年，日流水已经涨了4倍多。生意火爆的背后，藏着店老板哪些经营秘诀呢？

"的姐"下海

　　在山西榆次一条集聚了各种特色小食但不是很繁华的小巷子里，有一家名叫"大男孩煮串串"的小店。下午3点，大男孩煮串串的老板娘侯翠仙就已经在后厨为当晚的营业备菜配料。来这儿吃串的百分之八九十都是老顾客，下午5点开门，必须赶在开门前把所有的串儿和蘸酱、底料都准备好。

　　看起来很豪爽的侯翠仙是地道的榆次人。两口子前些年一直在太原开出租车。2020年起，受疫情影响，乘坐出租车的人少了很多，生意不好做，再加上孩子上学要查行程码。他们太原、榆次两地跑，属于特殊人群，行程码异常是常事，孩子三天两头被劝居家，学业受影响严重。无奈之下，综合考虑，他们决定拿出手头的几万块积蓄做点小买卖。

　　就在这时，有个朋友在太原开了一家煮串串，生意特别好。侯翠仙去看了好几次，都是客满。朋友说秘诀在火锅底料，侯翠仙夫妇尝了好几家，感觉他家确实味道独特，有那种唇齿留香，回味无穷的感觉。

　　这启发了侯翠仙，也想着开家串串店。但毕竟是第一次创业，要拿真金白银去做，不能说风就是雨，要不要做煮串串，夫妇俩一直犹豫。

　　直到有一天半夜，老公突然推醒侯翠仙："一棵大点的生菜最贵也就几块钱，顶天了十块，但是拆分成一串串地卖，一串一块，能多卖至少一倍的价钱，真是串串香，这买卖能干。"两人合计了一夜，偷偷高兴了好半天，终于决定，加盟煮串串。

说干就干。做餐饮最重要的是人气，流量大才能有生意。在榆次各大小区、商场等地段考察了一圈，要么旺铺地段好，房租很高；要么房租便宜，流量有限。有没有人流量大，租金还相对便宜的店面呢？

跑了一个月，侯翠仙最后相中了堡新街这块风水宝地。说起原因，侯翠仙至今依然头头是道："都说北上

广深在中国是寸土寸金的地方，在榆次要说现吃现做的小食类，堡新街绝对算得上榆次的'上海滩'。从下午四五点开始一直到半夜都是有人气的，你看周边的棋牌室、餐馆、旅馆、物流等等，热闹得很，我考察了好几天，不管啥时候来，总有客流，这才最终敲定了店铺的位置。"

真要开店，正儿八经花钱的地方可太多了。当时他们手头的可用资金最多只有5万元，但房租、水电、装修、进货等都要钱，算来算去，两口子只能用信用做投资，微粒贷、花呗、信用卡等统统进场。最后算总账，投进去16万元。回忆当时的情景，侯翠仙说，想起来也是胆子大，有5万元却要干16万元的活儿。

天价豆腐

如果说前期创业，资金压力大一点，备菜经营耗费人力，还可以接受的话，作为以诚信经营安身立命的商家，最让侯翠仙难以理解的是，进货都能遇上"天价菜"。

"大男孩煮串串"能得到食客的青睐，一大特色就是食材新鲜，侯翠仙给自己定了个规矩——当天的食材当天买。为此，每天早晨，侯翠仙两口子都会去菜市场进货。天长日久，买得多了，也就有了相对固定的进货菜店，不用他们亲自跑，只需要提前把菜品和数量报过去，店家就会安排送货上门。

然而，让侯翠仙万万没想到的是，一次偶然的菜价查账，她却发现了"天价豆腐"！

煮串串上的菜品多，一天买菜大概需要花一千块钱。自从有了固定的进货点儿后，侯翠仙就觉得，都是做生意的，人家肯定不会骗她，从来没有想到有

人会在菜价上出猫腻。赶巧了,有一天人家送菜上门的时候,她看了一眼账单,觉得总价比平时稍微高了一点,就想着很长时间没仔细核对过账单了,今天顺带看一遍吧。不看不知道,一看吓一跳,一块豆腐的价格竟然高达280元!

侯翠仙当时就急了:"你这是什么豆腐,这么贵,金豆腐?"无奈,送货的人不是菜店老板,没有给出解释。

这事儿后,侯翠仙吃一堑长一智。在买菜这件事情上,仔细核对账单,不能粗枝大叶。由此,侯翠仙想到了店里另外一项重要的进货开支——牛羊肉,这上面不会也有问题吧?

牛羊肉她就近在同一家肉店里买,价格一直按35元/斤。"天价豆腐"后,她留了个心眼,花了几天时间,自己亲自去菜市场几家肉店询价,发现价格根据市场有波动,平均价格33元/斤,最低的时候26元/斤。也就是说,她又被坑了!一斤贵2元,一个月的进货量230斤左右,损失至少460元。一想到此,侯翠仙就来气:"诚信经营不应该是老祖宗留下来的传统美德吗,怎么这些无良商家就偏偏让我赶上了呢!"

这两件事,让侯翠仙明白一个道理,诚信经营也要多留心眼、货比三家,否则就是哑巴吃黄连有苦难言。同时,她也暗暗提醒自己,自己的经营中决不能犯这种错误!

真诚待客

创业的第一年,疫情影响,店面数次关停。但酒香不怕巷子深,新鲜的食材,诚信经营的店老板,秘制的火锅底料,都是侯翠仙打出去的硬招牌。

对于引流,侯翠仙也走过了一条摸索的路:"刚开始经营的时候,我们也想过做团购啊,打广告什么的,在美团上做过一段时间的单人9块9团购,引流效果一般,还极易引来不必要的纠纷,后来索性就只做了39.9元和118元的套餐。经营到现在,我们的引流没什么套路,全靠老带新,就是老顾客带新顾客,但凡吃过一次,90%以上的顾客会再来光顾,还会把我家店推荐给他的亲朋好友,这样一传十十传百,客流是一点儿也不发愁。"

侯翠仙的待客理念,秉持着最朴素的将心比心。顾客肯来光顾,都是缘分,块儿八毛的零钱能免则免;上菜时听到有顾客过生日,主动送上生日祝福,再让老板亲自下一碗长寿面聊表心意;结账找零没零钱时,酒水饮料任选一瓶带走;等等。或许,这些贴心的做法正是这家店引流的软实力。

　　"大男孩煮串串"一般是每天晚上开张，早上关门，从上午 8 点左右到下午 2 点是休息时间。有一天中午，在店里干活的小姑子突然给侯翠仙打电话，说有一个顾客从夜里吃到中午，喝多了死活不肯走。侯翠仙一听，这不行，小姑子忙活了一晚上了，总得休息呀。于是，刚休息了 4 个小时的侯翠仙迷迷糊糊到店里，一眼就认出这是常来的熟客小方。他当时已经喝了不少酒，但还不至于醉得不认人。侯翠仙就半开玩笑地催他："你这都吃了 12 个小时了，赶紧回家吧。"他说还没喝好。这个简单，侯翠仙顺手从货架上拿了两瓶啤酒塞给他，他高高兴兴回家了。

　　真诚服务，让利顾客，是为了更好地留住顾客。这就是侯翠仙的生意经。

　　从 2022 年 9 月 1 日正式开业到现在，大男孩煮串串日均流水从最初的 700 元涨到现在的近 4000 元，刨去房租、人工、底料、购菜等固定支出，小店月盈利在 6 万元左右。一年的时间能把一个小店做成这样，侯翠仙坦言自己很满足。她想着过些日子，把隔壁的店铺也盘下来，生意能做得更红火一些。"我们现在还属于起步阶段，经营起来比较辛苦，再加上还有一部分贷款，不急着扩店。顾客是奔着店家良心经营，真诚待客来的，只要我们用心做买卖，及时了解顾客需求，跟进市场新菜品，等到目前这些问题解决了，慢慢累积的顾客多了，到时候不管是扩店，还是再开一个分店，都是完全没有问题的。"（文：韩文婧　吕宝萍　李思思　指导教师：崔欢欢）

采写手记

　　这是我接触到《商道故事》栏目之后，写作的第一篇稿件。如何写出小店经营之道，是这篇稿件写作的难点和重点。

　　就故事本身来说，小店女老板从开出租车到被迫"下海"谋生，中年人生存的现状真实又励志。采访时让我印象最深的一句话是，"想起来也是胆子大，有 5 万元却要干 16 万元的活儿，但既然决定了要创业，就要拿出破釜沉舟的决心。"经营毫无经验，被坑如何出局？为商者，诚信经营是本，但经营还要多留心眼、货比三家，盲目信任可能吃哑巴亏。小本买卖怎样引流？食材鲜、味道好、多让利。

　　这些初创商家的经验，对于那些有创业想法，但不知该从哪些方面着手的学生，无疑能起到一定的借鉴作用，为其叩响"初创之门"。

在指导学生写作方面，对我来说，是新尝试，新挑战，当然也面临了很多新问题。

最大的问题是关于经营之道的理解。何谓"道"？即便前期采访过后，我们就地对稿件的撰写框架进行了讨论，然而从学生交回的初稿来看，除了列出的三个小标题还算勉强过关之外，内容几乎是对采访同期的简单堆砌。

为厘清线索，我们又重新进行了讨论，得出三个主题："火锅底料＝口味保证"（正面例子：生意火爆，底料口味受欢迎，逢年过节常走动。反面例子：邻居打工学经验，没有投资核心，创业卖串营收差），"诚信经营≠任人宰割"（正面例子：新鲜食材。反面例子：金豆腐，特殊牛肉事件），"让利顾客＜客流口碑"（赔本赚吆喝，利他更是利己）。标题新颖，特色鲜明，文章对经营之道的探索接近商道发布要求。（文：崔欢欢）

牛肉小店的大生意经

导读

在山西平遥古城里挤着这样一家名叫宝聚源的牛肉店，面积不足百平，店员不过三个，却能日日脱销卖断货，回头客络绎不绝。省内销售平遥牛肉的店铺成百上千，行业竞争十分激烈，但小小的它却经受住了十余年来顾客的考验、扛过了疫情的阴霾。这家小店究竟有着怎样特别的经营门道呢？

宝聚源牛肉店开在西大街文涛坊古兵器博物馆旁边，斜对面是集福巷小吃街，店长刘海燕从事这个行业十余年了。一说起平遥牛肉，她头头是道："在平遥古城墙还没出名的时候，平遥牛肉就已经很有名了。"

小肉块儿大讲究

史料记载，平遥牛肉加工的起源可以追溯到西汉时期，距今已有两千多年的历史。据传，汉文帝之子刘恒为代王建都平遥时，发达的农耕生产为牛肉加工提供了大量肉源，更有"卖剑买牛、卖刀买犊"的说法。直至明代中期以后，平遥牛肉跟随晋商走遍大江南北，肉路随商路而"货通天下"，2003年获批中国国家地理标志产品。

刘海燕说，平遥牛肉肉鲜味美的秘诀不在肉，而在水。平遥本地的水质较别处偏咸，所以在腌制的时候不用卤、不要酱，只消一把盐作为调料足矣。腌好后的肉再用特殊工艺煮熟，就可以达到最佳风味。

现切的熟牛肉色泽鲜红、纹路清晰，口感软而不糯、瘦而不柴，托在手中咸香扑鼻，若是将牛肉切成薄片，再蘸上一碟山西的老陈醋，那滋味更是齿颊留香，因此本地人盛传"醋加牛肉是绝配"。如此美味成为许多人餐桌上必不可少的一道凉菜，上至耄耋老人下至垂髫小儿都是平遥牛肉的忠实顾客。

小商铺大掌柜

宝聚源虽然店面不大，但货品摆放得整齐有序；店员虽然仅有三名，但个个热情好客。刘海燕作为店长兼"金牌销售"，自有一套拿手本领。她不仅有能听懂各路方言的"金耳朵"，还有看一眼就能辨别顾客购买意向的"金眼睛"，更有将产品卖点讲得引人着迷的"金舌头"。而这些本事都是她通过二十年的磨炼一点一滴积累来的。

十多年前刘海燕初出茅庐，带着青涩与稚嫩。别说抓着路过的顾客侃侃而谈了，就算是本来有购买意向的顾客进店，她也不敢开口介绍，生怕自己错说漏说搅黄了生意。可有言道，勤能补拙。刘海燕心里始终憋着一股劲儿，她不服气：为啥别人都行，自己不行呢？所以她偷偷地观察老店员们怎么接待，有样学样地对待自己的顾客。除此之外，她还用笔写下产品卖点，默默背诵牢记于心。在理货的时候留心厂家、保质期、生产日期等信息，连

刘海燕正在整理货品（刘可可 摄）

同行的竞品她也花心思去了解。时间长了，刘海燕不仅在与顾客沟通的时候能对答如流，也能大着胆子向路人招揽生意介绍牛肉了。

有了像刘海燕这样负责任的员工，宝聚源的生意越来越好，回头客也越来越多。吃着好的便留下微信，顾客再订购时刘海燕亲自挑选包装，邮寄上门。慢慢地，很多优质牛肉的生产厂家也来与她合作，指名让她代理销售。三年疫情，许多同行都入不敷出、闭店停业，宝聚源却凭借着金牌销售带来的好口碑，逆流而上，不仅主店运营良好，还维持住了分店，刘海燕也因此被任命为店长。

肩上的担子重了，她也更认真了，在培训新人这件事上更是毫无保留。对于内向的销售员，她拉着对方讲自己的经历，鼓励对方打开心结；而对于那些刚入行的新人，她也毫无保留地传授与顾客沟通的技巧、辨别牛肉是否新鲜的标准等。她的耐心和细致，让大家很感动。

小镇子大生意

随着疫情结束,平遥古城景区的游客又多了起来,但与三年前相比仍有差距。刘海燕坦言,在疫情前的五一、国庆黄金周,游客数量是现在的几倍,很多人就是奔着平遥牛肉来的,店里每人每天的销售额能达到两三千元。

现在不仅人流量少了,实体店还要经受线上销售的冲击。游客们想购买平遥牛肉有很多选择,不仅景区的实体店里卖,线上网店里的产品也是琳琅满目。曾经有人给刘海燕提出建议开个网店,但她斟酌再三还是决定稳扎稳打,"平遥牛肉的发展市场相对饱和了,口碑也很稳定,相对开网店来说,我还是想在线下发展。"刘海燕认为网店需要负责的事项更多,比如保鲜方式、物流冷链等都难以掌控。牛肉卖的就是一个"鲜",而且品质好的肉并不廉价,所以一旦顾客退货。处理不好就是赔本,搞不好还会影响自己来之不易的口碑。

临近中午,顾客摩肩接踵,刘海燕忙得脚不沾地。一名26岁的小哥从广东远道而来参加国际电影展,听说平遥的牛肉不错,就在网上搜索店铺信息,发现刘海燕所在的宝聚源正在推荐之列,于是抱着试试看的心理前来,没想到试吃之后,确实地道。买得称心,让他感觉不虚此行。也有许多回头客已经不需要刘海燕介绍,自己熟门熟路地走到陈列柜前要求店员称肉:"我们来平遥,买点醋,买点牛肉,都已经成习惯了。"

虽然自家店面小、店员少,但有句生意经说得好:和气客自来,冷语客不买。不怕生意小,就怕客人少。看着店员们忙碌的身影,刘海燕喜气洋洋,她热情地出门招呼顾客,看见阳光热烈人群熙攘,目光所及之处充满希望。(文:刘可可 指导教师:姜蔚)

采写手记

本次的采访对象刘海燕,是一位非常擅于表达的受访者,在两个小时的谈话中,展现了自己不俗的沟通能力。许多时候,学生还没提出完整的问题,她就已经洞察到学生需要的信息,甚至不需要提问,她自己就能讲很久。在回忆过去的经历时,她能够清晰地叙述事情发展的细节,这对于许多初学采访的同学是非常友好的。从难度低的受访者开始练习,有助于学生们建立信心和对学科的兴趣。

平遥牛肉的历史可以追溯到光绪年间，它凭借独特的卤煮技艺和对品质的坚持，赢得了顾客的青睐，生意兴隆达四十年之久。可宏大的背景虽然能给牛肉店铺带来光环，但对销量的影响却没那么明显。在山西省内，有太多像宝聚源这样的店铺。平遥牛肉历史悠久，制作工艺也传承了许多年，这也导致各个品牌的平遥牛肉经销商无法在商品口味上拉开太大差距，各家牛肉风味差异不大，顾客便更看重服务和价格。

作为店长，刘海燕不仅对平遥牛肉的历史和制作工艺了如指掌，更有着对顾客需求的敏锐洞察力。对于小微企业，尤其是人力和资金有限的个体户，这两个特质可谓是缺一不可。缺乏筛选牛肉的专业知识，就会购入良莠不齐的货源，从而影响口碑；销售知识则更是重要，一旦缺乏就无法维护客群，直接影响店铺生意。从初出茅庐，不敢与顾客打招呼的青涩店员，成长为如今的八面玲珑的金牌销售，刘海燕的成长之路充满了挑战和坚持。她的"金耳朵""金眼睛"和"金舌头"是她多年经验的积累，也是她对这份工作热爱的体现。这次活动不仅是一次新闻采访的实训课，更能够让学生们了解到小微企业的生存成长之道，为今后自身的就业、创业积累经验。（文：姜蔚）

不为赚钱却赚到了钱

导读

"SNAP"滑板店的主人是一群热爱滑板的斜杠青年。他们每个人既是店员又是老板，都近乎执拗地坚守着与传统商业模式迥异的经营理念。而这种"哲学"竟然使他们承受住了一波又一波的疫情冲击，成为那个商圈中唯一经营额逆势上升的店铺。一个不为赚钱却赚到了最后的店铺，不能不引发人的好奇。

在太原紫金谷商圈里藏着这样一家滑板店，除了门口的"SNAP"灯牌，没有任何其他装饰。顾客只需一眼便能将这个 25 平方米的地方一览无余：左手一面墙上挂了五颜六色的滑板，底下摞着还未拆封的货品。右手是一个堆满滑板配件和工具的工作台，视线的尽头放着配件的展示柜，上面摆着全店单价最高的陈设——一台电视。

店铺的五位合伙人是一群热爱滑板的"斜杠青年"，各个都有自己的主业。但店铺总要有人经营，为了节约用人成本，工作时间最灵活的 IT 男李德君就成了"常驻经理人"，店里也会从总利润里分出一份儿给他当作"值班费"。说是经营，其实也没什么固定的开门时间，全看他当天下午几点能起床。"你下午六点半去'逮'他，基本就能'逮'到。"一名于姓熟客说。

李德君介绍，SNAP 滑板店每年开一次合伙人会议，会上，他将一年里各项财务状况进行说明。"其实也没那么专业，就是把一年的房租、物业费、进货成本、利润跟大家交代一下。"他说，店铺的主要利润来自于滑板各类耗材的销售。可上网一搜就会发现，店内商品的售价只比品牌官方的吊牌价略低，与淘宝等网店相比毫无优势。

然而，就是这家装修"寒酸"、经营"佛系"、集门店与仓库为一体的滑板店，竟然抗住了疫情三年的考验，成为整层商铺唯一的"幸存者"。不仅如此，它还做到了"铁粉"越来越多。店铺的微信群从最初的十几人，到现在已有几百人了。许多顾客明知道这里的商品没有任何价格优势，但却依旧选择来此消费。按大家的说法，吸引他们来买单的不是商品，而是这里纯粹的"滑板文化"。

要理解顾客这种"奇怪"的行为，得先回到 2009 年。那时滑板还未纳入到奥运会赛事，爱好者少之又少。再加上智能手机和社交 APP 不像现在这样普及，滑板爱好者们只能去百度贴吧里抱团取暖，大家在帖子里分享着附近适合滑板的地形、滑板品牌厂家最新发布的动作视频集锦、圈内滑板风格最赞的"大拿"……李德君也通过网络结识了几位本地的滑板爱好者，大家相约线下见面，一起挑战各种滑板地形和动作：有人能脚踏板面在空中转个 360 度后稳稳落地；有人能用滑板底部擦着路边台阶或栏杆滑行；还有人能短暂助跑后从数米高的台阶上飞跃而下，潇洒滑走……

二十岁的青年们正值体力巅峰，带着两瓶一元钱的"冰露"矿泉水，就能滑到太阳落山。李德君说，轮子在地上滚动的一瞬间，他就陷入极度专注，周围一切仿佛都不存在了，眼里、心里、脑袋里只有眼前的滑板地形。助跑开始，心跳跟着加速、肾上腺激素飙升、血管带着眼眶怦怦地胀……"看到一个（适合滑板的）地

李德君正在擦拭滑板（姜蔚 摄）

形，可能在我能力范围之外，我就是想去挑战它，去做动作。从开始跳的那一下，就觉得特别刺激，特别爽。如果足够幸运，把这个动作做成了，我能高兴半年！"三阶、五阶、七阶，李德君和其他滑手们飞跃的台阶越来越高，征服的技巧动作也越来越难，在围观路人的惊叹声中，他们一次次挑战极限，将"不可能"变为现实。

可代价也显而易见，滑板用光了他所有的零用钱——一双鞋要 280 元，每月得两双，鞋外侧的胶边和鞋底与板面的砂纸频繁摩擦，半个月就会破洞。飞跃地形失败，从高处摔下擦烂的衣裤更是数不胜数。更要命的是伤病，李德君的两条小腿上布满了被滑板高速撞击留下的伤疤，在圈里俗称"砍腿"。淤青、骨折都是家常便饭，三年前他的脚受了伤，当场无法动弹，朋友将他背上了出租车，虽然在家歇了三个多月，但还是落下了病根，至今两只脚背仍不一样高。但即使如此，他却觉得滑板有着让人上瘾的魔力，只要当天没有摔到上不了板，

就绝不停下。随着年龄渐长，体能下降，一些高难度的动作李德君已经无力再完成，但他与其他滑手们仍旧怀念着滑板这项极限运动带来的纯粹乐趣。

滑板的日子也不都充满明亮的色彩，这是一项小众运动，适合的场地少之又少。李德君和朋友们不得不探索一些公共场所里的地形，比如公园的台阶、广场的斜坡、商圈的扶手等。可因为滑行发出的噪声和对地形的磨损，他们时常会遭到场地管理方的驱赶，板友们争辩木制的滑板对大理石地砖不会有什么磨损的，但保安只会摆着手一脸嫌弃地说："去，去别的地方滑去。"无奈他们只得"打一枪换一个地方"。最初一代的滑手们年龄渐长、步入职场后琐事缠身，即使有心想要与老朋友们再聚聚，也不知该上哪里，所以许多滑手渐行渐远，慢慢淡出了圈子。

李德君不想离开滑板，他尝试过去滑板店打工，可那家店没多久就经营不善倒闭了。他也接触过其他店铺，可总觉得不对味儿。有些滑板店的训练场只对交了钱的学员开放，即使没课空着也不许其他人进去滑；一年一度的世界滑板日到来，这是众多滑板爱好者们欢聚的庆典，可店铺的活动却乏善可陈，一些活动奖品摆拍完就会被老板收走；知名的滑板品牌向经销商们寄送了年度滑板录像带，可老板们却没有闲工夫举办点映会……店里卖耗材、做培训、接代理、谈品牌，每日不少赚钱，顾客们来来去去，一手交钱一手拿货，许多人一时兴起买了整套滑板回去，却很少再来替换耗材。

接触过几次之后，李德君觉得在那儿滑板与游泳、健身没什么区别——不过就是卖器材、卖课来赚钱。他告诉自己，生存离不开钱，商业离不开利润，别想太多！可心中被刻意压制的声音越来越响：滑板不该是工具，它的价值不仅是商品，更是运动本身，是不断挑战地形和超越自我极限的勇气！这种只图赚钱的经营模式不符合真正的滑板文化！

但儿童教培和高价零售是滑板店最常用的商业模式，也是盈利的关键，如果做不到的话，店铺利润就会大打折扣。但李德君不怕，他想与老友们一起做一场轰轰烈烈的实验，做一场滑板圈内"斜杠"青年们对抗商业模式的实验，看看没有惹人生厌的推销，没有一节挨着一节的教培课，这家店究竟能不能活下去！经过在微信群里反复讨论，大家勾勒出了 SNAP 滑板店的雏形：它得有免费的地形，成为一块保证大家不被驱赶的"根据地"；得能"老带新"，成为一间能让初学者乘兴而来、满载而归的"课堂"；得有浓厚的滑板文化，成为一个能让老滑手们充满归属感的"家"……他们相信做到这些，热爱坑滑板的人就会越来越多，薄利多销也可以支撑店铺良性发展。

李德君与其余四个滑手一拍即合，大家各凑了两三万元，开始选址。2018年冬天，零下十几度的室外正飘着大雪。他听朋友说在省体育场附近有一些小门面，便与合伙人一同前往。几人一脚深一脚浅终于找到了地方，看着平整空旷的地面，大家露出满意的神色，不自觉地在脑海中构思 U 池、小栏杆这些地形设施的摆放位置。可没承想，周围连一个出租电话都找不到。场地选好了，却没房东，这怎么谈租赁？大家一筹莫展，只得铩羽而归。可李德君不死心，回到家后，他心里就像有小猫挠，抽空独自来到场地，前前后后将体育场绕了个遍，但凡亮着灯的商铺他都进去问问，但要么就是营业员不知道，要么就是给的电话打不通。说来也怪，偌大的场地没有一个人找得到负责人是谁。走访了整整一下午，李德君只好充满惋惜地回家了。

五人来来回回选了半年多，考察了七八个场地也没找到合适的地方。就在大家都心灰意冷的时候，李德君忽然想到几年前曾经在紫金谷玩过滑板，这是一个周围没有居民楼的商圈，所以不用担心有人投诉噪音，再加上环形的商铺中间是一小块空地，正好可以放置各类大型的滑板器材。几位合伙人来考察过之后都很满意，因为启动资金不多，所以滑板店的门面只好选在负一层的一个角落里，但这丝毫不影响板友们的热情。店面盘下之后，几人紧锣密鼓地筹备开业。

大家找到滑板运动常用的地形道具：带扶手的斜坡、一组一人多高的 U 池、数节栏杆、用于滑手做活儿的小台子等。这些器械大都以铁制成，坚固耐造，上面还做了喷绘和涂鸦，很有一番街头文化的风味。更重要的是，有了这些，大家就再也不会因为四处找地形而被驱赶了。开业前几人分工明确，有人设计店铺标志和海报，有的负责装修，有的负责对接滑板品牌拉赞助。大家为开业日设计了丰富的活动：OLLIE 跳高（滑板动作）、道具马拉松、S.K.A.T.E.（平地花式滑板项目）等，每一项都有不菲的奖品和实惠的折扣。店铺开业当天，滑手们将整个通道挤得水泄不通。许多滑手从临汾、长治等地赶来太原，只为参加店里的开业活动。

李德君印象最深的顾客是一个 9 岁的小男孩"蛋蛋"，他来时只带了一块连弯儿都转不了的"玩具板"，蛋蛋的妈妈禁不住儿子软磨硬泡，当场买了一整套滑板。看到男孩如此热爱这项运动，李德君和朋友们不仅提供场地、还免费指导他动作。短短三天，蛋蛋就展示出了惊人的天赋：他完成了"尖翻"（在滑行过程中带着滑板起跳，用前脚脚尖将滑板踢翻，使板面在空中向内侧旋转360度）这是很多成年人需要练习很久才能完成的动作。其他的滑手们也对这个小男孩很是尊重，即使是比蛋蛋年长十几岁的滑手，也会与他击掌碰拳，拿出滑板圈子里纯正的见面仪式与他打招呼。受到鼓励蛋蛋成了滑板店的常客，在李德君和朋友们的指导下，他的技术突飞猛进。随后SNAP滑板店决定赞助蛋蛋，免费给他提供所有的滑板设备。李德君说："我们对他的赞助没什么条件，不需要他拍宣传店铺的视频，也不是必须做出什么招儿来。就是觉得小孩儿是真心喜欢滑板，天赋也高。对滑板这个氛围有益的，我们都愿意试试。"

每年李德君与合伙人们都会策划活动，邀请板友们参与，这样确实可以扩大店铺的名气，拉动销量，更重要的是，他想让圈里的老滑手们聚一聚。一年一度盛大的滑板日自不必说，有趣的活动一项接着一项，丰厚的奖品送起来毫不吝啬。奖品发不完的话，几位合伙人就会直接扔在到店的人群中，谁抢到算谁的。每当滑板品牌公司发布了新的年度视频，他也会早早发出邀请函，店里最贵的那件家伙事儿——电视机，就是为召开小型首映会准备的。再加上不定期组织的夜滑活动、带板友们参加外地的滑板赛事，慢慢地，SNAP滑板店变得小有名气，高校的滑板社团也来请他帮忙筹办活动……

作为一家滑板器材的销售店，李德君除了在微信推送中更新进货商品信息之外，从不主动向顾客们推销商品。当滑手们向他咨询新板面或配件时，他给的价格十分公开透明。其实大家心里都知道，电商的价格比店里更低，可仍旧愿意在店里购买。一个姓刘的小哥是店里的熟客，早在创店之初就认识了SNAP的五位合伙人，他直言："我知道网上卖得更便宜，但我不在乎那点儿差价。2020年有半年我基本上天天来，一个多月就换一块儿板面，不是说磨到不能用非得买新的了，就是单纯为了支持店里的生意。"他解释说，"我觉得玩滑板主要是看和谁一起玩儿，那段时间我们每天一起玩儿、吃饭、聊天，聊到凌晨三四点，一开始是说滑板，到后来生活中压力大的事儿都会拿出来说，来滑板店已经成了我的一种解压方式，成了生活的一部分。"

SNAP滑板店按照合伙人们的初衷，成了滑板爱好者的"据点"。熟客来之前会给李德君发微信，只要接到"预约"，他就风雨无阻地赶来店里等着大家。有的人来了不买东西，也不进场玩滑板，李德君就坐在自制的滑板凳上，和大家聊天。他直言曾遇到过下着大雪也要来的板友、大年三十在店里聊天不愿回家的板友，还有一位认识了许多年的大哥，即使家庭琐事缠身，仍要抱着牙牙学语的孩子来，只为了见见店里这群老朋友……六年过去，来 SNAP 的板友越来越多，他们也不断转介绍新的爱好者加入。吸引新客靠的是口口相传，而让大家留下来的，则是李德君和朋友们一手营造的"滑板氛围"。

华灯初上，零下十五摄氏度的低温使得玻璃店门水汽氤氲。伴着一阵冷风，三名滑手推门进来，他们接触滑板的时间都已经超过了五年，其中一名告诉记者，当初与滑板店同层的所有商铺都受疫情的影响倒闭了，只有 SNAP 撑了下来。只是如今经济形势低迷，没人知道还能再撑多久。但如果有一天 SNAP 的某个合伙人干不下去了，他也不介意入股。大家都希望这儿不要变成充斥推销和教培的商业机器，可谁也说不清这场与商业模式对抗的实验究竟结局如何。李德君只是希望实验时间能再久一些，结果来得再慢一些。（文：王佳玉　指导教师：姜蔚）

采写手记

SNAP 滑板店的成功在于它不仅仅是一家商店，而且是一个滑板文化的传播地和滑手的聚集地。他们没有选择传统的商业模式，而是将店铺打造成了一个滑板爱好者的"家"。在这个 25 平方米的空间里，5 位合伙人用他们的热情和对滑板的热爱，创造了一个让滑手们有归属感的根据地。

这种凝聚力在疫情造成的经济压力下凸显了出来，周围所有的商铺都因亏损而闭店，但 SNAP 存活了下来，合伙人们通过社交软件聚集了数百名爱好者，形成了一个紧密的社群，现在这种圈子又有一个时髦的名称——私域。SNAP 滑板店用自己的存在证明了，即使在商业的世界里，也可以有纯粹的热爱和对文化的尊重。

如果说采访有难度级别，这一次的采访对于同学们来说可以算是"地狱级"。受访者非常内向，不善言辞，访谈像是挤牙膏，问一句，答一句。其次，很多同学缺乏对商业盈利模式的基本知识，SNAP 利用社群文化盈利的经营之道又较为独特，采访学生与受访者的认知水平差异较大，导致首轮对话草草结束。好在经过"中场休息"，大家抓住"不想赚钱却赚到最后"的悬念，连环发问，加上教师的辅助，大家终于能从受访者的只言片语中捕捉到对方内心的情感波动，将店铺从创立到现在的经历详细描绘。

采访结束后，主笔王佳玉同学十分感慨，本以为沟通能力是与生俱来的，会吐字发音连词成句就是会沟通。通过这次采访她才认识到，沟通能力的提升靠的是在现实生活中不断与人交流。尤其是面对不善言辞的人，沟通能力的高低更决定了对话的质量。打破固有思维，发觉自身短板，寻得努力方向，这也正是各项活动的意义所在吧。（文：姜蔚）

把约拍小店开到伦敦去

导读 ░ ▪▪▪▪

约拍小店的夫妻档初识于复旦校园，后一起去英国攻读硕士，女主人本在高薪的投行工作，却毅然裸辞，与丈夫一起投身美妆与婚纱摄影行业。亲戚家人们均不理解，可他们却悠然自得。人生究竟是轨道还是旷野？且听张怡讲讲她的故事。

异国裸辞"拍照"破局

张怡和丈夫方野在复旦大学的校园中因摄影而结缘，时常相约于上海街头拍摄。大学毕业后两人一起前往英国深造，方野顺利拿到了英国的人才签证，张怡却因实在无法适应投行的工作氛围，选择了裸辞。

房租、水电、餐饮，每一项在英国的花销都不低。为了生活，张怡想到了在英国开启约拍生意。丈夫学的就是摄影专业，审美和拍摄技术过硬，而自己平时也爱研究一些美妆和造型。两人干起活儿来，一个负责摄影和修片，一个负责揽客和妆造，能形成很好的配合。虽然没有充足的启动资金来租赁影棚，但户外拍摄更能体现出真实的英伦感，也是不错的选择。说干就干，张怡把以前的作品放在了小红书上"试水"，希望能够吸引顾客预约，但等了两三天也无人问津。她将"英国""约拍"等关键词输入，发现平台上的竞品太多，他们没有什么噱头，很难吸引流量。

如何才能有顾客呢？张怡回忆自己的留学经历，敏锐地抓取到了留学生们的共同点——孤独。游子在异乡需要情感陪伴，那自己何不出租时间，发布一个"随心拍"活动呢？陪顾客边玩边拍，对方想去哪就去哪，想玩多久就玩多久，其间拍下精彩瞬间，最后将照片全部送出。至于价格，张怡也有自己的想法："凑个整，定 100 英磅。这个价格在英国只是一顿火锅、一次美甲的钱，很容易让人接受。"果不其然，帖子发布当晚就有 20 多人预约。第二天早上一睁眼，张怡看到后台又新增了 20 多条客询信息，新预约还在不断涌入，一上午手机响个没完，大大超过了两人的预期。就这样，张怡夫妻俩开始了第一单约拍生意。

不限时间、不限地点、底片全送的方式虽然对客户很友好，但两人的工作量也成倍增加。因为没有任何限制条件，所以有的顾客支付 100 英磅拍婚纱照，却要求照片达到价值千磅的效果，有的客户既要拍视频又要拍照片，还有的几个人一起凑一单，每个人都要拍多套服装。方野在现场一边教客户摆动作一边拍摄，张怡既要跟妆，还得当拎包拎鞋小妹。一天下来，两人累到手指僵硬，手腕抽搐，收工回家后把设备一放，往沙发上一摊，谁也没多的力气说话。等隔天清点尾款时，两人发现抛去餐饮、交通等成本，根本就赚不到钱。于是张怡将活动紧急叫停，下架了 100 英磅随心拍的帖子，将已经完成预约的客户拍完后，又重新拟了广告发布在小红书上。

创业之初，两人时常碰上难缠的客人，张怡回忆，曾经有个女生想要"插队"拍摄，原本那天档期已经排满，但架不住对方软磨硬泡，张怡只好"加班"。约定的时间快到了，张怡和丈夫计算好通勤时间，背着大包小包的摄影器材出发。走到半路，对方忽然发消息提出要带一个朋友一起拍。虽然这样会加大工作量，但张怡本着拓展客源的想法，还是咬牙同意了。

张怡正在拍摄（受访者供图）

英国的 12 月又湿又冷，街道上温度很低。张怡和丈夫背着一大堆器材在路边等候许久也不见对方的身影，两人十分着急。考虑到英国四五点钟就会太阳落山，而光源对人物摄影又至关重要，所以他们几番催促，可天都快黑了对方才姗姗来迟。原本以为事情到这儿就算结束了，没料到第二天一早，客户挑出了所有闭眼的底片发给两人，说效果不好，要求退钱。张怡感到非常气愤。但她和丈夫身心俱疲，实在不想再争论，索性全额退款了事。

吃一堑，长一智。张怡再次修改了广告内容：顾客迟到 20 分钟以上会计入拍摄时间，如因顾客迟到需延长拍摄则要加超时费；迟到超过一个小时，拍摄取消，定金不退。其次，拍摄对象加一人则要加 50 英磅。张怡和丈夫还会在发送成片前筛选一遍，防止客人再因"拍照闭眼"退钱。

熟能生巧 "服务" 变 "艺术"

客人这边的问题解决了，夫妻俩又遭遇"内部问题"。

张怡希望照片以客人的面部为主，拍出精致的五官。因此在打光时，更注重打面光，而方野却说这样会与环境光割裂，得多用自然光。选择景别时，方野喜欢大景别，突出人物与场景的关系，努力营造一种故事感，张怡则更倾向于具有网感的特写和近景照片。两人谁也说服不了对方，只好互相妥协，将选择权交给顾客。没想到顾客的选择多了，对照相馆的评价更好了。

拍摄是一门服务，更是一门艺术，拍的次数多了，两人慢慢摸出了"门道"。张怡说："遇到气质清冷型的客人，我们就模仿王家卫的摄影风格，把她拍出一米八的气场；遇到欧美风的辣妹，我们会建议探索一些热情奔放的 pose（姿势），用闪光灯打出 drama（戏剧）的效果；遇到喜欢小清新的，我们就选景致好的环境，让客人聊天、跑跳，我们全程抓拍；遇到害羞放不开的客户，我老公就会示范各种婀娜的姿势，把他们逗得咯咯笑；遇到拍情侣照或者婚纱照的，我们就像狗仔一样远远地用长焦镜头拍，让他们沉浸在自己的小世界里不被打扰……"

一对来约拍的异国情侣给张怡留下了深刻的印象。男生是英国人，女生是中国人，他们丝毫不怵镜头。当时天空下着蒙蒙细雨，张怡注意到两人的眼神充满爱意，便大胆提议让他们尝试在雨中拥吻，对方非常配合，随后还主动开始设计动作。伴随着快门的"咔咔"声，电影画报般的影像定格在伦敦街头：绛紫与深蓝交织，天空深邃而宁静。远处城堡的轮廓在夜色中影影绰绰，大本钟的表盘犹如皎月般高悬。画面中心站着一对异国情侣，双人相向而立，女生微微仰头，双手攀着男生的肩膀，左腿站立右腿抬起。男生一手揽着女生的腰，一手抬起她的右腿，俯身亲吻对方。暖黄色的灯光打在湿漉漉的桥面和女生的绸缎长裙上，氤氲出迷人的光泽。

张怡和丈夫难得遇到这样优秀的模特，拍得也很尽兴，四人不断转换拍摄场景，尝试新动作，挑战不同的风格，沉浸在艺术创作的愉悦中，直到夜色渐浓才散场。经过方野的调色处理，照片很快出炉，客户对作品非常满意，连连道谢。还将照相馆推荐给了朋友。

就这样，夫妻俩积累了不少的客源，转介绍的朋友、每年拍一次的回头客、被小红书上的样片吸引而来的新客户……长期的合作让张怡和客户成了好朋友：

"有一位客人已经拍了六七次了，有时候我们跟客人之间不只是商业合作的关系，我们就像他们生活的见证者。见证他们毕业、谈恋爱、结婚，这种感觉真的很奇妙。"

走出名校边创业边成长

张怡在拍摄的过程不仅见证了他人的生活，也见证了自己的成长。走出名校后，她没有停下"求学"的脚步，只不过这次检验她学习成果的，从老师变成了顾客。

拍摄前，一些客人会发参考图，希望张怡能拍出图中模特的效果。每当看到优秀的参考图时，张怡就会揣摩别人是怎么拍摄的，并拿出本子记录心得。和丈夫一起看影视作品时，两人会对画面的打光、调色、景别、构图等进行细致分析。前段时间正赶上王家卫导演的《繁花》热播，两人对着镜头逐帧分析，记了厚厚一叠，准备一回英国就试试。

为了给客户更好地拍摄体验，张怡还趁着春节回国报了一个化妆班，底妆、眉形、睫毛、发型，样样都得学，晚上十二点多还能看到她在微信群里提交作业。整个化妆班，张怡是学历最高的，同班的小姑娘多为初中和中专毕业，从事美甲美睫、婚庆跟妆等行业。在传统的教育观念中，这些女孩时常被人认为是不好好学习，只爱穿着打扮，可张怡很喜欢她们，经常向她们请教美妆问题。她觉得这些女生有所热爱，并且能够自力更生，非常值得尊重，不该被旁人非议。

这份尊重其实来源于她在英国的创业过程，从青涩懵懂的学生角色到自力更生的社会人，其中滋味使她更能体味到那些小女孩的自立自强。因为没有影棚，所以她和丈夫时常在外奔波拍外景，回忆起刚开始在异国做生意，缺乏社会经验的两人曾遇到过"灭顶之灾"。张怡说英国的治安不比国内，两人当街目睹了抢劫，惊魂未定的张怡搭乘地铁时将相机包放在脚边，一转头的工夫，包就没了，里面有一台单反、一个运动相机和两个镜头，直接损失了三万多元。

还有一次两人在户外拍摄一对情侣，方野负责打光和看行李，忽然，他注意到远处有一个陌生男人正在鬼鬼祟祟地躲在路牌后盯着他们。方野立刻警觉起来，示意男子自己已经发现了他，并且高声提醒张怡，但没想到对方竟然大胆跟他对视。张怡强迫自己镇定下来，她提醒丈夫将客户的衣服、鞋子、包包和拍摄器材时刻背在身上，自己迅速完成拍摄，带领大家换到下一个场景。可没想到男子竟然还不死心，一路尾随他们，伺机抢劫。于是张怡开始找人多的地方钻，那名男子跟了好久，眼瞅着等不到可乘之机，这才转头离开。

有人不理解张怡和她丈夫的选择，认为两人从复旦一路读到英国，最后却从事了婚纱摄影，这实在浪费，可她却说自己早已对学历祛魅。"证明个人价值靠的不是学历，靠文凭在办公楼里当领导或许值得骄傲，但做一名摄影师独立地在异国生活工作，见证那么多人的美好，也很有价值。"张怡认为学历只能证明一段经历，人生不应该被两张纸束缚。人不是工厂里的产品，不应该有固定的成功标准。虽然现在的职业跟所学专业关联不多，但却是她心中所爱。"拍摄时的充实和快乐是之前坐在办公室里远不能比的，"张怡说："我很满意现在的生活。"

张怡已经规划好了照相馆的未来。她发现英国的同行大部分都是香港移民，用的是 20 世纪 90 年代那一套，她认为远不及同期中国摄影师的水平，凭着他们夫妻俩精湛的技术和不断学习的能力，一定可以在这站稳脚跟，打开市场。等攒够了钱，张怡打算盘一个实体的工作室，再把自己的照相馆打造成品牌符号，让每一位顾客都拥有一篇与英国的故事。

张怡说："诗词、雕塑、音乐，这些艺术到最后都是美学，我也想通过我们的照片输出美学。"（文：王思祺　指导教师：姜蔚）

采写手记

张怡的故事是一个关于勇气、创新和坚持的真实案例。她的故事展示了适应变化和创新思维的重要性，也展现了人生并非是一条既定不变的轨道，而是充满了无限可能的旷野。

在创业过程中，张怡结合小红书、TikTok 等国内外流行的社交媒体软件展开营销，先用低价单来打开知名度，她创立的"随心拍"活动，成功吸引了大量顾客。这种创新思维不仅解决了客源问题，也为她的生意打开了新的局面。随后，她根据顾客的消费能力、需求来进行分流，定制不同的拍摄套餐，慢慢地，也将利润也提了上来。

由于受访者在英国，所以这一次的采访是通过腾讯会议线上进行的。但过程比较顺利，因为受访者的学历层次比较高，也有着较强的逻辑思维能力和语言表达能力，所以能够很好地叙述事情发展的过程，回忆起事情的细节信息。她的拍摄小店虽然在异国他乡，但是发展历程同国内的其他摄影工作室相比并没有太大差异，所以起承转合等关键点的经历较为常规。

对于学生来说，这次活动的难点在于组稿时筛选素材，作为新闻的初学者，很难从两三万字的录音材料中挑出三千字，所以在采访结束后，教师带领学生对采访素材进行归纳总结非常重要。如何能让学生在茫茫"字"海中快速准确地判断出什么是有价值的信息，这就需要教师在日常授课当中，积极训练学生的思维模式，将其中价值判断的标准与新闻实操结合起来，通过多次反复的采访练习，强化学生的价值判断能力，提高筛选信息的速度。（文：姜蔚）

蛋糕上的舞蹈

导读

舞蹈教师转行为甜品烘焙师，陆蕾在人生的舞台上不断旋转跳跃，追寻着预料之外的人生价值。她的商业故事中"思变"是底色，"沉淀"是内核。专业？业余？业内？业外？在她看来，这些评价都不重要，重要的是，产品好不好，顾客喜不喜欢。

舞蹈老师转行

陆蕾的烘焙教室开在太原市平阳景苑小区，电梯门一打开，一股甜甜的味道就扑面而来。

烘焙教室门口挂着一盏小灯，灯光浅浅地照出店名"露茜 Lucy Cake"。一走进屋内，便能感受到四处洋溢着的温馨氛围：穿着黑色蛋糕裙的学员们有的打着奶油，有的正在为蛋糕裱花，有的还在忙着切水果。

说起与烘焙结缘的历史，她笑着表示："其实我是半路出家，误打误撞进了烘焙领域。"

陆蕾从小到大就与舞蹈为伴，大学选择了舞蹈专业，毕业后也"顺理成章"地当了舞蹈老师，她一度以为"一辈子就这么定下来了"。

然而命运却常常会给人带来惊喜，从微信朋友圈卖出的第一块榴莲蛋糕开始，她的职业生涯也悄然发生变化。

在怀孕期间，由于身体原因，陆蕾决定暂停舞蹈工作。闲不下来的她注意到一款网红千层蛋糕非常火爆，想着"打发时间"的她争取到了这款蛋糕的代理权，之后，陆蕾开始在朋友圈售卖蛋糕。

但渐渐地，卖得多了问题也随之暴露出来，陆蕾发现，到了夏天后，由于天气炎热，湿度增加，再加上运输距离等原因，千层蛋糕的保质期也会大大缩短，等蛋糕送到顾客手中时口感已变得相当差。但自己只是一个代理商，蛋糕的制作过程自己无法接触到，这问题该怎么解决呢？

思来想去之后，陆蕾决定，索性亲自上手制作蛋糕，恰逢当时私房烘焙十分流行，她就去拜师学习烘焙技艺，从此正式开启了烘焙世界的探索之旅。

"学习一门新技能并非易事，还好舞蹈与烘焙有很多共通之处。学舞蹈需要手眼高度结合，烘焙也同样如此，比如在做蛋糕时，如果裱花的姿势和手法不正确，那么在呈现成品时就可能'失之毫厘，差之千里'。"陆蕾发现，舞蹈经历的加成固然能"上道更快"，但要让烘焙技艺更精，则需要在专业赛道上"乘风破浪"。

烘焙中的粉墨春秋

一场在上海举办的全国焙烤职业技能大赛将她推向了更专业的赛道，这也是她第一次参加烘焙比赛。

在设计参赛作品时，陆蕾想要创作一款国风蛋糕，为此她特地前往苏州学习传统糕点的制作方法，同时还查阅了很多与传统文化相关的资料，最终她决定以经典舞剧《粉墨春秋》为灵感，设计一款精美的国风蛋糕。

《粉墨春秋》这一舞剧讲述的是民国初年北国一个梨园戏班的故事。该舞剧以三个武生师兄弟的人生经历为主要内容，他们台上技艺超卓，风华绝代，台下苦练奋斗，有血有泪。在戏班穷途末路时，小师弟杀出一条血路，创立新派——齐天大圣"美猴王"，由此闯出了一片新天地。

陆蕾以《粉墨春秋》为灵感来源，既是出于对这个故事的喜爱，也是想借由该舞剧背后富含的奋斗精神激励自己，勇敢闯出一片天地。

在比赛之初，她信心十足，她的老师也对她报以极高期望，相信她可以拿到金奖。比赛当天，选手们要在规定时间内完成自己的作品，陆蕾在紧张的氛围中拼尽全力。朋友看到陆蕾的作品时忍不住夸赞道："这金奖非你莫属呀！"

自信的陆蕾本以为金奖已是胜券在握，但天有不测风云，蛋糕上的装饰花竟然在半小时内纷纷掉落，"南北地区的气候差异导致了这个现象发生。南方空气湿度大，室内温度也高，花瓣受不住就掉了。"陆蕾十分惋惜地回忆。

"我当时真的很崩溃，本来还以为金奖是板上钉钉的事，结果这下肯定什么也没有了……"

崩溃的陆蕾在简单调整心态之后，继续认真比赛，最后尽管超时 20 分钟，但她还是坚持完成了作品。

在众人的注视下，这个重新做
好的蛋糕被带到了展示台。在评委宣
判结果的时候，刚刚失误的场景反复
在陆蕾脑中上演，她完全听不到裁判
的声音，"脑袋里只是嗡嗡嗡地响个
不停"。

"快呀陆蕾，快上去呀！你得奖
了！"朋友好几遍的呼喊终于把她从
恍惚又失落的场景中给拽了回来，据
陆蕾回忆："上台领奖时我整个人还是蒙的。"

甜品烘焙师陆蕾（受访者供图）

虽然有遗憾，但获奖的时刻也让她感到非常开心，这一刻的喜悦和成就感
让她忘却了所有的疲惫和失落。

一次又一次在烤箱前的尝试，一次又一次地裱花练习，都在获奖的这一刻
得到了最好的回报。陆蕾在烘焙的世界里也舞出了她的"粉墨春秋"。

甜蜜的社会责任

用心制作的甜品让陆蕾的名声越来越响亮，许多人都慕名而来向她请教。
要不要继续扩店？要不要走"网红"模式去营销自己的品牌？是要继续以教学
为主还是以售卖成品为主？

一个个疑问在陆蕾的心中盘旋，让她一度陷入了十分纠结的境地。

"现在市场上已经有太多优秀的甜品店，无论在规模还是味道上我都难以
同他们竞争，如果要遵循如今的'市场规则'，那就难免要走'网红'路线，
向流量低头，这不是我的初心。"

考虑再三之后，陆蕾没有选择开设更大、更多的门店。在陆蕾心中，烘焙
教学才是她最愿意坚持的方向。

陆蕾认为，教育的意义深远，它不仅仅是知识的传授，更是对人格的塑造
和对梦想的启发。

在烘焙教室里，她不遗余力地向学员们传授着自己的技艺和经验，一批又
一批优秀的学员从这里走出。从几岁的儿童到几十岁的老者，他们都怀着对烘
焙的热爱在露茜烘焙教室里相遇。在陆蕾看来，这些因烘焙与她相遇的人不仅
仅是学生，更是知己。

除在露茜烘焙教室教学之外，陆蕾同时也是太原技师学院的甜品课教师，在课上，她用高超的技艺将学生们引入到一个充满乐趣和创造力的烘焙世界中。"我希望孩子们不仅能够掌握一项实用的技能，更能够在烘焙的过程中感受到爱和温暖。教育不仅仅要注重技艺的传授，更要注重对孩子们心灵的滋养和关怀。"

这位曾经的舞蹈老师，现在用烘焙的方式，在孩子们的心中种下梦想的种子。

热爱烘焙教学的陆蕾还积极投身于公益事业，将烘焙的快乐延伸到更广阔的人群中。陆蕾参与了多个义工组织，她会定期为那些自闭症儿童和孤残儿童们送去力所能及的关爱。

如今的陆蕾早已有多项荣誉加身：山西"三晋技术"能手、第二届太原市职业技能大赛裁判、国家西点师职业技能鉴定考评员、韩式裱花协会一级导师、英国 PME 翻糖认证导师……但她始终未改初心，依然坚持每年奔波于国内外进修最前沿的烘焙技能。韩裱、翻糖、造型……陆蕾不断在多个方面锤炼自己的技艺，丰富自己的知识。

陆蕾将舞蹈的优雅与烘焙的甜美完美结合。在她的烘焙事业中，每一个精心制作的甜点都像是一场精彩的舞蹈，每一个细致的装饰都透露着舞蹈的节奏和美感。这些甜点就像是舞蹈的延伸，每一次的创作都是对美的追求和对技艺的磨炼。

陆蕾说："无论职业的舞台如何变换，激情和坚持总能让热爱生活的人创造出属于自己的美好。"（文：王思祺　指导教师：尹琳岑）

采写手记

这次的采访中，我遇到了一个"棘手"的采访对象——陆蕾。

采访她的过程中我深刻体会到，采访不仅仅是提问和记录，更是一种心灵的触摸。前往烘焙店的路上，我查阅了陆蕾的从业经历以及获得的各大奖项，心中逐渐形成一套采访的框架，谁知这种思维模式竟让我陷入了困境。

正式开始对话，我像套公式一样问那些常用的老问题，但采访到一半，我才发现了不对劲。陆蕾最初是从事舞蹈工作的，后来因为生活的原因才开始接触烘焙。这种职业跨度之大让我措手不及。除了询问这两者的共同点，我似乎再也问不出更多内容。采访结束后，我开始整理材料，思考如何将陆蕾的舞蹈和烘焙经历结合起来。起初，我的思路陷入了死角，只关注这两个行业的共同点，除了描述陆蕾从舞蹈转行到烘焙的优势，我似乎再也想不出其他内容。

后来我想到，这是一篇人物稿件，重点是以人为主。陆蕾是一位热爱生活的女士。她的人生充满了探索和艺术。于是我想到从她的生活态度入手。她创作的一款国风蛋糕以经典舞剧《粉墨春秋》为蓝本，这个作品也是陆蕾对艺术追求的写照。

大半年后，我在朋友圈看到陆蕾考上了食品工程的研究生，原来她一直在为烘焙事业而努力，不断地学习和充电。我也被她这种积极的人生态度所感染。这一刻，我才深刻体会到采访不仅仅是记录一个人过去的事情，更重要的是走进他的内心，用心感受人物的独特魅力。（文：王思祺）

手机维修如何度过"行业寒冬"

导读 ▰▰▰▰

　　在产业链中，上游产业火爆往往带动下游产业，如同前些年的房地产市场。然而，这一定律却被手机行业打破，智能手机铺天盖地上市，曾一度带来手机维修生意火爆，但紧随而来的就是"行业寒冬"。究竟是什么原因导致了手机维修生意的一夕没落，商家又该如何求生？

晚一步错过"黄金期"

　　济南长清区玉符街东段有一家占地约 40 平方米的"易捷修手机服务中心"，老板叫曹相树，今年 28 岁，中等个头、身材魁梧。

　　谈起为什么做这一行，曹相树心里五味杂陈，坦言本来想靠这门手艺养家糊口，却因为不懂市场行情，在最不该的时间入了行。

　　曹相树口中的市场行情的确变化莫测。2007 年以前，手机功能仅限于通信，直到苹果公司推出第一款智能手机，迅速引爆全球热潮。2008 年，国内掀起了智能手机研发潮，国内各大品牌如华为、小米等也开始崭露头角。随着功能和性能不断提升，价格也较为亲民，智能手机市场规模从 2013 年开始走上快车道。

　　那时候，只有少量的大品牌手机才有官方售后服务，老百姓手机坏了只能找维修点，加上电池、屏幕、按键等容易损坏，造就了"修手机修到手抽筋"的盛况。

　　20 岁的曹相树看到了出路，跑到姐姐的手机店帮忙，跟店里的维修师傅学技术："修手机成本低、利润高，我满怀期待地学了 5 年技术。刚学那会儿，我对手机的内部结构、功能模块、维修工具都不熟悉，还好师傅会耐心讲解每一个部件的作用，演示每一个维修步骤。"

　　2019 年下半年，出师的曹相树决定单干，拿出所有积蓄开了这家店。

　　做学徒的那几年正是手机维修量大的时候，每一部手机都要耗费大量时间检测和维修，等几个小时是最常见的，有时候甚至是好几天，顾客担心影响日常生活和工作，情绪难免急躁。

细心的曹相树在和顾客接触的过程中，敏锐把握住了他们对时间的要求，开店选址时格外注重人流量和交通便利等因素，经过考察最终选择了玉符街，在这里开店，能减少顾客的出行成本，手机出问题了方便送修，也方便在店里等。

曹相树正在维修手机（徐睿超 摄）

为缩短顾客等待时间，曹相树关注手机行业最新发展，了解新技术、新机型的特点和性能，学习最新的手机硬件和软件知识，以快速准确地识别手机故障，采取相应的维修措施。正是因为速度快、技术好，开店几个月，曹相树的手机维修小店在当地受到了欢迎。

然而好景不长，随着2020年初疫情的暴发，曹相树的美好憧憬随之打破，断断续续的封控让小店入不敷出。"打那以后，修手机的生意就不行了，每月的收入还包不住房租。我运气真是不好，生意最好的时候在学技术，学好了技术却赶上了最差行情。"

换个赛道活下去

对于"行业寒冬"，曹相树有自己的解读："你想啊，国外品牌售后服务多好，你国内的手机不得学吗？二个来说，以前手机太贵舍不得换修修就能用，现在一部手机千儿八百的，修一下动不动就要几大百，该你换不换？第三个讲，人家官方售后有一年质保期，出问题免费修，质保期后修手机收的是同样的钱，大家明显更信任官方店嘛。"

对于面临的生意困境，曹相树也没闲着，整日里琢磨怎么才能扭亏为盈。功夫不负有心人，曹相树还真就想到了一个新出路——卖旧手机：既能发挥自己的维修技术，还能盘活新店。

曹相树说，三年疫情让人们意识到了现金流的重要性，消费开始回归理性，小店周边社区中老年人居多，他们更看重手机的实用性和价格，旧手机有市场。"和官方店比，我在旧手机维修这块有竞争优势，一来是人力成本为零，我不用养活修手机的师傅；二来我'管杀也管埋'。"

凡是在店里买旧手机的街坊邻居，曹相树承诺可以免费维修小问题，比如更换小零件、调试话筒听筒音量等。小店里经常来光顾的主要是老年人，曹相树每回都是热情接待："大爷大娘们搞不懂手机，有个啥的就来找我，咱也乐呵呵给人家解决。"

旧手机价格不贵，小问题还能免费维修，这就让曹相树的小店渐渐有了人气。

旧手机遇到大问题怎么办？对此，曹相树直击行业痛点，给出了解决之道——明码标价。

手机维修行业长期存在价格不透明的情况，曹相树认为细化每个维修项目，让顾客花钱花得安心很重要，修手机前会将具体的维修费用、更换零件的成本以及可能产生的额外费用都明确告知顾客。

"有些顾客觉得只是换个零件，没必要花费那么多。"曹相树会耐心地告知材料费用、工时费用，包括材料的品牌、型号以及维修项目的复杂程度等信息。

曹相树会与顾客进行充分沟通，确保顾客对维修费用有明确的认识。在维修过程中，如遇特殊情况需增加费用，他也会及时跟顾客沟通，征得顾客同意后再进行。

另外，曹相树还会根据顾客对手机系统、外观设计等需求，提供专业化的维修建议，帮助他们合理规划维修预算。

"只有真正了解顾客的需求，才能为他们提供更好的服务吧。"被问及有什么经验，曹相树不是把"顾客至上"当作一个口号，而是当作一种理念，甚至是一种态度。"如果手机维修小店能得到顾客的支持和信赖，那就不愁没生意了。"马玲娜看了一眼丈夫，憨笑着说道。

扩大经营辐射半径

生意有了起色，维修店每月也开始有了盈余，但曹相树却不满足于此，又将目光投向了大学生这一消费群体。对此，曹相树有清晰的思考：学生没有收入，光靠父母给的生活费支撑不起频繁换手机，坐一两站公交车来我这修手机挺方便。

做年轻人的生意就得掌握年轻人的心理。曹相树经常跑到大学城和学生聊天，发现大学生在修手机时有几个顾虑：一是面子问题，修手机在他们看来等同于说自己穷得买不起新手机，二是担心修的过程中丢失数据、设置重置。

曹相树认为得对症下药："很多年轻人修手机想保留个性化设置，比如特定的主题、应用程序布局等，需求就是商机！"

曹相树会对手机的应用程序进行个性化布局，让手机界面更加符合年轻人的审美和使用习惯；对手机系统进行定制化优化，提升手机系统的流畅性与稳定性。

考虑到大学生的消费需求，维修店还同时售卖新潮的数码产品，形成了"一拖二"的经营模式：手机维修是核心业务，带动周边社区的旧手机销售，面向年轻人开发数码产品销售。

定制化手机壳很受年轻人欢迎，在曹相树的努力下，一款款个性手机壳应运而生：顾客偏爱简约时尚，他便将线条处理得更加流畅，色彩选择更为低调，展现简约而不失格调的美感；顾客钟情科技风格，他便融入一些科技感元素，利用金属、陶瓷等材质，在手机背壳采用类似星空的设计，布满闪烁的星星和流动的银河，使手机仿佛穿越了时空，彰显出独特魅力。

采访的最后，曹相树给笔者作了盘算："我现在虽说挣不了大钱，但养家糊口没问题，除掉房租水电，数码配件能占收入的三成到四成。"（作者：马萌萌　徐睿超　指导教师：翟亮亮）

采写手记

学生与我沟通采访选题"手机维修店"。我提出一个问题：你们准备从什么角度着手采访？马萌萌觉得应该从店铺经营理念上进行采访，而徐睿超觉得应该从开店原因上着手。两名同学各抒己见，我便又提出一个问题：你们觉得手机维修店这个行业的生意好做吗？他们有些疑惑：采访一家店，需要去了解行业背景吗？我解释：如果我们不去了解这个行业的特点，不去把握这个行业的规律，如何采访出有价值的点呢？

在我的建议下，两名同学开始搜集相关材料，了解到手机维修店的市场行情的确变化莫测：智能手机市场规模从 2013 年开始走上快车道。那时，只有少量的大品牌手机才有官方售后服务，老百姓手机坏了只能找维修点修，加上电池、屏幕、按键等容易损坏，造就了"修手机修到手抽筋"的盛况。然而好景不长，随着 2020 年初疫情的暴发，断断续续的封控让一些手机维修店入不敷出。

　　面对困境，曹相树如何应对？我通过几个问题引导学生进行分析，小店的主要客户群体是谁？小店周边有无社区？社区里中老年人多吗？他们是否有维修手机的需求？除了手机维修，有无其他业务？通过讨论，学生们对整体采访思路有了清晰的认识。

　　通过采写实践，两名同学认识到：采访前，从问题角度去分析，往往能理清故事线，获得有用的采访素材。（文：翟亮亮）

单良杰：归零之后

导读 ⋮⋮⋮⋮

　　单良杰从16岁就承担起了养家糊口的重担，先是种地，后去摆摊，再做批发……然而，莫名其妙的一场大火，让他20年的奋斗一切归零。但，这并没有压垮单良杰，他明白，为了这个家庭，他必须挺过去。

旱死的西瓜

　　1992年初夏，单良杰站在家乡的田埂上，将刚割好的麦子整齐地捆好，搬到一旁的拖拉机上。

　　这一年，他16岁，弟弟妹妹还年幼，作为家里的长子，不得不因为家庭的重担而早早迈入农田。而接下来的七年里，每天，当大多数人还在温暖的被窝中做着甜美的梦时，单良杰已开始了新一天的劳作。他手持水壶和农具，跟着父母学习如何翻耕、播种、浇水、施肥，不知不觉间，他那双略显稚嫩的手已布满了老茧。

　　单良杰的想法是，只要紧跟农作物市场行情的脉搏，就一定能够通过辛勤的劳作，为家人创造更好的生活条件。

　　有一天，在村头老槐树下，单良杰听到几位老汉在聊村东头老李家的变化——老李前两年尝试种了几亩西瓜，没想到收成不错，不仅自家吃上了甜滋滋的西瓜，还赚了不少钱。这激发了单良杰的兴趣，他开始四处奔走，学习种植西瓜的技术，从选种到施肥，从灌溉到防虫，每一个环节都力求做到最好。

　　然而，天有不测风云。那一年，一场大旱悄然降临。连续两个多月没有下雨，每天都是烈日如火，看见西瓜苗逐渐枯萎，单良杰的心情沉重到了极点。他能做的，只能是从日渐干枯的河流中抽水灌溉，并用稻草和遮阳网为西瓜苗搭建简易的遮阳棚。

　　尽管付出了巨大的努力，但效果却不明显。这一季，单良杰的西瓜产量极低，远远低于单良杰的预期。站在瓜田边，他望着这些外皮皱缩的西瓜，心里很难过。他知道，这一季的辛苦付出，不仅没有带来应有的回报，去掉化肥、灌溉、运输以及人力成本等各项开支后，反而让自己亏了很多。

看着单良杰坐在门槛上长吁短叹，眼神中满是疲惫与失落，妻子安慰说，这次西瓜买卖虽然失败了，但可以换个方向，寻找新的机会。"不如，我们摆个地摊吧"，妻子提议，"卖些衣服鞋子，都是日常所需，收入应该相对稳定些。"单良杰看了看温柔的妻子，心中充满了愧疚与自责。"是啊，日子再困难，也得挺过去。"他喃喃自语，站起身，拍了拍身上的尘土，仿佛要与过去的失败告别，迎接新的生活。

难卖的巧克力

在土地上摸爬滚打了 8 年后，怀着深深的失望，单良杰开始转向了自己的从商生涯。

经过了一番准备，2000 年 6 月，单良杰开始了自己的摆摊生活。每天下午，他和妻子推着装满衣物和鞋子的手推车，穿过泗水县老街熙熙攘攘的人群，来到市场的一角，支下他们的摊子。

对于单良杰来说，摆摊的最大问题是选址。前几次，没有经验的单良杰选的地点都很偏僻，以至于很少有顾客来。后来，他开始向热闹处迁移，又不得不面临城管的来查——经常地，当他们的生意渐入佳境时，就能听到城管车辆的警笛声，两人不得不迅速收拾货物，以最快的速度撤离。

那段摆摊的日子，让单良杰感觉很狼狈。每天为了拿到抢手货，要早早起床，赶往批发市场，穿梭在人群中，与批发商讨价还价，然后就是提心吊胆地推销，一边想尽办法激发顾客购买欲，一边要瞪大眼睛竖起耳朵来防备城管的到来。

终于，单良杰下定了决心。他和妻子商量：或许，我们可以考虑租个店面，虽然难，但总比这样提心吊胆的好！

经过一段日子的考察，在表哥的帮助下，他们选中了美食城一处租金适中、位置优越的店面。

2003 年，单良杰将这个并不算大的店铺简单装修了下，便跟着表哥学做批发生意。

"进货要讲究'眼观六路，耳听八方'，了解市场行情，选择性价比高的商品。销售更复杂，得学会察言观色，了解顾客需求，还要懂得谈判技巧。"表哥耐心地给单良杰夫妇讲解各种商品的特性、进货渠道、销售策略。

经过几天的学习，单良杰夫妇决定亲自去进货。那天早上，单良杰对着镜子整理领带，显得有些紧张："我这样行吗？会不会显得太正式了？""放心吧，重要的是咱们要有信心。"妻子一边帮他整理衣领，一边给他打气。

在批发市场，两人面对琳琅满目的商品，既兴奋又迷茫："这个商品怎么样？会受欢迎吗？"两人一项项地列好商品清单，又一遍遍地小声商量。

对于初入行者，即使再谨慎，依然免不了踩"坑"。在他们进的第一批货中，包括了一些来自异国他乡的独特口味巧克力、包装精美的手工糖果，以及小众品牌的茶叶礼盒。之所以想进这些东西，他们一开始的想法是，市场应该是多元化与个性化需求的结合，随着消费者生活水平的提升与审美观念的变化，这些独特口味的商品应该能占一席之地。

良杰食品零食批发门店（徐睿超 摄）

但现实无情给了他们一个否定的答案。这批货，几乎没有人问津，成了积压品。

连续几天，在夜深人静盘点时，两人不得不承认，进货草率了。怎么把积压的货卖出去呢？两人很伤脑筋。

"要不，我们试试降价促销？"单良杰提出了第一个想法。

"可那样利润就太低了，而且万一还是卖不动怎么办？"妻子还是有些担忧。

单良杰想想也对。

绞尽脑汁了好几天，单良杰突然想到，很多时候，消费者对于新产品的接受度受限于信息不对称——他们会因为不了解或未亲身体验而错过一些有特色的商品。他兴奋地对妻子说："要不，咱们举办一场小型品鉴会？"为了说服妻子，他进一步解释道："咱们可以选个周末的时间，将这些市场反应冷淡的商品摆放在店门口，邀请一些对新鲜事物感兴趣的顾客，特别是那些喜欢尝试不同口味和体验的消费者。让顾客们亲自品尝，从视觉、嗅觉到味觉全方位感受它们的独特之处。"

"好主意！"妻子的眼睛亮了起来，"我们还可以准备一些优惠券和赠品，吸引他们下次再来购买。"

于是，他们重新布置了小店，将那些原本不起眼的商品摆放得既美观又引人注目，还准备了一些精美的茶点作为搭配。活动当天，小店外热闹非凡。顾客们围坐一起，喝着茶，品尝着包装精美的零食，交流着各自的感受。单良杰夫妇则在一旁热情介绍，耐心解答每一个问题。"这些巧克力真的很特别，我之前都没吃过。"一位年轻的女士兴奋地说。"这些茶叶礼盒很适合送礼，包装精美，味道也不错。"另一位中年男士点头赞同。

看到顾客们纷纷选购货物，单良杰这才长舒了口气——终于成功地将库存积压的危机化解了。

这次经历，对夫妻俩而言，无疑是一次刻骨铭心的教训，也是一次宝贵的成长契机。在理解了市场调研和消费者分析重要性的同时，他们也对营销有了更加深刻的认识。

归零的大火

就这样，在以后的几年中，单良杰夫妇两人一路跌跌撞撞，在起早贪黑中，不断总结经验教训，赢得了众多客户的信赖与好评，百货批发生意渐渐步入正轨。

然而，命运似乎总是喜欢与人开玩笑。就在单良杰以为一切都将顺风顺水之时，2022 年 3 月，一场突如其来的灾难打破了这份宁静。

那一天，店铺内的配电箱不明原因地着了火。火势迅速蔓延，将整个小店吞噬在熊熊烈火之中。火灾发生时，他们两人恰巧都没在屋内，当发现店内冒出滚滚浓烟时，为时已晚。他们试图用灭火器、泼水，甚至沙子来灭火，但无力回天。后来，虽然消防人员及时赶到并扑灭了火源，但小店内部已是一片狼藉，商品化为焦炭，设备成为废铁。更为严重的是，由于火势过猛，加上店铺之间是由紧密的木板相连，大火最终还连累了周围的一排门店。

火势扑灭后，单良杰懵懵地站在被火焰吞噬的小店前，脑子似乎停止了转动。好半天，妻子的哭声才唤醒了他。他这才意识到，这场火灾的后果远不止于眼前这片废墟，他还要面对受损商铺的赔偿问题——这场大火，将把他们近 20 年省吃俭用、一点一滴积累下来的财富，一夜归零！

"良杰，我们该怎么办？"妻子的声音里带着哭腔，她紧紧抓着单良杰的手，仿佛那是她唯一的依靠。"我们怎么会这么疏忽？"单良杰紧握着拳头，声音低沉而沙哑。那一刻，他们深刻体会到了人生的无常与脆弱。

难过归难过，该要面对的，还要面对。单良杰意识到，自己必须挺起身来，承担这个家庭的重担。夜深人静时，面对妻子的无助，他努力用充满信心的语气，既安慰妻子，也鼓励自己："我们……还能从头再来！"

第二天，单良杰就开始了火灾善后。他先是到了保险公司咨询，了解清楚可能的赔偿，然后又一家家地去向邻居们说明情况，诚恳地表达歉意并协商赔偿方案，寻求他们的理解。同时，在亲朋好友的鼎力相助下，他们还要重新选址、装修店面、采购商品……

就这样，经过了数月的努力与筹备，小店重新开张了。

尽管是二次开张，但单良杰感觉这次比第一次压力还要大。毕竟，时代变了，消费趋势已经与当初有了明显的不同。比如说，疫情之后，随着经济形势不景气，消费降级趋势日益明显，这让小店生意比以往更加艰难——典型的现象就是客流量明显减少，曾经熙熙攘攘的店铺如今显得有些冷清。由之，销售额也持续下滑。与前期损失的财富相比，这更像一块巨石压在他们心头。

夫妇俩意识到，现在的顾客来购物时更加理性，更加注重性价比与实用性。这逼得他们不得不重新思考经营模式。一番思索之后，他们决定从商品结构、服务质量以及营销策略等方面入手，进行调整与优化。在商品方面，他们精选了更多符合市场需求、性价比高的商品，同时减少了部分高价、低销量的商品，以更好地满足顾客的实际需求。在服务质量上，他们努力营造温馨、舒适的购物环境。此外，他们还看到了电商趋势，计划加大在社交媒体、电商平台等方面的投入力度，利用互联网的力量拓宽销售渠道，吸引更多年轻消费者的关注。

未来会怎么样？单良杰不知道，但他明白，不管遇到什么挫折与失败，他都必须挺过去，因为，他是这个家的顶梁柱。（文：徐睿超　指导教师：翟亮亮）

采写手记

徐睿超回老家济宁，采访了当地一家百货店老板，然后线上跟我讨论：如何更好地去挖掘故事？我跟他强调了两点注意事项：一要注意采访细节。在开店过程中，单良杰有没有遇到什么困难？比如他是怎么进货的？进了什么货？为什么选择这些货？这批货的销售怎样？如果销售得不好，有没有分析原因？有没有好的解决办法？二要学着梳理一下叙事逻辑。叙述一件事时，我们应该想：

是不是得有一个铺垫？不能突兀地把一个片段摆出来，那样会显得没头没尾的。哪怕是简要的叙述，也要让读者明白前因后果。

徐睿超整理好初稿发给我，文章中有很多细节，比如单良杰夫妇摆摊的具体经过以及遇到的困难，都描写得很详细，但有一个突出的问题，就是为细节而细节，因为细节与主题关系不密切，反而影响了叙事。

比如，单良杰夫妇到市场摆摊这部分细节，与文章的整体叙事关联性并不大。文章的重点应放在单良杰的经营之道上，比如他在经营店铺过程中，是如何维系住顾客的？前来购物的消费者有着怎样的特点？他在进货、服务、营销策略等方面，是如何进行调整和优化的？这些细节跟文章的主线关联度更高。

通过讨论，学生明白了并不是所有的细节都是服务于文章的，如果细节处理不当，反而会影响到整篇文章的叙事。（文：翟亮亮）

从一厘钱开始赚起

导读 ●●●●●

　　打印店赚钱吗？刘晓亮算了一笔账：1张纸赚1厘钱，10张纸赚1分钱，100张纸赚1毛钱。开一家店，算两台打印机，再加房租、水电、人力等成本，共要30多万——要想回本，起码得3000万单生意。对这个数字难题，刘晓亮应该如何破局？

　　优印图文，是一家开在泰山科技学院里的打印店，占地约70平方米，老板叫刘晓亮，才28岁。5年前，刘晓亮从晋中学院毕业，凭借着学校打印店的工作经历和热情，开了这家小店。

来自外卖的灵感

　　说到要开打印店的想法，当时家人朋友，都不太看好刘晓亮，大家都觉得这个市场已经饱和了。也难怪，现在学校附近，打印店比比皆是，再加上开店的成本并不低，光置办打印设备就花了10多万元，加上房租、水电、人力等成本，加起来得有30多万元。但，黑白打印的利润都是按厘算的，1张纸赚1厘钱，100张纸才赚1毛钱，要回本起码得有3000万单生意！

　　但对打印行业有所了解的刘晓亮还是想试试。然而，店开起来后，他才发现，事情远不像他想的那么简单，前来光顾的顾客寥寥无几，大部分时间里，他都只能尴尬地坐在电脑前，眼睛时不时地瞥向门外，盼着过往的学生能走进来。那段时间，他的心中充满了无奈与焦虑，着急得不行，也总会不停地问自己：是不是自己的选择和决策是错的？如果听朋友的建议毕业后去考个编是不是更好？晚上回家，他躺在床上也会想：难道这个市场真的已经饱和了吗？这样下去，甭说赚钱了，干不下去是迟早的事！

　　运行了一段日子，刘晓亮发现，打印店平时是冷冷清清的，只是在中午和晚上学生下课后能迎来短暂的热闹。伴随着一群群学生涌出教室，三三两两地，会有人或拿着厚厚的资料，或拿着U盘，陆续走进店里，询问价格，挑选纸张，焦急地等待着自己的文件打印完成。他还注意到，不少学生在等待打印的过程中眉头紧锁，显得很不耐烦。甚至由于打印时间太长，大家忍不住吐槽，还有人不耐烦直接离开。

刘晓亮很是心急。他知道，顾客的体验感差了，不仅意味着收入的减少，更可能影响到店铺的口碑和长远发展。但他一时间想不出好的办法，再购置一台打印机也不现实。

有一天，刘晓亮像往常一样，无精打采地回家。街道边，摊主们热情洋溢地招揽着顾客，吆喝声此起彼伏，但他的心中只有疲惫和无奈。突然，"叮叮叮"，一阵熟悉的铃声在耳边响起，他看到一个外卖小哥正骑着电动车，穿梭在人群中，忙碌地去送外卖。看着外卖车渐行渐远，他不由自主地想："现在的餐饮服务真是方便，手机一点，饭就送到了。"想到这里，他灵光一闪：要是打印能这么方便就好了！对了，前几天朋友聊的"云打印技术"，不就能实现这个目标吗？这种刚兴起不久的新技术，不正能把打印服务做得像外卖一样吗？他立刻开始想象这样一个场景：顾客在电脑或手机上轻轻一点，选择所需的打印内容、格式、纸张类型等参数，然后就像点外卖一样提交订单，自己并不需要到打印店去排队等候，一定会大受欢迎！

想到这里，刘晓亮顿时如醍醐灌顶，立即兴奋地跑起来。回到家，他立即从电脑上搜集"云打印技术"的资料，详细去了解能实现这种技术的软件。比较之后，他选定了"萌蚤云印"这个小程序——它操作流程十分直观，能够打破传统打印方式的地域和时间限制，实现线上打印的功能。用户可以根据自己的需求，自定义打印内容、格式和纸张等参数。

很快，在购买了"萌蚤云印"小程序的使用权后，刘晓亮推出了"外卖打印"业务。他将小程序二维码打印出来，粘贴在店铺的显眼位置，如门口、收银台、打印机旁等，以便学生们能够一眼看到。每当学生来到店里打印资料，刘晓亮都会主动向他们介绍线上打印的优势，鼓励大家将二维码分享给身边的同学和朋友。

果然，这种个性化服务受到了大家的欢迎，订单明显多了起来——刚开始每天大概能有30单。这让之前一直坐等客来的刘晓亮一下子看到了希望。

帮学生去报名

每天30单，每月900单，再加上门店现场业务，这距3000万单的目标，依然遥不可及。刘晓亮明白，如果单纯依靠这些散客户，想要回本，不知猴年马月了。

有一天，刘晓亮看到一名学生抱着厚厚的初级会计复习资料，踏进了打印店。他说明来意，就坐到电脑前，填写初级会计考试报名资料。填着填

刘晓亮（左）和采访学生合影（张译文 摄）

着，问题一个个冒出来。首先是照片背景的处理，他似乎不太熟悉图像编辑软件，摆弄了好一阵子也没能达到要求。他时而皱眉，时而挠头，显得有些焦急。刘晓亮注意到了这名学生的困境，就走过去耐心地指导他。解决了照片问题，这名学生又遇到了其他一堆问题：填写信息时格式错误，选择考点时又纠结不已……就这样一直折腾了半个多小时，在反复尝试、修改、再尝试、再修改后，这名学生才成功地填写完了报名资料。

看着学生急得直跺脚，不停地叹气，刘晓亮不禁想起了自己当年为了考试而奔波的日子。那时，他也常常需要打印大量的学习资料和模拟试卷。由此，刘晓亮想到，每逢考试季，会有大批学生涌入打印店打印复习资料，他们除了需要投入大量的时间和精力进行复习外，还需要花费不少心思去处理一些琐碎的事务，比如打印准考证、报名参加考试等。这些看似简单的事务，却往往让学生们感到头疼和不便。如果能帮学生解决这个困难，那么，业务不就又拓展了吗？

说干就干，刘晓亮决定推出一项全新的业务：一站式打印与报名服务。学生们只需要将所需材料交给他，他就会根据最新的考试信息和政策，为学生们完成报名信息的填写、上传照片、缴纳费用等所有流程。报名完成后，他会及时通知学生，关注学生们的需求和反馈，提供后续的跟进服务。

这项业务一推出，就大受欢迎，越来越多的学生选择来他的店里打印报名材料，享受便捷、专业的服务，大家还纷纷推荐自己的同学、朋友来光顾。

经过统计，刘晓亮发现，这项业务为打印店带来了约5%的利润增长。

加盟文具店

云打印和报名服务，带来的不只是收入，更是一个方向，一个让刘晓亮看到希望的方向：多元化服务！沿着这个思路去思考，刘晓亮逐渐发现，顾客的需求远不止于此，比如说有的顾客在打印文件的同时，会咨询是否有文具用品——这就是商机啊！

一个午后，刘晓亮与朋友们聚在一起，向朋友们分享了自己关于多元化经营新模式的想法，希望得到大家的支持和建议。热烈讨论后，大家都觉得加盟文具店是一个不错的想法。文具店作为日常生活中的必需品，拥有稳定的消费群体，尤其是在学校，学生们对文具的需求量相对稳定。如果能加盟知名文具品牌，不仅能满足顾客购买文具用品的需求，还能借助品牌效应，迅速提升小店的知名度。

经反复考察，最终刘晓亮锁定了晨光文具这个品牌。为稳妥之见，他详细了解了晨光文具的品牌历史、产品系列、加盟政策等方面的信息，并通过电话和微信等多种方式与经销商进行了沟通，详细了解了加盟的具体流程、条件以及政策支持等方面的信息。

加盟晨光文具后，刘晓亮的打印店焕然一新。文具柜上陈列着琳琅满目的商品，文件夹、笔、信纸等各类文具一应俱全。学生们纷纷表示，来刘晓亮的打印店不仅能打印材料，还能在这里购买到想要的文具用品，节省了不少时间和精力。

而刘晓亮也获得了相当的收益——通过文具销售获得的收益大概占到了总收益的两成！这让刘晓亮信心大增，眼见经过近五年的辛勤耕耘，不仅投资回本在望，打印店行将步入收益阶段，更重要的是，他探索出了打印店的经营之路。谈及未来的发展规划，刘晓亮满怀信心："低门槛的服务行业，必须走多元化和个性化的服务之路。随着消费者对打印服务需求的不断变化和提升，个性化服务将成为我下一步发展的重点。我将不断创新服务内容和形式，提升服务质量，以满足顾客的多样化需求，赢得更多的市场份额。"（文：丛佳男 指导教师：翟亮亮）

采写手记

丛佳男想采访学校的打印店，我觉得这个选题很不错，于我而言，我对这个行业也很好奇：打印店到底是如何赚钱盈利的？我建议他从网上搜集下材料，先去了解这个行业，再去进行采访。

学生拟定了采访大纲，围绕"刘晓亮开店原因——开店过程中遇到的困难——解决办法"进行问题设计。看后，我提出一个问题："你好不好奇打印店是如何赚钱的？"他表示好奇。我随即问："既然我们对打印店是如何赚钱的很感兴趣，那为什么不围绕成本去设计采访问题呢？"

我建议他算一笔经济账：1张纸赚多少钱？10张纸赚多少钱？100张纸赚多少钱？开一家打印店，需要几台打印机？成本是多少？房租、水电、人力等成本又是多少呢？总计多少呢？打印店想要回本，需要多少单生意？刘晓亮又是如何进行经营的呢？

弄清楚这些成本问题，也就能找到经营之道了。在我的建议下，丛佳男重新调整了采访大纲，围绕成本问题去展开采访。通过采访，丛佳男了解到三个有价值的点：一是刘晓亮推出了"云打印"业务，这是一种个性化服务；二是刘晓亮推出一站式打印与报名服务，这项业务让学生感受到便捷和专业；三是刘晓亮选择加盟晨光文具，拓展业务以增加店铺收入。而这三点，不正是刘晓亮的经营之道吗？（文：翟亮亮）

货车司机"捧红"的快餐店

导读 ......

　　在繁忙的 G327 国道旁，有一间不起眼的小饭店。这间饭店虽然不大，但却以高效的服务和其地道的家常菜吸引着南来北往的旅客。许多货车司机师傅们都是这里的常客和忠实拥趸……

　　正午时分，阳光很暖，G327 国道上的车辆依旧川流不息。"司机快餐"小店前的空地上，几辆货车排列得井井有条，车身的油漆在阳光下闪着各式各样的色彩，记录着旅途的艰辛与风尘。车内的货物琳琅满目，新鲜的水果、建筑用的钢材、崭新的电动车……共同见证着这条国道的繁忙与活力。

精准的市场定位

　　"昨天实在是太忙了，没顾得上跟你聊，实在抱歉。"刘玉玲挪了挪载着广告牌的三轮车，抬头看了眼略微褪色的店牌，憨笑地推开门招呼笔者进店。五十来岁的刘玉玲戴着一副银丝眼镜，身穿一件红色围裙，两只眼睛深邃明亮，炯炯有神。她把椅子放在笔者旁边，便大步去厨房取热水。

　　店内空间不算太大，几张被擦得锃亮的方桌显得格外显眼。"刘姐，昨个中午店门前停了不少货车，司机师傅们都是来用餐的吧，生意不错嘛。"

　　刘玉玲一边冲洗着水杯，一边开玩笑："赶巧了不是，你一来，他们就凑着热闹来了。"

　　"为了开这家小店，当初真是没少跑。"开店前，刘玉玲没有盲目跟风，而是深入市场，亲自走访了附近多家饭店，细心观察，对他们的经营特点进行了详细记录：有的以传统地方菜为招牌吸引食客；有的注重食材营养搭配，为追求生活品质的消费者提供了不错的选择；还有的饭店在环境和服务上下功夫，为顾客创造舒适的用餐体验……这些不同的经营策略，使得每一家饭店都在市场中占有一席之地。

仔细对比后，刘玉玲发现，国道旁的小餐馆，虽然规模不大，但紧邻国道，交通便利，有着无可比拟的地缘优势。无论是过往的货车司机还是旅行者，都能轻易地发现它们。只要找准自己的优势，不愁没有客源。

她还发现，国道边常常停着南来北往的大货车，而货车司机与一般食客在选择餐馆时，考量的侧重点不同：

刘玉玲正在为顾客备菜（徐睿超 摄）

对于一般食客而言，价格和口感往往是他们选择食物时最重要的考量因素。食客们往往愿意在有限的预算内寻找最美味的食物，以满足味蕾的享受和身体的需要。在餐厅选择中，他们可能会比较不同菜品的性价比，寻找最符合自己口味和预算的餐点。

货车司机更看重效率和价格。效率对于货车司机来说至关重要，因为这意味着他们能在有限的时间内完成更多的运输任务，从而获得更高的收入。因此，他们更倾向于选择那些能够提供快餐的餐馆。

基于这一特点，刘玉玲心想，为什么不考虑经营一家以货车司机为目标顾客群的快餐店呢？这样的快餐店不仅可以为货车司机提供便捷、营养的用餐服务，还能在激烈的餐饮市场竞争中脱颖而出，发展出小店独特的优势。

2021 年 7 月，刘玉玲的"司机快餐"店正式营业。通过精准化市场定位，刘玉玲的快餐小店成功吸引了大量货车司机光顾，成为他们用餐的首选之地。

提供针对化服务

"既然选择了做司机快餐，那就得提供针对化的服务。"刘玉玲坦言道，要特别注重提高服务效率，确保顾客在最短的时间内享受到美味的餐点。

为缩短菜品制作时间，刘玉玲对菜品进行了精心设计，力求在保证菜品口感和品质的同时，简化制作流程，并选择高效、节能的厨具。她还加强库存管理，确保食材的供应及时、充足，避免因食材短缺而导致制作延误。

优化点餐和支付流程，刘玉玲引入智能化点餐应用小程序，司机师傅可以在等待时提前完成点餐，避免传统点餐方式中可能出现的沟通误解和时间浪费。

在支付环节，她鼓励采用多种支付方式，包括现金、银行卡、电子支付等，以满足不同师傅的支付习惯。

"这里不仅是餐厅，也是我的高档休息室，在这里就餐舒适得很。"经常来这里用餐的张师傅幽默地说。刘玉玲观察到，许多司机在长时间驾驶后，往往感到疲惫不堪，很多司机师傅把车停在路边，便睡在车里，缺乏一个舒适的休息环境。于是，她优化餐厅的布局和装修风格，力求每个角落都温暖和舒适：宽敞明亮的用餐区、柔软舒适的座椅、热水和毛巾、自取的小菜、快捷的无线网络……

许多司机师傅由于工作性质，需要提前出发，以应对城市交通的高峰期。这些司机往往面临着时间紧迫、就餐不便的问题。为了满足这些司机的需求，刘玉玲提供高效的打包服务，确保他们在忙碌的行程中也能享受到美味可口的餐点。

小店针对化的服务，让前来就餐的司机师傅越来越多。他们不仅自己常来光顾，还带朋友一起来品尝。他们在品尝美味的同时，对小店高效优质的服务以及温馨环境赞不绝口。随着口碑的传播，司机快餐的知名度和美誉度不断提升，吸引了更多新顾客的光临。

积极应变不断创新

"司机师傅们虽然工作繁忙，但他们对食物的要求并不低。他们需要的不仅仅是一份简单的快餐，更是一份能够满足他们口感需求的美食。"刘玉玲并不满足于仅仅提供高效的服务，她深知口感需求同样重要。

为挑选出合适的食材，刘玉玲经常穿梭于农贸市场，与商贩们交流，了解各种食材的新鲜程度与口感特点。她还亲自品尝各种食材，以确保它们符合师傅们的口味。在她的精心挑选下，一份份新鲜的食材被带回了厨房。

刘玉玲注重食材的原汁原味，尽量保持其营养和口感，根据不同的食材，不断调整烹饪方法和调料搭配，巧妙搭配出各种美味的菜肴。"在这里吃饭不仅高效，味道也很棒。"经常来这里用餐的李师傅说。

但随着时间的流逝，刘玉玲逐渐察觉到了餐馆中的微妙变化：原本熙熙攘攘的饭馆，如今却显得有些冷清。那些经常出现在餐馆的老顾客们，也不再频繁地出现。

她开始反思：是什么原因导致了这样的变化，是出餐时间不能让顾客满意了，还是菜品的质量下降了,还是别的什么问题?她检查菜单,重新审视每一道菜品,确认了食材的新鲜度和口味的稳定性。同时,她也向顾客们询问出餐时间是否令他们满意,确认了出餐时间也没什么问题。

刘玉玲意识到,问题似乎并没有那么简单。她决定重新审视自己的快餐店,找出问题所在。为此,她在餐馆显眼的位置设立一个顾客意见反馈本,鼓励顾客留下他们的意见和建议,并定期查看和整理顾客的反馈信息,分析其反映的问题,如菜品质量、服务态度、环境卫生等。另外,她主动与顾客交流,了解他们的需求和期望。通过对话,获取顾客对餐馆的直接评价,从而发现潜在问题。

通过整理顾客的意见,刘玉玲发现:餐馆菜单的种类过于繁多,导致每道菜品的味道都不够突出。顾客在品尝之后,难以留下深刻的印象,自然也就不愿经常光顾。

于是,刘玉玲决定针对一些消费者关注的热门菜系进行改良和升级。她亲自走访当地特色菜馆,收集特色菜品的制作方法、口感和风味,不断尝试与创新,融入自己的菜品中。研发过程中,她注重食材的新鲜和品质,将传统的烹饪技巧与现代的烹饪技术相结合,注重菜品的营养搭配和口感层次。经过一段时间的努力,刘玉玲成功地研发出了一系列特色菜品,如炒腊肉、熏豆腐、招牌蛋炒饭……这些菜品口感独特、风味浓郁。

"刘姐,还是老规矩,来盘熏豆腐,炒盘土豆丝,再来五盘蛋炒饭。"离正午尚早,只见三五个体形健壮,头戴毡帽,搓着手的汉子接二连三地推门进来,他们点了餐,并熟练地将自己的外套放在门后的衣架上。原来空旷的路边,也停满了一辆辆大货车。

谈及愿景,刘玉玲希望自己的快餐店不仅是司机师傅们的口碑食堂,更是他们心灵的驿站。在这里,师傅们可以品尝到美味佳肴,感受到家的温暖,更能在忙碌的工作中找到一丝慰藉和动力。

刘玉玲坚信,每一位踏入餐厅的顾客,无论他们的职业、年龄、喜好如何,都应给予他们尊重与关怀,用她的话说,用心服务,也是一种对生活的热爱。(文:徐睿超　指导教师:翟亮亮)

采写手记

　　徐睿超采访了老家附近的一家"司机快餐"店，并很快将初稿发给了我。初稿的大致内容是刘玉玲为了经营好这家店，对菜品进行了精心设计，力求在保证菜品口感和品质的同时，简化制作流程，并选择高效、节能的厨具……

　　看完后，我跟他讨论：如果把这篇文章的主人公换作其他人，是不是大致上也是这个样？那这篇文章的特色又在哪里？

　　我试着通过两个问题引导他：第一个问题是"大货车司机跟其他司机相比，在选择餐馆时，有什么不同点？"第二个问题是"货车司机和一般食客相比，他们考量的侧重点有何不同？"而这些不同点，如果店铺老板能察觉到，并有针对性地制定对策，是不是就容易挖掘出有价值的故事点？

　　在我的建议下，徐睿超重新设计采访问题，通过采访发现：对于一般食客而言，价格和口感往往是他们选择食物时最重要的考量因素。食客们往往愿意在有限的预算内寻找最美味的食物。货车司机更看重效率和价格。效率对于货车司机来说至关重要，因为这意味着他们能在有限的时间内完成更多的运输任务，从而获得更高的收入。因此，他们更倾向于选择那些能提供快餐的餐馆。

　　通过这次采访，学生明白了一件事：在采访前，要试着进行对比，通过横向对比与纵向对比，更容易采访到有价值的素材。（文：翟亮亮）

"堵"出来的商机

导读 ●●●●

　　15岁辍学跟着父亲宰杀牛羊，20岁走出山村，从建筑工地打工到成立建筑队，再转开火锅店……弇速速的人生之路，一波三折。就在这种波折中，他养成了的随机应变的能力。面对堵路的危机，他却看到了商机，以妙招破困局。

　　2023年，山口镇老百姓口中最高频的词汇有两个：修路、堵。

　　因为修路，中心大街主干道的入口处建起了铁皮围墙，本就逼仄的两侧小道也只能容纳电动车和摩托车，要是有一辆汽车加了塞，没有半小时根本出不去。要是遇到学生放学，场面很是壮观，用他们的话说山口不再是一个镇，而是一座"国际大堵市"。

走出农村

　　山口的"堵"害苦了中心大街上的一众商户们——不光堵住了汽车，也堵住了商户们的客源，原本有了起色的各色生意也因此门庭冷落。

　　可有一家店的生意非但没受影响，反倒比之前更红火了。

　　这家店叫"常来顺涮羊肉火锅店"，位于山口镇中心大街与环山东路交叉路口东南角，店外空地上挂着一条红色横幅：常来顺免费停车点。每到饭点，铁皮围栏前侧空地上就停满了车，多到骑电动车都能往外绕一圈才能骑进小道。

　　看到火锅店的红火，很多人感叹："这老板走了狗屎运，靠着这么个地段！"

　　确实，这个地段，如果是正常的话，是一个非常糟糕的地方，位于镇子的最北端，不符合把店开在热闹处的理念。

　　但事实上，即使大街通车后，小店的生意依然非常红火，而有些怪罪修路的店，通路后依然门可罗雀。

　　为探究背后的真实原因，笔者走访了小店的店主弇速速。

弭速速三十来岁，体形健壮，操着一口地道的方言，浓眉之下眼睛透着明亮。

谈及做生意的秘诀，弭速速坦言，做生意就和下棋一样，棋手要灵活变通，知道在危机之下如何破局。

2023 年 8 月，火锅小店开张。第一个走进店里的是同村的好友，惊诧地问："兄弟，你这转行幅度也太大了吧，能适应得了吗？"

弭速速打小在山口镇大梭庄村长大，15 岁辍学后就跟着父亲做起了屠牛宰羊的生意。从那一天起，弭速速就被困在这个小村庄里，每天重复着单调乏味的生活，一眼就能看清一辈子。

弭速速是个闲不住的人，不甘心于一辈子窝在村里，渴望到外面的世界闯一闯。

后来，叔叔带他去了城里的工地。第一次走向外部世界，庞大的机器和忙碌的工人，让弭速速感到非常震撼。直到今天，当他再次回顾那段经历时，工地上每一个场景的回忆依然历历在目，眼睛似乎仍能看见那无尽的钢筋混凝土，手里的锤子在有节奏地挥舞着，仿佛听到了工地上那响亮的劳动号子，看到了工友们那坚毅的眼神。

弭速速正在后厨备菜（赵枫 摄）

工地觅商机

当天晚上，他血液沸腾，彻夜难眠，隔天一大早，弭速速便跑到父母跟前，倔强地对他们说："我要上工地干活，我想走出去！"

父母知道儿子长大了，该有自己的想法和决定，于是替他收拾好行囊，看着他背起自己的梦想，走出了小村庄。

就这样，弭速速怀揣着对未来的渴望，跟着亲戚一块当起了建筑工人。

建筑工人的日子很辛苦，工地的强度高，压力大，有时候为了赶工期，常常需要加班加点。即使这样，每天早出晚归做活的间隙，弭速速依然跟在师傅屁股后面，看他们怎么做，听他们怎么说。一天学习一点，弭速速逐渐掌握了测量尺寸、安装电线、疏通淤泥等技能。

打了几年工，挣到钱的弭速速结婚成了家，从此是工地家里两头跑，常常是天没亮就走，深更半夜才能回来。工地上干了一天的重活，弭速速基本上回到家倒头就睡，为此没少落下埋怨，夫妻俩还因此拌过嘴。

妻子问起工地上的生活，弭速速只是憨直地挠着头："老爷们搁外头挣钱嘛，只要能让家人生活得好点，这点辛苦算得了啥？"

话虽如此，弭速速心里也知道，靠出卖体力是很难扛起一个家的，但他又苦于没有文化技术找不到好工作。有时候心里烦闷了，他会叫上几个朋友喝酒消愁，有一次喝酒聊天，朋友的一句玩笑话点醒了他："你也干了不少年头了，学了些本事，关键是对工地那些套路门清，为什么不单干，包工程多挣钱！"

弭速速如梦方醒，兴冲冲地回到家，把想法告诉了妻子。

妻子心里有顾虑，担心丈夫没文化会吃亏，但他也明白，丈夫身上有股子不服输的韧劲，一旦认准的事，八头牛也拉不回来。

"单干也好，起码不用掏空身体，我也就放心些了。"妻子的回答，坚定了弭速速的决心。

建筑队改火锅店

有了妻子的支持，弭速速心里甭提有多开心了，不亚于当年走出那个小村子。他和妻子商量后，拿出了家里积攒的所有积蓄，在山口镇中心街买下一家店面。为了节省资金，店面并没有进行过多的装修，节省下来的资金就用来购买原材料和设备。

2016 年，弭速速的建筑队正式成立。为确保项目顺利进行和质量达标，弭速速与多家供应商、分包商和业主进行协调，并从项目规划、设计、施工到验收等各个环节严格把控。

建筑队里的人心很齐，因为弭速速待大家心诚。有时怕工期延误，弭速速也会冲工人发脾气，但事后总会笑呵呵地拉上工人一块喝酒："我这人对事不对人，跟我一起干的都是我的兄弟，我不会亏待自家兄弟。"确实，即便遇到工程项目尾款迟迟被压，弭速速借钱也从不拖欠工人工资，他解释说："我也是摸着石头过河，大家一条心太重要了，都是农村出来的，亏了谁也不能亏了工人兄弟。"

这样一干就是六年。头三年里，因为弭速速做人厚道，工程质量也好，挣了不少钱。可到了 2019 年，形势就变了。那时候，建筑行业竞争空前激烈，许多企业为了争取项目，不得不垫付大量资金维持运作，但在项目完工后被客户用各种借口刁难不结尾款。作为下游环节，弭速速的工程队遭受了池鱼之殃，"好些项目回款像便秘一样，那半年多吃饭不是味，压力大到整宿整宿睡不着"。

后来就是疫情原因，工程队接不到活，感觉苦日子一眼望不到头的弭速速决心转行。因为家里亲戚有做餐饮的，弭速速专门跑到市里去观察、学习。

2023年8月，弭速速将山口镇临街的工程队办公室改造成了"常来顺涮羊肉"火锅店。

至此，弭速速似乎完成了人生的一个轮回：15岁杀羊，20岁出去闯荡，如今又回到了家乡，继续每天和羊肉为伴。他常说："这或许就是命运的奥妙，老婆常笑话我这辈子和羊分不开了"。

小店的生意经

"老板娘，我看你家店生意挺好的，就连你摆盘都很专业呀，不会是专门学的吧？"笔者开玩笑地问。

"对的，对的！还真是专门学的，切菜、配菜、摆盘，俺们夫妻俩可是请专业人士教的呢。"

"那最关键的还是羊肉食材的选取吧？"

"这可难不倒我，别忘了小时候我是干啥的。"弭速速激动地冲自己竖起了大拇指。

羊肉是大梭庄村民们最爱的食物。从小在那里长大，弭速速对羊肉的品质有深厚的了解：羊肉品质的好坏与其来源、饲养方式、羊的品种和年龄等因素有着密切的关系。买羊肉时，他会选择那些自然散养一两年的羊，并注意观察其颜色、气味和口感等方面。

另外，弭速速注重食材的新鲜度，对每一批次的蔬菜都进行严格检查。他与信誉良好的供应商合作，不新鲜的蔬菜会被毫不犹豫地退回，并再也不会合作。

此外，他还坚持从细节入手，注重顾客体验："我是农村出来的，没啥文化，但我知道服务越周到越好，顾客体验就是咱小店的口碑。"

不管是包工程，还是做餐饮，弭速速对待事情都格外认真，尤其是注重顾客的感受：为了确保店铺通风良好，他花了两万元请专业人士处理；每周一客人少的时候进行卫生大扫除，店里的每个角落都干干净净……

夫妻俩的努力得到了顾客的认可和好评，许多顾客在社交媒体上分享了他们的用餐体验，赞扬他们的菜品和服务。

经常来店里用餐的小张说："上次我在这边用餐，准备回去的时候已经很晚了，加上我又喝了点酒，老板担心我回家不够安全，便亲自送我回家，这让我感觉很温暖。"

在夫妻俩的努力付出下，店里的生意越来越好，回头客也越来越多。

谈到宣传问题，弭速速坚持认为："我不需要宣传，我只要踏踏实实做事，顾客们自然会帮我做宣传。"

妙招破困局

然而，就在"常来顺涮羊肉"人气暴涨的时候，反反复复的疫情打破了小店的节奏。小店总是断断续续地营业，客人也一天比一天少。看着每一天浪费掉的食材，冷清的大堂，弭速速心里冰凉。好在，在家人朋友一直支持下，他终于熬过了这段日子了。

疫情刚过去，修路又来了。听到消息的那几天，镇上的商家人心惶惶。弭速速也是寝食不安，全家的积蓄都压在了火锅店，这一把他输不起。连续的焦虑和不安，让他的体重都跟着掉了好几斤。

路封了，商户们到处串店，诉说心里的情绪。而弭速速则从最初的慌张中逐渐醒过神来，看着离店门口二三十米的环山路，他的眼睛越来越亮堂："谁说危机是必死之局？"

一个高明的棋手靠的不是技巧，而是开阔的视野和敏锐的嗅觉，能在一盘乱局之中冷静下来，找到那个化解危机的关键棋子！

本来在镇最边缘，是劣势的地段，但修路使得环山路变成了唯一通道，此刻，在弭速速眼里，优劣突然转化。想明白之后，他立即忙活开了：买来石灰粉，在环山路边缘挨小店的空地上划停车位；联系酒水厂家，推出来店消费送酒水活动；印制宣传单，到人流量大的超市门口、学校门口发放；挨个电话联系老顾客和包工程时的工友，邀请他们来店消费，解释打折优惠力度……

镇上无处可去的消费群体，仿佛一下子找到了天堂。一辆车、两辆车、三辆车……每天，停车场内都是满满当当。当然，小店的生意自然也是红红火火。月底盘账，看着火锅店的流水，弭速速长舒了一口气——这场危机总算化解了。

就这样，路一直堵了一年，小店也红火了一年。2023 年 12 月，中心大街维修结束。随着交通秩序的正常，"堵"出的商机已然消失不见，未来小店的生意还能一如既往地好下去吗？对此，弭速速依然有信心："我没啥文化，表达不好。顾客们的口味会不断发生变化，我要做的就是不断调整自己，满足他们的口味，食材也好，服务也好，环境也好。只要这样，生意就能一直做下去。"

（文：赵枫　指导教师：翟亮亮）

采写手记

赵枫与我沟通选题后，决定走访一家涮羊肉火锅店。一周后，学生将初稿发给我。我发现，她的叙事能力较强，能够将弭速速的个人故事叙述得很完整，也能抓住一些人物细节，但文章中缺少了两个比较重要的部分：一是弭速速开店的原因，这部分挖掘力度不够；二是缺少矛盾冲突，故事写得很平淡，吸引力不够。

那如何解决这个问题呢？我跟学生讨论：我们可以试着去挖掘开店前的一些细节，比如去了解他开店的具体原因、店铺的选址等问题，看能不能找到一些有价值的故事线索。经过补充采访，学生了解到，在2023年，山口镇老百姓口中最高频的词汇有两个：修路、堵。大家每天最关心的就是"路怎么还没修好"，这可苦了中心大街上的一众商户们，这一"堵"，不光堵住了汽车，也堵住了商户们的客源，原本有了起色的各色生意也因此门庭冷落。

面对这样的困境，弭速速的小店生意非但没受影响，反倒比之前更红火了。原因究竟是什么？沿着这条线，学生重新整理了故事主线：店老板在危机之下如何破局？有了故事主线，问题设计也就能依此展开，整篇文章的写作思路也就变得清晰起来。

通过这次采写实践，学生理解了要写好一篇文章，不能把所有的素材都往上堆，必须有一条故事主线。只有这样，文章脉络才会清晰，文章也才更具吸引力。

（文：翟亮亮）

羊肉汤的密码

导读 ::::

　　一个在乡镇上不到一百平方米的羊汤馆，门面不算华丽，甚至有些简陋，但每天光顾的客人有五六十个。这不俗的客流量，许传友夫妻俩究竟是怎样做到的？

　　沿着山口镇中心大街一路南行，第二个红绿灯路口东边，有一个两间房大小的羊汤馆。进门就能看到一口特制的大铁锅架炉上，乳白色的热气缭绕不绝，锅里油汤沸腾，骨肉翻滚，老远就能闻到浓浓的羊肉香味。

两代人的情感记忆

　　天气寒冷，羊汤馆里却十分热闹。尤其是中午，工地上干活的农民工，三五成群地来到店里，拿起墙角的小马扎，围坐在一起。店里的两只猫儿也会徘徊在客人身边，来凑个热闹。

　　"三小碗纯羊肉汤，不要羊血，多来点香菜！对，再来 6 个烧饼。"客人穿过大堂，熟练地从小店后方的烧饼筐里拿了烧饼。

　　"自己拿就行，还有蒜瓣和辣椒粉，你们自己看着加。"60 来岁的老板许传友咧着嘴角热情地笑着，眉毛浓密而弯曲，像两道黑色的拱桥，给人一种亲切而温暖的感觉。见到其他客人进店，又抓紧跑过去招呼。

许传友正在为顾客盛羊汤
（于景雪 摄）

　　等客人们吃饱喝足满意地离店，许传友才给自己盛上一碗羊肉汤，撒上一些葱花便喝了起来，说道："饭点前后生意最忙，我一般等客人离店后来上一碗，顾客优先嘛。"

开羊肉汤馆对许传友来说有着特殊的意义。20 世纪七八十年代的街边总是热闹非凡，羊肉汤馆随处可见，独特的香味弥漫在空气中，最让他难忘的，便是他小时候母亲偶尔牵着他的手，一同走进那香气四溢的羊肉汤馆。每当他们踏入羊肉汤馆，那浓厚的汤香便让许传友瞬间忘记了早晨的困倦。母亲会微笑着为他点上一碗热气腾腾的羊肉汤，那汤里的羊肉鲜嫩可口，汤汁醇厚，每一口都充满了家的味道。

如今，随着时代的变迁，街边的羊肉汤馆已经越来越少。但那些美好的回忆，却永远留在了许传友的心中。

"每当想起那些年与母亲一同喝羊汤的日子，心中总会觉得温暖。那时的羊肉汤馆，对我来说不仅是味蕾的享受，更是情感寄托。"许传友激动地说，"要是自己能开上一家羊汤馆，也算是圆了自己儿时的一个梦。"

"以前老许经常跟我聊他跟母亲一块喝羊肉汤的事儿，这回也算是圆梦了。"妻子张爱红握了握许传友的手。

"我爸之前在莱芜那边打工，如今能在山口镇开家羊汤馆，我们很支持，毕竟一家人在一起也有个照料，他们在外打工我也不放心。"许传友的儿子在一旁插了句嘴。

就这样，许传友在山口镇租了一家店铺，2014 年，他在家人的支持下开了一家羊汤馆。

开业当天只卖了三十块

许传友对羊肉汤馆的定位是诚信经营。小店的装修很简单，都是许传友自己琢磨着弄的，选址虽然离山口大集不算远，但位置却有点偏。

张爱红总是劝老伴不要那么劳累，"自己的生意嘛，多干点多赚点，少干点少赚点，别那么拼"。许传友认为既然干这行了，就要努力干好，辛苦点也没啥。开业前，为了熬制出味道鲜美的羊肉汤，许传友记不清在锅边度过了多少个夜晚，反复筛选熬汤材料，不断尝试比对，还记下了厚厚一摞的笔记。

最难攻克的难题是火候的掌握和熬制羊汤的时间，经过不断地努力和尝试，他学会在熬制过程中根据羊肉的质地和汤的浓稠度来掌握火候和熬制时间。

回想起开业当天的情景，许传友不好意思地说："哎哟，那天就卖了30块钱，成本都没收回来。刚开店没什么经验，杀了两头羊熬了一大锅汤，结果一天只有两三个顾客。"

对许传友来讲，刚开业的那段日子很是难熬，刚开店手里没钱，每天还做着赔本的买卖，除了心疼那些食材，他啥也做不了。但他现在认为，当时不走弯路，不花钱买教训，根本摸不清门道。

就像许传友所说，他既然选择了这个新行当，便没有太多的经验可以借鉴。想要成功只能自己去奋斗和探索，弯路走了，经验有了，才能快速成长。

那之后，许传友学会了观察和记录，统计不同天气和季节的客流量、顾客更喜欢什么口味的羊肉汤、什么口味的羊肉汤得到更高评价，并且根据顾客的口味需求寻找合适的调味配方。

"口感很重要，比如说顾客觉得咸了、油了、浓了、淡了，要听取他们的意见，并结合他们的意见不断地改进配方，这肯定需要一个过程。"

"老许我是知道的，他性子倔，做什么事都很认真，事情做不好的话睡觉也不踏实。"这是妻子对他的评价。

最大的客源是泰科

随着口味的不断改进，店里的回头客多了，生意也渐渐地好起来了。为了吸引更多的消费者，许传友想到了羊肉汤配烧饼。羊肉汤配烧饼可以提供丰富的口感和营养，而他和妻子都会打烧饼。

许传友是泰安范镇人，在范镇几乎家家都会打烧饼。"说起打烧饼，老张可是一把好手呢！"许传友冲着妻子张爱红笑了笑。

许传友不仅注重羊肉汤的口感，更是对面粉的选用有着严苛的要求。他认为，只有选用优质的面粉，才能制作出美味的烧饼，而这种烧饼，正是搭配羊肉汤的最佳伴侣。

"这家的羊肉汤不仅好喝，而且烧饼松软、香脆。我每次都把烧饼放进羊肉汤里，烧饼吸收了羊肉汤的鲜美，甭提口感有多棒了！"来自泰科的小杨兴奋地说道。

谈起泰科，许传友特别开心："咱山口镇有所大学啊，小两万人的规模，这可是以前我想都不敢想的事啊。"

大学生这个消费群体，对于品质、外观、口感和服务等方面有着更为细致的要求。"选择新鲜的食材、优质的羊肉和调料，将羊肉和配料在碗中均匀分布，主动询问顾客的需求和口味偏好，让他们享受优质的服务。"许传友一脸认真地讲着。

对于泰科这一潜在市场，许传友没有视若等闲，只要有学生来喝羊肉汤，他就会多放些羊肉，目的是通过学生了解他们对羊肉汤的口味需求和改进意见。另外，许传友又对店内进行了装修，装上了暖气，为的是给顾客营造一个舒适的就餐环境。

"很多人以为不过是多了些学生，我不这样觉得，泰科实实在在地促进了山口的商业发展。不说别的，我这羊肉汤馆生意，泰科来山口这边后，我的生意明显好多了，很多学生会光顾我的店。我感谢和泰科的相遇。"许传友憨笑地说。

"你家羊肉汤的口碑挺不错的，有没有什么小窍门呀？"许传友对笔者摆了摆手："哪有啥小窍门？就用心做事情呗，把味道弄好点，就像我小时候记忆的味道。"虽然许传友说没什么小窍门，但情感、味道与文化的交织，不正是羊肉汤口碑的密码吗？（文：于景雪　指导教师：翟亮亮）

采写手记

于景雪想采写镇上一家羊肉汤馆，她与我商量故事线：她觉得，这家店很受学生欢迎，老板肯定有特别的经营之道，可以围绕店铺为何受欢迎这条线索进行素材挖掘。我建议她在采访前，可以先搜集相关素材，这样更容易把握这个行业。

没多久，她将初稿交给我。我看后，觉得文章有些平，比如主人公在开店过程中，到底遇到了怎样的困难？是如何解决的？这部分描写得不够详细。我建议她可以试着站在消费者的角度去进行素材挖掘。比如开业初，许传友的这家店铺客源多吗？如果客源多，那原因在什么地方？如果客源不多，问题出现在哪？具体的解决办法是什么？又比如，开店过程中，许传友是如何维系好客源的？他有没有遇到难题？有没有好的经营策略？这些才是采访的关键。

经过沟通，于景雪重新调整了思路，进行了补充采访。通过补充采访，她了解到许传友会统计不同天气和季节客流量的多少，顾客更喜欢什么口味的羊肉汤，并根据顾客的口味需求找到合适的配方……总之，他所有的努力和尝试都围绕着消费者。我又问她：这家店很受学生欢迎，这部分群体有着怎样的特点？我建议她了解这部分群体的特点并进行素材挖掘。

通过采写实践，于景雪发现：关注店铺的消费群体，容易挖掘出有价值的故事素材。（文：翟亮亮）

大槐树下小卖部

导读 ●●●●●

　　随着互联网技术飞速发展，电商行业以其便捷、高效的特性赢得了广大消费者的青睐。在这样的背景下，传统小卖部面临着巨大挑战，包括客源减少、销售额下降等问题。大槐树超市是如何应对这种时代变化的呢？

　　从东平县州城街道十字路口一路向西，穿过三个村庄，一直穿过南关村，来到南关村村尾，便能看到一家约四十平方米且有"年岁"气息的小卖铺——大槐树超市。店主叫张翠英，已近花甲之年。

　　年轻时，张翠英和老伴四处奔波在外打拼，都没有挣到什么钱，而奔波的生活令两人厌烦疲倦，就决定回乡，在自家门口前多出几十平的地方搭起了一个便民小卖铺。

村民需要啥就卖啥

　　刚开始，店里没多少生意。张翠英认为在乡村的熟人社会，除了要做好服务，还得跟村民们处理好关系，才能拢住新老顾客的心。为此，张翠英在自家店铺前摆放了八九个小马扎，供大家休息。

　　这迅速吸引了人气。每当傍晚时分，村民们都喜欢聚集在小卖铺前。他们拿起小马扎围坐在一起唠嗑。张翠英或站在一旁听着，或跟村民们一块儿闲聊，还时不时地为他们添上些茶水。

　　就这样，越来越多的村民选择在小卖铺附近聚集、聊天。这种社交活动，直接带动了小卖铺的商品销量。

　　引来了初步的人气，张翠英觉得还不够。她还走遍村里的每一个角落，与村民们亲切交谈，倾听他们的心声，深入了解他们的日常生活和购物习惯。她发现村民们对于日常生活用品的需求量很大，但同时也渴望能够购买到一些质量上乘、价格公道的商品。她还注意到村里的老人较多，对奶制品的需求量较大，但需求种类又多种多样，有的需要低糖、低脂的，有的则需要高钙的。

为了满足消费者们的购物需求，张翠英在保留基础性生活用品的同时，开始积极调整商品结构：针对老人对奶制品的需求，张翠英引入更多种类的奶制品，如低糖、低脂、高钙等以满足消费者的不同口味和健康需求；为了吸引孩子们，小超市引入各种口味的薯片，如蔬菜味、水果味、肉类味等，并提供不同包装大小以满足不同购买需求；她还引入了一些环保产品，如可重复使用的购物袋、节能灯泡等，以满足村民们日益增长的环保意识。

张翠英（左）和采访学生合影（景翠灵 摄）

在对店内商品进行了全面梳理后，张翠英还发现，一些传统的生活用品虽然销量稳定，但利润却不高；而一些村民需求的特色食品，虽然销量不大，但利润却相当可观。于是，她将当地很有名的松花蛋引入店内，同时减少部分利润较低的生活用品。

电商来了咋办？

在张翠英眼里，大槐树超市就像是她的孩子，她看着小店从无到有，从小到大。随着时间的推移，村庄逐渐发展壮大，村民们的生活水平也有了显著提高，张翠英的小卖铺也逐渐扩大规模，商品种类更加丰富。

然而，随着城镇化进程的不断推进和电商的兴起，农村的商业环境也发生了巨大变化。许多年轻人选择离开家乡，前往城市发展。一些村民开始尝试网上购物，年轻人购买的商品也从最初的实用主义转变为追求品质和品牌。

起初，张翠英并没有太在意电商的影响。她坚信，在这个充满人情味的农村，电商无法撼动她的小卖铺地位。然而，随着时间的推移，她逐渐发现，越来越多的村民开始在网上购物，传统的实体店铺受到了不小的冲击。她开始感到焦虑和无助，担心自己的小卖铺会因此倒闭。

为应对电商带来的冲击，张翠英开始尝试各种方法：她加大了进货力度，增加了新品种的商品，努力提升自己的服务质量。然而，尽管她付出了很多努力，但生意依然没有太大的起色。她感到越来越迷茫，不知道该如何应对这个时代的变革。

在儿子的鼓励下，张翠英开始尝试学习网络。开始学习的过程并不容易。张翠英面对陌生的网络世界，有点不知所措。在儿子耐心的指导下，她从基础的电脑操作学起，逐渐学习如何搜索商品、浏览商品详情、加入购物车、下单支付等购物流程，并学会通过平台的聊天工具与卖家进行沟通，了解商品的发货时间、售后服务等。如果收到商品后发现质量问题或与描述不符，便与卖家协商退换货事宜。

在学习的过程中，张翠英逐渐意识到，电商的便利性和多样性是实体店难以匹敌的。但同时，她也看到了电商的不足：缺乏人情味和即时的服务体验。于是，她决定为小卖铺注入更多的人情味：当顾客踏入小卖铺时，张翠英会热情地迎接，并主动与他们交流，询问他们的需求和喜好，然后根据这些信息为他们推荐合适的商品。对于老顾客，张翠英会努力记住他们的名字和喜好，让他们感受到老朋友般的热情。此外，她还特意在店内设置了一个留言板，鼓励顾客们在上面留下自己的心情和故事。人们在这里交流、分享，感受到了彼此之间的关心和支持。

抓住快递

街道邻里在小卖铺聊天时，各家老人都说自家年轻点的孩子经常网上买东西寄快递，张翠英一听，一个新想法涌上心头：既然越来越多的年轻人选择在网上购物，那自然少不了快递呀。为什么不扩展业务，将小卖铺打造成集购物与快递于一体的综合服务平台呢？

为做好快递业务，张翠英通过网络学习了快递业务的相关知识，了解了快递行业的运作模式和规范。她与几家主流的快递公司进行了沟通，表达了合作意愿。虽然起初遭遇了一些拒绝，但她并没有放弃。她耐心地向快递公司解释，她的服务能够扩大他们的覆盖范围，为当地村民提供更加便捷的快递体验。经过多次沟通，有几家快递公司同意与她合作，并授权她在小卖铺内设立快递收发点。接着，她购买了必要的设备，如货架、标签打印机等设备，为小卖铺的快递业务提供了坚实的物质基础。

张翠英对待每一份快递都如同对待自己的商品一样仔细，设立了专门的快递取件区，将快件整整齐齐地摆放在货架上，并分类进行编码，时刻留意着是否有新的快递包裹到达，确保每一件包裹都能准确无误地送达顾客手中。

除了日常的快递业务，张翠英还积极与村民们沟通交流，了解他们的需求和建议。她不断改进自己的服务方式，比如为行动不便的老人提供上门送货服务，为忙碌的村民提供延时取件等。

张翠英的快递服务很快便在村里传开了，越来越多的村民选择在这里购物、取件。不管是远方亲戚寄来的礼物，还是网上选购的商品，村民们都不再需要跑到几公里外的镇上取快递，只需来到张翠英的小卖铺，就能轻松拿到自己的包裹。有些顾客在取快递的同时，会顺便购买一些日常用品或零食。有些不知道这家小卖铺的村民，也因为快递业务而开始关注它。

快递业务不仅满足了村民们日益增长的网购需求，也为小卖铺带来了可观的收入。如今，快递业务收入大概占到了小卖铺总收入的三成，成为小卖铺的重要收入来源。

"妮儿，你看看，现在变化多快呀，哪怕在农村，我也要跟上社会的发展。不然啊，止步不前，怎么赶上你们这些年轻人的步伐？"当笔者问及张翠英对未来有什么期望时，她坚定地说："只要这村子还在，我就会将大槐树超市开下去，因为这里有我和乡亲们生活的点点滴滴。"（文：于景雪　指导教师：翟亮亮）

采写手记

于景雪写了篇关于家乡小卖部的文章，将初稿交给我。我看过之后，觉得文章最大的问题是缺少故事情节和细节，很多语言都是概括性的。于是我找到她，跟她沟通了修改建议：文章商道的核心应该是小卖部如何适应电商时代的发展，并生存下去。那么，第一部分"割不断的情感纽带"就是不必要的，而且怀旧情感这个东西，对于儿童来讲是不存在的。

文章中缺少细节，比如："来这里唠嗑的人多了，张翠英小卖铺的客流量也跟着多了起来，生意也越来越好"——好到什么程度呢？有具体的数据吗？有具体的事例吗？这部分是讲如何吸引客流的，那么，除了这一点，她还有别的举措吗？

再比如"她开始接触网络，学习电商的相关知识……"这部分叙述没有故事情节，也没有细节描写和心理活动。比如，她是如何学网络和电商知识的？

学到了什么程度，又具体了解了哪些东西？

最后一部分，是讲扩展业务范围的。最大的问题也是没有故事性，没有细节。比如，快递业务能够给她带来多少收入？这样才能凸显出转型的价值和意义。

沟通过后，于景雪进行了补充采访，对具体细节进行了补充。完善好细节后，文章的可读性增强了。于景雪也通过这次采写实践，认识到了细节描写的重要性。

（文：翟亮亮）

糖炒栗子的多元价值

导读 ▪▪▪▪▪

　　泰科北门有一家不怎么起眼的小店，没有独特的店名，只有产品名，店门外没有吆喝，也没有新品告示板，但只要一下课，刚出锅的糖炒栗子就会被"一抢而空"。

　　从泰科北门出发，向西步行约 50 米，有家学生口中的热门小店。每每路过店门口，总能闻到空气中弥漫着的糖炒栗子香味。每当下课后，学生们就纷纷涌入店里，刚出锅的糖炒栗子很快被一抢而空。

20 万元买教训

　　40 多岁的张宪菊是这家糖炒栗子店的老板。回想起小店刚开业的日子，张宪菊很有一番感慨："刚开始做这个的时候很难啊，没那么多学生光顾的。"

　　其实，张宪菊一开始开的是百货店，再之前她在国外打工。

　　2013 年，20 出头的张宪菊为了追求更高的收入，便跟着朋友一起去了日本。在日本，她从事着鱼肉松加工工作，这是一项需要耐心和细心的活计。每天，她需要处理大量的鱼肉，经过挑选、清洗、切割、烘烤、搅拌等多道工序，最终制作成美味的鱼肉松。

　　对当时的工作，张宪菊印象最深的并不是工作的乏味或辛苦，而是孤独。在日本打工不得不面对语言、文化和生活习惯等方面的挑战，尽管她尽力去适应，但还是摆脱不了孤独和无助。由于语言差异，她难与当地人进行深入的交流。加上日本文化注重礼仪和规矩，所以在处理人际关系时，张宪菊会感到无所适从，不知道如何应对他人的期望和要求。

　　每逢过节，她就会很想家，因为距离问题，也只能跟家人朋友通个电话。后来，丈夫建议她先回国照顾家庭，再找合适的工作。

2016年，张宪菊经过深思熟虑后辞职回国。回到家中，张宪菊的生活似乎被家庭琐事所填满，她每天在厨房、客厅、卧室之间忙碌，尽管这些事情看似平常，但让她觉得失去了自我。她开始思考，这样的生活真的是自己想要的吗？

张宪菊内心深处一直抱有对事业的渴望和追求。那段时间，张宪菊经历了反反复复的内心挣扎：一方面，她渴望创业，希望实现自己的人生价值，可是又不清楚要做什么行业。另一方面，对家庭的责任感又使她担心创业会对家人造成影响。

张宪菊把自己的想法和困惑告诉了丈夫，丈夫安抚她说："如果找到合适的创业项目，咱就干，创业也是对家庭的贡献嘛！"得到丈夫的理解和支持，她激动得一夜没睡。

张宪菊正在为学生们拿玉米（常永昊 摄）

后来，在没有进行任何市场调研的情况下，张宪菊就匆忙在泰科开了一家百货小店。她原本以为凭借直觉就能够立足，然而，开业不久，因为商品种类单一，不能满足学生的多样化需求，再加上学生们更倾向于通过互联网在任何时间、任何地点挑选商品，价格又比实体店更有优势，最终百货小店以失败告终，张宪菊也因此欠下了20万元的债务。

学生到底喜欢什么

面对20万元的巨额债务，张宪菊情绪一度低落。不过，艰难时刻她也没想放弃，沉浸在反思中，意识到了数据分析和市场调研的重要性。同时，她觉得自己对市场变化的敏感度不高，没有及时调整经营策略，这才导致了困境。

张宪菊明白，没有人能替她承受这一切，只有通过自己的努力，才能摆脱困境。于是，她开始四处寻找商机。

2021年冬，张宪菊注意到街边糖炒栗子的小摊位常常吸引大批顾客排队等候。她观察后发现，糖炒栗子不仅美味，其制作过程也相对简单：将沙子放入铁锅中加热，待沙子热后，加入处理好的栗子，翻炒一段时间，再加入糖稀。而主要原材料板栗，其成本也相对较低。

糖炒栗子是大众化的特色小吃，消费者群体广泛，在商业街、购物中心、电影院附近等，常会看到一些年轻人把糖炒栗子当作伴手小吃。经过调研，张宪菊认为糖炒栗子店的经营风险相对较低，店铺的设备和原材料投入相对较少，初期的成本压力会较小。

和家人商量后张宪菊重新出发，决定开一家糖炒栗子店。为了做足准备，她开始查阅大量关于糖炒栗子的资料，学习糖炒栗子的制作工艺，还亲自拜访了许多老师傅，虚心请教。

"开始，我觉得制作糖炒栗子没那么麻烦，不就是火候和调料搭配吗？"谁承想，第一次尝试就让她知道其中的难处。她将糖和栗子放入锅中炒制时，糖在锅里迅速融化，变得焦黑，而栗子却未能均匀地裹上糖色。在张宪菊手忙脚乱翻炒之际，一股焦糖味已弥漫了整个厨房。

"失败了，再来"，这次，她调整了火候，小心翼翼地翻炒着，生怕一个不小心就会炒焦。然而，事与愿违，当她尝试剥开一颗栗子时，发现里面的果肉并没有想象中那样香甜软糯。反而，口感有些生硬，显然是炒得不够熟透。

第一次，第二次……张宪菊在失败中不断摸索，每一次失败，她都会仔细分析原因，然后做出相应的调整，有时候是火候不对，有时候是炒的时间太短，有时候是糖放得太多或太少。就这样，张宪菊经过多次尝试和调整，终于成功地做出了色泽金黄的糖炒栗子。

"有了手艺，那开张呗。"张宪菊信心满满地炒了一大锅糖炒栗子，可现实却浇了她一盆冷水，来购买的学生并不多。"自己尝了尝口味，还行啊。"到底哪里出了问题？那些天，张宪菊满脑子都在琢磨这个事情。

"好难剥开啊。"学生的一句话，让张宪菊茅塞顿开。为了方便学生们剥开栗子，张宪菊将每一个栗子都划开了小口。可销售效果依然没那么显著。

什么都能烤

之前创业的失败让张宪菊明白必须主动寻找突破口，她开始深入了解她的顾客群体：细致观察学生的饮食习惯以及就餐选择，例如他们更偏爱哪些食物，哪些食物他们不喜欢或者避而远之，初步判断出他们的口味偏好；以开放和诚恳的态度去跟学生聊天，收集学生对小店产品或服务的需求、偏好和期望等信息；关注学生们在社交媒体和在线论坛上频繁讨论的食物和饮品，记录下他们的喜好、评价和反馈……

通过这些渠道，她收集到了大量宝贵的信息。她发现学生们对健康、口感和新鲜度等方面的要求越来越高。他们口味多变，更倾向于选择低糖、低脂、高纤维和有机食品，同时也希望食物能提供足够的营养和能量。

于是，张宪菊专门学习如何烤红薯，怎么煮出香甜可口的玉米……后来，张宪菊的店铺便推出了烤红薯、冰糖葫芦、煮玉米等特色美食。

"走进这家小店，那真是各种香甜的味道啊。我太喜欢这里的休闲小吃了，尤其是冰糖葫芦，山楂裹着晶莹剔透的冰糖，酸甜可口。"常来这家店的学生如是评价。

果然，糖炒栗子有了"烤红薯、冰糖葫芦、煮玉米"这些周边，回头客越来越多，糖炒栗子的销量也变得好起来了。

卡通小挂件

"姐，来串糖葫芦，我自己拿了啊。"远景学院的小马是这里的老顾客了，没课的时候，她总喜欢来张宪菊的小店里，陪张姐聊聊天。"我跟张姐的相识，多亏了她店里的一件宝贝呢。"小马傻笑着说道。

"啥宝贝？""卡通小挂件。"那天，她闻着店外糖炒栗子的香味进了店，本想买点糖炒栗子，可她的目光却落在了玻璃窗旁的小挂件上。张宪菊看出了她的心思，便主动把小挂件送给了小马。

"那个卡通小挂件我现在还留着呢，当时张姐送给我这个，可开心了，附加值简直拉满。"张宪菊也记得小马得到小挂件时开心的模样：她用指尖轻轻抚摸那件小礼品，眼里闪烁着激动的光芒，脸上的笑容是那般灿烂。

一个小挂件就能让顾客那么开心，这一点提醒了张宪菊，当主营产品不能吸引消费者的时候，可以考虑增加商品的附加价值刺激顾客的消费意愿。顾客的消费收益率提高了，不是可以反过来促进商品的销售吗？

于是，为了更好地销售糖炒栗子，张宪菊决定采取一种特别的策略：通过赠送小礼品，来增加商品附加价值，提高消费收益率。她选择了一些精美的小礼品，如小巧的钥匙扣、牙刷，这些小礼品都是之前她开百货小店时留下的，既实用又有趣。

有了这些小礼品的附加价值，张宪菊的小店成功吸引了不少学生，糖炒栗子摊位前总是人来人往，学生们纷纷表示对她家的糖炒栗子和小礼品都非常满意。许多学生也因此成为张宪菊店里的忠实顾客，他们不仅会经常光顾她的小店，还会向其他同学推荐。

栗子外的价值

如果仅仅是售卖商品，或许张宪菊迎不来"逆风翻盘"，当一家小店还能为学生提供情绪疏导服务的时候，有形的商品就叠加了无形的服务，有限的价格促进了无形的价值增长，成功便有了无限可能。

张宪菊热情开朗，喜欢跟学生们交流思想、分享心情："我特别喜欢和学生聊天，跟他们成为朋友，感觉自己都变年轻了。"

"每当心情不好的时候，我都喜欢来张姐的店里，跟她聊聊天，心情就会好很多。"正在购买糖炒栗子的小吴告诉笔者。

张宪菊愿意倾听学生们的心声，为他们提供一些建议和帮助。一次，一个面临考试而满脸愁闷的学生走进店里，向张宪菊倾诉，张宪菊耐心听完然后给了他一些调整心态的建议：学习不只是为了考试，更是为了积累知识与培养能力。

还有一次，一名学生因为与室友发生矛盾而感到烦恼。张宪菊给了她一个温暖的拥抱，然后分享了自己年轻时和朋友相处的经历。她告诉学生："年轻人之间有点小矛盾很正常，学生之间的友谊是很珍贵的，要学会包容和沟通。"

张宪菊知道，学生们需要的不仅仅是物质的帮助，更需要的是理解和支持。因此，她始终愿意用心倾听学生们的故事，给予他们真诚的建议和温暖的鼓励。

"听到学生们亲切地喊我姐，跟我分享着他们有趣的故事，我自己也增长了不少见识呢。"张宪菊也从这些学生身上学到了很多，看到他们的成长和进步，她也感受到了自己的价值和意义。

谈及未来，张宪菊满怀憧憬，她希望通过自己的努力，能让这家小店成为学生们日常生活中的一部分，给他们带去温暖和快乐。"我也不算是什么成功的创业人士，只想做点自己喜欢做的事情。如果非要说点什么经验的话，那就是多跟学生交流交流，多听听学生们的需求和建议。"张宪菊一边摆放着冰糖葫芦，一边腼腆地笑着。（文：常永昊　指导教师：翟亮亮）

采写手记

从泰科北门出发，向西步行约 50 米，有家糖炒栗子小店，很受学生欢迎。常永昊与我沟通选题，并进行了采访。学生采访的素材很多，但不清楚该如何将这些素材整理成一篇文章。我提出一个问题：这篇文章的脉络是什么？他觉得应该是张宪菊创业的艰辛历程。

那该如何去写张宪菊创业的艰辛历程？我根据他采写的素材，帮他梳理了一下文章脉络：

一是因为缺乏市场调研，没有了解00后大学生的消费需求，导致百货小店关门且负债累累，这个时候张宪菊有没有进行反省？怎么反省的？

二是百货店经营失败，张宪菊不甘失败，从哪跌倒从哪爬起来，在泰科再创业，这个时候可以加上心理活动描写和细节描写。

三是营业初期，糖炒栗子店面临一个核心难题：顾客少，生意惨淡。她是怎么解决这一难题的呢？整理素材，我们不难发现，张宪菊有三个对策：一是丰富产品种类，这个叫满足多元化消费需求；二是增加商品的附加价值，提高顾客的消费收益率；三是提供隐形服务，家人一般的关怀，为学生提供情绪疏导价值。

三个对策就是三个部分，也是文章的写作重点。通过这次采写实践，常永昊收获很多，他理解了要整理好一篇文章，首先要对文章脉络有一个整体的把握，这样才能从众多的素材中找到有价值的写作素材。（文：翟亮亮）

高文科的商海 30 年

导读 ● ● ● ● ●

　　一个商人如何面对一个行业的兴衰？高文科的解决办法是，在它兴起时，迎头赶上；在它衰落时，尽力挽救；在它即将消亡时，及时转向；在它起死回生时，再次抓住。

　　1966 年 1 月末，春节刚过，山东省滕州市南沙河镇南岗村的村民们就忙着参加一场满月酒。婴儿哭声洪亮，四肢健全，父母给他取名"高文科"。

　　此时，他的父母还不知道一年之后，这个新生儿带来的喜悦会戛然而止。村民们更不知道待婴儿成年后将带领村庄走向辉煌的 20 年。

　　1967 年，高文科刚满一周岁，检查出小儿麻痹，下肢瘫痪。

出师

　　从小到大，高文科腿脚赶不上别人，就希望知识能超过别人。他上学从没迟到过，学习成绩也名列前茅。然而，在他 16 岁时，学校搬到了很远的地方。家里人忙于生计，无法每天送他去学校。看着别人上学，高文科满是羡慕，却无能为力，只能茫然无措地望着远处的山——那将他与知识隔绝、无法翻越的屏障。他甚至羡慕小草能生长在任何地方，羡慕蚂蚁虽然渺小但可以运粮，而他只能被困在家里，犹如身在囚牢。那段时间他瘦到了 80 斤。

　　直到现在，他依然慨叹：如果能继续上学，他的命运或许会有所不同。然而，命运剥夺了这个机会，他只能另辟蹊径。马上要成年了，他必须思考靠什么生存下去。一辈子在别人的接济下生活，虽说也能活下去，但是会让他心理也变得残缺。他渴望别人把他当正常人看，怎样才能成为正常人？首先，得自己养活自己。

　　从事什么样的行业才能养活自己呢？他对美术感兴趣，想看看靠自学能不能学出个名堂来。没钱买书，就养些兔子去卖，赚回来的钱全部托人去买书。买回来什么书，他就看什么书。他先学色彩，再学素描，直到后来跟着老师学习，才知道应该先从素描学起。除了学习的顺序，光影关系如何处理、画面如何构图……这些美术的精髓都无法通过自学来掌握。

1984年，经村里人介绍，家里人送他去一家美术学校学习。家里条件不好，不可能让他在美术学校学太长时间，高文科一直盘算着怎样才能尽快学到真东西。在学校，他认识了一位做羽毛画的张老师，立即意识到做羽毛画是一门可以谋生的手艺。然而，当时技术保守主义盛行，很多手艺人怕别人学了以后夺走他的营生，就算

高文科正在做木雕（张超然 摄）

高文科跟张老师说他想学，也肯定会吃闭门羹。

"攻人先攻心"，关于学手艺这件事，高文科什么都没说，只是有事没事去办公室找张老师，端茶倒水，打扫卫生，和张老师聊家常。一来二去，两个人便无话不谈了。一天晚上，张老师问高文科："小高，你弟兄几个啊？"

"我弟兄四个，我是老小，家里经济状况不是多好，很穷，二哥也没结婚，弟兄几个都忙着成家立业，盖房子，顾不上我，也可以说，家里人对我不抱有任何期望……"高文科一股脑地把家里的情况和自己的窘境都告诉了张老师。

张老师劝慰高文科："小高，你也别难过，我快不在这儿了，去马生堂那里干，到时候把你带过去，跟着我学吧。"

高文科扑通一声跪下，"张老师，我认你为师，从今以后，你就是我的老师"，他磕了三个响头。

拜师仪式完成，高文科告诉了张老师自己家的详细地址，张老师承诺过段日子去家里接他。

等了一个多月没消息，高文科耐不住了，带着被褥、干粮，和三哥一起"杀"到马生堂家里，一问，马生堂连连摇头："张老师不在我这儿，他去了别的地方。"说罢，他便急匆匆地出门，把高文科撂在了家里。

高文科铁了心要见到张老师："我给他磕了头的，他不能说没有这件事啊！"于是，他让三哥先回去，自己准备"赖"在马生堂家里。

当天晚上，马生堂回家，一看高文科还在，就问："你哥呢？"

"我哥走了"，高文科恳求道，"张老师确实跟我说过收我为徒，他肯定在你这里，我没别的要求，只希望你能让我见见张老师。"

马生堂什么都没说，让高文科在家里吃了晚饭，留出一间客房给他休息。

第二天一早，马生堂说什么也要送高文科回家："我没见过这个老师，你在这怎么弄？"

拗不过马生堂，高文科临走前说："你把我送走也没用，哪天我还得去找他。我什么时候见到张老师，什么时候就放弃。"

不到一个星期，张老师来到高文科家里把他领走了。

苦学半年，高文科终于掌握了"看家本领"，能够做出羽毛画匾了。

建厂

学成回家，高文科告诉家里人羽毛画匾的销路和利润十分可观，可以自立门户，家里人却半信半疑，以为他是信口开河。

得不到家里人的支持，依旧不能改变高文科对羽毛画匾的信心，他决定自己先将样品做出来。

样品包含花、鸟、石头三大元素。高文科从鹅身上薅来大片鹅毛，染成红色，剪成牡丹花瓣的雏形，再用电烙铁熨烫出弧度，一组装，牡丹花就成形了。

接着做一个孔雀鸟，先用木头刻制一个孔雀鸟的模具，用石膏翻制出来，需要花纹的地方用白乳胶贴上鸭子毛，不带花纹就贴鹅毛，最后做眼睛和嘴。至于山石，也是用石膏做出来模型，再将黑色的羽毛贴上去。然后，将做出来的花、鸟、石头贴在铜版纸上。因为背景是白色的，为了丰富画面，画上太阳、水草等，用气泵或喷枪喷色。随后，装裱，四周加上木框，最后装上玻璃，一块 150 cm×40 cm 的镜匾就做成了。

做出样品后，高文科让哥哥带到工艺美术楼，看评价如何。样品很受人欢迎，当时市面上的镜匾主要以油画卷为主，大多都是平面的，但是高文科的作品却是立体的，呈现了比平面更好的视觉效果，大家都觉得很新奇。

随即，工艺美术楼的负责人希望和高文科签订合同，供货 100 块，每块出价 170 元。做一块镜匾的实际成本只有 5 元，算下来能赚 16500 元，这在 20 世纪 80 年代可是连想都不敢想的事情，顿时让高文科对自己的作品信心大增。

但是，当时的市场环境多数是赊销，工艺美术楼要求先交货，卖掉才给钱。

高文科说:"100块镜匾光成本就5000元,家里根本拿不出钱来做镜匾,再说了,这只是一个样品,离100块还差99块呢,一个人做99块,不知要做到何年何月。"

"泼天的富贵"接不住,高文科只能放弃这笔"大订单"。好在,还没来得及消沉,哥哥在离村子不远的木石镇找到了一家工艺店,问需不需要镜匾。工艺店的老板一看到样品,非常喜欢,爽快地说:"你给我送20块,我给你现钱!"

老板卖一块镜匾100多元,给高文科一块20元,虽说高文科只能赚300元,但毕竟是第一笔生意,有了本金才是最重要的,之后才不至于失去像工艺美术楼这样的大订单。

高文科立马答应了,向姑姑借了100元,他负责作画芯,哥哥找木匠打框,20多天后做出了20块镜匾,赚了300元。做完这一单,1984年底,一个饲料厂发奖,又订购了20多块镜匾。

有了本钱,高文科也有了底气。1985年,他在农村找了一个小院当作厂房,大概100平方米,每年租金100元,招了10个工人,工资一天一元,就这样,镜匾厂正式落成了。

为工人的事,家里人还和高文科大吵一架,"这些工人学会了手艺自己出去后会不会抢了咱们的生意",但高文科自己本身就是技术保守主义的受害者,倘若不是他一再坚持,恐怕学不了这门手艺,更养活不了自己。再说因为身体条件限制,从小没少受到邻居们的照顾,现在邻居们求他在厂里干活,他岂能忘恩负义?

高文科保下了这些工人。他们没有绘画基础,从头开始教太费工夫,高文科便将做镜匾的程序尽量流程化:做花、做鸟、做石头、喷色、装裱……每个工人负责其中一道工序,这样既节约了时间成本,又能提高生产量。

辉煌

1980年,改革开放第三年,自浙江温州出现第一个合法的个体户后,这股春风刮向全国,个体户成为一个热门词。20世纪80年代中期,高文科所在的滕州市也涌现出一大批个体户。以往,高文科的销售范围主要集中在婚礼庆典、集体工艺楼的装饰及展示、单位对员工的嘉奖及表彰等场合,建厂后不久,工厂镜匾便出售给一些个体户做工艺门头。

1986年,高文科在农家小院建了五间大瓦房,花费近1万元,进一步扩建工厂,产量也从一年几百块提高到几千块。

看镜匾厂这么能赚钱，村里人眼红，原先在高文科的镜匾厂工作的工人们纷纷自立门户，到了 1987 年，光是沙河镇南岗村就涌现出四五十家镜匾厂。

卖的人也多了，竞争激烈，供大于求，镜匾的价格一下从一百多元降到四五十元。

高文科喜忧参半，一方面为自己能够带领村民们致富感到高兴，有成就感；另一方面也不得不面对利润下降的窘境。打价格战对谁都没有好处，他必须想办法，推动市场良性竞争，于是他把重点放在了对产品的创新上，创造并满足消费者的需求。

他对画面做出改革，从羽毛画到山水风景画，还改变材质，将羽毛替换成树皮，做出亭台、楼阁、树木等。20 世纪 90 年代初，塑料代替木头成为当下流行品，高文科也将木框改成了塑料框。木头在运输过程中容易出现磨损、掉漆，塑料不容易掉漆，显得板正、大气。而且，塑料筐能够节省工艺程序，提高生产效率。

新品一经推出，迅速占领当地的市场，高文科卖出的镜匾价格又上升到一百多元。销量大增，供不应求，高文科需要提高产量，他从设备上入手，用大气泵代替小气泵，四五把喷枪同时喷色；打磨机轴短影响操作，就把轴加长提高工作效率。产量从一天 10 块增长到 20 块。

没多久，效仿者又像成群的蜜蜂拥来，供大于求，消费者审美疲劳，镜匾的价格又跌到四五十元。

高文科只得再次改革。1994 年，推出麦穗画，产量和销量的迅速提升，镜匾价格升高，接下来又重复效仿者蜂拥而入，供大于求，镜匾价格下跌的循环。

只要推出新产品，老产品就迅速被淘汰，也会带来销量和利润的迅速提升，但时间一长，一有竞争，价格就要下跌，这样周而复始。当地市场有限，高文科的镜匾厂陷入了停滞期。

这个时候，随着运输市场逐渐开放，村子里买车的人越来越多，他们从事个体运输。高文科便委托他们将镜匾售卖到千里之外，一下子解决了产品滞销的问题。

高文科继续推陈出新。1996 年推出贝壳画，用贝壳磨成山水花鸟，还扩大了规格，从 150 cm × 40 cm 扩大到 200 cm × 50 cm。规格变大，价格也随之升高。那一年，镜匾厂一天的纯利润高到 1000 元。

这一次，没有经历"竞争激烈镜匾价格下跌"的恶性循环，因为运输工具的改变扩大了当地的镜匾市场。当时，整个南岗村产量惊人，周转资金在 3 万元以上的镜匾厂有七十多家，总从业人数超千人，成为鲁南地区最大规模的镜匾加工地，被政府命名为"镜匾加工专业村""南沙河镇经济强村"。来自江苏、安徽、河北等方圆千里之外的客户都来村子里进货。

为了方便外地客户订货，1997 年，村子里的镜匾厂纷纷装上了电话。通信工具从最初的寄信，到拍电报，最后直接打电话，完成了从远距离通信到即时通信的蜕变。

来村子里订货的外地客户多了，也动了开镜匾厂的心思，便来求教高文科。高文科从中发现了新的商机：做镜匾不是件容易事，一得精通技术，二得保证产品多样化，客户不懂美术只能做一部分，高文科就利用自己的优势只生产半成品，供货给这些客户，客户在这个基础上再做成成品。虽说每个半成品的利润降低了，但总产量增加了，总利润也大幅提升。一年，光小镜匾就能生产20000 块，中长镜匾可以达到 500 块。小镜匾的利润 10 ~ 50 元不等，中长镜匾的利润 30 到 100 元不等。

这种盛况一直持续到 2000 年。

衰落

1998 年，政府实施城镇住房改革，全面促进城镇住房的市场化、货币化、商品化，自此中国住房全面进入商品化时代。

相关数据显示，2000 年，全国房地产销售总量中，个人消费高达 70%，全国商品房销售额 3935 亿元，比前一年增长了 31.7%。2001 年，房地产开发、投资总额较去年增长 27.3%，2003 年攀升至 30.3%。

南岗村也有了新变化。2002 年，镜匾厂从原来的七八十家减少到八家。高文科的镜匾厂销售额也迅速萎缩。

房地产商大量兴建商品房，老百姓也热衷于购买和换新居。随着房子的更新换代，装修风格和装饰品也同步升级。原本小镜匾挂在白墙上显得格格不入，而大镜匾又因空间限制无法安置。因此，人们开始选择用字画来装饰房间，镜匾的装饰性地位逐渐被替代。至于镜匾的实用性，现代家庭则更倾向于使用梳妆台以及各式各样的实惠装饰镜、梳妆镜来满足日常需求。

与此同时，结婚的习俗也在悄然改变。随着改革开放的不断深化，社会观念的变迁，金钱的考量越发显著，人们在参加婚礼时开始选择随份子钱作为祝福和礼物，而不再选择传统的镜匾作为贺礼。

镜匾再无用武之地。

高文科岂能甘心，这是他倾注了近二十年心血的营生。因为镜匾，他遇见了生命中的第一个贵人，第一次能够养活自己，第一次真正获得了家人和村里人的认可。这营生承载了他太多的第一次和辉煌的记忆，怎能说放弃就放弃呢？

他升级技术，专门跑到连云港去学习丝网印刷，出来的效果和纸画的胶版印刷没什么两样；还改造造型，用丝绒做猫狗兔子等一些可爱的小动物，尽量迎合市场，希望能够再次获得消费者的青睐。但这次，再也不像之前每一次改革创新都能力挽狂澜、提高利润，只激起一些小水花，随后变成一潭死水。

在时代大势、消费观念、审美观念、习俗已经改变的情况下，高文科的每一次改革都只能让他在错误的道路上越走越远。就像20世纪80年代，搪瓷还是家庭用品的"无冕之王"。到了90年代，转瞬之间，人们抛弃搪瓷，换上了不易损坏、不易腐蚀、轻便又价格便宜的塑料制品。尽管，搪瓷生产者不断研发新技术，提升品质，却再没有受到过消费者的青睐和关注，最后，搪瓷行业惨淡收场。

转瞬之间，高文科深深地体会到了在时代的洪流面前，个人的努力是多么地微不足道。一朵浪花怎能改变潮水的方向，纵使他有改天换地的壮志雄心，也不得不低头。他想清楚了，以前他之所以成功不过是顺势而为，现在他的年龄和精力以及实力都不允许他逆流而上，再说，逆流而上也不能逆风翻盘。

2005年，高文科经历了一个辗转反侧，彻夜难眠的夜晚。他在卧室和厂房之间来回踱步，试着抹去许久没有运转的机器上堆积的厚重灰尘。那些灰沾染了很多泪水，擦着擦着，竟渗出褐色的渍迹，原来一台机器和一个人一样，也会迅速变老。发白的头发，像年轮一样增长的皱纹，往里看是熟睡的妻儿，往外看，是像16岁时翻不过那道山的天地，往前看，没有前程，往后看，没有退路。

第二天早上，将近40岁的高文科作出了一个决定。他顶着比眼睛还大的黑眼圈，像寿桃一样的眼泡，用沙哑迟滞的声音宣布：关闭镜匾加工厂。

2015年，一直咬牙坚持的高文科的哥哥，也最终关闭了自己的镜匾加工厂。自此，南岗村再无镜匾加工厂。从第一家镜匾加工厂开业，到最后一家镜匾加工厂关闭，时间跨度30年。

这时，满腔不舍的高文科尚未意识到，另一个古老的行业重新焕发了生机。

新生

就在高文科关闭自己加工厂的第二年，即 2006 年，萧条已久的木雕行业迎来了重磅消息：东阳木雕经国务院批准列入第一批国家级非物质文化遗产名录。

这一年，高文科刚满四十岁，还处于身强力壮的年纪，他急于再谋一份生计来养活一家四口。这种着急，让他没有多少时间来详筛细选，似乎有些急不择路地，瞄准了时下的朝阳产业——电动车行业。

他开了一家电动车专卖店，起初销量还不错，随着业务的扩展，搬运和维修这类工作逐渐增多。由于身体条件受限，妻子又忙于照看两个孩子，抽不出时间帮忙，他一个人难以应对，雇人做又不划算，电动车专卖店没坚持多久就关闭了。

2008 年，奥运会开幕之际，中国的传统文化艺术重新受到关注。木雕经国务院批准列入第二批国家级非物质文化遗产名录，这一措施令从业人数增加了很多。但，这时的高文科依然在为生活奔波。

2010 年，他又匆匆办了一家预制厂，生产砖头，砖头主要用于铺设农村房屋的围墙。刚开始，厂子效益不错，没过多久，农村流行在城里买房，对砖头的需求量大幅下降，预制厂行业也随之萎缩，高文科不得不再次面临停产的窘境。

直到 2011 年，国家正式颁布《中华人民共和国非物质文化遗产法》，将传统文化保护上升到法律层面，木雕行业展现出了广阔的发展前景。而已经关闭预制厂的高文科，再次被抛到了如何维持生计的困境中，他像以前一样研究各个行业，看做什么能赚钱。这一次，他终于注意到了木雕行业。

这仿佛是为高文科量身定做的职业，木雕行业和镜匾行业有相通之处，他有美术功底，不受身体条件的限制，做起小型木雕来得心应手。

2015 年，高文科决定全身心投入到木雕行业中。为了进一步精进技艺，他还跑到有中国四大木雕美称的木雕产地——福建、乐清、东阳、潮州，跟着当地的师傅学木雕。学成后，高文科回到家乡专心做木雕。

这一年，他 50 岁。历经 10 年的折腾，仿佛又回到了原点。

他凭借记忆，用木雕复刻出了儿时的家。那座 20 世纪八九十年代农村最普通的二层土楼房，在他的作品中重现生机。一棵榆树矗立在院落中央，象征着他的双腿。他的第一根拐棍便取材于这棵榆树。院落里还有腌鸡蛋的坛子、打水的水桶、吃饭的小桌子。院落的边缘，一个简易的猪圈里，一头猪正在悠闲地吃食。最后，是一道木门，随时开启或尘封儿时的记忆。

这部名为《家》的作品受到很多消费者的青睐和业界的肯定，就像他当初不甘心拿出一幅羽毛画匾惊艳了工艺美术楼一样。接着，随着作品的不断累积，高文科申请非遗，成为非遗传承人。凭借精湛的技艺、业界的名声以及木雕行业广泛的市场需求，高文科的木雕作品不缺销路，可以靠此维持一家人的生计。

但他不止于此，将木雕看作是一门可以毕生追求的艺术，"技巧技法是最基本的东西，还要有一定的艺术修养、文学审美和丰富的人生阅历。我一定会把它坚持下去，直到生命尽头"。（文：张超然　指导教师：韩晓丹）

采写手记：

在与新采小组同学的交流中，艺术传媒学院的张超然同学告诉我她正在拍摄纪录片，主人公高文科是一位木雕非遗传承人，也是一位小儿麻痹症患者。这极大地引起了我的兴趣，倒不是出于猎奇心态，而是好奇人与命运的关系。

无论是文学还是新闻，人的命运是一个永恒的主题。命运是公平的吗？为什么每个人的命运不同？面对不合理的命运，人应该如何面对？屈服还是抗争？

在列采访提纲之前，我还请教了学院的各位老师，看以高文科为主人公的商道故事的主题是什么？他在成为木雕非遗传承人之前，开过一家镜匾厂，而且长达 20 年，带领全村老百姓发家致富。

老师们建议我专门写镜匾厂，因为这是一个已经消失的行业，能够写出一个行业兴衰与消亡，时间跨度长，文章会显得更为厚重，也是一份历史记录。

张超然同学假期回来之后，向我提交了采访实录，但是内容仍然不够充分。由于高文科人在枣庄，于是，我和高文科联系，进行了一次线上采访。

尽管是线上采访，高老师的磁场和能量还是能够穿透手机的听筒，触达我的心脏。他的表达能力很强，言语中透露出一种坚韧不拔，永不放弃的精神，时常能说出富有哲理性的金句。

高文科总说自己到头来不算成功，但在我看来，在命运面前，他是十足的成功者。也许就像俄狄浦斯一样，最终都逃不出命运的手掌心，但那又怎么样呢？不向命运屈服，迎难而上且永不放弃，这才是人类在这个世界上存在的理由之一。

（文：韩晓丹）

违规补习乱象的背后

导读

2021 年，国家出台"双减"政策，旨在为青少年学生减负、松绑，然而从城市到乡镇、农村，违规补习班仍屡禁不止。仅以 2023 年为例，前有河北沧州 8 名大学生办补习班遭举报，后有网红"铁头"举报新东方违规补课。违规补习为何屡禁不止？带着疑问，笔者走访了一家补习班。

山东某县城一个废弃的商业街头，有一个不起眼的门面，门口的立牌上写着艺术教育培训中心的字样。老板王明（化名）是一个身材魁梧的中年男子。来自农村的王明，对城乡教育资源差距有着深刻的体会，办培训班的初衷是为农村孩子提供优质的教育资源，他高薪聘了几个艺术老师，开设钢琴、绘画、舞蹈、书法等各类艺术培训课。

开始的两三年，培训班学员有一百多人，后来随着年轻人外出打工，孩子交给了老人带，报名人数就锐减了。

王明介绍说，艺术培训收费高，老人观念保守，认为孩子学好文化课就行，不能浪费钱。就这样，培训中心最困难的一年只招到了五六个孩子，发不起工资，艺术老师都辞职离开了。

那时候，国家还允许办学科补习，王明便和妻子商量转型，依旧用原来艺术教育的牌子，通过在学校门口发传单、发塑料扇子等方式来吸引人，宣传单上写着"暑假不规划，开学差距大，您要让孩子抓住暑假黄金期，厚积薄发"的字眼，收费标准也降到了农村人能接受的范围。

附近村子的老人听说后改了主意，说破嘴皮劝自家孩子来上补习班，有的老人甚至骂骂咧咧地把孙子送过来。

培训班的经营状况一下子得到了改善。第一年加办学科补习，学生数量达到了几百人，二楼和三楼的教室里坐满了学生。没有老师，他们就找来在校大学生或者刚毕业的本科生，对外却称都是有教师资格证的中学老师。

2021年"双减"政策出台，夫妻俩立时陷入了恐慌当中。王明一度想放弃，但最终还是决定"顶风作案"，把补习班从明转到暗，从正当经营转为"地下游击"。促使王明这么做的直接原因就是利润：以前是他去求家长，现在是家长想尽办法送孩子来补习，以前一个学生收费一千多元，现在收费至少四五千元。

除了挣钱，王明妻子还有一个不愿意放弃的原因：补习班已经成了一个"收留所"。

王明妻子是一个心软的人。有一个三年级的小孩父母离婚了，学费一拖再拖，父母都不肯交学费，使唤老人来说情。妻子狠不下心来拒绝："孩子的爷爷奶奶苦苦哀求，我看在老人面子，都是一个村儿的，我也心软，不好说什么……你看我这里小学三年级的这几位孩子，不是有点神经上不正常，就是父母长年在外或者离异的，我狠不下心来，我自己也有孩子啊，除了多体谅还能怎么样呢？"

俗话说得好："常在河边走，哪有不湿鞋？"2021年10月，因为补习老师和家长发生争执，补习班被家长举报而关停。

消费需求决定市场行为，违规补习查不完、禁不掉，反映出背后源源不断的教育需求。为此，笔者趁着初中放学的时段，采访了学生和家长对补习的看法。

受访的中学生大部分都支持打击违规教培，被问到"你是否会补习文化课"这个问题时，他们却都闪烁其词匆忙走开，只有一个女学生在犹豫之下说了实话："如果成绩差，父母不高兴，老师也不把我当回事，你觉得我该不该补课？成绩好的学生更担心，我不补，你补了，不就被你超过了吗？"

她旁边的同学趁机说了一句话："不爱学的人可以不学，但为什么要断想学的人的路？"与之相比，受访的家长话里话外透露出了焦虑："我听别人说要中职分流，多吓人啊，成绩不好连高中都上不了，更别提大学了，这辈子不就完了！"

旁边围拢过来的家长纷纷点头附和，你一言我一语地说着类似的话，还有家长表示自己因为没读过大学导致现在生活水平不高，当然要想尽办法让孩子考上大学找个好出路。

等大家安静下来，一名自称是80后的李姓家长点出了关键点："我是农村出身，上学的时候就明白啥叫城乡教育的不均衡，教育落后是我们心里的一根刺，我吃过的苦哪忍心让孩子再吃一次？"

当被问及从哪些渠道获得补习班信息，他拿出手机，翻出了一个抖音视频，题目是艺术培训，广告词却充满了暗示："早来一分钟，多考十几分""你不来，他来，他们都来""不要因为心疼这点钱，就耽误孩子一辈子"等等。

他告诉笔者，自己是偶然刷到了一条类似的视频，大数据推送就默认了他的喜好，频繁地推送相关视频："看一条，你或许不焦虑，可看十条呢一百条呢？如果你身边的家长朋友都在看呢？"

李姓家长的话虽不能代表所有家长，但也反映了家长心中普遍存在的一种教育焦虑，补习机构就是利用了这种焦虑，借助互联网大肆传播开来。如果被平台查封，他们就转移平台，继续进行焦虑轰炸。

对于这件事，曾做过补习老师的一位大学老师一语中的："特殊时期学生上网课，学习效果不好，有钱的家长就会请私教一对一补课，学生的成绩差距在无形之中就被拉大了。补习班比私教便宜多了，这是普通家庭的学生补差距的最有效方式，怎么禁得了呢？"

他还告诉记者：学历越高越焦虑。家长的学历越高，对孩子的学习期望就越高，他们的社交圈也都是高学历家长，没人敢让自家孩子成绩落后。

包老师认为现在大有全民教育焦虑的趋势：农村家长到城市工作，见识了城市丰富的教育资源后，更是要挤破脑袋把孩子送到城市读书；城市家长更了解当今的经济形势和就业压力，比农村家长更敏感，更害怕孩子将来读不了大学，找不到好工作。

在高校教授心理学的吕教授认为，全民教育焦虑反映的是人们对未来生活幸福感的焦虑。吕教授举了"天门山四个青年跳崖"事件为例，解读了当代农村青年面临的一个心理困境：城市融入不进去，农村也回不去。

吕教授解读说："以前的农村思想淳朴，挣不到大钱起码还有一亩三分地保证不会饿死，城市人却只能向上拼命，不能掉队。现在情况完全不一样了，农村人也追求生活的幸福感，加上互联网的传播，农村人也陷入了城市人同样的焦虑中。"

问题的根源在哪里？吕教授坦言，时代的迈步前进必然会带来社会价值观的改变，进而影响到教育价值观："'双减'政策落地时间不长，老百姓需要时间消化，这期间有一些应激反应是正常的，往大方向看会越来越好。"（文：于景雪　指导教师：李孟）

采写手记

采写补习班的这篇稿子，我前前后后花了一个多月的时间，水平差得连我都不抱什么希望了，几天后我接到李老师的信息，约我下课当面交流。

我在李老师办公室看到了最后的成稿，心里有种披了一张羊皮的感觉，因为我采写的补习班老板的故事最终只作为了一个引子。我这才有点明白稿子为什么要花这么长时间——最开始的一稿有点美化违规补习班的嫌疑，可能因为我身在其中（做过一次补习老师），所以会不自觉地想要规避它在道德或者政策层面的问题。

记得第一次交流，李老师和我聊了很多，意在启发我如何从一个孤立的个例往外拓展，思考违规补习是个例还是普遍存在的共性问题。

那次交流，李老师给我布置了一个任务，让我找机会去采访学生、家长和老师，因为参加社团活动我忘记了采访，后来在他的提醒下我才去做了补充采访。

现在我才知道要从不同群体角度看待同一个问题，这样做才能避免作者的主观妄断，才能客观如实地从生活表面现象入手，探寻背后的深刻根源。

稿子呈现出一条清晰的脉络：违规补习班屡禁不止到学生的成绩焦虑，延伸到家长的教育焦虑，进而探究全民教育焦虑的形成原因。

晚上我就在琢磨，为啥我就不能想到这一点？后来，李老师一句话点醒了我："你陷入到了写作的误区，文学写作讲究的是记录生活，探索人们内心，新闻写作讲究的是牵一线引出鱼，追根问底直达问题的核心。"

由此我搞明白了一点，提高写作能力的重点不在遣词造句上，而在思维能力上。思维能力提升了，看问题就能看得更深些，也能快速寻找到问题的本质，进而尝试从不同角度提供解决方案。（文：于景雪）

举家闯"瓷都"

导读 ●●●●●●

　　景德镇特色的高岭土造就了"瓷都"的盛名，大大小小的瓷器店遍布城市街道，曙光路有一家"正辉陶瓷"开在两个小区中间的临街位置，人来人往充满了烟火气。这里不止有精美的瓷器，还有瓷器与人的动人故事。

缘起家庭变故

　　十年前，曾广州（化名）举家从浙江搬到景德镇做起了陶瓷批发生意。

　　曾广州是土生土长的浙江人，20世纪60年代是物资匮乏的时期，人们每天和土地打交道，日子虽然清苦，倒也过得安然。十七岁的曾广州嫁到了隔壁村，嫁妆是一只母鸡和两头猪。

　　曾广州性格开朗讨人喜，经常帮左邻右舍的忙，在村里积攒了不错的口碑不久后生下一个男孩，取名叫正辉。

　　生活条件虽艰苦，但小日子过得也挺开心。曾广州悉心抚养儿子长大，教导他好好读书，长大要有出息，孩子也不负众望，考上了县城里最好的高中。

　　尽管生活也有过意外，所幸一家人还是快乐地生活在一起。儿子高考完去外地上学，老两口才慢慢闲下来。

　　家庭变故发生在儿子结婚后的第三年。儿媳妇生了一场重病，花光了所有积蓄。不得已，老两口来到上海帮衬着做些力所能及的事情。

　　那段日子里，曾广州一边照顾生病的儿媳，一边找亲戚朋友借钱，替儿子分担压力。好不容易借到的钱，没承想竟被丈夫拿去赌博了。

　　那可是给儿媳治病的钱啊。一向孝顺的儿子大发雷霆，差点和父亲打起来，曾广州硬逼着丈夫戒掉赌博的陋习。

　　巨大的经济压力下，儿子产生了辞职创业的念头。一天夜里，曾广州听到儿子和朋友打电话说创业做陶瓷生意，第二天一早便拦住儿子，了解到陶瓷生意利润高，比上班挣死工资强得多。

这个念头就像一颗种子种在了曾广州的心底。半年后，儿媳的病情大有好转，生活可以自理了，曾广州就抽空去上海的陶瓷批发市场，了解陶瓷的行情。

一年后，儿媳的病治好了，曾广州在儿子的劝说下，举家搬到了景德镇，做起了瓷器批发生意。店名取自儿子的名字——"正辉陶瓷"，寓意以后的每一天的生活都在发光发热："多亏取一个好名字，不然那时候真熬过不来。"

说到这里，曾广州的声音有些哽咽，感慨地说生活的重担曾经压得她喘不过气来，是这座充满了烟火气的瓷都让她找到了生活的新希望。

不追潮流

"我一个外地人到江西做瓷器生意，起步困难是正常的。"曾广州介绍说，这条街过去是个村子，后来慢慢才变成了一片商业街。因为手里的钱不够，租不了中心街陶瓷批发市场的店铺，曾广州只能租了位置偏僻的小店面，导致生意并不是很好。

改变境况就得先做调研。曾广州一家白天就待在批发市场，除了学怎么做买卖，更多的时间花在了跑市场上。曾广州很快就发现了一个巨大的商机：景德镇的旅游火爆带动了瓷器的消费数据大幅度提升。相较于传统瓷器，外地游客更青睐于样式新颖、花样繁多的新瓷器，利润更丰厚。此消彼长之下，市面上很少有老窑厂的瓷器了。

这块巨大的消费市场搁谁都会心动，曾广州也不例外，然而手上仅有的几万块捉襟见肘，想要分蛋糕，就必须承担景点店铺的高额租金，还有高昂的人力成本。

经历过生活磨难的曾广州谨小慎微，不愿轻易冒险，一番思量后决定还是要用老厂的瓷器。

做生意的哪有不想挣大钱的呢？家人起初理解不了曾广州的决定，曾广州请了一位行内朋友解释才打消了家人的顾虑：老厂瓷器虽然传统利薄，但胜在做工精细、耐用、成本低。最重要的是，没有多少本钱的正辉陶瓷，根本适应不了新瓷器市场的激烈竞争，错位竞争才是最好的出路。

曾广州就是这样想的，别的店铺卖紧跟时代审美潮流的瓷器，反倒将老瓷器的市场留给了正辉陶瓷这样的小店。

小本买卖资金少利润薄，为了生存下去，必须得开源节流。为了节省人力成本，曾广州派儿子儿媳学烧制瓷器的手艺："刚开始，我儿子儿媳天天住在窑厂，花钱请师傅教手艺，他俩就一点点地学怎么拉胚、印胚、利胚、晒胚、刻花、画釉……我和我老伴就住在店里，负责联系批发瓷器的客户。"

正辉陶瓷店外陈设（林静雯 摄）

曾广州住的地方就在店后面，条件简陋："儿子晚上把白天做好成形的瓷罐送来，车夫拉到店门口，我老伴就把那些大瓶子摆在店门口，小一点的花瓶摆件放在铁架上。"

减少了人力成本，曾广州还没来得及松口气，就要面对新的难题：瓷器有了，但还是没多少人光顾。曾广州回忆说，那段时间每天能赚个成本都挺不错了。

为了让生意有起色，曾广州和家人商量了一下，决定走薄利多销的路子，进一步让利给批发商，借助新老客户的口口相传，打响"正辉陶瓷"老厂瓷器的名头。

就这样，挺过艰难的几个月后，正辉陶瓷的生意逐步有了起色，市场对新式瓷器的新鲜度褪去，又将目光瞄向了传统的老式瓷器。

曾广州终于迎来了好日子，最忙的时候，很多外地批发商赶来进货，老两口凌晨就得起床，经常要忙到日上三竿才能歇一歇。

通常情况下，批发商一大清早就开着卡车来到店门口，有时是装上成型或未成型足足有两三米高的大花瓶，也有几个大箱子装满大小瓶罐的。

曾广州说不出什么经营之道，总结的话也很朴素："人呐天天吃山珍海味会腻，偶尔也想吃一口萝卜白菜，卖陶瓷就是这个理，我一点儿也不聪明，只是知道这个理罢了。"

不仅仅是生意

白天闲下来的时间，曾广州学习如何制作瓷器。她手上拿着一个刻有海浪波纹的瓷瓶："这是我三年前做的，师傅夸我天赋不错。"

曾广州拿出一张照片，照片是在店里拍的：曾广州刚制作完瓷瓶，大笑着炫耀,丈夫则眯着眼睛仔细观察,一脸困惑。

"他不信是我做的,在那里拿着瓶子研究,然后就说他也能做。"曾广州又从房间里翻出一个用手帕小心包裹好的小瓷瓶,做工明显粗糙了一些。

"老伴就是那之后走的。"曾广州说,生意交给儿子后,老两口回了趟浙江老家,不幸感染了新冠病毒,"他埋在老家了,儿子儿媳没见着最后一面。是我一个人送的。"

或许是觉得气氛有些悲伤,曾广州转了个话头,聊起了烧制瓷器的过程:"烧制一件不裂痕、完美无瑕的陶瓷是很费精力的。有时候,等到最后烧制完成,十个里可能只有一个看上去没有任何瑕疵,其余的都或多或少有问题。"

说着话,曾广州随手拿起了一个瓷器,式样光滑圆润,掂在手里沉甸甸的,中间画着徐徐升起的太阳,将整体的白透出温暖的色泽。

"这是景德镇特色釉灰,开采石灰石煅烧,之后加水成熟石灰,再和狼萁草叠加煨烧,最后就变成碳酸钙,形成这种白里泛青的色调。"

如今,曾广州年纪大了,生意交给了儿子儿媳:"我老了,该交给他们了,这家店在他们手上一定会越来越好。"

聊到这些,曾广州的眼里充满了光,既有过去的生活点滴,也包含了未来的美好希望。(文:林静雯 指导教师:李孟)

采写手记

我有些社恐,平常不敢跟陌生人交流,一想到要走上街头和一个陌生人打交道,心里就没来由得直哆嗦。

第一次采访我压根没有勇气,前前后后跑了两三趟,问了好几个人都一无所获,就在我要放弃的时候,遇到了和和气气的曾奶奶。

曾奶奶眼睛很毒,看穿了我的窘迫和尴尬,所以脸上始终含着笑,不时地引导我,"小姑娘还想问什么""我再和你说说别的事吧"。

在这样的情况下,我记录下来的都是她想说的,或者说她想宣传出去的内容。匆匆写了篇稿子交了上去,很快就被打回了。李老师告诉我想要的是商业新闻,我却写成了人物故事。

其实吧,我心里还挺委屈,情绪先是低落了下去。李老师听出了我声音里的不安，倒没有点破，指出原因是我被采访者牵着鼻子走了，随后教了我几招采访的技巧，如何拿回采访主动权。

有了这次的面授机宜，采访才算上了正轨，我从曾奶奶那里总算打探到了一些不愿意轻易说出口的内容，诚如文章中所写的，她做生意的艰难，和家人相处的点滴。我从中能感受到她对陶瓷的热爱与执着，也察觉到了她生活中的辛酸与无奈。

稿件最终的呈现难言完美，不过于我而言，新闻处女作还算不错，算是开了一个好头吧，希望今后的采访，我能越来越成熟。（文：林静雯）

小卖部路在何方？

导读 ••••••

20世纪80年代，随着国营供销社的"退场"，小卖部如雨后春笋遍地开花，活跃在城镇、乡村。几十年后的今天，电商迅猛发展，大卖场迅速挤占乡村市场，小卖部随即陷入了经营困境，是就此退出舞台，还是另寻破局之法闯出一条路来？

山东省聊城市张秋镇曹堤口村新修的公交路旁，有一座上了"年纪"的小卖部。

小卖部面积不大，一间平房被三排铁质货架隔开，货架上摆满了品种多样的日常生活用品。老板叫刘大国（化名），年龄五旬上下，头发花白，深灰的T恤遮不住隆起的啤酒肚。看到门帘被撩开，刘大国笑嘻嘻地和熟人打招呼："买啥东西？进来看看。"

红极一时

在刘大国看来，以前的小卖部和现在流行的超市其实是一回事。小卖部是1984年开的，那个年代还不流行外出打工，农村也没那么多的就业机会，因为文化程度不高，也没找到更好的出路，刘大国便开了这家小卖部。

"现在，你们年轻人瞧不起这样的小卖部，我给你说，几十年前它可红火着呢！"说这话的时候，刘大国难得的精神焕发。

据他介绍，他这一辈人童年最美好的记忆都来自供销社，供销社售卖很多东西，有盐糖蛋奶这些日常生活必需品，也有像电视收音机这类的家电产品。

"你们打小抱着手机长大，哪里知道我们的苦哦，那时候凭票才能买东西，有时候看别人家小孩吃颗糖都馋坏了。"刘大国说供销社是国营，销售员服务态度并不好，遇到逢年过节买货的人多，他们直接就关门，那叫一个牛。

到了20世纪80年代，改革开放了，供销社退居二线，国家开始允许个体经营，小卖部就应运而生了。

"为啥叫小卖部呢？一是规模比供销社小，二是功能和供销社一样，乡亲们不用为油盐酱醋发愁。"刘大国朴素的话道出了小卖部存在的意义：小卖部是市场经济在农村生根发芽的缩影，承继的是供销社，虽然不再是国字号，但填补了供销社退位后的空白，保障了农民的基本生活需求。

刘大国介绍，20世纪80年代竞争性不大，除了赶集，农民平时买东西只能去小卖部。农民平时也不会多买什么，只有逢年过节的时候买些鞭炮、火纸、电池、点心之类的，销量最大的是火柴和蜡烛，因为那个年代农村经常停电。

刘大国坦言，小卖部赚不了什么钱，靠的是薄利多销。薄利是基于农村人的消费心理定下的策略：20世纪80年代挣钱是一分一分地挣，大伙买烟不会买一盒，而是一根一根地买。

"后来经济条件好了些，大家的习惯没变，买东西还是主看价格，哪怕比别的地方贵一毛钱，扭头就走，要是卖得太便宜了，他们认为是假货也不买。是看批发价卖的，一般只涨一点点钱，根本赚不了多少。"

刘大国说，开小卖部诚信很重要，要进新货、真货，不能卖过期的东西，像零食一类的过了期，小孩子吃了容易生病，可就惹麻烦了，不说家长会不会来闹，光是名声就让人抬不起头来。

双重挤压

进入20世纪90年代，竞争空前激烈起来，小卖部如雨后春笋遍地开花，几乎村村都有小卖部，甚至有的大村子能开好几家。

要想挣钱就得有好点子。为了吸引村民来，小卖部赶起了潮流，每个月放两回录像，在那个电视机还没户户普及的年代，录像可是个稀罕物。

男女老少聚在刘大国家外的平地，坐在马扎上聚精会神地看着香港武打片，小卖部便空前热闹起来，带动了货物的销售量。

"最好卖的是瓜子一类的零食，大人不舍得吃，就给小孩买一包，为的是不让小孩哭闹，影响看戏。"刘大国有时也会放热火朝天的音乐，聚拢乡亲们跳广场舞。

"放过去，这儿是咱们村最热闹的地方。"刘大国满脸得意，"过年前后我这里更热闹了，白天都不带闲的。"

农民忙活了一年，只有春节是最闲的，三五个人聚在小卖部打个绿色麻将，进进出出的老爷们抽着烟站旁边观战，也不多说话；妇女们带着孩子三三两两地凑在一边，买点小东西，唠张家长李家短，聊得热闹了，店里空气都是喜庆的。

但这样的现状没有持续几年，生意就变得难做了。主要原因是近些年，镇上陆续开了几家大超市，随着交通的便利，老人小孩更喜欢逛大超市，觉得新鲜。家长去镇上接送孩子的时候顺手就去超市买了，只有做饭时没了盐，可能才会想起小卖部来，导致他利润微薄基本上挣不到钱。再到后来，随着电商的出现，年轻人喜欢网上购物。这一切都让小卖部的经营变得越来越难。

刘大国在烟酒架前接受采访（杨汉雪 摄）

"你看看现在过年还有以前的年味吗？以前虽然穷，但过年可热闹了，哎……"对于小卖部的未来，刘大国想得很清楚："我呀，大约再干十年就不干了，交给我儿子，年龄大了会出现眼花、迷糊或记账记不对的现象，不好开店了。"

尝试突围

对刘大国的困境，熟客老李看得很清楚："小卖部现在可比不上大超市了，差距就像以前的穷人和地主。"老李解释说，大超市注重店里的卫生情况，每天有人拖地，清理货架，保证最新鲜的货物供应。刘大国的小卖部在大道旁，每天车来车往的，有时候货架上都能落一层灰，谁还愿意来买呢？

以前，小卖部的便利性建立在交通的优势上。那时候出行靠双腿，或者是骑自行车，不可能为了一袋盐专门跑一趟镇上，就近到小卖部买就行。现在交通便利了，村里人骑着电动车十来分钟就到镇上了，买东西很方便。

在老李看来，刘大国没跟上当今的社会节奏，应该做大超市、电商做不到的："现在大家都讲服务意识嘛，大超市只卖东西，小卖部可以更好地为乡亲们服务，比如照顾行动不便的老人送货上门。也可以代收快递，这样大家就不用到镇上取货跑冤枉路，都是一个村的熟人，一来二去的，不就顺手买东西了？"

刘大国遇到难题不是个例，在山口镇同样经营小卖部的赵小枚面临的情况甚至更严峻：山口镇一共有五家大超市，赵小枚的小超市就夹在两个大超市中间。

赵小枚做过仔细对比，大超市的优势在生鲜瓜果，其他产品价格并没有显著优势，小超市要生存下去，物美价廉才是王道："我和大超市的进货渠道不一样，比如同样一袋鸡精，我卖的就比他们便宜一两块钱，别小看这一两块钱，大家都爱来我这儿买。"

赵小枚说面对困难不能坐以待毙，还得脑子灵活才行："自从泰山科技学院搬过来，消费的主力军变成了大学生，咱得多考虑顾客。"于是，她做了三件事：一是学说普通话，方便和学生交流；二是在店外面放一个电子体重秤，给过路的学生免费称重；三是调整货物品类和数量，主卖零食和饮料。"村里人买生活用品多些，学生一般是到镇上吃饭，过路的时候顺手就会买饮料，女孩子可能还会买两包零食，我这价格比超市便宜一点。"

赵小枚还多了一个心眼，在自家店外规划了一个共享单车停靠点："学生一般骑共享单车来附近吃饭，停车骑车都在我这儿，能提高点销量。"

大势不可逆

对于小卖部的经营难题，经济学谢教授认为，小卖部的生存发展以交通不发达、人们活动半径小为先决条件，进入 21 世纪后，随着交通便利，大型超市大规模采购成本低、选择多的优势逐步凸显，加上电商的夹击，小卖部难生存是不可逆的趋势。

在此情况下，小卖部可用低价策略暂时维持小店的生存，因为中老年人机会成本低（没有别的事做）。就像盲人的按摩店，并非技能好，而是其机会成本低（反正没有别的事可做），可以通过低价格与大店竞争，生存下来。

"从社会的角度看，大型超市、电商淘汰小卖部并非坏事。正如打印机淘汰铅字印刷，叉车、吊车淘汰码头工人的肩挑背扛一样。在此过程中，效率在提高，财富总量在增加，工作机会也在增加。但是对于不能适应新变化的人来说，的确会面临失业的风险。"

他据此给出建议："任何人做任何事都只能顺应趋势，有能力转型应当考虑转型。没有能力转型可以考虑提前退出，把店铺租给别人。既然是趋势，小卖部只会越来越困难。对于年轻人来说，要加强学习预判未来，提前做好储备。对于年龄大无法重新学习的人来说，可能只能依赖政府提供社会保障，或者降低预期，做一些力所能及的其他事情。"（文：杨汉雪　指导教师：李孟）

采写手记

我理解的采访是我问一个问题，老板滔滔不绝地讲，我要做的就是记录，写成文章。带着这样的心态，我前后采访了四五次最终成稿，结果很快就被老师打回，原因是没有新闻价值。

经过交流，我对新闻采访有了新的认识：采访不能只关注表面，要从有价值的地方入手，比如要把小卖部当作一个点，向深度扩展，寻找小卖部的历史变化、文化价值，并以此扩展为面，投射国家经济发展过程。

在老师的引导下，我明白了新闻采访不能只听一家之言，要从小卖部经营现状、同行和经济学专家三个不同角度了解实情，这样逻辑才能严谨，思维才能打开。

同行好采访，山口镇就有小卖部，令我犯难的是采访专业老师，老师让我凝练问题写了一封言简意赅的信，替我转交给重庆的一位经济学教授求教。两天后，教授回信了，我虽然看不大懂，但还是蛮感动的。

终稿和我最初写的稿大相径庭，细看之下，觉得终稿摒弃了讲故事的主观色彩，客观地记录了小卖部的经营困境，又从不同角度对这一现象进行了解读。

老师觉得有些可惜，这篇报道有广度，但深度上有所欠缺，但说实话，能从一次暑期体检任务中学到这些，我已经很满足了。（文：杨汉雪）

跳不出"心理陷阱"的修鞋匠

导读 ::::::

随着时代的发展，很多传统行业逐步没落，比如说修鞋这门传统手艺，如今只有在居民区附近才能"偶遇"修鞋匠。这个行业还有前途吗？为此，我们采访了一个叫刘长根的修鞋匠，试图从那里打开了解这个行业的窗户。

修的是鞋，补的是体面

"老刘头，补个鞋，中午来拿。"一个中年妇女放下鞋，打了个招呼，提着菜篮子买菜去了。

戴着老花镜专注修鞋的刘长根（化名）头也不抬，光凭声音就认出了老街坊的身份，拿着刮刀的右手象征性地抬了抬，便是应了。

一台补鞋机、一台砂轮机，旁边放着一只颜色暗沉的胡桃色木箱子，杂七杂八地放着修鞋的全部工具。摊位上零零散散地摆了七八双鞋，还有一个旧书包。

这会儿工夫，刘长根已经修好了一只鞋，从旁边木箱里拿出鞋楦，撑住另一只老年男式皮鞋，熟练地用刮刀清理鞋底的污垢，嘴里还时不时地回应着周围老哥们聊起的俏皮话。

十来分钟的时间，刘长根修好了一双鞋，拿出鞋油上一遍油，扔给旁边的老头。老头穿上脚，乐得直竖大拇指："花了钱的就是不一样，老刘，可得少收我两块钱。"

刘长根没说话，只是默默地点着对方递过来的烟，他说修鞋虽然利薄，但邻里情谊比钱更重要。

快到十点半，刘长根才有空接受采访，面对"刘老师"的称谓，坐在旧得掉了线的马扎上的刘长根摆了摆手，说喊老刘头更顺耳，街坊邻居都不喊名字，觉得生分，"老刘头"的称呼更能体现出邻里间的和睦。

上午9点出摊，下午4点左右收摊。刘长根伸出4根手指，说他干这行快

40年了，打小生活在泰安，这门手艺陪伴了他大半辈子。

聊起小时候，刘长根感慨地说："那会儿是真穷啊，一口白面馍都恨不得掰成三口，早上一顿、晌午一顿、晚上一顿。新衣服新鞋子更是不敢想，大人嘴里常说'新三年，旧三年，缝缝补补又三年'。"

那时候，邻居家有个老人是修鞋匠，刘长根放了学就去他家里玩，经常看他修鞋。后来中学没读完，得寻一个糊口的营生，刘长根便拜师学艺，跟着老人一点一点地学手艺。

刘长根到现在还记得师父时常挂在嘴上的一句话："咱们修的是坏鞋，补的是人家的体面，也是咱的体面。"

手艺没了传承

就是这句话，磨掉了刘长根心里的浮躁和气性，近四十年里，经他手修过的鞋得有好几万双。

一想到过去，刘长根就会露出兴奋的表情："以前可挣钱了，靠着这门手艺我培养出了一个大学生，还给他付了首付买了房子呢。"

一说到现在，刘长根眼里的兴奋就消失不见了。现在修鞋这门手艺是越来越没法干了，来修鞋的年轻人不多，大都靠些老顾客撑着。说起原因，刘长根也很清楚：现在年轻人更喜欢追求时尚，注重外表和新鲜感，鞋子坏了，只要不是太贵的，宁愿扔掉再买新的也不会来这儿修。而老年人勤俭节约，他们都是经历过大环境苦过来的，过惯了以前那种吃了上顿饿下顿的生活。面对自己的下一代，他们则是时刻告诫孩子要勤俭节约。但时代发展社会进步了，物质也极大丰富了，再让年轻人坚苦相守就很难了。

几年前，刘长根想过退休，找个徒弟传承手艺，但令他苦恼的是，根本没有年轻人愿意学这个，"年轻小孩喜欢工资高的活，哪怕一个月管一两千块钱，也宁愿坐在办公室吹空调刷视频"。

虽然面临困难，但刘长根从未后悔选择了这一职业。他说修鞋是一门需要细致和耐心的手艺，也是很有成就感的事，每当看到顾客穿上鞋高兴的样子，他就觉得十分满足。

跳不出的"心理陷阱"

告别刘师傅，笔者随机采访路人对修鞋匠的看法。年轻人普遍觉得这个职业离自己很遥远，虽然对修鞋匠保持尊重，但没几个人愿意拿鞋来修，觉得"丢人""几百块的鞋子又不是买不起"。一些老年人倒是很喜欢这个话题，到现在还保持着修鞋的好习惯。

笔者随后又走访了商场鞋柜的店员，他们认为修鞋匠这份职业虽然平凡，但用手艺和耐心为顾客修复鞋子，增加了商场的顾客满意度和店员们的形象分。一些商场店员甚至表示，他们经常向修鞋匠请教如何处理鞋子的问题。

商场有成衣铺却见不到修鞋铺，针对这一现象，店员解答了笔者的困惑：成衣铺改一个裤脚收五六块钱，能让裤子合身，是增加价值。商场租金贵，来逛商场的都是年轻人，只要衣服变好看，他们不在乎这十几块钱。

笔者恍然大悟，修裤子的沉没成本风险为零，修鞋就不一定了，修鞋不一定能增加旧鞋子的价值，修好了不好看，谁愿意穿出去"丢人"？而且老年人也不爱逛商场，开修鞋铺只能是赔本赚吆喝。

接下来的几天里，笔者又多次来到刘长根工作地点，几经观察，发现修鞋受众窄不仅是客户消费心理变化的单一原因，修鞋匠自身也有原因。

首先是思想观念保守，缺乏创新意识。基本上是一个修鞋匠"占领"一片区域，每天来修鞋顾客也都是附近的居民，久而久之，就形成了局部的市场垄断。修鞋投入成本低，一天修个七八双鞋子就能赚几十块，对于刘长根来说就很满足了。

其次是服务意识淡漠。因为来的都是老顾客，修鞋匠往往是边修鞋边说笑，遇到新顾客反倒没有那么热情。他们也往往不注重自身形象，穿着随意，加上修鞋摊随意摆放，周围环境嘈杂，无法匹配年轻人花钱买服务的心理需求。

保持传统不是坏事，但一味固守便是问题了，时代在不断发展，行业竞争压力极大，陷入这种"小富即安"的陷阱里，修鞋这一传统行业的没落就成了不争的事实。（文：赵枫　指导教师：李孟）

采写手记

为了完成这篇采访，假期里我花了很长时间，使出了九牛二虎之力，结果却是惨淡的。

采访之前我没太上心，以为就是找一个修鞋的老大爷聊聊天，把他说的记录下来就行，因此初稿成了对话体。

果不其然，因为采访不深入文章没有思想，必须推倒重来。老师和我讨论规划了采访的新思路，核心有两点：一是修鞋这个行业曾经一度辉煌过，现在为什么不行了，原因到底是什么？二是修鞋匠为什么不能成功转型，限制转型的根源是什么？

除了整理新的采访大纲，老师还要求我周末去吾悦广场采访年轻人、鞋店营业员、修裤脚的师傅。周日晚上，我和老师一块整理散乱的采访资料，梳理出清晰的逻辑线索，寻找最具价值的部分：修鞋这个老行业遇到困境的根源：客观原因是年轻人的消费观改变了，主观原因却是修鞋匠故步自封，没能跟上时代步伐。

文章最终提出了成本沉没风险和局部市场垄断的概念。老师告诉我一个成熟的采访者要写出有深度的稿件，采访前的准备工作必须做扎实，不能以小白的身份去采访，而应该是半个行业专家。

稿子最终发表了出来，我知道这里面大部分的功劳是老师的，但我也不是没有收获，起码通过一次采访我学到了知识，更重要的是我明白了如何去挖掘人们内心深处的隐秘。（文：赵枫）

做大学生喜欢的蛋糕

导读 ▪▪▪▪

经营蛋糕店 13 年，冯玉姣在祝阳镇、山口镇以及学校内共开了 3 家店。从护士转型做糕点师傅，再到运营 3 家店，作为一名创业者，冯玉姣走过了怎样的一条路？

当学徒"贴钱上班"

去过"店"的同学，都对空气中弥漫着的甜甜香气印象深刻。一进店里，墙上写着"做年轻人最喜欢的蛋糕店"的字样，橱柜中，精致的小蛋糕摆放得错落有致；橱窗后，店员们有条不紊地忙碌。同学们可以清晰地看到蛋糕点心被制作的全过程，让人感到非常安心。

大学期间，冯玉姣学习的是康复医疗专业，毕业之后顺理成章成了一名护士。然而工作了一个多月后，她做出了一个大胆的决定——辞职。

"我的学历太受限了，看不到未来。"冯玉姣这样解释，要进入好的医院至少需要本科学历，而诊所的待遇低、工作环境差和密集的夜班也让她的生活变得很不规律，此外，她异地恋情也是她面临的两难问题。

家人建议她可以寻找与康复医疗背景有关的其他工作机会，但经过深思熟虑后，冯玉姣觉得离开医疗行业可能是更好的选择。

冯玉姣展示糕点（吴笑笑 摄）

尽管曾经学习了三年医学专业，但真正进入工作状态，冯玉姣始终热爱不起来。她用了最简单的方式帮自己做选择："我爱吃蛋糕，干脆就去蛋糕店工作。"

在蛋糕店当学徒，可以说是"贴钱上班"。不仅没有工资，还要交 1500 元学习费，再加上租房、吃饭等费用，没有收入来源的冯玉姣只能咬牙坚持。

为了尽快出徒，工作间隙她都自购各种食材练习做蛋糕。她觉得，做蛋糕最难的就是在蛋糕坯上抹奶油，这个看似简单的动作背后，却考验糕点师的力度技巧，而只有在不断地练习中才能掌握这个技能。

终于，在连续吃了两个月失败的蛋糕后，冯玉姣出师了！

再次就业，冯玉姣首先考虑的是地域问题，男朋友杨国华在哈尔滨读书，为了解决异地恋的问题，她选择了哈尔滨的好利来食品公司——十多年前，它曾是市场上最受欢迎的蛋糕品牌之一，能够进入顶尖公司，冯玉姣非常珍惜这次机会。尽管前 3 个月的工资才 300 元 / 月，但她觉得大厂的工作经验是弥足珍贵的。

好利来的车间规模大，工种细致，冯玉姣主要负责面包的整形工作。常见的糕点有圆形、环形、三角形、橄榄形、长条柱形、纺锤形、吐司卷等多种形状，整形手法、基本步骤、手粉的多少都不相同。在整形过程中，必须保证面团温度适宜且避免表面过于干燥。蛋糕整形需要高度的专业技能和细致的观察力，才能确保每一个面包的形状和质量都达到要求。

流水线似的工作经验，不仅让冯玉姣学到了全面的蛋糕制作技艺，还培养了清晰的生产逻辑能力。

十三年开了三家店

2010 年，杨国华大学毕业入职了青岛一家工程类公司，冯玉姣也不再甘心做打工族，决定返乡开一家属于自己的蛋糕店，店址选在了杨国华的老家祝阳镇。

房租、店面装修、生产设备就花了两万元以上，这几乎是冯玉姣当时的所有积蓄。冯玉姣没有能力雇用其他员工，只能独自承担所有工作。

那时生产设备条件差，很多工作都需要人工完成，为了给顾客提供新鲜、美味的面包和蛋糕，每天凌晨四点她就要开始工作，面团醒发的时间需要 3 小时左右，那段时间她忙得连轴转。幸运的是，小姨知道情况后主动提出帮忙，在两个人的努力下，小店逐渐运营了起来。

由于异地的关系，杨国华每周奔波在青岛——泰安的火车上，"上班赚钱不容易，工资却都贡献给铁路局了"。后来杨国华为了爱情和责任，辞掉了薪资可观的工作回到泰安，结婚之后小两口决心共同经营蛋糕店。

在二人的共同努力下，小店生意越来越好。由最初60平方米的小店，几经搬迁装修后，成为现在拥有150平方米和7个店员的店铺。麦香坊积累了一批稳定的客户，购买了自动醒发机和定时器等设备后，大大节省人力和时间成本，冯玉姣可以拿出时间专注钻研糕点的种类。

经过13年的打拼，山口二店和泰科店也相继开业，当年坚韧的小女孩，已经成为3家店的老板。

这期间的酸甜苦辣，只有冯玉姣自己清楚。即使在怀孕时，她也没停止工作，直到生产的那个下午，她还在后厨做蛋糕，后来出了月子也立即回来工作。

虽然辛苦，但是看着生意蒸蒸日上，冯玉姣内心觉得很踏实知足。

女儿出生后，冯玉姣没有选择做全职宝妈，夫妻俩把女儿带到店里，女儿就是闻着醇厚的奶香味长大的。女儿的生日蛋糕，基本是父亲杨国华制作的。

说起来，杨国华入行，是因为冯玉姣坐月子。为了不使店里的顾客流失，他不得不挑起大梁，边学边做，接过了妻子做蛋糕的任务。

如今，冯玉姣和杨国华分工明确，杨国华负责管理最忙碌的祝阳店，而她则负责最年轻的泰科店和山口店。每天早上，杨国华送女儿上小学，冯玉姣送儿子上幼儿园，随后各自前往自己的店铺。下午5点半，他们再分别把孩子接回家，辅导功课、消遣娱乐，一家人其乐融融。

做年轻人最喜欢的蛋糕

学校离山口镇不过一公里的距离，为何要开两家店？冯玉姣给出的理由是疫情。

2020年初的疫情，让蛋糕店的生意受到很大影响，出门买糕点的人数和次数都少了，如果能在大学校园开一家蛋糕店，既能解决学生不出校门吃新鲜蛋糕的需求，也能最大限度地保证蛋糕店的客流量。于是，第三家店落户在泰山科技学院汶阳书院，面积70多平方米。

正如预期的那样，开业以来泰科店一直处于忙碌的状态，尤其是午餐和晚餐时受学生们络绎不绝，将小店挤得满满当当。

冯玉姣知道，只有尽快了解00后的口味，做他们喜欢的蛋糕，才能留住客人。她知道，学生对蛋糕的要求都很高，他们往往不看店里摆放的蛋糕模型，经常会拿着小红书等软件上的网红蛋糕的图片来订货，这极其考验蛋糕师傅的手艺。

每当这时，冯玉姣会根据图片尽量高标准地复原，即使遇到做工极其复杂的网红蛋糕，她也会跟同学充分沟通，在保留基本特征的基础上，尽量满足他们的喜好。时间久了，拿着各类图片来订蛋糕的同学越来越多。

泰科店的吧台墙上，写着"做年轻人最喜欢的蛋糕"的标语，这并非一句空话，稍加观察会发现，店内陈列的蛋糕大多色彩明快、款式多样，蛋糕店常见的口酥和鸡蛋糕等老式糕点并未出现，这都符合 00 后的审美倾向。

细节上，冯玉姣和店员们观察分析了男生和女生的口味偏好，确定了制作的蛋糕种类和甜度，例如，女生喜欢吃提拉米苏、毛巾卷、泡芙，男生则对甜度的需求不高；店里还提供了动物奶油和植物奶油两种选择，以满足不同顾客的健康和价格需求。

"以己度人"做管理

泰科店生意好，与四位员工的努力密不可分，她们的身材和外貌高度相似，戴着统一的口罩和围裙，让人难以分辨。事实上，年龄最大的弭大姐 42 岁，最小的店员只有 19 岁。他们遵循着"你有事我帮忙"的工作原则，穿梭在吧台和后厨之间，确保顾客在购买糕点时都感受到热情的招待。

麻雀虽小五脏俱全，但员工分工明确，弭大姐主要负责后厨和小点心的制作，26 岁的徐店长，负责店里的蛋糕订购、制作和分配工作，而年龄最小的学徒则主要负责学习和整理杂物，但是当顾客量大的时候，她们会及时进行调度，确保卖场和吧台从不空缺。

冯玉姣没有学过企业管理，但深知"以己度人"的道理，做老板要有同理心，这样才能更好地带领团队。在高校开店总会面临寒暑假的问题，员工每年有 3 个月是无法工作的，这期间何去何从，如果员工再就业，开学之后蛋糕店又该如何维持？

冯玉姣作出了妥善安置——支付寒暑假基本工资，以保证大家的日常生活，如果另外两家店需要帮忙，会调去支援，不需要支援，员工们也可以临时找一份短期工作，只要保证开学按时返回即可。

冯玉姣的周到，也获得了员工的高度忠诚，从 2020 年至今，店里的人员只增不减。

弭大姐尤其感激这一灵活模式，她有三个孩子，稳定的工作和收入至关重要，从 21 年入职后，她从没想过辞职。她从零基础开始，如今已经成为后厨主管，在几平方米的后厨里，制作出精美的蛋糕，以及对未来生活的期待。（文：

吴笑笑 指导教师：孙惠）

采写手记

采访这家店之前，我已经被三家店拒绝了，心情低落到打算放弃，孙惠老师安慰我一番，我才重拾信心。

由于是第一次采访，主导者是孙老师。我注意到她的采访状态很松弛，与我那种一个一个问题问的生硬方式不同，老师是聊天的方式，感觉在聊天的过程中就已经什么都知道了。

采访结束，我遇到了第二个挑战。我虽然记录下了对话的大部分内容，但编写稿子时却陷入了迷茫，我难以从繁杂的录音中提炼出重点，也不知道怎么将故事和细节串起来，形成一个有逻辑、有深度的报道。

孙老师非常耐心地帮我分析了文章的结构和内容，指出了缺少的关键信息和细节。在老师的指导下，我逐渐明白了如何更好地整合信息、挖掘故事背后的意义和价值。

补充采访是我独立完成的，我写了满满当当一整页纸，生怕要问的问题没问到。实际情况远没有想象的那么好。那天下午，蛋糕店的弹大姐请假了，店内生意繁忙。老板与我合影后便继续忙碌起来。尽管她允许我在一旁提问，但我发现自己的采访技巧仍需磨练。面对忙碌的场景和有限的时间，我努力保持镇定，拿着我准备好的问题提问，用本子一一记录下来。

正生硬地采访着，突然来了位客人预订了大量的蛋糕打断了采访，等了好久也没有继续进行下去，余下的三分之一采访只能通过线上完成。

这次采访的经历让我深刻体会到了新闻采写的艰辛和不易。但同时，也让我更加明白了坚持和努力的重要性。只有不断尝试、不断努力，才能在新闻采写的道路上越走越远。（文：吴笑笑）

销售员跨界"闯"餐饮

导读

山口镇中心小学对面新开了家金汤米线店，新老板是赵杰。初次接触餐饮，赵杰面临很多困难与问题，经营也是一路磕磕绊绊。改良产品、多元化经营、微信促销、对接外卖……似乎能做的他都做了，但生意最后怎么样呢？他还是没有太大的把握。

占据天时地利，却卖不了几碗

每天上午，赵杰主要是忙着准备食材、收拾厨房，因为是开放型厨房，顾客可以一览无余地看到面条制作的全过程，赵杰更加注重厨房边边角角的卫生。直径近一米的大锅里咕嘟咕嘟炖着猪脚，当客人点餐取餐时，就能闻到浓郁醇厚的香味。

"老板，你这米线里放的小菜很爽口呀，味道不错。"中午11点半，赵杰迎来了今天第一个顾客。"这是我腌的卷心菜。"听到门帘响动，赵杰忙去招待客人。顾客是个泰科的学生，她点了一份15元的猪肘面，赵杰送了一瓶小容量的苏打水。

"老板，来一碗猪脚米线和猪脚面，打包带走。""好嘞，稍等。"赵杰开始忙碌起来，这次的顾客是镇上的居民，开车路过这里顺便点餐带回家，从她们点餐的陌生程度可见，这是她们第一次进这家面店。

"您好，两碗面好了。""老板，我要的是一碗米线和一碗面呀。"其中一位顾客提出质疑。赵杰看了一眼已经包装好的两碗猪脚面，抱歉地笑了笑："不好意思啊，给您弄错了，您着急吗？我再给您重新做一碗，行吗？"赵杰重新做了一份猪脚米线，看到顾客满意地离开，赵杰才轻松地说："这碗面就当是我的午饭啦！"

就这样，一个中午，赵杰只卖出了5份面和米线，其中还包括一份退单。

而一个月过去后，赵杰不得不面临生意平平的尴尬现实。

是不是学生难以承受猪脚米线的价格呢？赵杰将食材一一取出，算了一笔经济账："主要是猪脚面的成本确实高呀。"他有些无奈。

"一份猪肘面放四片肉丝、两个肉皮。"说着话，赵杰用长筷往碗中加入了肉丝和肉皮，"肉皮的成本高，需要切好、泡蜂蜜、油炸、汤煮，这样口味才能外酥里嫩，按这个工艺算下来，一个肉皮的成本就 1 元 / 个。"赵杰又往另一只碗里夹了三块猪蹄："还有这个猪蹄就更别说了。猪脚的价格在 19—25 元之间，清洗完之后就用高汤炖煮，一般要炖两三个小时，然后再剁成小块。一般来说，一份面要放 4 块猪脚，去掉成本，一碗面能赚四五元钱。"老板将两只碗放在桌上，又指了指食材存放的地方，"辣椒和米线都是从云南运过来的，所以成本也相对高一些，除了食材的费用，还包括水电煤气、房租，以及人工费用。"

赵杰粗略算了一下，如果一天能卖出 50 碗面，按最低 10 元一份来算，一天能有 500 元进账，这就是非常理想的状态。"至少比打工强啊！"赵杰的观点代表了相当一部分本地打工人的现状，企业少、工资低，工人靠着长时间加班也只有四五千元工资，这与他之前的收入悬殊太大，虽然目前收入一般，但时间较为自由，可以更好地照顾家人。

赵杰是土生土长的泰安人，一直在临沂做塑料管销售，多年来在行业内积攒了不错的人脉，月薪能达到万元以上，但是，结婚后他一直考虑回到泰安后应该如何安顿。两三年前，他曾经花钱学过某品牌米线的制作技术，但各类条件不确定性让他的计划暂时搁浅，去年孩子的降生，又让他加快了返乡的步伐。

"很巧，原店主跟我是邻居，听说他要转让，我就接手了。"作为销售出身的赵杰，在接手之前对本地市场做了较全面的考虑，尤其，对泰城其他高校附近的商铺进行充分的比较观察，最终确定在泰山科技学院附近开启第一次创业。

现在他有些烦恼，开店 20 多天了，总共进账 6000 多元，为什么占据了天时地利，却没有得到预期的收益呢？

换门牌贴标识，探究顾客需求

无论赵杰如何自我反思，都只是建立在店家立场上的，想要真正改善现状，还需要多向顾客们请教，他决定主动出击，当顾客用餐的时候，他在一边坐了下来。

"同学，你觉得咸淡如何？""还行，挺合胃口的。"赵杰笑起来，"汤呀，我已经改过一版了。正版的云南米线是放韭菜的，咱们这边的人吃不惯，我就把韭菜拿掉了，而且正版的米线很咸的，结果咱们这边儿学生普遍反映汤太咸，我又把汤的咸淡调整了。"吃饭的学生点点头表示原来如此。

赵杰制作猪脚面（郑艺娆 摄）

中午时分，对面小学很安静，家长们接了孩子就直接回家，少有人进店消费。赵杰还发现，不同家长的消费态度差异很大。如果是母亲来接送孩子，会点两份面一起吃，如果是父亲接送孩子，只会点一份面。"可能对于中年男性来说，猪脚面、米线这种小吃，跟他们的饮食习惯不太匹配，或者担心吃不饱？"赵杰反思道，事实上，赵杰的面馆是可以免费续面的，但是很少有顾客主动提出这个要求，所以，他决定把"免费续面"的提示语贴在墙上。

但是，如果是爷爷奶奶接送孩子，几乎不带孩子进店吃饭，流动的糖葫芦、烤肠等小摊，却每天都生意火爆。赵杰很快意识到一个事实：小学生虽多，但消费能力有限，每天的生活费一般不超过10元。那么，增加烤肠或者爆米花，会不会产生一些效益？店里有个巨大的窗户，赵杰在那添了一张桌子，放置了烤肠机和爆米花机，肉肠价格是2元一小根、5元一大根，爆米花也选择小桶包装，用低价尽可能适应小学生的消费能力。

但是，本意是给小学生摆的，没想到主要消费是大学生，很多男同学吃一碗米线吃不饱，就会再买一两根烤肠。"烤肠一天能卖出三五根就不错了，爆米花卖得更是少之又少。"

闲着的时候，赵杰喜欢观察外面的行人，一到饭点，泰科的学生们便成群结队地从门口经过，虽然赵杰内心在疯狂揽客，但始终张不开嘴去招揽，所以学生们还是选择去镇上其他店铺。甚至，有的店铺在学校一公里之外，学生都愿意步行前往。这让赵杰更加困扰，更奇怪的是，最初他认为顾客群体应该是女性为主，没想到，被吸引来的男生反而更多，回头客也多。

赵杰很疑惑："学生是不喜欢吃猪脚面或米线呀，还是说不喜欢吃面条这一类的？"他思来想去，猜测是不是"猪脚"这两个字让顾客觉得不雅，于是他做出大的调整：将猪脚米线改为金汤米线，并重新装修了门面。

除了学生，他还注意到附近工地的工人，"一群人浩浩荡荡去镇上，买点馒头、烧饼、熟肉，又回工地了"。赵杰观察后意识到，猪脚米线或面似乎不是工人们的选择，如何才能留住这些"过路财神"呢？赵杰很是苦恼。

有时候，赵杰也会通过赠送饮料、发放两元优惠券等常规活动吸引顾客，但是生意依旧不温不火。

加大宣传力度，提高客流转化率

按照赵杰的预期，如果生意能够红火一些，就在微信群里每天发小额红包，并请手气最佳的顾客免费吃一份面，免费的顾客，再请一两个同学一起来吃，就能多卖出去一份。他是这样打算的，既能给顾客带来实惠，又能起到引流的作用。

然而，微信群最初只有 20 人，基数太小，怕活动缺乏大的影响力，赵杰一直未付诸行动。"老板，你先发一条试试，红包一出谁还'潜水'呀？领了红包的也不好意思不改天再来吃上一碗吧？要是我抢到了，肯定带朋友来吃。"经常来吃饭的学生小李，鼓励犹豫不决的赵杰。

小李建议赵杰："在门口放一个小黑板，用彩色笔写上门店活动内容，写得可爱一点，比如'今天是猪脚饭日'之类的，再写一些宣传语，喊大家来捡便宜，也可以关注学校的一些活动，在评论区打打广告。"赵杰接手门店一个多月，一直都在忙着产品改良，在宣传上处于空白。

紧接着，赵杰在微信群发布了促销红包。消息一出，群内立即活跃起来，大家在抢红包的同时，也给赵杰祝福，希望生意兴隆，也有学生不断被同学邀请进群，赵杰急忙介绍店里产品和活动规则。稍后的几天，也的确有学生结伴前来就餐，让赵杰感觉有了盼头。

赵杰的门店虽然离学校近，但周边餐饮店并不多，不能形成聚集效应。一次，赵杰与路过门店的学生闲聊。"你们去镇上都吃啥呀？面食之类的吃得多吗？"同学们的回答，坐实了赵杰的担忧，镇上餐饮店较多，基本上连成片，这样学生的可选性比较多，吃面的、吃包子的，都可以实现各自的意愿，而相互不耽搁。而赵杰这里只有米线和面，周边也没有其他餐饮，成了孤零零地存在。

虽然，镇上门店多，竞争大，但那里形成了商圈，可选性多，人流量也集中，不愁没生意。赵杰在接手时，并没有意识到这一点，他只是觉得门店离学校近，有位置优势，门口每天都有学生经过，但他忽视了转化率，店前人流量、转化率、客单价三者共同构成营业额，缺一不可。

认识到这一点，赵杰开始着手对接外卖平台，从服务半径上下功夫，同时也是借助外卖平台做好宣传，争取让更多的顾客品尝到猪脚米线。

再过两个月即将迎来暑假，赵杰的店会受到更大冲击。他做了两手准备，放假前他可以增加朝鲜冷面，主打酸甜口的荞麦面，既可口又减脂。暑期期间，他准备届时暂时闭店，去潍坊学习炒菜技术，或者去临沂学做小吃，比如学生喜欢的烤面筋之类，尽可能拓宽经营品类，吸引并留住更多的顾客。

短短一个月时间，赵杰不甘于现状，在40平方米的店里，积极探索求变。他相信，有志者，事竟成。（文：郑艺娆　指导教师：孙惠）

采写手记

跟猪脚店老板有缘相识到后期采访，全凭我爱吃。当我在寻找采访对象的时候，脑袋里第一闪现的就是猪脚店，因为我爱吃这家的米线，所以也想让更多人知道这家店。

第一次吃这家猪脚面是在去年12月份，印象里的猪脚店老板是位中年男子，态度谦和。正式采访前我和朋友去店里进行踩点，征求同意。不去不知道，一去有点蒙——老板换人了。新老板赵杰要年轻些，对采访有些犹豫，好在最后答应接受采访。

我把情况和老师说了，她推测老板的餐饮从业经验不足，谈不出多少经营之道，采访要转换思路，写老板的摸索、尝试、失败。

采访过程中，我们发现了一些亮点，老板踏踏实实做生意，虽然生意不景气，但从来没想过放弃，一直在坚持、摸索，认真听取每位顾客给出的意见，也将自己的想法付诸实践。

在当今就业困难的形势下，一个敢跳出自己的所长，而去开辟新方向的人勇气可嘉。作为一个餐饮业的新手，赵老板一直在朝着更好前进。他所表现的不仅是生存之道，更是人生之道——在现实的因素影响下改变，但并不为此折服，而是奋起尝试开辟新路，即使失败也不停止脚步，在失败中摸索，在摸索中走向成功。我真心希望老板的生意越来越好，能够有更多的人吃到这碗见证老板努力奋斗的猪脚面。（文：郑艺娆）

七旬老翁的流动粮店

导读 ::::

任宗宝在镇上摆了一辈子的摊，一直卖粮食。从粗粮到细粮再到杂粮，从收音机到电话再到手机，40多年中，他靠自己的小摊子，支撑起了一个家庭的生活——盖起三栋房子，为儿子娶了媳妇，供孩子们上学，虽然没有大富大贵，但他觉得自己是成功的。

"老任来了啊！""来喽！"每天下午，一辆电动三轮车准时出现在山口镇北村村委门口附近，老板熟练地把车停好，拿出自备小马扎坐下，这才跟老朋友们寒暄起来。三轮车上装的是五谷杂粮，被叫"老任"的任宗宝已经75岁，虽说只是个走街串巷的流动摊位老板，但他衣着整洁、皮鞋锃亮，跟他的老朋友们相比，任宗宝眼睛始终炯炯有神，坐在凳子上也腰板挺直，显得时髦又年轻。朋友有时候笑他"穿得像个大学教授"，他只笑笑也不反驳。

找出路：用收音机听国家政策

采访那天天气和暖，任宗宝也换了件呢子外套，面对朋友的说笑，他说："别看我现在摆摊卖粮食，当年我可差一点吃上公家饭，差一点咱就是拿退休金的人了。"

任宗宝出生于1949年，从20世纪70年代初，他一直在外地的供电厂做后勤工作，虽然工资不高，但工作稳定。随着两个儿子的先后出生，家庭的压力骤增。"在农村有了儿子，就得盖房子，就得多攒钱，就得给他娶媳妇。"虽然儿子才上小学，但任宗宝已经考虑到了二十年后的压力，他捏着几十块的工资算来算去，还是觉得供电厂的工作只能养家糊口，不能给家人提供更好的生活。这时，正赶上家里要分家，由于种种原因，他的小家并没有顺利地分到房子，为了能让老婆孩子安定下来，攒钱盖房成了最重要的任务。于是，1978年他放弃了供电厂的稳定工作,回到山口镇老家。

"辞职还有一个原因,当时我的身份是临时工,没想到我辞职两年后,厂里工人都转成正式工了。"任宗宝还是有些遗憾,如果他能转正,退休后也能有5000多元的工资了。但在当时的条件下,他只有返乡一条路。

在农村,仅靠种地是很难发财的,任宗宝明白,想改变生活必须想其他办法。他坚持每天听广播,了解国家各项政策,那时候他走到哪儿都拎着个收音机,就连在地里锄草时都要把收音机摆在地头,这个习惯有时也会受到大家嘲笑:"都笑话我,一个小小老百姓,还整天关心国家大事,闲得慌!"任宗宝哈哈笑起来,但他坚持认为,跟着国家的脚步走,准没错。

很快,"市场经济"这个词就传进了他的耳朵,渐渐地镇上开始出现了商店和饭店,集市上也出现了远道而来的香蕉芒果等。市场经济的风潮刚刚兴起,任宗宝就决定要"下海",他盘算着,自己做什么生意呢?

"从俺姥爷那一辈起,俺家就是粮商,别的行业不敢说,买卖粮食咱还是有门道、有经验。"说起粮食生意经,任宗宝很自信,他认为五谷杂

任宗宝每日出摊(吴笑笑 摄)

粮是生活必需品,但本地主要种植小麦、玉米两种主粮,以及黄豆、花生等作物,品种较为单一。随着老百姓日子越来越好,人们对一日三餐有了更高的要求,对谷类和杂粮种类的需求也越来越旺盛,20世纪80年代老百姓已经从"吃饱肚"过渡到"吃味道",未来会追求"吃品质",更需要优质的五谷杂粮。思忖再三,任宗宝决定跟他的父辈祖辈一样,继续做个粮商,他认为这是一条可以长期经营的生意。他没想到,一做就坚持了40多年。

信息差:多观察多总结多调整

关于生意经验,任宗宝认为:"自古以来,卖粮食不可能产生暴利,都是靠信息赚点差价。"他的姥爷和父亲都从事粮食买卖,他很小的时候就知道进货渠道,当时的农村信息闭塞,借助信息差"低价进高价出",就是粮食贩子的赚钱之道。但是,更用心的小贩,会随着顾客需求变化不断调整商品种类,

掌握信息差才能赚到钱。

20世纪80年代，电话还没有普及到普通老百姓家，任宗宝花了300元安装了一台拨盘电话，当时的300元意味着什么呢？任宗宝回忆，"猪肉价格是9毛3一斤，黄豆2毛钱一斤，绿豆6毛5一斤，花生3毛钱一斤，打工一天能赚2块5。"300元相当于普通人半年的收入了，但是"舍不得孩子套不住狼"，他相信只要掌握了进货途径，就一定能把生意做起来。

靠着这台昂贵的电话机，他很快与各地的粮食批发商建立了联系，就这样，一辆家用的独轮小推车，成就了一个走街串巷的小商贩。

粮食都是从其他地区批发而来，通常是在深夜由送货人员送达。例如，豆子主要来自于聊城、阳谷、河南和德州等地，大米来自东北，小麦来自聊城，等等。以黄豆为例，零售价为0.22元/斤，售价为0.25元/斤，每斤能有3分钱的利润，为了赚取这微薄的利润，他勤勤恳恳地奔波于远近各大集市上。凭借他没日没夜的努力，1982年，任宗宝盖起了第一栋房屋，1986年，第二栋房屋也盖好了，这就是市场经济带来的好处。

进货时，任宗宝事先通过电话联系批发商，并确定所需的粮食数量、具体价格和交货时间。粮食都是靠拖拉机运输的，货物一般在晚上运到，批发商会敲门或者砸墙来提醒，无数个这样的夜晚，任宗宝虽然躺在床上，但是耳朵却一直听着外面的动静，有时候装完货已经是凌晨两点，他只能简单做点饭，就赶赴集市。

虽然只是一车粮食的小生意，但售卖的时候也要保持耳清目明。俗话说"一手交钱一手交货"，但在外地赶集的时候，任宗宝会先收钱再给货，因为他曾经吃过亏："有一次去五十多里地外的集市，我把粮食给了买主之后，他竟然骑着三轮车跑了。我人生地不熟地，不能扔下摊子去追他，最后只能眼睁睁看他跑了。"从那时起，在熟悉的集市他依然秉持"一手交钱一手交货"的原则，但在陌生的集市，他总是先收钱才给称粮食。

任宗宝的粮食质量好，也从不缺斤短两，很快就有了稳定的顾客。生意不忙的时候，他就总结分析各类谷物的销量，敏锐地发现顾客的饮食变化。

20世纪80年代，他发现黄豆的销量最好，不仅价格便宜，还能制作成豆腐、豆浆、豆皮，这都是家常菜的主要作料，因此豆腐坊对黄豆的需求最大。为了能抓住这批"大"客户，他总是挑选出最优质的豆子供其选择，还会主动把自己的利润压低，卸货的时候他总是主动帮人扛进去。有时，他也会收获一块豆腐、两张豆皮之类的谢礼。

20世纪90年代开始，越来越多的家庭开始买大米和小米。"以前每家每户都喝'糊涂'（玉米面汤），吃煎饼、玉米饼子，有的家庭还会吃地瓜饼。"任宗宝回忆道。那时候把大米叫做"细粮"，用大锅熬一锅大米饭，喝汤吃米两不误，掀起锅盖的时候，大米的香味都能传到隔壁院子。任宗宝进了几次货，发现东北的大米颗粒饱满香味醇厚，顾客也说东北大米最好吃，从此他便只采购东北地区的大米。

很快，常见的粮食已经不能满足需求，人们更追求健康饮食、全面营养。除了黄豆，黑豆、红豆、荞麦、黑米、红米等都被端上了饭桌，家有孩子的需要搭配好的八宝粥，糖尿病人需要无蔗糖的糙米，任宗宝算着每个品类的销售情况，很快就能发现人们的新需求。40多年来，他靠着细心、耐心、用心，把流动粮店的生意坚持下来。

很重要：乡村老人需要流动粮店

现在，任宗宝独居在1998年盖的老院里，堂屋摆放着老式的八仙桌、大衣柜。十年前铺的水泥地面已经出现破损，但爱干净的任宗宝每天早上第一件事就是收拾屋子。他的木床已经很老，靠近墙面的位置挂着颜色不一的床围，虽然家具古老，但屋子里干干净净。

卖货的电动三轮车一般停在院门里，这是任宗宝的第四辆车。最初，任宗宝用独轮车进货卖货，后来换成了自行车、柴油三轮车，最后换成了电动三轮车。

推着独轮车走街串巷可是个苦差事，独轮车虽然轻便好上手，但每次只能装100多斤货物，任宗宝每天要往返几十公里赶集卖货，没有集市他就走街串巷，每天都到黄昏才回家，再厚实的布鞋鞋底都磨烂了，后来他就换成橡胶底的解放鞋，售价4元钱的解放鞋，他一年也要穿坏两双。

集市卖货也是需要摊位费的，一般是1元钱，为了能抢到最好的摊位，任宗宝凌晨三点就要推着满载货物的独轮车出发，他常去山口镇、祝阳镇、范镇、省庄等附近乡镇的集市，如果去化马湾、良庄这种较远的集市，一般要到下午3点才能启程回家。所以，他的午饭都是在集市上解决，火烧、锅饼、油条是他最常吃的，油条每斤4毛5，薄饼每斤3毛多，而火烧每个只需七分钱，所以，他最常吃的还是火烧配咸菜。

终于，1988年他花80元买了辆二手自行车，这个价格只有正常价格的一半，但这辆车质量过硬经久耐用，他每次能够携带200—300斤的货物，骑车进货卖货，大大提高了效率。

再后来，他又升级到了柴油三轮车、电动三轮车，这让他能穿梭到更远的集市卖货，也能让已入耄耋之年的他依然能在街头卖货。

采访时，偶遇任宗宝的亲家来买货，同样的年龄，亲家已经耳聋到完全听不清声音，但任宗宝耳清目明，记忆和谈吐都非常地清晰，牙齿一颗未落，他说，每天赶集卖货，让自己养成了固定的生活节奏，他很自律，每天都要求自己衣着干净、体面。

随着时代的变化，粮食的价格早已透明，年轻人更喜欢从超市或者网上购买食材。但镇上的老人比较多，也不会网购，大家还是更习惯在任宗宝的摊位上，亲手摸一摸、看一看，才放心地买回家。孟庆山就是他的老顾客，"几十年了，一看老任车子上有啥，就知道现在流行啥。"只要任宗宝出摊，他就拿着马扎坐在附近，老哥俩聊会天，也是他们打发时间的方式。

赶一次集，任宗宝的销售额100多元，去掉成本能赚30元左右，对他来说已经足够。"现在孩子都大了，我该负的责任都尽到了，现在赶集就是为了这些老顾客，也是为了自己。"

那天，我们采访时有几位老顾客来买粮，他们彼此很熟悉，对方只要用手指头一指某个袋子，任宗宝就能把粮食准确地称好。"上了年纪吃得少，每次买个二斤就行。"这是他对老顾客们的了解。如果哪位老人一周都没出来买粮，他就要去打听探望一下。买卖粮食成为乡村老人之间互相关心的一种方式。

采访结束前，我们问了最后一个问题："您卖了一辈子粮食，您觉得算成功吗？"他颔首微笑，凭借着买卖粮食，他盖起三栋房子，为儿子娶了媳妇，供孩子们上学。"虽然没有过上大富大贵的生活，但这就是自己想要的安稳生活。"他觉得，"自己是成功的。"（文：吴笑笑　杨汉雪　指导教师：孙惠）

采写手记

这是一次很特殊的采访，我们从未采访过年纪这么大的商户，而且他的故事时间上跨度非常大，我们感到惴惴不安，担心采访对象不配合，担心会遗漏重要信息，担心我们水平低提不出有深度的问题，担心写不出满意的稿件，幸负老人对我们的信任……面对一位老爷爷，我们的心理压力很大。为了完成好采访，我们进行了充分的准备，查阅了很多资料，列出整整两页的采访问题。

尽管准备充分，但还是困难重重。第一次采访，我们找不到人，打电话时对方也吱吱呜呜什么也说不出来。最后在孙老师、赵老师和烧烤店老板共同帮助下，我们才勉强找到了他。我们赶过去时刚好碰上村里办酒席，老爷爷饮酒过量，只能约下第二次采访的时间。

几天后，我们终于完成了采访，了解了在改革开放的这些年里普通乡镇的巨大变化，更为任爷爷呈现出的小商人的智慧而感动。任爷爷的经历不仅是一段个人奋斗的历程，更像是20世纪80年代勇于从事商业的一代人的写照。

我们没经历那个年代，历史课本也只有宏观的描述和定义，但从任爷爷的言语中，可以了解当年的流动粮贩迎难而上，到现在时代快速发展下粮贩的隐退，任爷爷从小推车到自行车，再到电动三轮车，房子从土房子到青砖房再到现在的石灰房，我们强烈地感受到，普通人的命运与时代的关系如此密切。

作为00后，我们没有历经过激情澎湃的发展年代，也没有经受过饥饿贫穷，对现实是缺乏认知的，但是任爷爷那代人坚韧不拔的奋斗精神，让我学会尊重每一位历经岁月的老人。（文：吴笑笑　杨汉雪）

五年三家铁锅炖

导读

　　五年开三店，宋健、康燕夫妻二人的创业之路不可谓不艰辛，最终，他们的铁锅炖小店生意开始红火起来。二人的创业之路，既展示了底层百姓为了谋生而表现出的辛苦勤奋与坚韧不拔，又体现了商业运行的最底层的规律。

　　2019 年之前，宋健还是上高镇工厂的一名锅炉工，康燕则是超市的生鲜售卖员。"没想到，烧锅炉的烧起了铁锅炖，卖生鲜的变成了买生鲜的。"宋健、康燕夫妻俩调侃道。

锅炉工创业

　　与很多创业者的故事相似，随着孩子的出生和成长，家庭生活压力逐渐增大，宋健工作之余也开滴滴补贴家用，但这并不能真正解决问题，经过深思熟虑，夫妻二人辞去了原先的工作，决心创业。

　　可是创业并非易事，项目的选择就是第一个大难题。苦闷之余，一个朋友请夫妻二人吃铁锅炖。没想到，一口下肚，铁锅炖的味道便征服了二人，加盟铁锅炖！

　　他们马不停蹄地考察市场，但尝过几家加盟店之后，总感觉味道差点意思，是选择最正宗的味道，还是图省事选择差强人意的味道？花费重金学的技术，是否能赚钱呢？

　　经过反复商议，宋健决定去辽宁沈阳，到东北铁锅炖最正宗的地方学习技术。回来后，宋健为家人做了一次铁锅炖。在吃完这顿饭后，大家藏在心里的担忧消失殆尽，他们相信，只要足够正宗、美味，生意一定会好的。

　　下一个问题就是选址。经过全方位考察，他们决定把店开在天乐城马路对面。这里位于泰安南部新城，紧挨着 104 国道和京福、京沪两条高速公路，游客众多人流密集，他们觉得这里肯定能带来较大的客流量。

于是，夫妻二人将多年积攒下的 20 多万元积蓄全部投进小店中。

虽然是 5 年前的事情，但康燕还清楚地记得开业那天的场景。为了图个喜庆，开业当天准备了大批的烟花爆竹等，开业第一天的客人主要是亲朋好友和街坊邻居，这一顿就成为"温锅"，大家的捧场也是为了图个喜庆。

作为当时天乐城周边唯一的铁锅炖，几乎没有同行竞争的压力，因此，每到饭点，店里就座无虚席。

"天天铁锅炖烧烤"生意红火（常永昊 摄）

为了让顾客有更好的就餐体验，大到店面的内外装饰，小到餐具细节的选择，康燕都事无巨细，她深信，细节决定成败，除了味道好，舒适的环境也是至关重要的。

一场骗局

宋健沉默寡言，一门心思琢磨如何改善铁锅炖的口味。这些年，他养成了一个习惯，在客人离开后，他都会用勺子捞一下锅底，如果剩余的食材比较多，他会亲口尝一下剩的食材，以确定究竟是客人胃口小，还是铁锅炖的口味出了问题。

慢慢地，"天天铁锅炖烧烤"的口味越来越适合泰安本地人，原因是宋健在原有 20 多味料的基础上，又增加了 8 种"秘方配料"。

相对于炒料，饼子制作的难度也不小。早期，一掀开锅盖，饼子就在汤上滚动，尽管客人没说什么，但宋健觉得脸红。饼子的种类很多，有水饼，长长地垂到锅壁上，呈透明状；有死面饼，口感劲道嚼劲十足；宋健用的是杂面饼，用玉米面和白面进行发酵，口感酥软、色泽金黄。

在宋健的手里，小小的面团异常乖巧，在他看似随意的烀饼子动作背后，是夜以继日地练习。

创业的道路很难一帆风顺，他们曾遭遇过一次诈骗。有一次，康燕接到了一个订餐电话，对方要订十锅铁锅炖大鹅，"对方操着一口南方口音，我一开始就有点怀疑，但是店里的老顾客实在太多了，也就信了。其实是很常见的套路，但是当时太想接单，这才上了当"。

康燕第二天一大早就去了菜市场准备相关食材，大鹅是店里最贵的食材，10锅铁锅炖的成本在3300元左右。

为求保险，康燕要求对方先付定金，但对方竟又要求她准备十箱矿泉水，且要垫付矿泉水的费用。看着满满当当的十锅炖大鹅，康燕也答应下来，但临近中午对方也没有出现，反而又要求购买大宗罐头，并指定了罐头供应商。到这时候，夫妻俩才明白遭遇了骗局。

两人赶紧报了警，才知道本地多家店铺都遇到同类诈骗，诈骗术并不高级，主要是利用了店家做生意的急切心理。虽然没有造成更大的经济损失，但十锅大鹅就白白浪费了，只好选择送人或丢掉。

新店三迁

凭借着好味道和周到服务，夫妻俩的铁锅炖渐渐干出了名堂，回头客增多，也有不少顾客闻名而来。一切被摁下了暂停键，在那段特殊时期，康燕夫妻也只能暂时闭店。

没想到，几年下来，此时市场情况与地区发展早已发生了翻天覆地的变化。

俗话说"人挪死，树挪活"，2021年，康燕、宋健筹划着换个地方开新店。他们考察了济宁、新泰及岱岳区周边乡镇，最后决定将新店开在山口镇。

"泰安人从小就知道金山口、银满庄，山口的经济发展得不错，而且还有泰山科技学院，消费群体比其他地方更稳定。"康燕说。在这样的考虑之下，他们的第二家店落户在山口镇文化路，并将新店取名为"齐鲁地锅烧烤"。

这家店面积不大，只有一层6个包间，为了让顾客体验更好，也为了确保消防安全，他们又对新店进行升级改造，形成了更安全的"一锅一灶"模式。

为吸引和回馈新老顾客，店里还推出了"进店即送一箱啤酒""买一锅送一锅""9毛9十串羊肉串"等一系列促销活动，凭借有吸引力的营销和良好的口碑，齐鲁铁锅炖迅速在山口打开局面。

新店刚有起色，附近高校实施了全封闭式管理，康燕的店也不断地闭店、重开，在热切期盼中，他们迎来了充满希望的2023年，沉寂许久的店终于活了起来。

然而，仅仅一个月的喧嚣之后，237省道的修路彻底打破了他们的经营。"道路不通，客人过不来，有时候店里一天都开不了一桌"，康燕说，为了维持下去，她不得不辞退所有的钟点工,店里只余夫妻二人。这也让康燕、宋健意识到,店面位置选择的重要性。

寻来寻去,他们找到了这个位于237省道和山口北村交叉口的店面,店内有西、南两个门,无论客人从237主道来,还是从泰山科技学院的方向来,进出都非常方便。

而且,这家店分楼上楼下共200平方米,大厅可以堂食,楼上包间也适合聚餐,更重要的是,这家店铺距离泰山科技学院仅有1000米。7万的年租金不算便宜,思来想去,二人咬着牙签下了合同。10月10日,"天天铁锅炖烧烤"正式开业。

"孤注一掷的心态吧,如果行,就继续坚持下去,不行,我们就老老实实回去上班,再也不想三想四。"夫妻二人摆出了破釜沉舟的架势,"其实人就是这样的,不给自己留回头路的情况下,反而能有起色。其实,无论生意大小,努力很重要,机遇也很重要。"

终成"网红"

康燕年纪不大,但近距离沟通时不难发现她眼周细密的纹路,这是长期睡眠不足造成的。新店开业以来,夫妻二人每天只能睡4个小时左右,是那条街上关门最晚的店。

晚上10点,当最后一波客人离店,康燕和宋健也开始了新一轮的工作。店里有6种地锅,但猪排是点单率最高的,因此宋健每天都要剁60多斤猪排,将其分成均匀的小块,分袋放在冰箱里。

羊排也深受食客喜欢,宋健会选择28斤以下的小羊的羊排,这样的羊排口感有弹性、不膻气,每晚他都要准备出25斤羊排。剁肉是个体力活,这80多斤排骨耗时两个多小时,然后加盐、泡水,直至血水全部泡出,大约需要三个小时才能备餐完毕。

康燕会在这个时间腌制第二天用的凉菜,海带需要泡发、调料、搅拌,20多斤海带几乎每天都会用光,食客们对海带凉菜也是赞不绝口。随后,康燕会把第二天用到的葱姜蒜等各种配菜切好,分类备用。

等这一切忙完,天边已经泛起了一丝亮光,在清晨的凛冽的气息中,两人回家享受4个小时的睡眠,8点就要准备开店。这样的生忙忙碌碌的生活,他们还将继续坚持。

仅仅月余，这家"满月店"就成了有名的网红店，中午还好，每天晚上70%的桌都被预订出去，五点半之后的顾客，只能选择等待或者下次光顾，三倍的翻台率，让夫妻俩振奋之余，也忙得脚不沾地。

今后或许还会遇到更多难关，但夫妻俩脸上漾起的是乐观的笑："作为一个普通得不能再普通的个体户，坦诚平凡，笑着面对，生活也会回赠我们宽容。"

（文：常永昊　指导教师：孙惠）

采写手记

起初，我刚刚接到这个采访任务时一头雾水，就一家一家店地去问，肯接受我采访的寥寥无几。最后没办法，甚至抛出了"我是学校表白墙"的鬼话，在我的软磨硬泡下，天天烧烤铁锅炖店长终于接受了我们的采访。

在采访过程，聆听了他们夫妻的故事，发现他们也有着我难以想象坚毅与心酸，但又转念一想，我们的生活不就是这一个个有血有肉普通人的集合？从电厂烧锅炉的工人成了烧铁锅炖的大厨，从超市生鲜售卖员到铁锅炖生鲜采购员，或者我的文字只能轻描淡写，但"打工人"的创业本来就是这样，没有什么"大咖马云""亿万富翁""大集团股东"……而是一家餐饮店、一个小吃店。

大多数人，包括我，或许只会奔赴平凡，小时候老师总告诉我们要做英雄成为伟大的人，平凡普通似乎成了一种罪过，但是没关系，能够接纳自己的普通也是一种勇气呀！

当我问及开店的成本和收益时，宋健夫妻脸色便黯淡下来，他们给我算了一笔粗陋的经济账，这里面包含了店面租金、装修费用、设备采购、食材费用和人力成本，这里面最贵的是装修和设备费，别看就是农村的一家餐馆，没有个大几十万的投入根本开不起来。疫情之后，生意逐渐好转，但离赚回本还有很长一段距离。

宋健对此倒是充满了希望，他说铁锅炖的初始投入相对较高，但考虑到其受欢迎程度和盈利能力，这些投入是值得的。（文：常永昊）

流血的小牛

导读 ▪▪▪▪

　　选择了养牛的吴表军，满怀着致富的梦想，却在付出巨大努力之后，收获了绝望。他未来的出路在哪里？这不仅是吴表军的困惑，也是无数与他有着类似命运的中国农民的困惑。

　　还未踏入吴家的院子，一股浓烈得令人作呕的臭味便借着风势迎面而来，吴表军夫妻俩却表示，早已习惯了与臭味相伴。

　　家住山东省滨州市惠民县石庙镇的吴表军是个地地道道的农民，养殖干了很多年。被问起为啥不踏实种地，吴表军毫不讳言："种地风险不大，能挣回农药化肥种子钱就不错了，养猪养牛有风险，但养好了能挣钱啊。"

低价卖牛心头滴血

　　腊月二十八，家家户户都忙着采办年货，吴表军一家却在苦等牛贩子，两只刚满一岁的黄牛今天就要被卖掉了。和前段时间相比，两只牛瘦了很多，由于近期价格不断下滑，为了节省饲料的成本，妻子李洪玉舍不得往草里掺料，为了能减轻饲养负担，吴表军临时决定卖掉其中的两头。

　　养牛就是为了卖牛赚钱，但是今天吴表军并不开心，往年同期牛价在 16 元/斤，今年的行情大不如前，他只能寄希望于中间人，能帮他在牛贩子那里多争取一点。

　　"啥？11.8 一斤？"吴表军震惊地连连摆手，作势将牛栏的门关上，牛贩子见惯了这种场面，对价格丝毫不让，双方争执不下，牛贩子开车离去。

　　这时候中间人就开始发挥作用了，既要让牛贩子充分体谅养殖户的艰难，也要让养殖户了解市场的变幻莫测，经过艰苦的拉锯，双方最终以 11.9 元/斤的价格成交。

　　或许是知道被卖掉的命运，两只牛犯上了牛劲，从早上开始不饮水也不吃草料。无论牛贩子怎么使劲拉，牛梗着脖子就是纹丝不动。吴表军心里难受，其中一头牛的牛鼻环尺寸不合适，只要稍微用力牛鼻子就会出血，他一直想配一只新的鼻环，可总是忘掉。

　　牛低着头不动，鼻子里的血一滴滴落到地上，吴表军紧跑几步从收牛户手里抢过缰绳，可是到了牛跟前又说不出话，他抖了抖缰绳，看到主人的动作，牛低下头终于挪动脚步走出牛圈，它们接受了自己的命运。

　　少了两头牛，牛圈里冷清了不少，两头牛共卖了21000元，算完各种成本，吴表军并没有赚到什么钱，但是仅仅过了一周，春节后的牛价降到10元/斤，这让吴表军陷入更深的担忧：牛，到底还养不养？

村里的第一台摩托车

　　吴表军是近几年才开始养牛的，之前他还养过猪，更早的时候，他在村里的砖窑厂做工人。

　　1994年，吴表军接了父亲在砖窑的班，当时这可是一份让人羡慕的好差事。"每天能有30多块钱工资，当时还不流行外出打工，地里种着粮食，手里捏着工资，别提多舒服了！"吴表军回忆道，他过日子精打细算，1998年就花4000多元买了一台最流行的豪爵摩托，村里有摩托的没几家，骑着摩托车风驰电掣的时光，让吴表军很是惬意。

　　"进窑厂，笑嘻嘻，冬天穿着夏天衣，一年吃着五年的饭，整天出着牛马力。"砖窑的活并不轻松，但吴表军在砖窑工作了17年，这期间村里的年轻人陆续进城做工，工资待遇都比砖窑好得多，但是看着两个年幼的女儿，他还是决定继续在砖窑待着。

　　进入21世纪，砖窑环保标准不达标，再加上实心黏土砖被禁用，在淘汰落后产能的大背景下，大量的小砖窑都面临关闭或者被炸的结局，他所在的砖窑也在2009年被炸掉了。

　　"我有B2的驾照能开大货车，可惜赚不了这份钱啊。"货车司机除了送货，还需要搬货，吴表军可以开车却无法搬货，都是因为他腰上那道十几公分长的老伤。

　　那是前几年的一次事故。砖窑烧制好的砖要及时装车，吴表军熟练地将堆叠在地上的红砖用铁钳钳住，再将红砖搬到三轮车上，另一名工人在车上负责把红砖堆叠整齐。夏天的暴雨说来就来，土地吸饱了水分变得泥泞湿滑，三轮车深深地陷进湿泥中，两人配合默契共同发力。突然，装满砖的车突然发生侧翻，数百斤的砖块砸向吴表军，鲜血染红了衣服。

看着这道宽三四厘米、长十几厘米的伤口，吴表军并没当回事，回家清洗了伤口涂抹上红药水。对砖窑厂的工人来说，受伤是常事，每次他都是在家里做简单的处理。但，一个多月后，他感觉到不一样了："使不上劲了，一干重活腰就疼得受不了。"这道伤疤成为砖窑留给他的印记，也影响了他之后的人生。

养猪赔了十几万

砖窑关了，吴表军只能在县城工地上打零工，工资也只有其他工人的一半。为了省钱，他中午买一碗大锅菜几个包子，幸运的话可以喝点店里早餐剩下的免费小米粥。他严格要求自己，每天的生活费不超过十块。

后来，他在村里干过建筑工，一天3块钱工钱；在天津开过货车，一天24块钱；后来他又在纺织厂、面粉厂工作过，随着年龄增长和孩子长大，摆在他面前的有两条路：继续外出打工或留在家里搞养殖。

那几年猪的价格水涨船高，村里不少人家都养起了猪，有人还建起了猪棚开始规模化养殖。幸运的是，吴表军养的第一窝猪就卖了4000多元，几年摸索下来，吴表军也扩大养殖规模，建了一座270平方米的猪棚。

为了省钱，猪棚是吴表军夫妻俩亲手盖的，用1米多高的砖墙分成10多个小圈。每个猪圈能容纳一头母猪和若干只小猪，小猪长到三四个月后会断奶、分圈，小猪会集中待在一个单独的猪圈里。

最多的时候，吴表军养了100多头猪，一次要买5吨猪饲料，再把饲料和玉米麸子搅拌起来，1吨饲料可以供猪吃10天。

对养猪，吴表军觉得自己运气一般，刚养猪那几年都是赚钱的，自从盖起了大型猪圈，猪肉的价格就开始下跌。从最初一年赔三万，再到六万，连续四年亏本，第五年的时候，吴表军绝望地把猪全部卖掉了。一算总账，总共赔了十几万，几乎把之前攒下的钱赔个精光，一下子，生活又回到了几年前。

路在何方？

再次打工的日子里，吴表军受尽老板的冷眼，尝尽辛酸苦辣。于是决定，干完几年就再次回家另谋出路。多年的养殖经验积累，吴表军在猪牛养殖方面已经具备了丰富的技能和知识，如疾病防治、饲料调配和草料储存等，思来想去，他又盯上了养牛。

养牛并非易事，很辛苦。牛的饭量大，且需要每天多次喂养——家里有一只洗衣盆，一头牛一次就需要三盆料。妻子李洪玉每天都在喂牛、拌草料、喂牛、拌草料的不断循环中。到了冬天，喂牛的成本更高，为了让牛喝上热水，家里的锅炉从不熄火，40升的水桶，牛在早晚需要各喝一桶，才能让牛抵御严寒，仅冬季的煤炭就需要耗费3000多斤。

吴表军和仅剩的牛（吴笑笑 摄）

上午10时许，可以把牛牵到空地晒太阳、排泄，吴表军和妻子就利用这个时间骑着三轮车去屯放草料的地方装料，每次要装满两车。这需要两三个小时紧锣密鼓地劳作，用铁锹铲料的动作要重复几百遍。冬季草料会被冻得更结实，妻子的腰不好，每一次铲料都要用膝盖顶住铁锹的木杆，靠着身体的重力才能铲起来，但长此以往，她的膝盖也出了毛病。

晚上10点，最后一次喂草料、喂热水，这一天的喂养才算结束。

由于牛犊尚小未能出售，家中牛的数量一度增至八头，每天的草料消耗巨大，喂养专用的玉米粒饲料也需要定期购买。牛一旦生病，更是需要不菲的花销，比如，几个月前，由于草料保存不当，部分牛出现了腹泻，仅药费就花去了五百多元，类似的日常开销让家庭经济压力倍增。

与努力付出形成反差的是市场的不配合。仅仅3年的时间，牛的价值就从16元/斤，降到了现在的10元/斤。对养殖户来讲，这是一个赔本的价格。吴表军知道养牛没有意义了。

吴表军决定，在春节过后将这些牛全部卖掉，转而寻找新的发展机会。

在小型养殖的圈子里摸爬滚打多年后，吴表军不明白，为什么自己的努力没有带来应有回报。市场经济的理论，对于吴表军这样一个农民来讲，太深奥了。他能明白的，是只要付出努力，就能换回应有的报酬。但市场无情，吴表军努力了这么多年，只收获了一个赔钱的结果。

未来的出路在哪里？这不仅是吴表军的困惑，也是无数与吴表军有着类似

命运的中国农民的困惑。

53岁的吴表军，又回到了建筑工地做杂活。他还在观望新的机遇，他希望通过不断探索和尝试，找到一条更加适合自己的致富之路。（文：吴笑笑　指导教师：孙惠）

采写手记

吴表军、李洪玉是我的爸爸妈妈。

在这次采访之前，我从小到大听到的最多的一句话就是"等咱家有钱了，就……"现在我已经21岁了，爸妈这些美好的期待基本都没有实现。我不明白我家为什么一直这么穷，甚至我的学费都要申请助学贷款。在我的印象中，爸妈始终在忙忙碌碌，难道是他们还不够努力吗？

这次采访后，我为自己的想法感到羞愧。原来，过去的30年里，他们抱着把日子过好的愿望，始终没有停止奋斗的脚步，五十知天命的年纪，他们还在磕磕碰碰中寻找致富之路。

岂止是我的父母呢？村里的大部分家庭都是如此，种地、打工、养牲畜，可是在他们脸上并没有看到幸福和满足，我不禁思考，农民的出路到底在哪里？

春节前，我和爸妈去赶集，遇到一个卖萝卜的老爷爷，在一排花花绿绿的卖年货的商家里，佝偻着身子的他显得尤为突出。他卖的是萝卜，只卖两毛钱一斤，可是农村几乎都种植萝卜，老爷爷的摊位无人问津。妈妈买了十多斤，足够腌一大缸咸菜，可是也只花了两元钱。我不明白，老人为什么在零下十摄氏度的天气里赶集卖萝卜，几块钱对他来说又有什么用？可是妈妈说，农民都是自给自足，能用到钱的地方不多，几块钱也能让老人买一点肉或者水果。

去年沸沸扬扬的李佳琦事件时，我对这一事件没有太大反应，但是经过假期的见闻，我深刻地体会到了农民的不易。成功与努力程度有关，但对于我父母这一代农民来说，闭塞的生活环境、盲目跟风的养殖，对市场需求和走势的一无所知，养殖户哪怕再努力，都不会给他带来改变。

这次采访很"小"，小到只是一个家庭的故事。这次采访也很"大"，大到是与他们一样的千千万万个农民的缩影。如果没有这次采访，与父母生活了二十余年的我，还意识不到他们是如此的努力和坚强，还没感受到市场这个无形的杠杆的巨大能量，它可以在一年内就将农户打入绝境。

市场行情不是小型养殖户可以控制的。没有文化的底层农民只能付出体力劳动，但体力劳动者发不了财，没有钱就不舍得交养老保险，最终只能靠子女来赡养。

对于小养殖户来说，想多赚钱就必须增量，但要想赔得少，就只能少养，同样，养得少赚得也少，很容易陷入死循环。

上学期我学了《财务管理》，这学期正在修《人力资源》，但是怎么把理论应用到我父母这样的小养殖户身上呢？我一直在思考，希望有一天能帮助到和我一样的家庭。（文：吴笑笑）

读者评论

这篇写得太好了，就是专业作家，也不过如此。充满细节，只有真正热爱生活（后来我才知道写的作者父母），才能如此细腻动人，尤其开头写两只小牛那一章，栩栩如生。

从大的方面讲，农民的出路只能是进城，没有其他。我高中毕业的时候，家里6口人，水稻田才0.9亩，就是今天产1000斤谷子，能卖多少钱？2000元不到。如果农村人口减少95%，剩下农民的日子就好过了，而且规模化生产的效率更好，产出只多不少。其余人口在城市里生活，要相信集聚的城市才能有更多的就业机会。美国农业人口只有3%，却是世界第一粮食出口大国。

具体到养猪或者养牛，都是周期性的。但政策将波动放大了。比如，猪肉涨价，自然会吸引养猪投资，但这个时候政府不应该鼓励，因为这加大了一两年后的供给。牛肉降价，自然会流失养牛投资，但一两年后，牛肉供给大大减少，自然肉价大涨。但周期中的小个体就苦了。在美国的农户可以用期货来对冲风险。周期波动中文中错误时机入市的小户就是牺牲品了。但个体没有上帝视角和市场全景图，无法把握投资时机，只能寄望运气。

这有点像我们信息学院的汉语言文学专业，早就批了，但一直不让招生，但教育部和各省都这么"计划"，10年后就没有汉语言文学学生了，那个时候再激励？今天没有学生报考建筑设计专业，10年后肯定断层啊。

作者有天赋，值得关注和培养。再学些经济学常识，以后至少父母的投资失误尽量避免。（文：彭鸿斌）

牛肉汤馆中的"海归"厨房长

导读 ●●●●●

初中毕业的周长军经历丰富——做了 2 年的后厨学徒,铺过 5 年的木地板,24 岁结婚,25 岁赴日本务工,3 年后归国,再赴韩国一干就是 8 年,从一个后厨小工一路晋升成了厨房长,成了名副其实的"一把勺"。然后,36 岁的他回到镇上,开起了"鑫盛源牛肉汤馆"。

留着干净利落的小平头,头戴山口镇少见的一顶厨师帽,连下巴上的胡茬都是新的,从后厨走出来要仔仔细细地洗干净双手,42 岁的周长军怎么看都不像是乡镇的面馆老板。

"别人可能会说我装,我不在意,一个厨师得时刻保持干净卫生,面碗里不能有一根头发,端面的时候要双手捧着,不能单手。"周长军笑了下,"这套规矩是多年养成的习惯,改不掉。"

从日本到韩国

周长军的小店叫"鑫盛源牛肉汤馆",面积差不多有 50 平方米,2019 年装修开业,他是店长兼厨师。

周长军是土生土长的山口人,文化程度不高,初中毕业后四处打工——在后厨打过杂,跟人铺过 5 年的木地板,24 岁才结婚:"这在农村算晚婚了,其实还是条件不好,学习差但不能让人瞧不起,所以我拼了命地干,就为了活出个人样!"

周长军确实不怕吃苦,2007 年在青岛打工的时候,看到一家国际劳务公司的劳务派遣启事,当即就决定去日本做流水线工人。他说:"谁愿意出国工作啊?都是没办法的事情!上有老下有小,必须找更好的出路,才能让家里人轻松些。"

在日本最大难题就是语言不通，周长军回忆说："去之前，公司会做一些简单的日语培训，不过不够。我要有学外语的天赋，也不至于高中都没考上。"

周长军在日本一待就是三年，虽然工作单调枯燥，但也戒掉了年轻人身上固有的自由散漫。2011年劳务派遣结束，周长军回到泰安打了一年多的工，后来，他决定去韩国闯荡。那是一家位于韩国第六大城市大田的中华料理店，面积很大装修精致，在当地很有名气，"这家店有五楼，一楼是快餐，二楼是包间，三楼是容纳几百人的大宴会厅，四楼是韩餐，五楼是日式料理"。

老板是位和气的华侨，很照顾同胞，知道异国他乡闯荡很不容易，就安排初来乍到的周长军在后厨刷碗切菜剥洋葱，嘱咐韩国的同事不要欺负他。

说起日韩经历的不同，周长军这样分析："国家文化不同，日本要求严谨得多，工作流程不允许出错，韩国的工作强度大、节奏快，每天的工作时间在12小时以上。"

这段经历，不仅让周长军开阔了视野，也让他积累了宝贵的职业认知和习惯。

自学韩语

在韩国，周长军最大梦想就是当厨房长，他说："'一把勺'的工资比刷碗的高好几倍呢。"所以，他干活非常实在、勤快，韩国人上午9点才来上班，他每天六点多就到岗了，提前把一天要用的食材准备好。

光有梦想和努力是不够，要晋升为配菜工，首先就要克服语言难关。周长军说："这和在日本工厂不一样，在工厂里你能听懂基本指令就行，但在餐厅不行，菜单是韩语，客人说的都是韩语，不会韩国话连配菜单都看不懂。没办法，只能在那个环境里逼着自己学。"

周长军不舍得花钱报语言班，就跟韩国同事学。他随身装着一个小本子，学到一个词就请韩国同事帮忙在本子上写下韩语，自己补上中文意思，晚上睡觉前再反复练习韩语字母，然后背诵多遍。

有一次，前厅客人很多，厨房长把周长军派了过去，给客人拿碗碟之类的餐具，一个客人喊住了他，不停地重复着一个词，发音类似"卡位"。周长军听不懂，用手比画表示自己听不懂，客人也不恼，起身去拿了把剪刀。周长军一下子反应过来了，赶紧在小本子上记下来：剪刀（谐音"卡位"）。

周长军似乎找到了好办法，从此单词旁边多了个括弧，中文谐音替代韩语发音。事实证明，这一招效果的确不错，虽然学不到正宗腔调，但好在能和同事沟通清楚："副厨房长喊话切菜的时候，我能听懂让我切什么菜了。"

碰上后厨不忙的时候，他就会跑前台偷懒，躲一边听韩国人聊天，观察他们的表情，判断话里的情绪，遇到不懂的就问前台，然后记在本子上。自学了大半年，周长军可以用简单的韩语和人沟通，遇到复杂的句式，他就借助手机里的翻译软件交流。

晋升厨房长

后来，厨房长看他工作努力为人踏实，于是调他去负责配菜。周长军能吃苦能拼搏，有一回三楼要办几百人的宴会，周长军凌晨就到了店里，一直干到所有人上班，老板第一句话就问菜配齐了没有，"好几百人的凉菜我全部配好，整理好，拉到楼上摆盘，老板一开始不相信，上了三楼一看，非常惊讶我的速度。"

也就是这一次机遇，老板决定提拔周长军做炸锅掌勺，"韩国人可喜欢吃油炸的了，像什么糖醋肉、基里虾、烹虾都是，韩剧里说韩国人喜欢炸鸡配啤酒就是这么来的"。

只负责炸锅不是周长军想要的。平时他就在边上看，和其他人聊天，这道菜要用什么料，什么比例配备，要炒多长时间，聊完就记在小本子上，每天放口袋里，每天都记好几页。遇到副厨房长休班的时候，他的机会就来了。厨房长让他炒菜试试，如果炒得难吃就扔掉，炒得好吃就留下。就这样，又过两三年，他当上了副厨房长，再后来厨房长离职，周长军就顶了他的班。

被问到厨房长的月薪，周长军很高兴："四百万韩币左右，按当时的汇率，差不多有一万五人民币！"

出国务工的待遇比国内高不少，但最让周长军难受的是想家，平时只能和家人打视频电话，每年仅有一次带薪休假机会，回家十几天就得回去。

作为父亲，周长军最自责的是没能陪伴女儿成长："每次一看到店里来了十几岁的女孩子，我就想起了闺女。想也没办法，为了挣钱，家里老人都是种地的农民，只能靠自己才能让家人过上好日子，必须得努力。"

归国创业开面馆

在韩国待了八年后，周长军决定回国，一则根在中国；二则爹妈年纪大了；总是心心念念要个孙子，所以就一直催他回来生二胎；三则自己年纪也大了。

回国后，思来想去，周长军决定开一家小饭馆："这也算是我的一个梦想吧，厨房长做不了，那就做老板。"

起初，周长军考虑继续做韩餐，但仔细琢磨了一下放弃了："都是土生土长的山口人，中老年人更喜欢吃传统面食，年轻人喜欢尝个鲜，但也不可能经常吃。"

周长军与儿子的快乐时光（杨汉雪 摄）

说干就干，周长军花了几个月的时间学习牛肉面和淮南牛肉汤的手艺，然后挑选了一个离两所学校都不远的地方开店。

开业那天，周长军按照镇上的传统习俗请人制作了喜庆的拱形门，燃放了10000响的鞭炮，恭恭敬敬地上供，开始了牛肉面馆的经营。

虽然一直从事餐饮业，但创业还是头一次。当时，镇上有5家牛肉汤店，其他各类餐饮小食也分布得十分密集，餐饮业竞争异常激烈。牛肉面没有深奥的做面技巧，也没有花哨的营销策略，周长军认为只有用新鲜的食材才能对得起顾客的信任，也对得起自己的良心。

创业初期，由于对客流量估算不准，准备的食材经常剩下："当天全部扔掉，我们要用干净的食材，不然自己的良心会不安。"

周长军诚信经营赢得了顾客的认可和信赖，在竞争激烈的山口镇立足下来。每天早晨是周长军最忙的时候：4点起床，5点去市场采购新鲜牛肉，骑着电动车驮到店里，赶在6点半前开店，迎接第一拨客人。

学生要上早自习，时间很赶，周长军需要在孩子们到来之前，迅速做好准备工作。倒面、加鸡蛋、搅拌，这些重复千遍的工作，他早已经熟稔于心："半大小子吃穷老子，这个年纪的孩子饭量都比较大，得吃饱！"周长军把每一碗面都盛得满满的。

店里学生多，周长军来回奔波在厨房和前堂之间，还不时地叮嘱："孩子，有点烫，慢慢吃，时间还早着呢，上学迟到不了。"

7点钟一过，店里暂时安静下来，但周长军一刻也不能闲着，要着手准备一天的食材：第一道工序是炖牛骨汤。牛肉面的口味取决于汤底，炖汤的主要原料是牛骨，慢工出细活，在2—3小时的慢火细炖中，让汤底释放出浓郁的香味和丰富营养。

第二道工序是炖牛肉。牛肉主要采用牛胸口肉、牛腩肉，牛肉是周长军每天早上亲自挑选买好的，确保新鲜。40分钟的炖制时间恰到好处，牛肉软硬适中，既不会过于酥烂而发散，也不会过硬而发柴。

第三道工序是和面，红烧牛肉汤面的面条需要和30分钟左右，让面团充分得到发酵。周长军每次做8至9斤的面粉，大概能做出25碗面。把面团发酵好，有客人的时候再取出来现做，这样也能保证面的新鲜。鑫源牛肉面口感细腻，这得益于他在和面中加入的鸡蛋，"我这的客人很多是初中生，还有泰山科技学院的学生，太硬的面会让孩子们消化不良。"周长军说。

忙完差不多要到中午点了，周长军才能忙里偷闲地坐下来给儿子打个电话，看着孩子奶声奶气地喊爸爸，一上午的劳累便烟消云散了。

小店扛起一个家

开店3年，周长军先后投入了20多万元。他给我们算了一笔账：每天的房租就80多元，免费提供的辣椒油、小咸菜、垃圾袋，每日购买的面、肉等食材，加上煤气、电费成本，每天的成本就是两三百元，在此基础上还有周长军和两个工人的人工成本，他早上一睁眼就要面临着500元的经营任务。13元一碗的牛肉面，至少卖40碗才能保本。

尽管生活在镇上，但每年的家庭开支也要10多万元。一家四口的各类保险费是必须购买的，这是未来的保障，孩子的学费、生活费，老人的养老费，以及家庭日常的衣食住行、柴米油盐酱醋等，家庭的希望都压在这家小店上。

因为疫情，镇上的店铺经历了几次大洗牌，当初的五家牛肉汤店，如今只剩下周长军这一家。

无论多难，周长军始终都没有想过放弃，每天勤勤恳恳地工作，只为了能从一碗碗牛肉面里，赚出一家人的未来，他说："给孩子买房的钱攒得差不多了，得接着攒俩孩子结婚的钱。一天下来很累，但只要回到家抱着小孩，看着他一年一年地长大，我就觉得天塌下来都不怕。"

采访的最后，周长军道出了一件喜事——他带出了两个徒弟："我弟弟跟我学手艺，在市里也开了一家店，上个月刚送走一个东北的朋友，也是跟我学手艺的，这回应该快开业了吧！"

关于未来，周长军还有一个梦想："我这里是总店，希望有一天，全国各

地都能看到鑫盛源的招牌。"（文：杨汉雪　指导教师：孙惠　李孟）

采写手记：

牛肉汤馆的初稿很快就被打了回来，意见是像美食稿子，看不出牛肉汤馆经营上的独到之处，作为商道故事来讲，多少有些偏题。

李孟老师建议我们提前两天去"踩点"，因为观察是获取第一手资料和直观感受的关键步骤。第二天，我和景雪有备而去，一边观察一边记录，可奇怪的是，有了满满几页纸的结果后，我反倒不知道该从何下手写稿子了。

李老师看完我们的观察成果，笑着说咱又不是写餐饮业调研报告，这一堆枯燥的数据结果没有代表意义。我蒙了，好说歹说央求李老师亲自示范一次。

周三下午5时许的样子，李老师带着我出发了，走进店里，我俩找了个角落，不点餐就干坐着。我有些不解，李老师却让我盯着后厨看。

牛肉汤馆的老板兼厨师，来来回回好几趟之后注意到了我们，但他没说话，只是眼睛停留了几秒钟便又钻回了后厨。

我忍不住地问起根由，李老师却给我下达了一个任务：老板从后厨出来的时候，让我务必仔细观察，思考这个老板和山口镇其他餐馆老板有什么不一样的地方。

说完，李老师就喊出了老板，表明身份和要采访的来意，老板略有些腼腆，答应过会空闲了就来接受采访。

我没看出什么不一样的地方，回答不上来问题，李老师也没批评我，拿出手机，过了会，我看到微信上有一段话："留着干净利落的小平头，头戴山口镇唯一的一顶厨师帽，连下巴上的胡茬都是新的，从后厨走出来要仔仔细细地洗干净双手，42岁的周长军怎么看都不像是乡镇的面馆老板。"

放下手机，李老师点出了这段话的价值："这就是我们的新切入点，这老板身上肯定有不一样的故事。"我不相信就这来回几面，他怎么就断定老板有故事。

可当老板亲口说出自己曾在韩国当过厨房长的时候，我内心属实有些震惊，听着他们二人紧张有序的采访对话，笔是一刻不停地在记。

采访结束离开餐馆，我才说出心中的疑问，李老师笑着说："我回家总要路过这家店，好几次都看到老板戴着厨师帽，站在门外送客人，中国的餐馆老板很少会这样，所以我才断言你们写的一稿没挖出深层次的内容。"

这次的补充采访，李老师实打实地给我上了一课，一个关键细节的发现竟然改变了稿子的核心表达，也把一间乡镇餐馆写出了不一样的温情。（文：杨汉雪）

"精神病" 开店记

导读

为了创业，孙青辞掉了诊所工作，家人反对，朋友也不理解，夫妻俩放着月入过万的工作不要，非要创业，被人认为有"精神病"。直到真正走上了创业路，他们才知道，一切，真的不容易。

泰安山口镇新合作超市往南两百米路东，有一家"新日电动车行"，绿色的遮阳棚下停着十几辆电动车。四十多岁的张爱国穿着修车的蓝色工服，一边检查车轮，一边宽慰着急修好车去接孩子放学的顾客。

从 2015 年开店，到现在有近十年的时间了，老板娘孙青回忆起当时开店的情景，摇摇头无奈地笑了笑："没办法，身边人没人看好。"

开业当天，第一个走进店里的不是顾客，而是一个镇上的朋友。他转了一圈，突然问张爱国："你俩是不是有啥精神病？"

夫妻俩一下蒙了。朋友接着数落他俩不知道珍惜好日子："你俩一个护士一个工程师，一个月收入加起来差不多小一万，镇上的人有赶上你俩的？一年十好几万，不比干这强？"当时，一心创业的夫妻俩笑着送走朋友，没把朋友的话当回事。

创业差点被骗

不料，后面发生的事竟真让朋友说中了。孙青一开始就知道会遇到困难，但创业半年就连番踩坑，属实是让夫妻俩难受了好长一段时间。

创业的原因其实和小女儿有关——因为想给她买一辆儿童自行车做礼物，结果发现整个山口镇没人卖，孙青反而高兴坏了："这不就是一个空白市场吗？我和老张商量开个小店卖名牌儿童自行车。"

回忆起这事，张爱国数落妻子当时就是一时冲动，但孙青不这样认为，她说自己做了很多年护士，后面又在诊所上了几年班，工作枯燥缺乏生活的激情：
"我不想过那种一眼就望到头的日子，还有几十年呐，不趁着年轻多尝试几个
行业，那活着还有啥乐趣？"

说干就干，孙青没有过多犹豫，
直接向所长提了辞职。所长吓了一跳，
打了好几个电话都没能劝住孙青。

婆家人也表示反对，理解不了为
什么放着体面的工作不要，非要折腾
玩新潮搞创业。一向做事有主见的孙
青仍旧坚持，体贴的张爱国便去做通
了家人的思想工作，他们虽然不再干
涉，但仍旧不看好。

张爱国正在修车（林静雯 摄）

孙青做事风风火火，这边一辞职，就立刻和丈夫商量起租店面的事了。孙
青在镇上跑了好几圈，因为手里资金不多，选不了租金贵的地段最终选了一个
还没完全盖好的门面房。

趁着店面装修的空当，孙青着手忙活进货的事，花了几天的时间就和市里
一家车行老板谈妥了儿童自行车的进货渠道。老板看孙青人实在，出主意说在
农村做生意不能只盯着小孩儿，也要考虑大人的消费需求。

没过多久，有一个自称是"凤凰牌"自行车的代理商找到她，开出了一个
诱惑条件："三四百的进价卖出去一千元，这利润足足有六七百呢。"

孙青觉得自己很幸运，第一次创业就遇到了"贵人"，要是第一年能赚很多钱，
就可以堵住别人质疑的嘴。回到家，孙青第一时间把这个好消息告诉了丈夫，
丈夫也没想到创业会这么顺，夫妻俩乐呵了好几天。

要签合同前，孙青觉得天上不会掉馅饼，从市里车行老板那里打听了一下，
才知道遇上骗子了。回忆这事，孙青情绪还有些激动："凤凰牌自行车根本没
那么高的利润，我俩差点被骗啦！"

骗子的套路层出不穷，孙青有些后怕，又详细地做了调研，才知道自行车
的利润很低，所以听从市里车行老板的建议，考虑接手做新日电动车的品牌代
理商。

"我和老张不懂电动车的品牌，翻资料才知道新日是个大品牌，还在奥运会、
亚运会上打了广告的！"孙青越说越激动，脸都快笑开了花，"我二话不说就

把代理的合同签了，转卖新日电动车。"

说动丈夫辞职

合同签了，店面也装修好了，孙青接下来遇到了另一个难关：手头的钱还有七八万元，不够大量进货，怎么办呢？夫妻俩开始四处打电话借钱，甚至想过去银行抵押贷款，但无一例外都失败了。

小半个月过去了，孙青着急上火，饭也吃不好，觉也睡不着。丈夫看在眼里，疼在心里，可也一时也没有什么好办法。

就在这个时候，新日品牌的上线代理商找到了孙青，说可以先付首付进货，有了货款再付尾款。

虽然有点困惑，但这个办法可以渡过难关，孙青自然痛快地答应了，从上线代理商那里一口气进了70多辆车，算是勉强开起了店。

直到一年后结完尾款，孙青才后知后觉上了当："算下来，一辆车的单价远超市场价，可这也是没有办法的事。"

尾款的压力像一座山压在了孙青的肩膀上。开业第二天孙青就忙着四处宣传，但效果一般，头三个月没卖出十辆，她说："电动车不是易耗品，家家都有，短时间内也不会换车。"

晚上丈夫下班回来，听着孙青长吁短叹，在了解了原因之后，提了一个建议，不换车，难道车子坏了不修吗？

那几天，孙青一直在琢磨怎么满足大家修车的需求。这天，有个老熟人推着电动车上门换车胎，可把一没工具二没技术的孙青急坏了，本来想把他打发走，老熟人一句话点醒了孙青："老张大机器都能修，小电车能难得住他？"

张爱国在机械厂当工程师，修车应该不成问题。孙青火急火燎地把丈夫叫回来，前后十来分钟就换好了轮胎。有了丈夫的助力，孙青的压力减轻了不少，后面再遇到有顾客来修车，她就把丈夫喊回来修。

可这也给张爱国带来了困扰，甚至一度因为经常修车导致休息不好，画错了图纸受到了领导的严厉批评。

孙青便趁机鼓动丈夫干脆辞职陪自己创业，张爱国哪里舍得放弃安稳的高收入呢？还是孙青一句话说服了他："嫁给你这么多年，这是你欠我的，得还。"

原来，两人结婚时候家里很穷。那时候，两人都刚参加工作不久，没多少收入，结婚生孩子借了不少钱，甚至孙青从医院产房刚回到家，债主就堵上门来要钱。

那段时间，孙青情绪激动，经常哭，丈夫很内疚，发誓说以后要让妻子过上好日子。

多年后提起往事，丈夫内心触动了，干脆利落地辞了职，到妻子店里专门修车。

有了丈夫的助力，来买电动车的客人多了些，生意也逐渐有了点起色。为了更好地宣传，孙青还注册了抖音账号，不时地拍一条视频，借助网络宣传自家品牌电动车。一来二去，生意好了起来，孙青顺利地卖掉了大部分车子，也结清了尾款。

"第一年平均一个月能卖十几辆吧，第二年又能多卖一些，现在销售量最高，一个月差不多能卖90辆。"从往事的回忆中抽离，孙青笑容爽朗。

被问到做生意的窍门，孙青显示出淳朴的一面："我哪里说得出什么门道？就是本分人做本分事。"

破局之法

孙青以前在医院当护士，这段职业经历培养了孙青的耐心、细心，最关键的是能吃苦："医院忙，一天要给几百个病人打针，还要经常值夜班。"

生意越做越好，创业得到了家人的支持，夫妻俩的日子就像蜜里调了油一样。没承想，突如其来的新冠疫情打破了孙青的创业节奏，新日电动车行不得不关门歇业。

最初的一段时间，孙青卸下了劳碌的担子，人也轻松不少，但随着形势越来越严峻，孙青开始担心这门生意会不会黄掉。好在到了2023年，形势平稳店面重新开张，缓解了一家人的心理压力。

不过，孙青敏锐地发现了一个问题：生意不像之前好做了。夫妻俩商量了好几天，最后得出一个结论，好多厂商为了回笼资金低价销售，无形中增加了竞争压力。

怎么破局？孙青认为在乡村的熟人社会，除了要提高电动车的性价比，还要做好服务，才能拢住新老顾客的心。

孙青说干就干，第一时间联系供货厂商，站在乡亲们的角度和厂商压价格，尽量多进性价比高的电动车，有机会就联动上线代理商搞促销活动，尽量给乡亲们最大的优惠。

乡亲们买了车，孙青提供上门服务，谁家电动车坏了，张爱国会第一时间上门免费维修。就算是在别家买的车，他也会随叫随到，只收最低的维修费。

"要是遇上电动车有质量问题，咱也不推诿，第一时间就联系厂商帮乡亲们解决问题。"贴心的服务打响了口碑，越来越多的人到店里买车，孙青也不优先推荐最贵的，而是推荐性价比高的车，她说："都是乡里乡亲的，大家手里钱都不多，我不能挣昧良心的钱。"（文：林静雯　指导教师：孙秀芳）

采写手记

我是淬炼的学生，平日里从课堂里学商科知识，这是头一回走进生活的熔炉，去感受真实的商科案例，受益很大。

要说采访过程中我最大的感受，就是勇气，勇气！

第一次采访，老师并没有介入，我的采访经历很糟糕。我是个内向腼腆的人，硬着头皮走进新日电动车店里，向老板提出采访请求。

采访时，我尽量让自己的眼神保持镇定，不去乱瞟，同时也努力控制着自己的语速和音量，老板倒是和善，一边聊天一边冲我笑。不过，我很快就发现了问题：采访的节奏完全乱了，她不跟着我的问题说，时不时地陷入到自己的思维中，我又不敢插话打断，只能任由她自由发挥。

采访结束，我走出店铺，心中涌起了一股难以言喻的失落，回去整理资料才发现，她说了一堆自己的成长经历，做生意的事几乎没提。

了解了事情经过后，老师决定亲自带着我补充采访，让我仔细观察学习如何把握采访节奏。再次采访，老板还是只顾自说自话，我挺无奈的，却看到老师不着急，不时地回应着她的情绪。过了一会，老板停顿了下来，找杯子喝水，老师对我低声说："别怕，大胆问问题。"

这一次，有了老师在场壮胆，我终于敢提问了，老板的思路逐渐回了正轨，采访得以顺利完成。

回顾两次采访，我体会到了勇气的重要性。面对困难，我不能选择逃避，而应该勇敢地面对它、克服它。（文：林静雯）

读者评论

一滴水见大海

我很喜欢这篇文章，一开始作者就像电影的序幕一样，干净利落地把人物、场景全部展示出来，两段话交代清楚了主人公、业务、分工和大体性格。没有一句废话，画面感、动作感超强。

夫妻俩就像千千万万创业者一样，起初就是想"改变"而已，干什么都不能再维持现状了，一种对生活现状突破的冲动，一种对自我全新可能的憧憬，义无反顾下海了。

其实还不知道怎么游泳呢。真正的摸着石头过河，哪里知道路在何方？马云说自己创业时不知道后来能做这么大，腾讯成立不久想以50万卖掉结果无人接盘。

没有市场调研、细分研究、定位或产品设计，全凭感觉，所以创业过程中尸横遍野，一将功成万骨枯。

夫妻俩最后的直觉和经验触及了"商道"：以服务作为附加值保障销售、带动销售；要赚钱不能靠低价，要靠性价比。因为小镇顾客比较特殊，不像纯农村用户讲究低价，也不像大城市居民要求品牌或者价值感，求的就是实惠（性价比）。

实际上服务就是让客户买得安心、用得放心，消除了使用中的后顾之忧，当然这是有竞争壁垒的：因为丈夫是维修"专家"。低价对于他们行不通的原因在于按照波特的竞争理论：必须有规模优势才能拥有低成本优势，无论如何改动价格只是在A4纸上打个×而已，谁都会，夫妻俩也没那实力。长期的磨炼和经验最后抵达了"商道"，直觉艺术地接近了科学。

当然，个体的努力在时代洪流面前就是火山中的一粒尘埃。今年下半年以来经济的凋敝让他们亚历山大，希望他们坚持，并好好地活下去。因为这不是一个生意，这是一个男人、一个女人、一对夫妻、一个家庭、一个镇、一个城、一个国家、一个民族，一滴水见大海。

没有这样的报道，我们怎么知道那后面的故事，而娓娓道来又如此精彩。从此，我们看到街边一个小店，不再认为那只是一个招牌，那是一本书、一部电影、一座高山，里面有爱恨情仇、悲欢离合，滚滚红尘如是，人间烟火如是。

这是普通人的中国梦。多么美好的世界，值得我们去珍惜。以后，再到小店消费，我们将有不一样的体会。

中国不缺宏大叙事，让我们关注小商小贩。

小林在手记里感叹：平日里从课堂学到的商科知识，头一回在生活中感受真实案例。

这就是从教室走到街头，从课堂进入江湖，从书本落地实际。（文：彭鸿斌）

黄力航：学生店长的创新商道

导读 ●●●●●

　　大学毕业参加西部计划，在国家级贫困县的基层岗位上一干就是三年，考上公务员因查出上了个"假大学"而名落孙山。27岁他重读大学，为经营好烤串店，引入"肯德基模式"进行门店管理，创新探索出"试吃员模式"……这些，就是黄力航颇富传奇色彩的人生经历。

　　2024年初，"第一部落"烤串店开业整整一年。在过去的一年里，这家小店从寂寂无闻变成了"明星店铺"，订单不断、食客不绝，全靠28岁的店长黄力航。

手忙脚乱地开业

　　黄力航身上有着山东人的鲜明特征，人高马大性格爽朗，戴着一副黑框眼镜，逢人就笑着打招呼。此外，他还有一重身份——泰山科技学院的大二学生。

　　回想小店开业，黄力航至今都有些有余悸。

　　早在开业前，黄力航就制定了规划，做好了消费者需求调研，比如学生喜欢什么口味，能接受什么价位，对一家店的评价基于什么标准，等等。

　　为了让更多人知道小店，黄力航先是在校园表白墙做了曝光宣传，又在抖音上买流量云端推广。做完这些，黄力航还觉得不够吸引人，细思之下使出了撒手锏：全场烤串六折！

　　一下子，仿佛一颗炸弹扔进了深水区，引发了学生的热情：开店第一天，订单两百多！

　　"没高兴多大会，更大的惊就来了！"黄力航扶额，似乎在擦拭当年的冷汗，"刚开的店没招多少员工，虽然开业前进行了短暂培训，但是大家配合起来还是生疏，更何况一下子那么多单子，漏洞就一下子大了，有的同学打电话投诉反映外卖一个多小时都没送到的，电话都快打爆了！"

"出了事故得赶紧补救，但我也是个新手，只能催店员快点送过去。第二天就不敢这么搞活动了，毕竟这影响到了出餐率，对烤串口味会有影响的，这不是自砸招牌嘛。"黄力航自然明白亡羊补牢的道理，"当然，要是换到现在，就不会出现这种情况了，我们能把这些处理得更好！"

读了个"假大学"

为什么要做烤串店的店长？这还得从黄力航复杂的经历说起。

2013 年，高考成绩不理想，黄力航听从父母安排来到西安某大学就读商务管理专业。毕业后，他想做点有意义的事情，于是报名参加了西部计划，去了国家级贫困县宝鸡市麟游县做驻村干部。

基层难干，尤其是在贫困县做脱贫攻坚工作，黄力航常常要翻过山沟，挨家挨户做工作。

当时有政策，三年服务期满可以转事业编，但他没有选择留下，而是在三年后，凭借着基层工作经验，一路过关斩将，成功考上了青岛市李沧区税务局的公务员。

然而，政审这一关把黄力航拦下了，原因是查不到毕业证编码，学信网显示"查无此人"，换句话说，他读了一所"假大学"。原本不断上扬的人生就在冷冰冰的电话中跌落了谷底。

"我现在都还会做噩梦。"黄力航情绪就有些激动，"要是当时留在陕西，我现在最起码是个科长了。到现在，爸妈还怪我没有留在陕西。"

自那之后，家里的氛围变得微妙、压抑，黄力航为此颓废了一个多月，然后决定重新出发，"我还年轻，还有机会，我不信这辈子就这样了。我始终觉得一定要做点什么事，我还有梦想"。

在那之后，黄力航度过了一段"黑暗"的打工岁月：黑心老板欺负他经验不足看不出制度缺陷而拖欠工资，推诿扯皮到后来也就拿不到多少了，也有直接跑路推脱责任的，一分钱都不给他发的……

多次碰壁后，黄力航选择去肯德基打工："小作坊什么的都不怎么靠谱，肯德基怎么也是国际企业吧。我们私下里都说，肯德基和麦当劳的制度体系算得上餐饮界的'黄埔军校'了，肯定会靠谱点，更重要的是不会拖欠工资！"

在肯德基的这段时间，黄力航意识到学历的重要。"我得重新读个大学，学法律专业，未来当一个为民请命的大律师。"

为什么选择泰山科技学院？黄力航诚实说道："一味埋头学习的校园其实不适合我，是泰科的独特育人理念吸引了我，我以前学商务管理的，泰科又恰好培养学生的商科思维，我就果断报名了。"

"肯德基模式"

黄力航不是烤串店的老板，用他的话说"只是替人打工的"。他答应做店长的初衷很简单："不能辜负朋友的期待和支持"。

原来，在黄力航最郁闷的日子里，以前支援西部的朋友并没忘记他，虽然天各一方，但联系依旧紧密。后来得知黄力航要重新启航，朋友们专门跑到了泰科，在游览了"山东省最美校园"后有了创业开店的念头，于是东拼西凑了十几万块钱，点名要黄力航当店长。"这是一份沉甸甸的信任，我知道兄弟们是用这种方式鼓励我，所以我必须更加努力。"

为此，黄力航考察了好几个月，"开一家烤串店"成为最合理的选项：学校的政策不允许在食堂外做主食，因此只能做小吃和饮品；汉堡店在学校里比比皆是，并无优势；奶茶店需要各种加盟费、联动费利润少……思来想去，他决定紧扣"烧烤文化"，开个烤串小吃店。

随着"第一部落"在校园内打开了门路，如何把这家店经营得更好就成了黄力航的新目标。

黄力航把"肯德基模式"搬进了烤串店。早在打工的时候，黄力航就注意到了肯德基流程化管理的魅力：严苛的流程管理制度，注重顾客的用餐体验，每种产品甚至包括面粉裹几下都是有要求和标准……正是因为流程管理的标准化和制度化，核心员工根本不担心出路，他可以胜任任何一家快餐店店长。

黄力航笑对镜头（王文龙 摄）

于是，黄力航拟定了烤串店的模式，人员配比跟肯德基一样都是 1 : 1，三个全职员工加三个兼职学生。

大企业制度照搬到小烤串店，是否会出现水土不服？面对疑问，黄力航爽朗一笑："在我眼里，员工与顾客才是一家店运营下去的根本。制度管理反倒减轻了员工的工作负担，不像小作坊一样，人员分工是互相叠加的。在我这里，大家各司其职发挥所长，工作开心了，做出的烤串好吃，运送也更加及时，那么顾客就会更加开心，更愿意来店里，生意自然就越来越红火。"

探索创新商道

作为上过大学、经历过社会"毒打"的过来人，黄力航有着远超在校生的清醒认识和目标导向，"第一部落"生意红火，但不一定能持续多久，"顾客是挑剔的，一时的新鲜不足以说明成功"。

黄力航非常看重"反馈机制"："做生意不能闭门造车，要形成客服反馈再到产品与服务改进的正循环模式，与顾客的有机互动，不仅增加了回头客的黏性，还保证了自己的产品始终保证质量和口碑，属于花小钱办大事"。

学生下单点外卖往往喜欢加备注，黄力航不管多忙，都会一一回应，就这样，黄力航交了一群"匿名好友"。

天气变凉，如果客人表示收到的餐凉了，黄力航就会免费换热的，"要让每一位顾客都能享受到最好的服务"。

三年脱贫攻坚、一线的招商引资经验，培养了黄力航吃苦耐劳和创新精神，"第一部落"运营半年来，黄力航又探索出了一条新路：试吃员模式。

一天，黄力航将新品与外卖一道打包送给了"匿名好友"并照常进行备注互动，第二天就收到了对方反馈回来的意见。黄力航灵机一动："第一部落"卖的不仅仅是烤串，也是口碑，如果能让顾客参与到新品的"研发"中来，顾客粘性岂不是更好？

思路打开，但凡推出新品，黄力航就会提前半个月左右提供试吃，搜集老顾客对食品口味的诸多意见，然后调整新品口味。

就这样，"第一部落"形成了一个良性循环，新品一经推出，便受到新老顾客的大力推崇。

"人家都说无商不奸，我跟别人不一样，我的第一要义是不图挣大钱或者说高额的利润，只要这些钱能够让第一部落活下去就够了。"黄力航笑了好几秒钟，表情逐渐平静，眼中泛着光，"我希望以后泰科的校友们，不管是毕业生还是在校生，聊天时都能提到这么一句'原来你也吃过这家的烤串啊'就够了。这就是我在泰科留下过的痕迹，是我留给泰科校友们共同的味觉记忆！人活一

世，你到了一个地方，总要留下点什么。"（文：吴欣雨　指导教师：王文龙）

采写手记

上周，王老师给我们开了个会，让大家自行寻找符合商道故事的店铺选题。说来也巧，下午上完课，我一个人去西门那边取快递，闻到了一阵香味从路边店铺传出，我一扭头就看到了"第一部落"烤串店。

这时候已经到了大学生的饭点了，烤串店里乌泱泱的好多人，一下子就给了我素材，这不是天上掉下来的选题嘛！

我第一时间给王老师报备，详细说明了我看到的景象，信誓旦旦地表示一定是个不错的选题。王老师交给我一个任务："采访之前要提前占有并熟悉资料，你去网上了解了解大学生创业的周边资料，然后再列出采访大纲。"

说干就干，回到宿舍我就在网上搜集资料，花了两个多小时的时间大致了解了大学生创业的总体环境，我才动笔写采访大纲，主要围绕着"第一部落"烤串店的经营优势和困难，罗列了十几个问题。王老师看完后，只略作了小小调整便通过了，夸我这次做得不错，我调侃说是因为采访本校同学才格外上心。

因为准备工作充足，采访进行得很顺利，比我之前采访镇上店铺老板要好得多，我庆幸自己摸到了一点采访的门道。

店长给我的感觉是个有智慧的人，他没有像很多初创业的学生那样头脑发热，反倒是有清醒的自我定位与认知，能清晰地厘清每个发展阶段的任务与目标。

他在创业中是个有心人，我也希望自己能做个有心的采访者，甚至是生活的有心人，更好、更深入地了解这个世界。（文：吴欣雨）

给妻子"打工"

导读 ••••

"唯美造型"地处山口镇中心大街最南端，属于山口商业区的边缘地带，被泰山科技学院学生戏称为"城乡接合部中的城乡接合部"。就是这样一家边缘的理发店，却成了山口镇中心大街客流量最高、人气最旺的理发店，泰科的学生从学校大老远跑过来，有的是骑车来的，有的甚至走半个小时来理发。

不一样的"托尼老师"

"唯美造型"的老板李磊是一个颇具文青气质的80后，谈吐颇为温和、儒雅，与现在清一色的"托尼老师"形成了鲜明的对比，用他的话说："最近两年学了个新词叫经济适用男，没什么情趣，但适合过日子；条件一般，但吃苦耐劳、结实耐用。"

说着话，李磊习惯性地扶了扶自己的眼镜，情不自禁地笑了起来，"天天跟你们这些学生、年轻人接触，还不算太脱节吧"。

对于李磊来说，每一次理发都是一次"艺术创作"。

15分钟、200到300次下剪、30余次推剪、洗发、吹干、定型，这是一次标准男士理发的内容；确定需求、配置药水、软化修剪、卷杠加热、造型打理、三到四个小时的时间，这是一次标准女士烫染的要求。李磊称之为"像雕刻一样做一件艺术品"。

"唯美造型"在2007年开店，李磊从妻子手上接手，已数不清自己究竟服务过多少个顾客，做过多少次烫染、造型，或是忙碌、穿梭于镜前或洗水池后，服务于各色乘兴而来满意而归的客人。

"差不多一天能理发二十个人，逢年过节就没数了，来多少理多少，除了过年以外也不休息，我也记不清一年要理多少个人的头发了。"老板李磊一边笑着、扯着嗓子说着店铺的情况，一边继续给顾客吹着造型。

被"野鸡大学"骗了

李磊母亲是山口镇人，嫁到隔壁祝阳镇后生下李磊，因此李磊更多是在祝阳长大、上学，离家后到济南读了大学，因为兴趣选择了钟爱的机械专业。

"我父亲算是祝阳镇上十里八乡比较有名的木工，专门给人打门窗，我受到影响也喜欢干手工活，不过不喜欢木工，就喜欢机械，那时候可以说是痴迷了。"李磊用手比画着，"但是这个梦想吧，总是跟现实有差距的。外面的世界很精彩，外面的世界有时候也很无奈。"

李磊是"大专"毕业，十几年前，他和现在许多泰科的学生一样是充满朝气、追逐梦想的大学生。直到毕业他才发现自己上的大学其实是一所"野鸡大学"，虽然学到了技术，但由于学校没有办学资质，相当于在一个社会培训班毕业，拿着一纸并无效力的假文凭踏上了北漂之路，从事他热爱的机械专业。

虽然他的运气很好，入职了一家外企性质的工厂，有优秀的老板、友好的同事，但日复一日流水线的工作和在北京低廉的收入，让他看不到留在北京的希望。

"谁没有城市梦呢？我是独生子，继续北漂也不是办法，再不回来就真的回不来了，男人还是要有责任心，何况天地之大，在哪不能有一番作为呢？所以我特别理解现在的大学生，鼓励他们眼界要放宽一些，不一定非要到大城市去。"

北漂三年后，李磊回到家乡，在山口镇的一家工厂做了几年配电箱，经人介绍认识了现在的爱人闫作铃，恋爱一年后便结了婚，至今育有四个可爱的孩子。

谈及妻子，李磊忍不住地夸赞起来："你看这么大个店都是我老婆打下的江山，我顶多算一个继承者，对吧，就是传承人。"一边说着，李磊开心地大笑着，真的像一个大学生一样。

妻子是山东枣庄人，早年离开故乡到了青岛打工，选择了美发行业，在现代化的大店里学习、工作了很多年，有丰富的行业经验。在一个山口镇的好友引荐下，租了一个七八平方米的小门头开店，旧址便在现在的山口二中附近。从2007年的小门头到现在的三层大店，"唯美造型"走过了18个春秋，是镇上为数不多的几个老店之一了。

给老婆当学徒

美容美发都是从学徒干起，三年学艺五年出师，对于李磊来说也不例外，唯一特别的是，他的师父是妻子。

从机械领域横跨到美发领域，李磊走过了五年的学徒路："我跟着老婆学了五年才自己上手干，大概2018年前后才正式接手这个店。"

理发学起来有多难？李磊指着店内的各种设施、设备："这个是剪长

李磊正在给顾客理发（王文龙 摄）

发的，这个是剪短发的，推子也各有长短。还有这些药水、染发膏，不同的产品有不同的属性，很多时候还要交叉使用，以达到理想的效果。"

对于李磊来说，做理发店老板比单纯做机械要难得多，因为做机械加工有一个统一的标准，即有光洁度、刻度、厚度等具体的要求；而做理发则是一场"文无第一，武无第二"的"赌博"，之所以像艺术创作一般，是因为发型做出来之前没有人知道它到底是美是丑，是否符合顾客的气质外形与诉求，没办法照着图纸去施工。

"就跟去美术馆看画一样，世界上不可能有两个一模一样的发型，即使看上去一样，也是有细节差别的，这对于我这种机械出身的来说，调转思维简直是一种折磨。"李磊感叹道，"要成为一个好的理发师、老板，必须克服这些困难。"

店里平时生意很忙，妻子没有时间手把手地教，李磊只能一边帮客人洗头、吹头，一边帮妻子给客人剪发、烫染打下手，兼顾收银，同时认真学习、观察，总结出一套方法。

"我第一次上手理发，专门挑了一个小男孩，因为就算剪得不好，大不了推得短一点，总有余地。不过还是战战兢兢，就跟上课时被老师抽起来回答问题一样，大脑一片空白，手拿着推子都发抖，好在第一次没翻车。"回忆起第一次给顾客理发，李磊仍是记忆犹新，手舞足蹈地比画着，"理发这个事要是翻车了是真没法补救，女生还好，男生的头发剪坏了就是剪坏了。所以我们这个行业有个不成文的规则：尽量少剪，顾客提要求再多剪，这样可以避免很多

麻烦。"
不做"一锤子买卖"
2019 年，泰山科技学院落地山口镇，像一针强心剂一样注入了这座原本就有"金山口"美誉的小镇，影响了山口镇的商业格局。

李磊回忆道："那时候我刚接手店不久，突然来了上万名大学生，可都是活生生的顾客群体啊。镇上的商户都跟疯了一样，几乎是一夜之间各种饭店、小吃店、饮品店、汉堡店、台球室都开起来了，我第一次认识到一所大学居然有这么大的影响力和能量。"

一所拥有近两万名主力消费人群和年轻大学生的高校，和其背后每年都会入学、毕业的客源更新，也改变了山口镇消费人群的用户群画像，源源不断地把年轻人所代表的主流、时尚、先进的需求带到山口镇来。

很多商家开始改变传统的销售模式，不断探索吸引大学生的营销方法，试图抓住这一商机。李磊也意识到紧跟潮流是保持客源的前提，时刻关注当下的审美趋势、发型造型的热点以及网络话题，他说："我和老婆商量要不要往靠近学校的方向换个店址搬，尽量多辐射学生客源，但后来综合考虑还是求稳为主，因为镇上的理发店主要以回头客为主，就没有搬。"

李磊解释说，理发店有一种模式叫"一锤子买卖"，更多出现在学校里的理发店，即便因理发质量一般失去学生客户，但不妨碍下一年新生入校，总有新的"韭菜"到店消费，因此"一锤子买卖"仍有巨大的市场。

"我们这个行业有一个潜规则，就是你学完美发后要先到大学里的理发店练手，顾客多，练得快。不可能像我这样学个三年五年才上手。"

唯美造型不一样，客源是镇上固定的年轻人，必须用过硬的技术、优质的服务维护好回头客，"宁让一人来千次，不让千人来一次"。

学会抖音引流

就这样，李磊一边紧跟潮流热点，一边等待机会的出现。

大约一年后的某一天，店里突然来了几个泰科的男学生，说是在地图软件上搜索理发店时找到的好评店。这让李磊意识到传统理发店回头客模式和新媒体时代结合的新契机。

李磊加快了学习的脚步，从不看动漫的他开始了解什么是"二次元""王者荣耀""原神"这些年轻人当下喜爱的内容，不遗余力地帮学生实现想要的COS造型，探索当下的流行元素。

拥抱泰科，让李磊的理发店口口相传，拥有了一批忠实的泰科粉丝。

一次，李磊给一个女生做发型的时候，满意而归的她在店里美美地拍了一条抖音发布到网上。

女生看到李磊不解的表情，说了一句让他至今难忘的话："大哥，现在不是酒香不怕巷子深的时代啦。你该拿起手机拍一拍，从抖音上引流，这才是最潮的玩法，老一套行不通啦。"

李磊这才反应过来自己没有打开思路，拥抱新媒体时代。

就这样，李磊拿起手机开始记录店里的一切，还学着年轻人一样对嘴型、加特效拍一些段子吸引流量。慢慢地，李磊积累起了四千多粉丝，大多是山口镇本地的居民、泰科的学生和一些外地的粉丝顾客。他说："很多学生都是在网上刷到我的，还有外地的、其他乡镇在抖音私信我以后开车开一两个小时过来理发，我现在忙，要是闲一点多发发，流量肯定更好，我现在没事就研究怎么发抖音。"（文：王化省　指导教师：王文龙）

采写手记

城市的理发店装修精致，发型师衣着时尚，取个英文名字，挂着高级发型设计师、设计总监的名头，而我们采访的这家店不一样，装修就和李磊的为人一样淳朴。

采访之初，我们聊得更多的是农村理发店的经营难题。相比城市，农村地区的收入和消费水平要低得多，理发收费也便宜，这直接影响到了店铺收入。农村人对时髦发型不太讲究，也没有盲目追求，有些中老年人对新鲜事物接受程度比较低。年轻顾客更追求个性化、时尚化的服务，而农村理发店往往难以满足这些需求，进一步减少了顾客数量。

好在泰科的出现缓解了客流量的难题，却在无形中提升了竞争态势，光是中心大街就不少于六家理发店，用李磊的话说，"机会来的时候就看你能不能抓住了"。

　　面对困境，李磊积极地对待，主张"外来的和尚会念经"，善于发现和接纳新事物，与新时代接轨，在宣传推广上知道如何吸引大学生光顾，注重建立良好的客户关系，提供个性化服务，通过口碑传播吸引更多忠实客户。那句"宁让一人来千次，不让千人来一次"彰显了要将诚信经营的理念贯穿始终的决心。高超的手艺加上诚信经营是拥有山口最高人气的秘籍，打造了与时俱进的唯美造型。

　　关于未来，身为四个孩子父亲的李磊想要守好这块阵地，守护家人安稳平淡的生活，这是一个男人的责任与担当。祝愿他在以后的日子里，生意兴隆、阖家欢乐。（文：王化省）

水果店的"流量密码"

导读 ●●●●●

十几平方米的水果店每天要接待至少五六十个顾客,与同等摊位比较,客流量甚至媲美大超市,36岁的老板朱玲究竟掌握了什么神奇的"流量密码"?

泰安市山口镇大集向里走,路的尽头有一个招牌很大门店很小的水果店,就是珑珑果业。十几平方米的小店热闹非常,尤其是傍晚放学,家长们骑着电动车,载着背着大书包的姑娘或小子,车子往店外一停,就直奔水果摊位。老板朱玲说,一天下来,至少有五六十个人来店里买水果。

承业还是创业?

"草莓上市了,我自己拿了啊。"家长挤进人群,熟练地带着孩子径直往小店后方储藏室去了。

"自己挑就行,后面有下午刚来的,一会儿给你们洗好。"36岁的老板朱玲咧着嘴角热情地招呼着,伸手将塑料盒递给一旁的小朋友,把他们送到身后的仓库,又抓紧跑回来招呼其他客人。

送走他们,朱玲才端起收银台旁早已冻成一坨的鸡蛋面,囫囵吃上几口:"饭点前后生意最忙,随便对付几口就行。"

这样的流程几乎成了水果店的常规画面,朱玲热心招呼每一个人,即便对方不买也不恼,笑着打声招呼。

说起来,朱玲还是山口镇的"商二代":爷爷以前是镇上大工厂的会计,算账能力强,八九十年代,父母就推着车在村里卖粉条粉皮,后来又在老家新庄村做过绿化苗木业,开过小卖铺、文具店,最后选择了开熟食店,这一干就是三十年。

附近几个村子里，朱家是出了名的会做生意，打小耳濡目染，朱玲也潜移默化地有了经商的头脑："爸妈是从小推车、小摊贩开始一点点做大，才到镇上开店的。打小学二年级起，我就帮爸妈卖猪头肉，一直到高中毕业，跟着学了不少门道。"

女承父业还是创业？这个问题着实也令朱玲苦恼了一段时间："最开始我也没想过开店，不过爸妈能做起来，我为什么不能呢？"

朱玲（中）与采访师生合照（受访者供图）

作为"商二代"，在人情密集的小镇里，朱玲背负着一般人没有的压力："我想证明自己不靠父母也能行，所以换了一条赛道选了水果，因为爱吃嘛。"

就这样，父母把"朱家佳肴"的招牌传给了大儿子，朱玲则在家人的支持下开始创业。

从练摊干起

一开始，朱玲摆个水果摊，取名"玲珑鲜果惠"，每天在朋友圈更新商品、经营、接单，靠着熟人吸引第一批客源。她的宗旨是没有最低消费，只要有人下单，就会自己开车去送货。

"现在，我有了自己的店，不担心客源了，只要有人在微信上找我下单，我还是不限金额给送上门，因为不忘初心很重要。其实从朋友圈做微商到现在开店，我爸妈走过的路我一样也没少。"朱玲说话时始终带着憨厚的笑容。

摆摊很辛苦，天没亮就要去进货，每天风吹日晒十几个小时，也没有时间陪丈夫和孩子。朱玲绘声绘色地描述当初的艰辛："我那时候瘦瘦小小的，水果车上面打一个大遮阳伞。起大风的时候，我抓不住伞，得整个人盘在伞杆上。天气热，水果晒一天就熟了，要是下雨，浑身淋透了还得护着水果。"

别人不理解，都来劝她说："你爸妈干得很好，没必要遭这个罪，干得好，人家觉得是你爸妈有经验，干得不好，人家就笑话你。"

不服输的朱玲只是笑着回应对方的好意，仍旧每天出摊卖水果。

辛苦总会有回报。前后经历了一年的时间，朱玲摸清了镇上大多数人的口味和价格接受度，也谈好了稳定的进货渠道。这时，一个开店的想法产生了。

朱玲年轻时喜欢练瑜伽,每回去市里,教练总要托她带些水果。偶然一次机会教练问她:"你这么喜欢吃水果,为什么不自己开一个店呢?"

这句话触动了朱玲,拿出全部积蓄开了如今这家小店。

另辟新路

朱玲对水果店的定位是"中高端品质、价格亲民、诚信经营"。小店最初开在大集的中间位置,后来因为镇上规划调整,又来回更换选址三四次,最后选定了人流量大的大集西头。

父母关心朱玲,传授了几十年的经商经验,教她做生意要诚信,过秤的时候多给点,或者给人抹个零,让顾客得到实惠。

朱玲认为父母的经商之道还是比较朴素、传统的,卖水果光靠这些还远远不够,得会宣传。开业前,朱玲找人设计了海报、宣传单,写着"凭单到店领不锈钢勺子",在大集上逢人就发。

回想起开业当天的盛景,朱玲嘴角上扬:"对镇上的人来说,你让她尝个橘子、苹果什么的没有什么意义,送一个勺子可以用很久,所以很实用,大家就都愿意来。这就是经验。我现在卖西瓜还送勺子呢。"

朱玲遇到的第一个难题是水果的进货量,刚开店没什么经验,见香蕉好卖、利润高便一口气进了几十箱,结果很多积压在仓库里烂掉了。"一箱差不多要赔进去八九百块钱,刚开店手里没钱,那真是一笔巨款。除了抹眼泪,我啥也做不了,但不走弯路,不花钱买教训,我哪能摸清门道?"

就像朱玲所说,既然选择了一条新赛道,只能靠自己奋斗和探索,该走的弯路要走。

那之后,朱玲学会了观察和记录,统计不同天气和季节客流量的多少,顾客更喜欢什么品质的水果,哪一类水果的购买率更高,从而推断出在什么时间该进多少水果。"日子很重要,比如说高中生两周放一次假,家长可不得给孩子买水果补充营养吗?这个时间你就得多备货。山口大集小集、初一、初六这种日子要多备货。再就是清明节、寒衣节这种日子,也要多备货。这肯定要有一个统计的过程。"

发现泰科"宝藏"

为了扩大销售量，朱玲到每个村去"游说"小卖部。村子里的购买量不高，一些小店卖得不理想，经常有剩下的、不新鲜的水果，朱玲选择兜底回购，保障他们的基本利益。

在朱玲看来，做生意要摒弃自扫门前雪的模式，现在国家提倡乡村振兴，农村的基础消费市场其实是一片充满潜力的热土，只有一线的小商家好了、进货多了，她的生意也会好起来，帮人就是帮己。

谈起和父母经商的不同，朱玲特别开心："咱山口镇有所大学啊，小两万人的规模，这是爸妈那年代想都不敢想的事。"

大学生的消费观是不同的，他们更在乎品质、外观、口感、服务，最不在乎的可能就是价格。"学生都在网上下单，我挑好、称好、洗好，他们骑车来拿了就走，不像镇上的居民会挑一挑、讲讲价什么的。"

朱玲特别重视泰科这一市场，只要有学生来买水果，她就搞打折或者促销，目的是通过学生了解学校的水果需求，从而知道学校举办各种活动会需要什么水果。对这个"泼天的富贵"，朱玲觉得提升水果品质和服务质量是最好的经营策略：水果要切得好看、卫生，拼盘要品种多样。在销售中，她还会提供清洗、剪摘、去核等这些免费服务，目的就是要提高服务的附加值。

"很多人以为不过是多了一万多人，我不这样觉得，泰科实实在在地促进了山口的商业发展。你看，以前镇上哪有外卖，现在不光有外卖，还有抖音团购。"朱玲又露出标志性的憨厚笑容，"哪怕在镇上在农村，我们也要跟上时代。"（文：于景雪　指导教师：王文龙）

采写手记

老师说想要采访好一篇稿子，写作的思维是最重要的。

采访结束的当晚我就快速写好了初稿，第二天，王老师约我到办公室，指出我写的是流水账，只写出了水果店老板娘说的表面问题，"点都有但不够明确和深刻，故事感不强"。

我想过干脆重写，但始终没有勇气。我这才有点明白一篇优秀的稿子为什么要花这么多的精力和这么长的时间去用心打磨。

现在看到老师从头到尾一字一句帮我修改的成稿，我才明白这篇稿子应该呈现出一条清晰的脉络：老板娘年轻时面对承业与创业的抉择，延伸到"商二代"的奋斗与探索，进而去探究继往开来的经商之道。

补充采访回到寝室后我就在思考，为什么我不能清晰、准确地抓住一篇稿件的核心呢？是我不够仔细，还是懒、不够认真呢？

王老师一句话点醒了我："采访过程中，注意观察细节是很重要的，因为采访对象每天的生活对于她来说司空见惯，就像有熟悉的主顾会到仓库挑水果一样，在老板看来很正常，在我们看来则是老板娘和老主顾心照不宣的默契。写作上我们是记录生活、对话、思想，而变成稿件就是要通过文字凝练内容、挖掘情感、探索人们的内心。"

老师的话让我明白，只有不断锻炼和提升思维能力、准确把握故事主线，才能把文章写得更丰富、更灵活、更有看点。我想我将坚持写作与珍惜老师对我每一次的指导，多采访、多写，哪怕我并不聪明，但每一次向上爬一点，毕业的时候我一定能有不小的收获和提高。（文：于景雪）

隐在村子里的掌勺人

导读

一直打工的曹丰宝，28岁结婚后回到了故乡——泰安市岱岳区祝阳镇李胡村，开了一家普通的"丰宝饭店"。在这里，一家五口，在每一天的日常中体味着生活与生存，每天的目标就是对食材质量的执着追求，对菜品口味和独特性的不断钻研。

丰宝饭店的一天

早晨6:40，闹钟响起，巩庆菊起床打开屋门，地上积了一层雪。

空中，雪花还在打转。

披着雪花，她开启炉子做早饭。女儿喜欢吃手擀面、混沌、素馅水饺。这次，她做了手擀面、煮鸡蛋。饭还没熟，赶紧催促女儿起床。吃过饭，两人一起出门，大地白茫茫一片，汽车在雪上蜗行。7:40之前，她们过了石汶河大桥，绕过泰山科技学院，艰难赶到山口镇中心小学。女儿的背影消失在进校的人群中，她转身上车，朝南边的集贸市场赶去。

一天的工作开始了。

所有店铺的老板都熟悉。她在一个个摊位前仔细挑选，和老板们谈论这场大雪，购买当天宰的鸡鸭鹅肉、活鱼，以及各种青菜。位于市场最西头的蔬菜店，老板姓赵，刚为旁边的大学送完蔬菜。巩庆菊习惯在他家购买蔬菜，西红柿、茄子、黄瓜、土豆，北方流行的各类蔬菜是每次的必选。食材装车完毕，返回李胡村。

以东西向的环山路为界，过了石汶河向东，北边是西石汶村，南边是李胡村，丰宝饭店就藏在李胡村的巷子里。南北向的巷子，西边是巩庆菊的家，丈夫曹丰宝和女儿，以及公公婆婆，一家五口人生活在里面。东边的一栋房子是一家人每天忙碌的地方——丰宝饭店。巷子顶上的空中，一块广告牌将两栋房子连接起来，"丰宝饭店"巨大的字样底下，还有一行小字："承接各种宴席，上门炒菜。送菜上门，自制佳肴。"

回到家，巩庆菊忙着卸车，婆婆还在刷碗。前一天客人们用过的碗筷，婆婆要在这一天上午全部刷完，有时候碗筷积攒得多，中午客人来的时候还没刷完。公公出门敛盘子还没回来——饭店有一项重要的业务，为周围几里地内的许多村镇的人家上门送菜，前一天公公负责送去，第二天上午前去敛盘子。

巩庆菊也没闲着，她开始熟练地收拾厨房，和丈夫一起炸藕合、炸鱼、氽丸子、炖鸡，一系列工作在 11：00 前必须完成，往往这时候，第一拨客人已经来到。

雪到中午小了些，今天客人很少，这是由顾客的来源决定的。雪天，在附近打工的人、苗圃里挖树苗的人休班，不在这儿吃午饭，村里人出来的也少。雪后的乡村，许多事物偏于静止。

换做前一天（或天气好时的每一天），不到11：00，就有客人来了。这天中午，所有座位全部坐满，共安排了十三桌客人，往外送了六桌菜肴，实在没地方坐了，还推掉了三桌客人。

不少熟人，来自周围村镇的民工、企业老板，一进来就找到各自的位置，点的菜也是平时爱吃的。西石汶村赫赫有名的赵兴林医生，专治中风、高血压、糖尿病等，每天接待大量病人，许多外地病人慕名而来，有时一天有几百人挂号，他比许多专业医院的医生还忙。赵医生不喝酒不抽烟，和几个朋友来吃午饭，临走时把剩的半瓶酒留给了曹丰宝。

饭店开始热闹，不同桌的客人之间多有熟悉的大厅里更像是一场大型家宴。曹丰宝一头扎进厨房，几个炉子火力生猛，锅里的菜肴上下翻飞。巩庆菊的大嗓门不断在大厅里传递，传菜、拿酒，与客人聊天。

下午 2：30 左右，客人陆续离开，一家人围坐在门口内侧的火炉旁开始吃饭。

曹丰宝在厨房（张帅 摄）

吃完饭，来不及休息，电话不断响起，订菜的电话打了进来。于是，继续炒菜、装盘，公公开上车，朝附近的一些村庄送菜。忙碌的时候，巩庆菊也参与送菜。这些菜肴，会成为一个个家庭晚宴的核心。

对于饭店而言，堂食是门面，但若看数量，却比不上外卖，往外送出的菜肴能占到总菜量的 70%。

晚上客人比中午少些，多是干完一天活的民工、村里打牌的老人。一群来自泰安市区的作家，听说此处颇有田园风光，慕名而来，于小巷深处把酒言欢。

10:00 左右，或更早，送走最后一波客人，夫妻二人简单收拾厨房，封好炉子，关灯回到对面的家里。

下雪的那个晚上，客人走得早，他们翻出之前存放的烟花。积雪皑皑，烟花在巷子里燃烧，妻子和女儿拍手叫好，曹丰宝抱着胳膊在一边看。

巷子东边，是一家人的事业；巷子西边，是一家人的生活。

大拇指上的功勋章

37 岁的曹丰宝长了一张"厨师脸"，面相圆阔，头发细短。他伸出左手大拇指，展示自己的"功勋章"。

他的大拇指和别人不同，拇指下部形成了一层厚厚的老茧，不光茧大，拇指肚子也比另一只手大许多。左手连通的左臂，承重能力明显强一些，也受累，一条肌肉偶尔疼痛。

拇指抓牢铁锅，左臂是颠锅的资本。

许多年来，这条左臂炒了多少菜已无法统计。

他常让自己回到遥远的过去，梳理这些年的人生，他和餐饮行业早已血肉相融，难以分离——若重新选择人生，他依然会颠起铁锅。

初中毕业，他离开学校外出打工。泰安、济南、青岛，许多城市留下了他谋食的身影，无一例外，一开始他就走进了饭店。一家家饭店，一个个后厨，先是跟着老师傅学习，后来能独当一面，成为主厨。

2010 年，他去泰安的一家饭店应聘，接待他的是一个大眼睛女孩。

23 岁的巩庆菊是这家饭店的服务员，这个比自己仅大一岁的新厨师很快走进了她的世界。

"我追的他。"巩庆菊性格外向、豪爽，从不避讳两人最初在一起时的过程。

"你喜欢他什么？"

多年后，面对这个最初的问题，她历数丈夫的几项优点：能干、老实、本分。两个年轻人的恋爱过程很简单，晚上去泰山夜市闲逛，抽空去虎山公园游玩。在妻子眼中，丈夫是一个不够浪漫的人，但也会给她买戒指、玉镯，哄她开心。丈夫性格大大咧咧，偶尔忘记她的生日、结婚纪念日。有一次，他又忘了他们的结婚纪念日，隔了十几天，花一万多块钱买了一条金项链作为弥补。

"不是钱的问题，他不是吝啬的人。"巩庆菊说。

两人一个内向寡言，一个外向活泼，但家境相似，都出身农村。和独生子的丈夫不同，巩庆菊有一个哥哥和一个姐姐，父亲在新泰市方城镇卖猪肉，她六七岁就一个人下乡卖猪血。"我学历低，但能吃苦，不怯场，跟谁都能聊到一起。"

曹丰宝很快离开了那家饭店，带走了巩庆菊的心。

2014年，两人顺利结婚，开启了夫妻一同创业的历程。他们先是在泰安租了一个店面，直到妻子怀孕，需要人照顾，商量之后，他们决定退掉店面，把锅碗桌椅运回老家，扎根农村。

独特的质量控制

一家"临时"乡村饭店是这样的：

由他们居住的院子改造，一进大门的门廊一侧是厨房，正屋的客厅放上四张桌椅，卧室成为"单间"。家与店，不分彼此。一家人齐上阵，一辈子种地的父母成了饭店员工。

回到老家的第二年，他们拿出所有积蓄，在大门口对面盖起一栋房子。又过了一年，新的丰宝饭店正式开张。

直到今天，这家饭店一直是李胡村的标志之一。

而在最初的几年，巨大的迷惘常折磨这对夫妻。

虽出身农村，但他们的餐饮经验完全来自城市，对城市的不舍又加深了矛盾。农村的消费水平和城市不同，对菜肴的要求也不同。城市的饭店，辣菜多，年轻人喜欢，而农村人很少吃辣，尤其是老人完全不吃辣。农民的消费水平也有限，既想要吃好，又不能太贵。

巩庆菊首先面临的是新媳妇融入家庭的问题。公婆和她一样，都是善良的人，但性格偏于内向，有什么话习惯憋在心里。她就用自己的善意和直爽，化解老人偶尔出现的担忧。走在街上，即使见了三岁小孩，她也上前说话，跟谁都笑脸相迎。很快，这个李胡村的新媳妇就成了"李胡通"。

一些外在的压力接踵而来。

父母都是老农民，没做过服务员，刚开始什么都不会，只能慢慢学习。一家逐渐红火的饭店也会引起周围人异样的目光，一些不实的传言在附近流传。一系列压力之下，正在磨合期的新婚夫妻，也会陷入争吵。

有时候，妻子把一个杯子拿错了、刷不干净，丈夫就发一通火，妻子的泪水伴着委屈流淌。"那时候我就像得了洁癖，心里很乱，有什么事马上发火。"说起这些，曹丰宝看一眼妻子，"真是对不起老婆。"

巩庆菊同样陷入回忆，揉一揉眼睛，立刻否定了流泪的事实："那时候是真难。"

不过，他们很快挺了过来。

改造菜肴，在"味"上下功夫，这个任务落到曹丰宝身上。

先是按照农村人的口味，对一些菜肴进行改造。接下来，在质量上严格要求。他的"质量控制"，严苛到极致。

在原料上，选用最好的调料，鼎丰的卤汁，烟台的味达美，四川郫县的豆瓣；在菜品上，每天早晨的采购很重要，当天的饭菜，一定用当天的食材。

"我始终就一个观点，用好调料、原料做好菜。"曹丰宝说，"我是开饭店的，把原材料做到极致，才能吸引回头客，把最好的一面呈现出来。"

他在院子里挖了一个水池，二十四小时充氧，每天买回来的鲫鱼、鲤鱼就养在里面，只要鱼出现翻肚皮现象，立刻扔掉，保证出现在餐桌上的鱼在做之前是活的。冬天还好，夏天天热，即使充氧，也会有一些鱼死去，但他的坚持依旧，一条死鱼也不允许进厨房。

他准备买一套循环水的装置，最大限度保证鱼的新鲜。

"赚再多的钱无所谓，健康是第一位的。"包括冬天做礼盒，曹丰宝给客人做什么菜，家里人就吃什么，"不可能进一些垃圾食品。"火锅上有一层红油，是可以回收的，但他从不回收，所有的油都是新鲜的。

很快，在没有任何广告宣传的情况下，饭店的客人越来越多，且大都是回头客。以李胡村为中心，形成了一个由近及远的客户群，周围的祝阳镇、山口镇、省庄镇，甚至泰安市里，许多人慕名而来。原因无外乎两点：一是价格便宜，二是原材料新鲜，口味好。

丰宝饭店，就这样持久地存在于石汶河畔。

新菜频出

曹丰宝是一个"发明家"。

最近，几乎每桌客人都盯上了他发明的一道新菜——时蔬炖大虾，将蔬菜、大虾、籽乌等融为一体，将陆地和海洋融为一体。

"这道菜，你跟谁学的吗？"

面对这个问题，曹丰宝摇摇头："可能别人也会做类似的菜，但我做的这道菜，确实是自己琢磨出来的。先自己吃，觉得不错了，就向客人们推荐。"

时蔬炖大虾，一天能卖出 20 多份。

这还不是卖得最多的菜，店里的招牌菜自然更受欢迎，作为山东的农村饭店，干炒鸡或农家炒鸡是每桌客人的必点菜。生长期 1 年左右的散养公鸡，4 斤半以上，黑爪，售价 78 元，一天能炒 20 多只，最多时接近 40 只。

还有酸菜鱼、腰花，以及各类蔬菜，店里的菜品越来越丰富。

早就考取了厨师一级证书的曹丰宝，想法还有很多，他准备依托西边的大学，用一辆厢式货车，为学生们提供炒菜、烧烤等，他还要上一台电烤箱，烤土豆、地瓜等副食品。

这辆流动餐车，为家里做出过很大贡献。多少年来，除了饭店的堂食和外卖，夫妻俩还驾着这辆车奔走在附近村镇，为各类公事及红白喜事上门服务。到现在，一年还要外出近二十次。就在前年，父亲肾结石住院，住了十几天，又赶上公事繁忙，每天有好几个人找上门。实在忙不过来，他们只得推出一些不干。

巩庆菊有一些感慨："这些年过来不容易，首先要感谢公公婆婆，他们是我们的坚实后盾；其次要感谢村里人，没有他们的支持也不会走到现在。"

曹丰宝也有感慨："感谢媳妇，结婚这么多年，她没和公婆吵过一次架，家和万事兴。她对我的父母比自己对父母都好。"

他们准备再赚一些钱，二胎计划也该提上日程了。

远方大海与自由之乡

6 月的一天下午，很热，母亲做好了稀粥，一家人准备吃饭。

曹丰宝走到她身边说："妈，今天不在家吃饭了，我们出去玩。"

母亲有点错愕，一时间没弄明白。曹丰宝解释，现在天热，又连续干了许多天，他心中出现了一片大海。

于是，没来得及吃的粥倒进保温杯里，饭店门口贴一张暂停营业三天的告示，一家人坐上车，向几百公里外的日照进发。

曹丰宝是看到朋友在朋友圈发的动态才想到要出去玩的，朋友在万平口、灯塔拍的照片，使他突然有了去远方的想法。到日照时天还没黑，朋友惊异于他的行动力，海滨的风景也让他暂时忘记了连日的辛劳。他们去了任家台、万平口、灯塔，看到女儿对大海流露出的热情，他感到一阵欣慰。

接着，他们又去了青岛，花一千块钱租一艘船去了海上，大海以无限的胸怀接纳他们。游船后面拖了一张网，游一圈下来，虽捕获的海鲜不多，但也是他们的收获。正赶上啤酒节，他敞开肚子喝啤酒，在欢乐的氛围里寻找自我。

再回到村里的饭店，曹丰宝又成了家里的顶梁柱，一道道鲜美的美食从他坚实的左臂的炒制之下被送到餐桌。

"我不喜欢束缚，不喜欢被别人呼来喝去的生活。"曹丰宝参透自己的内心，"过去在大饭店打工，虽赚钱不少，但总感觉受制于人。这些年自主创业以来，最大的收获是拥有了自由。"他尤其强调，自己生活的中心就两个字：自由。

这也是二十多年前，那个刚初中毕业的少年对自己的人生定位。

心情该放松的时候，他就不营业，带着家人去了青岛，去了济南。远方的世界让他感到新奇，但不管走多远，他总会回到最初的原点。

获得自由的同时，他尤其强调，每天和父母生活在一起，和妻儿在一起，也是一种自由。村子周围的耕地大都种植了樱花，每年四五月份，到处樱花盛开，他领着女儿走在广袤的樱花地里，讲一讲过去的事，感受花朵的灿烂。

这同样是一种自由。

又一场大雪降临，天气极寒，中午只来了一桌客人。一家人守着炉子吃完午饭，曹丰宝继续在炉火边对着手机思索新菜，母亲和妻子趁着雪天人少，在西边的院子里摊煎饼，父亲回去午休。雪大，中小学停课，女儿坐在一边上网课。

他又陷入了宁静，和村庄的宁静融为一体。（文：张帅 张家伟 指导教师：吴永强）

采写手记

隐藏在乡村的小饭店，以前关注不多，偶尔走进去，也只是吃完东西就走，很少会和老板产生交集。吴老师带我们去采访丰宝饭店的老板，第一次真正走进乡村饭店的世界。

走进饭店，老板曹丰宝热情地迎接了我们。这家乡村饭店规模不大，却有着独特的氛围。木质桌椅、乡土气息浓厚的装饰，处处透露着质朴。老板是一位中年大叔，胖胖的，脸上总是带着憨厚的笑容。

当我们问及他开饭店的初衷时，老板陷入了回忆。他说，自己从小在这片土地长大，对乡村有着深厚的情感，希望能通过一家饭店，让更多人品尝到乡村特色美食，也能为村民提供一个交流聚会的地方。从他的眼神中能看出，这份事业承载着他对家乡的热爱。

也有一些困难，他提到，乡村饭店的客流量不太稳定，采购新鲜食材也是个挑战，要保证食材的原汁原味，需要花费大量的时间和精力去协调。

聊到饭店特色菜品时，老板如数家珍，每一道菜都有其独特的制作工艺和背后的故事。比如新发明的时蔬炖大虾，选用的是新鲜大虾，与白菜结合，深受顾客喜爱。

这次采访让我明白，每一个平凡的创业者背后都有不平凡的故事，他们用自己的坚持和努力，为乡村振兴默默贡献着力量。（文：张家伟）

纯粮酒传酿者

导读

　　白酒行业竞争激烈，大品牌垄断市场，低端酒勾兑严重。在这个形势下，小酒厂如何生存？泰山脚下，一家名为明堂泉的酒厂，是几十年来中国白酒人探寻出路的缩影。父子两代厂长用 40 余年的钻研，酿造纯粮食酒。父亲陈刚，是老一代白酒人的代表，技艺精湛，坚守品质；儿子陈年，用新的营销手段，试图挽救逐渐式微的酒厂的命运。他们在将白酒文化发扬的同时，正经历时间的考验。

人生如酒：坚持内心纯正

　　为买家送酒回来的路上，某酒厂老板王百万的父亲驱车来到离家 30 里外的另一家酒厂——明堂泉酒厂，用大塑料罐子打上满满当当的 50 斤精酿酒。儿子王百万与他争论："咱自己家酿酒，干吗还往别处去打酒喝？"

　　一次，明堂泉酒厂老板陈刚和他聊起此事，老王回答说："就你家这儿酿的酒我觉得好喝！"

　　陈刚老先生今年 69 岁，从事酿酒相关行业已 40 余年。

　　陈家算得上是酿酒世家，从他的太爷爷起便开始酿酒，到陈刚父亲一代时不再酿酒。1962 年，一家人从辽宁丹东辗转来到黑龙江哈尔滨阿城区小岭镇。20 世纪 80 年代初，陈刚作为青年一代，又重新拾起了家族传承的酿酒技艺。

　　最开始，他在国营企业阿城酒厂工作。随着改革开放的进程，酒厂迎来改制。1983 年，他决定单干，在镇上开了属于自己的第一家酿酒作坊。

　　当时，附近的各种酒坊有十几家，大家都用纯粮食酿酒——一毛三分钱一斤的玉米，需要的设备也一样。究竟该如何在众多小酒厂当中脱颖而出？年轻的陈刚每天思考这个问题。

　　人生如酒，需要不断地捣磨蒸发，方得醇香。

竞争中，最重要的无疑是效率、质量和成本。其他酒厂都是雇用七八个伙计帮工，白天干活，晚上休息。而陈刚为了提高生产效率，实行一班四人，三班轮流倒换的制度。那时候，他在高强度的工作下一天只能睡三四个小时，出酒的速度得到了大大提升。为了保证质量，他还自行制造酒曲，严格选用内蒙古赤峰的优质高粱。节约成本方面，他将酿酒所需的穿心锅进行了一次次改造，使其在盛装最少水的情况下快速开锅。他自行制造打渣机，既节约了人工搅拌所需的成本，又让水与料之间能够充分地混合。

在不断创新和钻研，以及酒的质量和味道有所保证下，老陈家酒厂打败了附近的 14 家小酒厂，成为镇上唯一的厂家。

1995 年是个转折点。

为寻找更加优质的水源地，陈刚告别东北，来到了山东泰安。经过采样对比，最终决定在泰山汉明堂的明堂泉附近定居酿酒，品牌名称也被定为"明堂泉"。

汉明堂，又称谢过城，春秋时齐鲁两国国君夹谷会盟时，鲁国国君和孔子曾经过此地。这里的井水水质极好，附近的百岁左右老人也不清楚该井为何时所挖，足见其年代深远。

然而，接下来陈刚将迎来"灭顶之灾"。

迈进新世纪，随着市场环境的变化，越来越多的勾兑酒蜂拥般地占领白酒市场。这些勾兑酒生产方便，成本极低，出酒更快。多数消费者觉得勾兑酒更便宜，便放弃了纯粮酒，使坚持做纯粮食酒的明堂泉酒厂举步维艰。

人生如酒，需要来自岁月长时间的发酵。

陈刚（右）、陈年父子现场展示"父亲的酒窖"品牌酒（赵全鹏 摄）

"坚持自己要做的事，就得吃苦。"他试着把产酒的效率进一步提高，进一步改造设备，将穿心锅更新至第三代。面对劣币驱逐良币的环境，他依然坚持自己认为对的事业，绝不做有损良心的行为，始终坚持做纯粮食酒。对于此事，陈刚为我们讲述了一个故事：

有一位老总，种植了万亩洋姜园地，想寻找酒厂合作，用一半洋姜一半高梁酿酒，一家酒厂同意合作，开始酿酒。新产出的白酒喝了一段时间后，许多人出现了眼睛眩晕等状况，后经检测酒内甲醇严重超标。这就是质量不过关造成的严重后果。

如今，陈刚的酒厂依然在坚持酿纯粮酒，对酒的质量进行严格把控，这也是对酿酒技艺以及事业两个方向的传承。

陈刚目前身体硬朗，谈到以前的故事依然笑面盈盈。即使岁月的酒缸日渐压弯了他的脊背，染白了他的头发，即使皱纹像蒸腾的酒气一样漫上他的额头，他依然在用酿造的白酒彰显着自己的年轻与活力。

回顾40余年的酿酒岁月，他的精神和行动竟也如自家陈酿的老酒一样越发醇厚，散发着令人沉醉的特殊魅力。

陈年古酿，愈积愈香。

如老先生自己所作的诗句一般：人生五味杯中品，世事七华眼前云。

酒如人生：向父亲致敬

在陈年眼中，父亲陈刚曾是一个"臭爸爸"。

当年，陈刚每天三班不能离岗，经常要忙凌晨一两点才能回家，四五点又回酒厂劳作，每天的睡眠时间不超过四个小时。陈年印象最深的就是父亲常常拖着疲惫不堪的身体，把熟睡中的自己拽起来，浑身掺杂着酒糟难闻的气味，亲上两口，便又匆匆回了酒厂。

那时的他对父亲感到困惑："为什么非要酿酒呢？"

跨越30余年时间，父子最终和解，两代人的辛酸与甘甜终于在2014年汇聚。

这一年，在上海打拼数年的陈年来到山东泰安，来到父亲陈刚自1995年便开始经营的明堂泉酒厂。

当时的明堂泉酒厂，在各种廉价勾兑酒的冲击之下，经营困难。作为父亲的陈刚也并不完全支持儿子回家跟随自己酿酒，但年轻的陈年敏锐地发现了近年来，白酒用户群体思想上正在悄然发生转变，越来越多的人愿意花费更多钱来购买纯粮酒，想尝尝"好东西的味道"。

2016年，经过两年的磨合与准备，36岁的陈年正式决定加入父亲的酿酒行业。80后的陈年，将利用网络等新的营销手段，把"酒香也怕巷子深"的好酒推向更多客户。

陈年集结两个年轻的朋友，一个32岁，一个28岁，共同在上海成立了新的品牌"父亲的酒窖",力图使白酒与"父亲"这一形象搭成桥梁。

陈年专门找到一位盲人陶艺大师交流并设计产品,酒瓶外形包装为一棵梧桐树,代表父亲如梧桐树般遮风挡雨。两个酒盅和烫酒的瓷缸倒扣过来形似石桌与两枚石凳,取意为父亲与孩子在梧桐树下对饮。酒盅外皮粗糙,内壁顺柔,代表每个父亲外表坚冷但细腻柔软的内心。设计可谓是用心良苦,为传统酿酒注入了现代社会的创新与活力。

"中国父子之间的表达往往是比较含蓄的。"用酒来表达父亲与子女之间含蓄隐秘的情感,这也是陈年创立此品牌的初衷。随着该品牌销量的不断提升,越来越多的客户给予了他一些积极的反馈。他根据客户需求,新增了为客户手写贺卡的服务。一张贺卡,往往只是一句简单的"爸爸,生日快乐",但其中却隐藏了更多的父亲与子女间复杂的感情,这让陈年对父亲坚持了40多年的事业的传承更加有了信心。

在为客户手写贺卡的过程中,令陈年印象最深刻的一次,是一个女孩来为父亲买酒,要求在生日贺卡上写这样一句话:

"爸爸,我爱你,我不说;就像你爱我,你也不说。"

他还为我们讲述了一个故事:他的一个朋友,在离家上大学时,母亲一直对孩子不放心,父亲却很从容。后来儿子放假回家后,母亲对他说:"你那天在校门外和我们告别时,你爸早就背过身去,哭成了个泪人。"

陈年说:"父子之间虽表达方式不同,但彼此的关爱却丝毫不会减少。"无数次真切的情感表达,令陈年坚信自己要将父亲的事业传承下去。

回顾过去,父亲只身到山东开办酒厂时,陈年还在老家上学,一开始并未想跟随父亲酿酒:"我若是看老爸酿酒不容易才来帮他,那大学毕业就该回来了,之所以没有这么做,就是因为在后来才真正发现纯粮酒逐渐在市场上取得大家认可。"

父亲陈刚将酿酒的方法倾囊相授。

陈年经常在父亲的指导下忙碌,昏黑的酿酒房,父亲在身边一句句为他讲授酿酒过程中可能出现的各种问题。经过一次次学习与更正,陈年真正沉浸在酿酒事业丰厚的魅力之中。在父亲的传授下,他的技艺也越来越纯熟。陈刚面含微笑向我们叙说儿子的聪慧:"他脑子很灵,基本教一遍就差不多学会了。"

陈刚坚持着自己最朴素的人生哲学,他认为酿酒和大夫看病一样,必须做到全能,足够应付所有实时出现的问题。就如在诊所,有人头疼,有人肚子疼,有人外伤，有人内伤，大夫要做出相应的应对方法；酿酒也是如此，需要应对不同的天气和湿度，干燥天多加水，潮湿天少加水。"你自己要是不会，外行领导内行，白搭！"

酒如人生，只有经历过后才知本身的温度和重量。

陈年讲述父亲的经历，说那时候父亲为了提高出酒的效率，自己培养菌种，自制酒曲，使得鼻子发黄发黑，每天熬到很晚才能睡觉。"人生就是一个活到老，学到老的过程。"

除了酿酒，陈刚还喜欢书法，和附近的书画爱好者常有沟通交往。因其酿酒，书画界的朋友们亲切地称其为"瓮公"，即"老酒坛子"。后来"翁公"也成为明堂泉酒厂旗下的一个品牌。

"人从生到死，荣华富贵也好，主要是活好自己就行。"现如今，陈刚与陈年父子依然在用心经营着酒厂，坚持纯粮食酒酿造工艺。父子之间关系融洽祥和，父亲主要指导儿子在酿酒上的技艺，儿子主要负责酒厂品牌的宣传和营销。目前，有更多的企业和个人开始去选择纯粮酒，从味道、价格上进行多方位的比对，陈年对纯粮酒的新发展有很大的信心。

采访结束时，我们重新欣赏了那副酒厂门前，陈刚老先生自题刻就的对联：华夏良酒粮酿酒，泰山名泉明堂泉。

陈刚与陈年父子俩站立于对联下，满怀笑容目送我们离开。（文：赵全鹏 指导教师：吴永强）

采写手记

采访开始前，我了解了酒厂的基本情况和白酒酿造知识。过去，我以为酒厂内都是宽敞封闭的车间和自动化设备，但明堂泉酒厂却藏在社区的角落中，铁门后是简朴的农家小院。如果不是提前看到门口的招牌，大概会误以为走错了地方。

老板陈刚带我们参观了仓库内成堆的赤峰高粱，那是酿酒用的原料，然后磨粉、发酵，用麦秸压着的塑料布下等待发酵的高粱粉，整个院子充满淡淡的酒味儿。

大概了解了白酒酿造的过程之后，我们坐下来，陈刚和他的儿子陈年向我们讲述了从东北到山东，从事酿酒行业的创业经历。最近几年，随着网络购物行业的兴起，父子俩也开始在网上售卖白酒，开拓新的市场。陈年为此费尽心力，创造了"瓮公""父亲的酒窖"等品牌，随着新的品牌和包装问世，纯粮酒的营销也初具成效，父子俩都为此而高兴。

这次采访经历让我收获颇丰，不仅提升了采访技巧，也让我对人与人之间的交流和沟通有了更深刻的理解。最主要的是陈刚和陈年父子对纯粮酒的坚守令我感动，他们没有和勾兑酒产业同流合污，让我明白这世上总有人在自己坚持的正确事业上努力着。

在写作过程中，又遇到了一些麻烦，一些信息记录不准确，只能再跟陈年联系，请他补充材料。这样来回几次沟通，稿子顺利写成，也算是一个小小的成绩吧。（文：赵全鹏）

乡村医生的幸福与委屈

导读 ●●●●●

在过去，"赤脚医生"曾为农村医疗卫生的普及做出重要贡献，直到20世纪80年代，这个称呼成为历史，取而代之的是乡村医生。随着当下医疗卫生体系的不断健全，高学历、高职称的乡村医生开始出现。

赵兴林是当代乡村医生的代表，有硕士学历，是副主任医师，他所在的泰安市岱岳区祝阳镇西石汶村卫生室，是泰安市第一家省级标准化卫生室。凭借对中医的持续钻研，他的影响越来越大，许多外地人慕名前来，小小的卫生室成了村里最热闹的地方。（文中提到的患者皆用化名。）

医术第二位，沟通第一位

凌晨2:33，薛梅下了火车。

春天越来越深，她忍不住大口喘气。昨天在济南的一家医院遇到一个病友，病友给她介绍了一位擅长中医的乡村医生，叮嘱她找这位医生看病的人多，一定早去。于是，她连夜赶往泰安，在火车站门口打上一辆车，朝东边驶去。赶到岱岳区祝阳镇西石汶村时，天依旧是黑的。

将近6:00，赵兴林出了家门，从后门走进一路之隔的西石汶村卫生室，打开正门，就遇见了薛梅。春天是过敏性哮喘的高发期，薛梅一边喘着粗气，一边向这位传说中的"名医"讲述这些年被哮喘折磨的经历。

7:30，掌管药房的工作人员开始上班，薛梅拿了药，打一辆车，回老家枣庄去了。出门时，卫生室门前已排起了队伍。

赵兴林忙碌的一天开始了。

这位48岁的乡村医生，1998年毕业于山东中医药大学中医专业，先后在山东省中医院、济南军区总医院、解放军第88医院工作学习。改变他命运的节点是2014年，父母病重，需要长期照顾，他不得不辞职回到村子。

促使他离开城市的原因，还有对大医院工作的迷茫，中医往往不受重视。再就是父亲的影响，父亲做了一辈子乡村医生，擅长中医。高中时他喜欢物理，高考想报考无线电专业，但被父亲改成了中医。后来他逐渐喜欢上了医学，父亲病重，回来子承父业顺理成章。

多年积累下来，赵兴林慢慢成了远近闻名的乡村医生。他擅长用中医药理论治疗血液病、肝胆泌尿结石、心脑血管、糖尿病并发症等。

2020 年，西石汶村卫生室经过评审，成为泰安市第一家省级标准化卫生室。

一上午时间，赵兴林接待了 34 位患者。其中有 23 位复诊者，11 位新病人。和复诊者交流时间短，五分钟左右就能完成，新病人时间长，最少十几分钟，有两位病人分别和他沟通了半个小时。

1:30，趁着送走病人的空当，他回家吃午饭。下午病人少一些，他接待了22 位病人。

"西医是看病的，中医是看人的。"赵兴林说，"中医讲究人是一个整体，治病的过程就是拉近和病号之间距离的过程。"

和熙攘的大医院不同，乡村卫生室虽然病人也不少，但赵兴林要做的工作有很多。"要想详细了解病人的症状，包括心理状态之类，就要和他们交朋友。还有一些心理方面的疾病，比如亚健康状态，有些仪器查不出来，通过交流，一些潜在的问题就会浮出水面。"

这天上午，他还认识了一个"奇怪"的母亲。

这是一名大学老师，带着两个十几岁的双胞胎孩子走进卫生室。两个孩子已经很多天吃不下饭，吃什么东西都吐，眼看着消瘦下去。母亲把厚厚一沓病历放在他面前，足有十几公分厚，抱怨道："跑过许多大医院，肠镜、胃镜等什么检查都做了，没有任何效果。"

接待患者的间隙，赵兴林（左一）接受作者采访（吴永强 摄）

赵兴林开始了解两个孩子的病情，按理说两个人不可能同时得一样的病,问题可能出在病外。详细地交流之后，他终于发现了问题: 这个母亲太严厉、刻板，孩子们的一日三餐，每天喝几升水、排多少尿、喝多少奶都要记录在笔记本上，就像养花一样，每天浇几滴水都要量化，给孩子造成了巨大的心理阴影。

通过沟通，发现孩子们的病不在身体，而在精神。他建议母亲带孩子们去看一下心理医生。后来通过疏导，确定为抑郁症和孤独症。

"医术第二位，沟通第一位。"这是赵兴林的口头禅，"情商最重要，你学历再高，别人不跟你交流一些细节的东西，发现不了问题，一切白搭。"

说最好的话，往最坏处想

在西石汶村，卫生室是最热闹的地方。每天，这里都会停不少外地车辆。

来自天津的四五个病号，组团开 4 个半小时的车前来。几年来，他们和赵兴林建立了很深的友谊，平时通过网络问诊，他把药寄过去，有的药能买到，就让病人自己购买。

70 多岁的季康，家住肥城，患有淋巴瘤，之前在大医院化疗、放疗，医生给出的结论是最多能活两三个月。

女婿带他来到卫生室。经过检查，季康的白血球到了 10 万，正常标准是 4000 到 1 万，10 万就是严重的白血病了。"用通俗的话讲，就是电脑的程序完全乱了，我要做的就是重装系统。"

赵兴林给他开了补气生血的药，用了 15 剂。过了半个多月，女婿给他打电话，病人突然陷入危重状态，白细胞几乎为零，一点免疫力都没有了。他赶紧和对方一起商讨解决办法，病情缓解之后，季康正常吃药，白细胞恢复到 2000—3000 的正常水平。

刚开始，季康两周输一次血，慢慢变成一个月一次，半年以后是一个季度一次，一年之后就没再输血。在之后的 8 年里，季康大部分时间持续吃中药。多年的病痛，使他养成了很好的心态，能够坦然面对死亡。

将生命延续了 8 年之后，终于有一天，赵兴林接到季康女婿的电话，老人因脑出血去世了。

女婿说："感谢你，给了老爷子第二次生命。"

老人能活这么久，所有人都没想到，包括赵兴林在内。

"中医讲究望闻问切，病人来了先交朋友，看病放一边，先了解人。"赵兴林说，"向病人表达病情时尽可能持乐观的、积极向上的态度，不要给病人压力，医生自己考虑病情时一定要周全、深刻，不要遗漏任何线索。"就是"说最好的话，往最坏处想"。

卫生室兼具门诊和中医治疗两种特征，他擅长治疗心脑血管系统疾病，对其他疾病也多有研究。"不能说很精通，但是都要了解一些。"作为综合门诊，卫生室还承担了一些公共卫生的职能，比如健康教育、保健，他还负责村里一百多位老人的查体任务。

各项工作并不冲突，中医是他的专长和特色，西医临床是日常工作。"门诊虽然大都是看一些头疼脑热的病，但一些恶性病、危重病，每个人身上都可能有。多发性骨髓瘤的发病率只有十万分之几，一般人觉得只是浑身无力，但可能问题很严重。发烧感冒看似普通，但一些恶性肿瘤也能引起发烧。"

医生需要不断学习。他接触过一位浑身无力的患者，很难找到病因，通过查阅文献，请教几位教授，最终确诊为胸腺瘤。一位老人感到浑身疼。刚开始，他按照痛风、风湿治疗，但病情越来越重。他查了很多资料，找了一位骨科专家，确诊为多发性骨髓瘤。

虽然很忙，但他每天看至少一小时书，通过学习给自己增加压力。这些年，他先后考取了中医执业医师证、临床方面执业医师证、执业药师、全科医师证等。他还把学历提升到了硕士研究生，职称是副主任医师，这在泰安的乡村医生中是极少见的。

这几天，他在看《伤寒论》。这本书他反复研究了几十年。他是岱岳区三经传承专家，每个月在区卫生局或某个乡镇医院有两次讲座，通过重读《伤寒论》，他将讲座内容进行梳理。

让农民把钱花在"刀尖"上

有人看病不花钱，比如上文中那位母亲。

"在农村行医，哪有什么挂号费、诊疗费。卫生室里配有血糖仪、血液分析仪、监护仪、心电图等，都是免费使用。"赵兴林说，"作为医生，不能把钱放到第一位，医学是一门事业。"

"大医院有许多优势，比如一些肿瘤、炎症能提前发现，但对于一些慢性病，没什么大的器质性的病变，中医治疗很有优势。"赵兴林说，"乡村诊所中医治疗花钱少，不用住院、打针，一天几十块钱可能就够了。"

心理疏导很重要，很多亚健康状态或者内分泌紊乱的情况，通过疏导往往比用药好一些。乡村诊所的收入来源于药品，心理疏导病人没有额外支出。他经常遇到低收入或没收入的老人，"尽可能照顾他们吧，比如开一天几块钱的药，让农民把钱花在'刀尖'上。"

西石汶村卫生室有400多平方米，这在普通的乡村卫生室中算是比较大的，配有药房、病房、资料室以及各类仪器检查室。除了赵兴林和他的妻子，还有两名工作人员。他准备在旁边再建一座仓库，同时扩大病房。

妻子自从嫁给他后，也学了医，考取了从业资格证。"她更忙，我看完病就行了，她负责打针、换药、包药、结账。"忙的时候，天不亮就起床，中午才能吃上早饭，午饭就成了晚饭。

乡村医生职业特殊，经常半夜出急诊，没有节假日，没有休班，尤其是周末，外地人往往选择这时候来看病。但赵兴林仍乐在其中，笔者和他之间有如下对话。

笔者："什么时候感到最幸福？"

赵兴林："当然是治好了病，病人道谢的时候，很有成就感。"

笔者："最委屈的时候呢？"

赵兴林："病人不理解是最委屈的时候。去年，一个小孩高烧不退，到我这里来了，我给他开了药，到了晚上，母亲就给我打电话，说为什么还没退烧，言语比较冲动。我耐心跟她解释，退烧要有一个过程，不可能当天立刻退烧，但是她还是有意见。"

医生不是万能的，病人对医生期望值过高，往往产生矛盾，但这只是极少数，乡村是熟人社会，更多人成了赵兴林的朋友。在他的影响下，女儿去年大学毕业，去了一家医院工作。儿子读初中，在他的计划中，大概率会像当年的自己一样，接过先辈的事业。

晚上9:30，病人都离开了，吃过了晚饭，赵兴林回归年轻时的梦想。

他打开一台无线电，对着话筒开始讲话："CQ、CQ、CQ，这里是BH4MDH，呼叫频率上的友台，收到请回答。"

他喜欢音乐，喜欢收藏音响、老电视机。他有时一边读书，一边沉浸在蔡琴、赵鹏等的歌声中。不喝酒、不抽烟的他，爱好还有很多，比如摄影，但因为工作太忙，一台单反早已放置多年。

一个大计划常在脑际萦绕——建一所综合性的中医社区门诊、颐养中心。同时，把这些年积累的经验进行整理，出一本自己的专著。"虽然很难实现，但心怀梦想总是好的。"采访结束之时，赵兴林总结道。（文：李晨星 张增福 指导教师：吴永强）

采写手记

通过这次采访赵医生，我了解了新的医学知识、医疗行业现状以及医生职业生涯。在采访之前，我和老师、同学做了准备工作，也准备了针对性的问题，以便深入了解赵医生的从医之路。

在与赵医生的交谈中，我认真倾听他的观点。他提供了许多宝贵的见解，尤其是在医患沟通方面。

中医可以更加拉近人与人之间的距离，特别是在乡村这种地方。赵医生需要面对面和患者沟通，以便更好地了解他们的病情。他还购买了一些专业仪器，以便患者使用。这也体现了他的心细体贴。

赵医生除了有扎实的专业知识，还具备出色的人际沟通能力。他需要与患者建立信任关系，解释病情，提供情感支持，并在必要时做出艰难的决定，如告知家属患者的噩耗。

这些经历也让我收获良多。在我未来的工作生活中，不但要有过硬的专业能力，还要有与人良好沟通的能力，防止出现"驴唇不对马嘴"的情况。

赵医生仍然不断学习医学知识，有一颗对医学的热忱之心。真正的大师永远怀着一颗学徒的心，我想这也是他能将乡村卫生室做到如此地步的原因。赵医生，可以说是在自己的理想道路上不断前行。

这次对赵医生的采访，让我受益良多，三人行，必有我师。在未来的人生路上，希望能找到自己想做的事情，并将其坚守下去。（文：张增福）

十六年烧饼路

导读

"范镇火烧"是泰安的地方名片，据传最早称为"徐家烧饼"，因曾被乾隆帝御笔题写匾额而名声大振。据不完全统计，目前，岱岳区范镇常年在外地加工火烧的达 2000 余户、6000 余人，形成了近 10 个火烧专业村，有的人家年收入达数十万元。

作为"火烧大军"中的一员，李灿电从 2008 年开始和火烧结下不解之缘，16 年来，他从每天营业额不到 50 块钱，做到一天能卖 11 袋面的规模，烧饼之路越走越宽。

泰安范镇"永骏火烧"，位于泰安老泰莱路，范镇卫生院对过，店老板李灿电和媳妇韩盈，再加上两名帮工共同经营。在这 10 多平方米的空间，夫妻俩一干就是 16 年。

堵出来的市场和口碑

1995 年，李灿电初中毕业，去青岛打工，干的就是打火烧，那时候，老板为了防止别人学会这一手艺，给人员作了严格的界定，揉面的、擀面的、烤饼的，大家各司其职。心思活泛的李灿电，在揉面间隙，总会多注意两眼其他人干的活，私底下，也会找大家沟通，渐渐地，他觉得打火烧好像并不难。

揉了一年的面，李灿电又到山西、济南等地打工，同样还是打火烧。当觉得自己掌握了这门手艺时，2000 年，他花费两三千块钱，在泰安灵山大街与温泉路路口附近，租下一个小门头，开始打火烧创业。

然而，现实给年仅 21 岁的李灿电，上了一堂生动的社会教学课。耐不住性子的他，下午还不到关门时间，火烧还没卖完，朋友打电话约吃饭，他关上店门就去了。喝多了，第二天一大早爬不起来，日上三竿才匆忙往店里赶。就这样过了小半年，初次创业的李灿电，草草收场，卷着铺盖回家了。

2003 年，李灿电经媒人介绍，与韩盈结婚。2004 年，他们有了自己的孩子。三口之家怎么谋生？初为人父的李灿电，不得不谋划一家人的生计问题。

2008 年，岳父家临近路边的房子，租客退租。李灿电看到了商机，与媳妇商量，想接过来自己干。"干什么呢？"面对大家的疑问，李灿电将自己打火烧的计划和盘托出，还准备喊上媳妇，一起到镇上拜徐家老火烧传人徐泰国、路美丽为师，学习怎么更好地发面、做酵头、打火烧。

徐家火烧有着一段神奇的故事，相传在清朝乾隆年间，乾隆皇帝下江南路过泰安，要去泰山顶上烧香祈福。为表敬意，他点名要泰山特产，而范镇油酥火烧则成为首选。当时油酥火烧的第六代传人徐庭贵接到圣旨后，为皇帝现场烤制了最好的火烧。乾隆皇帝品尝后龙颜大悦，赞不绝口，随手题写了"徐家烧饼铺"字幅御赐给了徐庭贵。自此，范镇徐家油酥火烧

李灿电和媳妇在自家烧饼店里合影
（张伟 摄）

名声大振，火烧生意达到鼎盛时期。徐庭贵还立下了"德不道不传艺，艺不道不上炉，序不道不出售"的祖训，这也成为范镇火烧制作工艺传承的重要准则。

学成回来之后，李灿电和媳妇起早贪黑，将所有的时间和精力，都倾注在火烧店里。然而，还没等生意铺张开，就遇到了老泰莱路修路，门口路段封闭，车辆行人绕行，堆起来的土堆，和房顶一样高。顾客无法上门，一天下来，营业额还不到 50 元。李灿电看在眼里，急在心上，却又无可奈何。

就在他心灰意冷，认为坚持不了几天，就得关门大吉的时候，老师的一番话，让李灿电茅塞顿开："你们自己得想办法，动起来。等不来顾客，就走出去，找顾客，活人还能让尿憋死！"老师叫停了李灿电想在打火烧的基础上，再做早餐，炸油条的想法，她告诉李灿电：做买卖哪有一开始就赚钱的，要沉住气，耐得住性子，不能三天打鱼两天晒网，坚持把火烧做好，就是最好的生意。

一句话，点醒梦中人。李灿电回家后，给媳妇买了电动车。每天在饭点之前，就和媳妇各带着百十个烧饼，到附近多个厂区门口卖。不承想，这一招还真好使，一段时间后，不光打开了销路，名声也打出去了。

后来，附近有一个学校，食堂做饭的师傅受伤了，听说李灿电做的火烧不错，学校每天定购 500 个，一下子解决了李灿电的后顾之忧。

就这样，经过多半年的时间，李灿电和媳妇骑坏了三辆电动车，这份坚持让他们赢得了市场，获得了口碑。

修路结束后，店里生意忙起来，他俩根本顾不上往外跑，而厂区和曾经吃他火烧的老顾客，又跑到店里，成为他忠实的"粉丝"。

酒香也怕巷子深

老话说，世上三样苦，拉纤打铁卖豆腐。在李灿电看来，传统打火烧的苦不亚于打铁，"火炙胸前暖，风吹背后寒"——夏天火炉温度上百度，而背后的空调 26 摄氏度，用"冰火两重天"来形容，一点也不为过。

范镇火烧从选面到成型，要经过多达 16 道工序，每一道工序都有讲究，捞麦、选面、发面、烫面、拌面、混面……然后在师傅们一番细心的翻挪烘烤之后，层次分明、外酥里软、香气扑鼻的火烧才能出炉。咬上一口，烧饼渣簌簌掉落，满口的咸香软糯脆，真真是一种味觉的享受。

按道理，这样好吃的烧饼，应该不愁卖。但是李灿电却说，火烧也有淡旺季之分。尤其今年 5 月到 7 月，三个月的销售淡季，李灿电也没有更好的办法。这个季节，天气太热，人们胃口不好，不爱吃饭，旺季时一上午就能卖两袋面，这个时候也就卖半袋面，百十个火烧。

当然，这也和竞争者的增多有关。李灿电开店之初，镇上打火烧的，也就四五家，随着这几年火烧行业的快速发展，不到 500 米的路段，就出现了 10 多家火烧店，此外还新增了一些包子铺、面馆、麻辣烫米线店等。无形中，这些店铺，都成为李灿电的竞争对手。

更何况，范镇只是岱岳区的一个小乡镇，潜在的顾客和居民的消费能力都有限。

李灿电想着扩大一下市场，却又不知该如何下手。

转折出现在 2024 年五一假期，泰安在天平湖举办新青年音乐节，镇政府工作人员找到李灿电，问他是否想参加——前提是现场免费打火烧给"乐迷"品尝。李灿电觉得这是扩大宣传的好机会，不假思索就答应了。

随后的两天，每天李灿电都要打 1000 个烧饼，辛苦的背后，他心里却乐开了花：每天面对来自全国各地的几万人，相当于没花钱，就做了宣传。当然，事后，李灿电也略有不爽。由于不懂得宣传，他只是忙着在现场打火烧，并没给他和他的店铺，有针对性地打广告——大家都觉得火烧好吃，却并不知道这个火烧和李灿电或者永骏火烧有啥关系。

此后，李灿电又多次参加了在岱岳区举行的黄河大集活动。这几次，他都打印了自家火烧宣传单页，弥补了在新青年音乐节上的遗憾。同时，闲暇时，李灿电也会自己拍视频，简单剪辑之后，在抖音等社交平台发布。

一段时间后，李灿电原本不到 3000 粉丝的抖音号，粉丝增加到了 3700 多，有很多外省市的网友，通过抖音联系李灿电，定制一些火烧礼盒，要求快递到家。李灿电觉得，大家能认可他，能通过网络平台找他下订单，一部分归功于口碑，一部分归功于宣传，毕竟，酒香也怕巷子深！

精品一出路始宽

随着科学技术的发展，市场上开始出现全自动或者半自动烧饼机，能节省很多人力。这对坚持传统技艺的李灿电来说，也带来了一些冲击。

李灿电打火烧，采用传统烧炭的油炉，炉内热量积聚，温度高达 270 摄氏度。高温烘烤，面饼快速熟透，外焦里嫩，形成了范镇火烧独有的酥脆口感。李灿电每天消耗的煤炭，都得 100 斤左右。无形中，成本也增加了一些。

李灿电认为，自己用的是真材实料，全过程都是手工制作，而用高科技设备，烧饼的味道就会发生变化。手工能够灵活地控制烧饼的口感，能根据面的发酵程度和火候，依靠经验，做出正确的选择。只要把火烧从炉膛里抽出来一看，师傅就知道烤到了啥程度，但机器只会听从数据和人的指挥，不会有辨别。这就像挂面不如手擀面好吃一个道理。

所以，每次有顾客说别人火烧便宜的时候，李灿电总是不厌其烦地解释。

在永骏火烧店里，火烧种类繁多，单价不一，有 1.5 元、2 元、3 元、5 元、10 元甚至 20 元不等。起初，李灿电并不理解老师让他打精品火烧的初衷，他觉得太贵，不一定好卖。但价格高的火烧，确实味道更好，用料更讲究。后来，在老师的建议下，他才开始小规模地推一下高价产品。

而一位顾客的到访，让李灿电真正重视起精品的营销。

2012 年，有一个学生模样的人，到店里买火烧。李灿电得知学生在北京上学，想给老师捎一些当地的特产，但一块钱左右的火烧，一盒装 10 个，也才 10 块钱，送给老师显得有些寒酸。李灿电就建议他买一些价格稍贵的火烧，并装成礼盒，这样不仅看起来更高档，口感也更好。

这件事很快就被李灿电忘掉了。但半年后，那位学生假期回家，给李灿电带来了惊喜，学生的老师转赠给李灿电的一幅画。画面上，有一盘咸菜和几个用纸垫着的火烧，上书几行小字，"三两火烧，一盘小菜，恬静生活，细品人生。永骏火烧，香飘京城。壬辰夏日于中央美院。"

后来，这幅画被李灿电当成了镇店之宝，挂到内屋的墙上，轻易不示人。

感动之余，李灿电都忘了询问更多学生老师的信息，他觉得这是外界对他火烧最大的认可。于是，他对打火烧这一工作更加认真，用料更加严格，也更加坚定了他做精品火烧的想法。

目前，李灿电10元、20元的火烧，所有的原材料，都是李灿电自己加工，火烧的品种有芝麻的、花生的，驴油的、坚果的，各种口味，用料不一样，价格也不相同。李灿电认为，精品贵，贵在手艺好——火烧凉了，第二天放电烤箱稍微烤烤，一样酥脆。

2014年，范镇火烧被泰安市政府命名为"非物质文化遗产"。受此影响，大家在走亲访友时，更愿拿一两盒精品火烧，相比较烟酒糖茶而言，价格不贵，味道更好，还有非遗加持。这也进一步加深了大家对精品火烧的认可。以前用来填饱肚子的火烧，现在也可以装在精美的礼品盒里，成为串联感情，联系亲情的纽带。

这让李灿电火烧铺的生意水涨船高，尤其精品礼盒，更是在全国各地享有盛名，并销往多个国家和地区。在2017年某一天，李灿电更是创下了日销11袋面粉的纪录。每到腊月、年底，定制火烧礼盒的顾客络绎不绝，李灿电需要多找人手帮忙，才能应对忙碌的每一天。李灿电粗略估计，礼盒销售，在他全年营业额中，能占到三四成。（文：文霏霏　指导教师：张伟）

采写手记

在每个城市的角落，总有一些平凡却又独特的存在，就像那家毫不起眼却散发着诱人香气的火烧店——永骏火烧。

老板李灿电和妻子韩盈，共同经营着这家10平方米左右的小店，这是他们一家几口谋生的出路，也是他们全家衣食住行的来源。李灿电性格开朗，聊起陈年旧事，如数家珍。而妻子韩盈则略微保守，看着丈夫在那里发挥，她总是笑而不语。

初次采访，我让学生主导，我旁听。然而，学生们显然志不在此，他们更关心烧饼好吃不好吃，丝毫不关心李灿电叙述的从业经历中，哪些是需要重点关注的，哪些是一笔带过的。这就导致初稿，与我的要求，差了太多。更为要命的，是现场录音出了问题，很多内容没录上。

没办法，我只能再约李灿电二次采访。

其实，有了上一次的采访，这次采访反倒轻松了很多，根据前期掌握的资料，我只需要有针对性地找重点，一些多余的信息，已被我主动绕开。谈到竞争压力，他虽然依然微笑着，但能从他的眉宇间，看到他的担忧。原本镇上五六家烧饼店，现在有10多家，这还不算小笼包、米线等其他店铺，潜在的竞争压力很大。然而，目前李灿电除了打火烧，可供他的选择，越来越少。他只能一边坚持，一边改良烧饼口感和种类，以便更好地占领市场。

在这个快节奏的现代社会，像李灿电这样的传统小手艺人，并没有因为时代的变迁而消失，反而在这个小小的角落里，持续散发着魅力。这次采访，让我深深感受到了传统美食背后的故事和力量，它们值得被更多的人了解和传承。

（文：张伟）

挣够 75 块钱就"躺平"

导读 ●●●●●●●

　　独自经营一家理发店，一干就是 14 年。阿艺从刚开始开店，年底兜里剩不下几个钱，到如今坚守成本底线，每天挣够 75 块钱就"躺平"，他有着自己的一本经济账。

　　阿艺，四川广安人，今年 36 岁，阿艺造型的老板。年轻时砖窑厂拉砖的经历，让他明白，要想在社会上立足，必须有一技之长。现在，经过 10 多年的摸爬滚打，他在美发行业站稳了脚跟。

　　面对越来越激烈的竞争，阿艺的策略是选择性"躺平"：不加入连锁模式，不盲目扩张店面，不雇用员工。

算好收益这笔账

　　阿艺高中没毕业，就进入技校学习计算机，一年期满，按照当时和学校的约定，被推荐去了广东一家电子厂实习。"就是打螺丝，流水线那种，枯燥乏味。"在电子厂的日子里，阿艺每天重复着同样的工作，工资微薄，生活拮据。"一个月也就五六百块钱，都是计件，最忙的时候能拿到七百多，好在厂子里管吃管住，这点钱也就刚够花。"

　　不难看出，此时的阿艺，收支相抵，没有余钱，每个月的工资，这笔唯一的收入，其实收益为零。

　　在电子厂待了一年，阿艺觉得自己就是廉价劳动力，看不到未来的曙光。于是他果断离开，到河北，投奔姐姐。"在河北的时候，干了两个月网管，后来我姐夫想让我做销售，我考虑到自己没啥社会经验，也不会和陌生人沟通，年纪也小，就拒绝了。"

　　在阿艺感到迷茫和无助时，姐姐给了他指引。看到弟弟的困境，曾经干过美发行业的姐姐，建议阿艺学习理发技术。但当时的他并不想干，觉得自己志不在此，想要出去闯一闯，看看外边的世界。

此时的阿艺，只想着能找到一份，能挣钱的工作，至少要比电子厂挣得多些，每个月能剩个仨瓜俩枣，不能当月光族。

于是，阿艺又去了苏州，去找在砖窑厂干活的父母。"当时我父亲负责切砖，还算是个技术活，我母亲主要干拉砖、搬砖这样的体力活。"从此，在砖窑厂，多了一个消瘦的身影，跟在父母身边，从事繁重的体力劳动。"我主要跟着母亲搬砖，用地排车拉砖，能干多少算多少。"

砖被机器切出来后，得晾晒好几天。晾晒好之后，阿艺用地排车推到砖窑里面，再去烧。"记得有一次，从凌晨两点钟左右，干到当天下午 1 时许，一点力气都没有了，站都站不稳。一天推了 40 多车，一车要装 200 多块砖，这还不算装卸车，我的手上脚上都起了泡，磨破之后，掺杂着汗水，钻心地疼。"

如此的劳动强度，阿艺难以承受，彼时，他才不到 20 岁，在砖窑厂一个月，也就挣 1000 多块钱。后来，父亲在帮助他们拉砖的时候，脚后跟肌腱受伤断裂，几个月不能干活，后期还留下了病根。这一变故，刺痛了年少的阿艺。"在照顾父亲的那段时间，我想了很多，以前进厂子，都是流水线，虽然没学到什么，但还算轻快。搬砖这半年，和进厂子不一样，太难熬了，好多次在第二天爬起来时，发誓再也不干这个活了。我觉得如果一直留在砖厂，估计也会和我父亲一样，他今天的生活状态，就是我明天的真实现状，日子没什么盼头，一眼就能看到头。"

搬砖的经历，让阿艺感触很深，上学虽然学了电脑技术，但没好好学，只学会了打游戏。"没有文化，没有一技之长，去哪里都白搭，就是个打工仔！"

搬砖虽然挣得多些，但属于纯体力活，而且受伤风险提高，没有各种社会保障的前提下，成本底线明显提升，实际收益可能为负数。

定位中低端市场

离开砖厂后，阿艺听从姐姐的意见，开始在济南的理发店里做学徒。"有几个老乡，在济南开理发店，我就跟着他们学。"阿艺回忆，那段日子虽然比较苦，但是很充实。"当学徒的时候没工资。我也不用交学费，理发店里管吃管住，有时候晚上顾客多，要加班的话，老板也会给个五块六块的，相当于买个夜宵。我记得半年多的时间，都没有工资。"

当学徒的日子，也并非一帆风顺。有一次，阿艺在给男顾客刮脸时，不知道是持刀方式不对，还是使劲过大，把顾客的脸刮破了。"看见顾客脸上出血了，我吓一跳，连忙给顾客道歉，并拿碘伏处理伤口，幸好那个顾客好沟通，老板也帮着说好话，所以事情处理得还是比较顺畅的。"

还有一次，阿艺把顾客耳朵剪破了，"当时是实习发型师，有可能和顾客聊天，走神了。发生这种事，首先就是给顾客清理伤口，最基本的。然后就是道歉，拿出一个处理问题的态度，而且态度一定要好，期望获得顾客的原谅。如果客户不愿意，那就得看看，是否赔偿或者想办法让顾客满意。"

这些经验教训，深深印在阿艺内心深处，让他在以后职业生涯中，精益求精，细心谨慎。"总体来说，将近三年，我在济南跑了很多家理发店，在一个地方待两三个月，或者半年，再去另一家店里帮忙，因为只做学徒，没有钱，去帮忙的话，还能挣点生活费，也相当于一边帮忙一边学习。"阿艺说，他以学徒或者兼职理发师的身份，断断续续待过10多家店，后来，他还花了4000多块钱，到上海集中学习培训了10多天，主要学习理发、染发、烫发之类的知识。

学艺归来，阿艺看中了小井转盘附近的一个小门头。"2010年，我到泰安来发展，在小井汽车站对面，有个小门头比较合适，就租下来，开始干理发。"在门店的选择上，阿艺有他的考虑。"门店和媳妇家离得近，后期方便照看孩子。另外，这边有个车站，还有几个老旧小区，有固定的人流。"阿艺说，那时候就想着先在泰安站住脚。"如果在市中心开店，说实话也不太好干，竞争大，没有明显优势。"

万事开头难。刚开始干的那几年，每到年底，阿艺兜里，都剩不下几个钱。"我第一年基本上就是从开店到年底，手上都没超过2000块钱，不赔钱就是挣钱。那时候年轻，挣得不多，基本上够花。第二年，第三年慢慢就好了。"美发行业，起初最难的，是顾客的积累。"这个行业关键是得坚持，顾客第一次来理完发，即使他相中我的手艺，再来也得一个月以后，周期比较长，在起步的时候，它比别的行业可能会稍慢一点，得熬过这个窗口期。"这一点，阿艺早些年去上海培训时，老师就讲过，"你哪怕一天积累一个顾客，你这一年只要每天保证积累一个顾客，到第二年就有三百多个顾客了，再到第三年、第四年，顾客资源一般只会上升，不会下降，再往后，会越来越好。"

有了量的积累，就会有质的变化，14年的辛勤耕耘，阿艺的小店，有了大量的客源，他也不担心和周边同行有竞争。"我的优势就是干的时间比较长，老顾客比较稳定，90%的顾客都是周边的住户，老熟人，偶尔有一些流动人口来理发，一看人多就走了，而老顾客不会，提前打电话预约或者会聊天等一会。"

对于小店下一步的规划，阿艺并不想做太多改变。"我这就是一个普通平常的理发店，不想搞连锁加盟，也不想上门服务或者个性化定制，我自己一个人，自己说了算，没有别的很高的成本。"阿艺说，他的理发店就是服务周边老百姓的，走中低端消费这个路子。"这类人群数量要大一些。那个高端消费，人群少，单个客户个性化服务，挣钱多，但不稳定。现在不管在哪个城市，还是中低端消费人群量大。也就是大鱼和小鱼的事儿，我小鱼多了不就行了。"

做好市场定位，平稳度过窗口期，巩固资本原始积累，虽然文化水平不高，但这些经济学原理，阿艺用起来，驾轻就熟。

75 块钱的成本底线

每周星期二，阿艺都会给自己放假一天，在家陪媳妇和照看二宝，也算劳逸结合，工作生活两不误。"在某一个行业时间长了，都会有疲劳的那种感觉，就是不想干了，特别烦。现在每周我都休息一天，就没有这种感觉啦！"以前当学徒，从年初到年尾，基本上没有休息日，现在压力小了，阿艺在很多事上，也看开了。

闲暇时，阿艺也常常会想，是不是趁着还年轻，去开启新的商业探索。"我在这个行业里待了十几年，每天都重复着同样的工作，有时候也心累。"但看着身边一个个朋友，志得意满地去，败兴失意地归，他也就不再纠结。创业有风险，投资还需谨慎。

"起初刚学理发，想着先干着，后期有合适工作再说。但是结婚生子成家之后，就轻易不敢折腾了，以平稳为主。"这是阿艺坚持这么多年的原因，也是他在处理其他问题的制胜法宝。

36 岁的年纪，正是干事创业的黄金期，而阿艺却选择"躺平"，是他不思进取吗？其实，这更是一种成本底线思维。从经济学角度讲，成本底线指的是在经营活动过程中，企业可以接受的最低成本水平。它是一个重要的经济概念，代表着企业能够承受的最大成本限度。而阿艺，把成本底线这笔账，算得清清楚楚。

客源稳定之后，有朋友建议阿艺去外地考察，扩大店面，形成规模。但阿艺心里很清楚，他需要什么。"我店里主要就是梳子、推子、剪子等理发工具，这些成本比较低，工具也不是说三天两头经常换，另外，就是水电费，洗发护发用品，以及房租。我粗略算了一下，全部成本加起来不到 3 万块钱，不算我的工资，平均一天的压力可能在 75 块钱左右。现在主要的成本就是人员问题，随随便便请个师傅，一个月保底都在 5000 块钱，就不如自己干了。一个月 5000 块钱起步，那一年就是 6 万块钱，我自己干，可以节省很多成本。"

这几年因为店里、家里两头兼顾，时间上不是很充分，阿艺就从网上，查找相关美发视频学习。美发机构也给他发邀请函的，都被他拒绝了。"说实话，我这种理发店，这种消费水平，没必要添置高端的美发设备。别说消费上达不到，店里就我自己，人手有限，一些服务也跟不上，能给客人理好发就不错了，更不要说其他的了。"

在阿艺看来，成本底线就是每天挣够 75 元，维持理发店的正常开销，剩下的就是收益。所以对他来说，上进不仅仅是追求生活的美好、挣更多的钱，更重要的是，能给家人一个温暖、稳定的家。

"我这人比较'佛系'，一些事呢，差不多就行。下一步，我的人生规划就是，经营好我的理发店，照顾好家人，仅此而已。"（文：赵启晟　指导教师：张伟）

采写手记

阿艺，每天 75 块钱的成本底线，让他变得"佛系"，看似"不思进取""故步自封"，实则另有深意，大智若愚。

阿艺的要求不高，能养家糊口就行。对理发店再投资或者拓展，如果得不到大的收益，那就有悖于当下他的生活目标。况且，创业有风险，投资需谨慎，一旦投入和产出不能成正比，就有可能降低他目前的生活标准，从这个角度讲，投资的收益，有可能是零，或者说是负数，那还有投资必要吗？

每天，阿艺虽然很忙，但是也很充实。因为他知道，自己的努力是为了让家人过上更好的生活。所以对他来说，上进不仅仅是追求更高的职位和更多的钱，更重要的是能给家人一个温暖、稳定的家。"等成了家有了孩子之后，再想另辟赛道，从头发展，重新发展，压力达不到一定程度，就不会再有这种想法了。"

在采访中，学生们对阿艺不开连锁，或者说不扩大经营，有些想不通，但在换位思考，在联系阿艺的生活背景之后，大家能够从阿艺的角度看问题，就会豁然开朗。在竞争激烈的今天，这种小富即安的态度，未尝不是一种明智的生存之道。

采访后，经济学谢教授告诉我们，主人公阿艺没有学过经济学，但他的行为却符合经济学原理。主人公面临资源稀缺的约束，他没有能力服务所有消费者，甚至没有能力把对某类消费者的服务方方面面都做到极致。另一方面，消费者的资源也是稀缺的，具体说就是钱有限，他们不可能既希望价格便宜，又要求方方面面的服务都最好。因此，企业经营中的定位，比如是做高端还是低端，是追求廉价还是追求极致的体验，就成为企业成功甚至是活下来的关键。表面上，主人公是在选择"躺平"，实际是他根据自身以及所在地区人们的收入水平、消费状况做出适合自己的选择。（文：张伟）

初中文化的汽修达人

导读

初中文化水平的林贞峰，在汽修行业摸爬滚打了 10 多年，拥有自己的汽修门店，属于双手沾满油污的老牌汽修人。然而，面对电动汽车以及互联网电商对汽修行业的冲击，林贞峰和他的小林汽修店，也走向求变转型之路。

初识林贞峰，源于朋友的推荐。"小林汽修的小林手艺不错，各种车辆发动机，在他手里，没有玩不转的。"然而，就连朋友也不知道，如果不是命运捉弄，今天的林贞峰，或许就是一个厨师，正在厨房里颠炒着菜肴。

可惜没有如果，假设也不成立。如今的林贞峰，经营着一家 10 年之久的汽修门店，他略显矮小的身躯，承担着一家四口的生活压力；他沾满油

林贞峰（右二）与采访的学生合影留念
（张伟 摄）

污的双手，负责教授两名工人维修技巧。闲暇时间，他还不忘给自己充电，花钱学习电动汽车维修，有时也会与同行沟通，破解当下互联网电商对汽修行业冲击的难题。

五年社会打拼，重新认识自己

林贞峰，1984 年出生于山东新泰一农村家庭，父母平时以务农为生，闲时打个零工，补贴家用。但在孩子们学费这个事上，却让两位老人犯了难。

林贞峰一家三兄弟，林贞峰排行老二。1998 年，林贞峰上初三，他哥哥上初四，而弟弟也升到了初一。三个人的学费，成了一笔不小的开支。

"那时候我学习不好，比较贪玩，学费一直拖了很久，老师在办公室问我拖欠的原因，问我家里是否有困难？但好面子的我，不好意思说，只能一个劲摇头。"回到家，林贞峰催促父母，却在不经意间，听到了父母的对话，"老二学习不中用，要不就不上了，让老大老三去吧！"

孰知，第二天，母亲竟把学费塞到林贞峰手里，让他去交学费，"你弟弟小，将来还有机会。"拿着学费的林贞峰，眼泪在眼眶里打着转，和哥哥骑着家里那辆老旧自行车，冒雨去上学。然而在半路上，车子却坏了。

"我觉得一切都是天意。"回想起当时的一幕，林贞峰笑着说。他把钱交给了哥哥，让他到学校给弟弟交上学费。林贞峰的初中生涯就此结束。

由于年纪小，很多活林贞峰都干不了，在家待了一年多的林贞峰，托关系，在亲戚的小饭店，找了帮厨的活，一干就是两年多。"那时候觉得干饭店也不错，就想着以后自己也开个饭店。"

说干就干，林贞峰先到济南，跟师傅学川菜，毛血旺、蒜泥白肉这两个菜，他到现在还偶尔露一手。后期，他又到威海，学做东北菜，为以后作厨子做准备。

学厨归来，林贞峰却又犯了难。没有启动资金，怎么开饭店？"那时候，家里都是穷亲戚，找谁借？"思索再三，林贞峰开始四处打工挣钱，服装厂、电厂，只要有钱挣，他不在乎什么活。然而，在野外高空作业时，一次意外事件，让林贞峰差一点把命搭进去。"当时脚下踩空，失足掉了下来，幸好有安全带，保住一命，但腰却受了伤。"

在家里卧床休养的两个多月，林贞峰开始了反思，这五六年，接触了七八种行业，到头来，却一事无成。"刚开始出来干活，我心气很高，也很努力，但是找到稍微稳定工作以后，又感觉什么也没得到，不是在打工，就是在打工的路上。"

经过这些年的摸爬滚打，林贞峰也总结了他失败的原因："社会不是我想象的那样好混，我自己没实力，也没人脉，更没有拿手的技艺，想要出人头地，简直痴心妄想。"

回家看望林贞峰的大哥，这时的一句话，给了林贞峰希望。"我和别人合伙弄了一个汽修厂，你踏踏实实地跟我学修车吧，别想其他的，不能看着这山又觉得那山高。"

一句话，点醒梦中人。

三年埋头苦干，探店偷师学艺

正式学汽修那年，林贞峰 21 岁。

林贞峰大哥在新泰城郊结合部，与别人合伙开了一家汽修店，那时候，整个乡镇，会汽修手艺的不多，生意还算可以，关键是有车，可以上手。

初次接触汽修，林贞峰就抱着一股狠劲。"这次一定得学出个样来，要不然都不好意思回家见人。"林贞峰是这么说的，也是这么干的。

但学徒的日子，并不好过，天天对着拆开的发动机、对着乱如麻的电气线路，才干了多半年，林贞峰就懈怠了。已经看过了外面的花花世界，再回到天黑就关灯的偏僻小镇，林贞峰觉得，他就像是在"炼狱"。"太枯燥了，我都没了盼头。"

偷跑回家后，林贞峰的父母反复劝他："你是从咱们村里走出去的，一没资本，二没背景，三没文化，能靠啥？只能靠自己努力打拼，再不吃苦学点东西，以后怎么生活？更别说娶媳妇生孩子了。"父母的话，就像一根刺，扎进了他的痛处。再次回到哥哥的汽修店，林贞峰稳了下来，也不管白天黑夜，只要睡不着，就爬起来学。

在当学徒的三年，林贞峰也出过不少差错。有次换轮胎，螺丝都没拧紧，他就让车主把车开走了，导致行车途中轮胎差点掉下来，车主发现后，把他大骂一顿。还有一次，发动机维修之后，组装出了差错，导致返工，连续奋战 20 多个小时才把车修好。这些经历，烙进了林贞峰脑海里，让他对待工作，更加认真细心。

三年时间一晃而过，林贞峰哥哥的汽修店，已经不能满足他的胃口，于是推荐林贞峰上了泰安市区的汽修店，让他继续学习深造。

在泰安的那段时间，林贞峰先后去了几家大的汽修店，他与其他技师，偷偷做了一下比较。"我觉得那时候，我的水平就已经可以啦，很多发动机、电气线路的问题，我能很快发现，并和大家一起分析处理。"慢慢地，林贞峰萌生了自己开一家汽修店的想法，"这些年，一直都是给别人打工，我想开一家汽修店，自己当老板。"

但是他清楚，就自己这点斤两，开店为时尚早。"汽修店都是什么运营模式？人员怎么管理？况且，很多汽车品牌，我还缺少维修经验。"那时候网络不发达，电脑也搜索不到这些内容，不能只靠个人摸索，于是，林贞峰作出了一个大胆的决定，去 4S 店偷师学艺。

"我就去应聘，有的干半年，有的干三个月，时间长一点也就一年，主要看 4S 店运作模式，同时，在 4S 店里，能和高水平的师傅，学技术、学经验，还能接触到很多不同车型，这些都是其他汽修门店无法实现的。"

在探店学习的过程中，林贞峰也有了自己的规划。"因为轿车保有量非常高，特别是在 2009 年的时候，汽车有了下乡补贴，买车的特别多。我预判轿车保有量后期肯定会持续增长，包括汽车维修这块市场，肯定也会迎来一个风口。"

买房还是开店，梦想照进现实

经过多年的打拼，2014 年，林贞峰积攒了人生的第一个 10 万元。"这是我进入汽修行业，省吃俭用，从牙缝里，一分一分地抠出来的。"

这 10 万元，到底是买房子，还是投资开店？林贞峰陷入了两难。

彼时，林贞峰与妻子徐记芳已经结婚，并育有一子，刚刚两岁，租住在一个回迁楼里，只有简单的家具，日子过得紧紧巴巴。

"当时城东泰景城的房子搞预售，一平方米 4000 多元，10 万元刚好够首付。"作为一名男人，给媳妇孩子提供一个遮风避雨的家，是他的首要责任。林贞峰不好意思，和媳妇说开店的事。

这件事，如鲠在喉，憋得林贞峰难受，却又没法张嘴。经过一番深思熟虑，林贞峰烧了几个拿手菜，席间，和媳妇秉烛长谈。

"当时我已经 30 岁了，年龄也不小了，生活压力比较大，这个钱如果买了房子，后期肯定就是打工还贷款，一还几十年。再说，如果背负上贷款，再想开店，那就成了痴人说梦。用什么贷？用什么还？"

妻子徐记芳知道丈夫的难处，看着他两鬓显露的白发，有些于心不忍。夫妻俩最终决定，用这笔钱，作启动资金，先投资开店。"毕竟这是他梦想着的事，他这个人事业心很强，不趁着年轻的时候去打拼，过了那个年纪，估计他会后悔。"徐记芳说，从现在来看，当初的决定，她和丈夫的选择，是对的。

开店伊始，林贞峰用 10 万元在泰安天烛峰路上租了两间小门头，其间有不少老客户打电话找到这里，还给他介绍了新客户。林贞峰主修电气线路和发动机，没事的时候，他就抱着电路板，拆开发动机，逐一研究。

"有一次，有辆车打不着火，换完电喷，检查完发动机，还是找不出毛病，我怀疑电脑板有问题，拆开查看发现，一个二极管有点发黑，就从废弃的电脑板上，按照功率大小，拆了一个安装上，一把就打着了，不仅给客户省了钱，还节约了维修时间，赢得了顾客信任。"

随着生意一天天变好，林贞峰的门头从开始的 2 间，变成 4 间，再到 7 间。在 2019 年，生意不好做，他果断关停了 3 间。林贞峰清楚，做生意就是这样，有挣有赔，该进就进，该退就退，及时止损。

错失商业风口，知耻而后勇

初中辍学的林贞峰，特别向往大学生活，但被问及当初选择辍学，是否有遗憾时，他却矢口否认："毕竟我学习不好，我的辍学，从另一方面，让我弟弟有学可上，并考取了一所好的学校，这一点，我还是特别欣慰。"

林贞峰最遗憾的事，是发现了汽修行业的一个风口，但是他并没有抓住。

在 2018 年前后，抖音、快手等短视频平台逐渐兴起，林贞峰对这种传播模式很感兴趣，也经常拍一些视频，发到平台上，或者他自己做主播，和大家聊着玩，视频助推效果很好，上流量也比较快。

林贞峰在这些平台自娱自乐的同时，总觉得，应该通过什么方式，借助这些平台，去实现流量变现。但受制于文化水平低，认知有局限，林贞峰思考纠结了一阵后，没有想出个所以然来。直到后来，平台设置了小黄车，各大商户争相进入，抢占市场、分割流量时，林贞锋却又产生了怀疑，平台是否靠谱成了他最大的担忧，以至于驻足不前，冷眼旁观。到最后明白时，已经悔之晚矣。

这件事，对林贞峰影响很大，他不得不承认，还是吃了没文化的亏。从那之后，林贞峰看到了他和别人的差距，"我只有初中文化，电脑的基本操作都掌握不全，发动机上的英文铭牌，还得死记硬背，虽然动手能力强，但知识理论就是我的盲区。"

清醒地认识到这一点，林贞峰开始转变思路。"我操作不了，我弄不明白，那我就找专业的人，去做专业的事。"林贞峰痛定思痛，开始找合伙人，一起建设汽修网络销售平台，招募主播，紧跟互联网发展趋势。

"我们有厂家直供，有价格优势，卖单品也行，走量也行。但是泰安物流费太贵，利润就很少，合伙人就把直播搬到了东营，那边物流价格有优势，综合下来还能有些利润。"

看清行业短板，调整经营模式

随着科技和时代的进步，对于"汽修行业有没有可能，被机械化取代"的疑问。林贞峰有他自己的见解。

"短期内，汽修行业，不可能被机械化取代。在制造业，很多工业机器人代替人工，以标准化的形式，可以开展生产。在文化创作方面，AR智能可以代替人工写作。但汽修行业有它自身特点，车辆出现的问题五花八门，没有相关标准可以执行和参照，所以短期内，或者说10年之内，根本实现不了。"林贞峰说，虽然在我国南方以及其他发达省市，已经出现了无人驾驶，但目前技术水平还有一定限制，并不能全线推广。

汽修行业虽然不能被机械化取代，但对林贞峰这样的老牌汽修行业，也带来了不小的冲击。

"现在车辆更新换代比较快，一些车辆行驶里程超过10万公里后，就没有了维修价值，还不如直接以旧换新或者直接报废，国家也有相关政策补贴。另外，现在新车价格在不断下降，很多顾客也会核算成本，如果花两三万修一辆车，不如再花两三万，买一辆新车。随着社会发展，需要大修的车辆会越来越少，这势必会让很多汽修店铺陷入没车可修的窘境。"

数据显示，电动汽车大量上市，占据汽车销售市场三成左右的销量，面对这一未知领域，林贞峰在上网自学的同时，还经常参加一些培训班。"前段时间济南有一个电动汽车的培训班，我花了一万九千八报了个班，用时一个月，学习电动汽车的维修，主要讲的就是电动汽车的基本原理。"

林贞峰介绍，他和很多同行，对电动汽车的维修，只了解一些皮毛，不主动学习，只会被行业淘汰。"电动汽车的电池，电压能达到380伏，没有专业的维修知识做铺垫，没有专用的工具，随意打开电池去维修，很容易发生安全事故。在行业内，已经出现过维修师傅被电死的情况。所以说电动汽车和燃油车又不一样了，只有不断学习，才能跟上市场主流。"

另外，让林贞峰担忧的，就是维修工人的培养和相关手艺的传承。很多年轻人普遍认为，汽修行业干的活比较脏，比较累，都不愿意学这门手艺，很容易形成人才的断代。"当个销售，卖个房子，天天打领带，穿西装，看着很有台面，提成也高，来钱也快。干汽修的，天天穿着油浸味的工装，手上也沾满油渍，谁见了都觉得不是好活。"

鉴于此，林贞峰开始调整经营模式，不再以维修发动机、电气线路作为主业，而是以销售轮胎为主，加大钣金喷漆以及电动汽车相关维修服务的培训力度，拓宽汽车保养的维度，机油、汽车配件，服务工时明码标价，让顾客有更多可选性。"不管是燃油的车还是充电的车，一旦有剐剐蹭蹭，钣金和喷漆肯定少不了，这就比主修发动机，有更广阔的市场。在保养服务这块，不管顾客从线上还是线下买的汽修产品，我们都可以提供安装和维修保养服务，根据不同车型，不同类别，明码标价，按单收费。"

在现有经济环境下，林贞峰认为，同行并不一定是冤家，完全可以抱团取暖，共谋发展。"比如说，有顾客找我修车，涉及喷漆和钣金的，我水平有限，我可以推荐给同行里专门从事这一板块的。当然，如果有人在修理发动机上面有困难，可以推荐到我这里，这样大家就可以形成错位发展，实现共赢。"（文：乐成慧 指导教师：张伟）

采写手记

小林是一名80后，文化水平不高，得知有大学生来采访，他有点羞涩，"我有什么好采访的？还是换个人吧。"

我告诉他，现在的大学生，在大学里不好好学习，缺少社会磨砺，让他用自己的经历，给大学生"上堂课"，让他们懂得社会的残酷，生活的不易，他才勉强同意。

学生们第一次参与这样的采访，问的问题五花八门，但小林一直耐心地回答。他摊开他的双手，指缝里残留着黑色的机油，皮肤粗糙干裂。"看，不好好学习，只能吃生活的苦，我这样的活，你们愿意干吗？"

在与学生们的沟通交流中，小林很健谈，聊了他的很多往事，但最让学生们唏嘘的，是店里小林的一名徒弟，当兵回来后没继续上学，而是听从他父亲的安排，来学汽修，他稚嫩的脸庞，修长的手指（舞蹈专业），和身上黝黑的工作服，形成了鲜明的对比。

"后悔吗？"我问他。

"这有啥后悔的？我父亲安排的，我也没办法。"从他的眼里，透露出一种倔强，又似乎有点无可奈何。同学们瞬间也变得安静，默默地注视着他。

　　在返回学校的路上，大家好像都有点心情沉重。乐成慧觉得，今天的采访，让她懂得了父母打拼的不容易，回家之后要多体谅父母。这也是乐成慧周末去饭店兼职的原因之一，她想用自己的努力，为父母减轻压力。

　　一个人的成长，不一定在哪个时候，一件事、一句话，都有可能让他茅塞顿开，豁然开朗，心态就此改变。所以，现在让学生们参加采访实践，也是为了他们在某一天，在某一件事上，能够顿悟，更好地认识这个社会，更好地实现人生价值。（文：张伟）

互联网上的锔艺人生

导读

　　作为变废为宝的民间绝活，锔艺是一门古老的民间手艺，它将打碎的器物再修复起来，在不同色彩和材质的碰撞交融中，化破碎为重生，成就了一种新的"完美"。今年51岁的泰安人吕春刚，继承了锔艺祖业，并且开拓创新，拓宽服务半径，开始布局互联网。

　　"锔锅来——锔锅——"这是很多成年人小时候在马路上和胡同口常常听见的响亮吆喝。随着社会的迅猛变化，这些走街串巷的锔艺手艺人渐渐消失在大众的视野中。但，这项手艺，却并没有随着吆喝声的消失而消失。只要稍加注意，在城市的某个角落，不经意间，人们依然能够发现他们的身影。

　　吕氏锔艺传承人吕春刚，就是其中的一个闪光点。

十三岁偷偷锔花盆

　　吕氏锔镶坊，位于泰安岱庙街道封家园小区，作坊并不大。作坊的主人吕春刚每天日常的状态就是坐在一个小马扎上，腿上铺着蓝布做的"工作台"，手握钉锤，在一个捆绳固定的茶壶上錾刻着一个个铜制锔钉。

　　他做得很认真，也很细心，"真正锔艺人，干活时坐得越低越好，脚下得铺一块布，锔的时候得用心，认真对待手上的物件，不能分神……"

　　吕春刚与锔艺的缘分，或许从小就注定了。他出生在世代相传的锔艺世家，从小看着一件件破损甚至面目全非的器件，在爷爷那双布满粗茧的双手中，一点点变得完整，甚至更加漂亮，内心充满了好奇。

　　13岁那年，因为不小心打碎了家里的花盆，担心被父母发现，年少的吕春刚决定，自己悄悄修好！他拿出爷爷的工具，回想着爷爷的做法，自己试着动了手。没想到，这次"试水"竟然一下子成功了。那一刻，他兴奋不已：自己竟然也能锔东西了！

但，没兴奋多久，父亲的一番话却给他浇了一盆冷水：锔艺是不入流的，你不要学这个！

然而，这并没有阻断吕春刚的锔艺之路。

刚上班的时候，看到同事有茶杯或其他东西摔碎了，吕春刚就本能地想去帮忙。慢慢地，大家都知道他还有个手艺，就介绍一些锔艺的活给他。那时，他经常不收钱，有的人过意不去，就请他吃个饭或者送几包烟。

同事的认可，给了吕春刚极大的信心，此后，他对这项手艺的热爱一发不可收。虽然后来他进过工厂，做过小生意，开过饭店，卖过茶叶，但对锔艺却从未放下。

随着技艺越来越熟练，吕春刚开始寻求突破之路。他注意到了焊接这个传统锔艺没有涉及的技术。他想学习，就给一个会焊接的朋友拿了礼物，说出来自己的想法。但令他失望的是，没等他把礼物送出去，对方就告诉他要交 4800 元学费！

一气之下，吕春刚就自己买了原料，在储藏室一边查资料，一边反复尝试。无数次失败后，他终于掌握了焊接的技巧。

吕春刚（右）向采访的学生介绍作品
（张伟 摄）

这些年，吕春刚锔补了各类器物三四万件。那些因意外受损但具有收藏价值、纪念意义的器件，经过他的双手，重新变得完整。对此，吕春刚很有成就感，在他看来，锔艺是一种永不过时的手艺，它已经超越了实用功能，独具文化价值、实用价值、审美价值。一件残缺的陶器，如同人生的不完美，让人心生遗憾，而锔艺把一件物件化残为美，修复的不仅是裂痕，也是人的记忆和情感。

从 13 岁与锔艺结缘，到同事给予他成就感，吕春刚成功地把一项爱好，打磨成了实现人生价值的一门手艺。

锔到全国

吕春刚与锔艺的故事，已经延续了近 40 年，吕氏锔艺的名号，也在圈子里越来越响。如今的吕春刚，有固定的客源，有过硬的技术，有稳定的收入来源，摆在他面前的问题，是如何让这门手艺传承下去。

近年来，他在全国各地收了20多名徒弟，遍布苏州、菏泽、枣庄、吉林等地。在他的教授下，部分徒弟已在各自家乡成立工作室，其中有4个徒弟，学得非常好，已经能自立门户。

对自己的孩子，他不像父亲那样保守。现在，他10岁的儿子已经学会锔艺基本技艺，可以修补简单的花盆、砂锅。

为了让更多的人了解这门老手艺，吕春刚将锔艺课开进了校园。每周三下午，他都会到泰山区上高街道北上高中心小学义务授课，手把手教孩子用钉锤、锔钉修补破碎器物，让孩子们在动手中体会成长的快乐，了解、传承非遗文化，感受劳动的乐趣。

有一次，他看到有个小姑娘在锔完一个花盆后，用铅笔在上面描绘了一些图案，这令他很高兴，因为看到了孩子的自主创新。他觉得，对年轻人来讲，哪怕不能成为一技之长，只是把锔艺当作一个爱好，也是一件有意义的事。

在传承锔艺的同时，他还通过朋友和徒弟，把服务半径拓展到其他省份。辽宁、禹州、东莞、福建、西安……这些地方都有他的合伙人。合伙人负责收货，吕春刚负责维修，根据维修费用，给合伙人分成。

不仅如此，吕春刚还拍视频从网上接单，为全国各地的顾客修补器具。

说起和网络结缘，要追溯到2013年。有一天，吕春刚看孩子玩QQ游戏，觉得很神奇，不用见对方也能直接交流。那时，他就开始有了利用网络拓展业务的想法。

刚开始，他主要靠加入一些QQ群，接到了互联网上的第一批订单。到后来，他又注册了微博、微信、抖音等账号，并开始拍摄锔艺的日常视频。通过各种网络平台，吕春刚认识了很多有地域特色的"大老板"。这些大老板手上，都有一些精品，别人修不了，吕春刚则会根据他们的要求，提供订单式服务。

有一次，一位福建客户拿着一只漂亮的描金珐琅碗，找到吕春刚："这是我外祖母送给我和妻子的，我们俩各一个，正好凑一对。其中一个磕了一个小口，能不能用金子修复一下呢？"感受到了碗主人期待的目光，吕春刚郑重接下了这个活儿。他用24K黄金，用2个小时的时间，便锔好了碗。黄金的颜色，与碗上的黄色遥相呼应，更显精致。主人收到碗后，赞不绝口。

但网络营销开始也并不顺畅。起初，吕春刚没经验，物品修好寄过去之后，对方没付款就把他拉黑了，也有的修的是茶嘴，结果寄回去，茶壶把却掉了。

吃一堑长一智，慢慢地，吕春刚摸索出了一套网络营销流程：先是网络沟通，借助语音、视频等方式，确定损坏的物件，提报维修方案和价格，对方认可后寄货，修复成功后，再拍视频给对方，并进行试水实验，顾客满意后平台付款，最后快递发货……

这一过程中，吕春刚不再包邮，而是物件到付。物件寄到之后，一旦有损坏，顾客可以直接找快递公司处理。

闲暇时间，吕春刚也会让女儿帮他拍视频。目前他和家人运营两个抖音号，一个自己管理，有6000多粉丝，主要发每天的一个日常，类似于朋友圈；另一个女儿管理，刚起步，有2000粉丝，主要做垂直领域，发维修的视频。

为了拍好视频，吕春刚支持女儿特意去传媒公司学习了几个月。"网络新媒体，还得是年轻人，他们干这个，比我专业。"

现在，吕春刚从网上收到的订单，占到总工作量的70%到80%。有时候，客户寄过来满满一箱，二三十件，一个月都不一定能修完。

在这些年的发展中，吕春刚不仅仅维修实用器物，观赏器也修得越来越成功，包括玉挂件，金银耳环、耳钉、项链，所涉品类越来越多。

在维修的过程中，吕春刚也在与时俱进。在修复的同时，更加注重美学和艺术价值。他开始在器具上作画，用嵌丝工艺将金或银嵌入，看起来就像茶壶上的画。有时候，他画不了，就请女儿帮着画。

为此，他开始自学绘画，先在葫芦上练习画，再慢慢迁移到茶壶等器具上錾刻。他觉得，学习很重要，维修的过程，也是学习的过程。很多损坏的物品，档次很高，在泰安范围内，根本看不到。客户从外地邮寄过来，自己在维修之前，就应该去查阅相关资料，做足功课。

就这样，虽然人没走出去，但吕春刚眼界变宽了，铜艺水平也提高了。

从起初的着眼泰安市场，到如今的多地谋划，吕春刚的服务半径，拓展到全国各地。圈子广了，眼界宽了，手上的活更细了，吕春刚在铜艺这条路上，越走越通畅。

战胜机器人

铜匠归属于古老的民间七十二行，起源于宋代，历史悠久——《清明上河图》中就有关于铜匠劳作的场景。

但这个有千百年历史的传统行业，如今却面临着科技的巨大冲击。

2013 年，市场上出现了锔瓷机器人。它能将器物进行 3D 扫描，然后在 3ds Max 下确定钻孔位置。手工锔瓷每个钻孔需要 3 到 5 分钟，而锔瓷机器人大大缩短了锔瓷时间，每个钻孔不到 7 秒钟，完成整个锔钉锔瓷时间不到 18 秒！

这时，有个南方的老板和吕春刚交流，想用这种技术做一个靠电脑控制的锔壶专用机器，但几番尝试，却总是不能如愿。

这给了吕春刚很大的启发。他反复思考后得出一个结论，锔艺这门手艺看着很简单，但真正要实现自动化，还是很难的。比如说，损坏物件的材质不一样，用的这个钻头就得匹配好，而且受损位置厚薄不一样，受力点也会发生变化。

还有成本问题。他对那个老板说："原来老祖宗的出发点是什么？是以小博大，用最简单的成本，创造最大的价值，就是废物再利用。你如果说想投 30 万修一个 150 块钱的东西，那不可能。而且损坏物件的大小、材质等方方面面，都得师傅根据实际情况应对，这不像做个车床，可以按照标准流程来。"

吕春刚觉得，这就像 AI 绘画，它没有人类那种细腻的情感表达。人画画的时候，高不高兴？什么心态？都可以在画作上表现出来。如果都跟个机器人似的千篇一律，就没有了价值。机器就是个芯片，没有人的思考在里面，就只是个工具。

吕春刚曾收到过客户寄来的几乎变成碎片的茶壶。一个小茶壶，碎成了 28 瓣，在常人看来，要修复几乎不可能。但这并没有难倒吕春刚，最终，他用 182 个银钉，耗时 4 天，成功修复出了一把好壶，甚至还能继续泡茶喝。

在吕春刚看来，打磨、钻孔、下锔钉、焊接、抛光……看似简单的手艺，没有"金刚钻"，也是做不得。就比如说"打眼"，"眼"的厚度、角度，都会影响器物的修复。机器可以做量化生产，也可以让机器辅助师傅做修复，电钻取代手钻就是很好的应用，大大提高了维修效率。但如果说让机器代替人工，目前根本做不到。

想通了这些，吕春刚对自己的手艺又充满了信心。机器是"死"的，但人是"活"的，机器的冲击，是时代发展的结果，但掌握锔艺核心的，还是人，还是工匠。

（文：李浩源　指导教师：张伟）

采写手记

认识吕春刚，是在 2020 年 5 月，一个偶然的机会，对吕师傅做了一次新闻采访，此后，慢慢熟络起来。吕师傅能说会道，锔艺水平更是没得说，各大媒体都来给他做过报道，属于圈子里的"名人"。

那个时候的吕师傅，刚开始玩抖音，粉丝也不多，女儿还在上学，也没人帮他，只能是自己拍、自己剪、自己琢磨着来。他的很多作品都比较简单，很多都是一步成片，但在他不懈地坚持下，慢慢地粉丝多了起来，很多人在抖音上开始询价，他的生意也慢慢好起来。

女儿毕业后，没有找到合适的工作，吕师傅索性给她报名，去参加全媒体辅导班，学习视频拍摄和剪辑等基本功。吕师傅经常挂在嘴边的一句话就是，技艺在手，吃饭不愁。他觉得如果一个人不好好学习，考不了公，考不了编，那还不如学习一门手艺，至少饿不死。

经过几个月的培训，吕师傅女儿回来了，吕师傅和她"约法三章"，让女儿主营吕氏锔艺的抖音号（吕师傅的修补日记），并按照一定比例，给她工资和提成。这样，有了年轻人的加入，视频更新速度变快，每天都有新内容，不到半年时间，粉丝增长到近 2 万人。与此相对应，吕师傅网络接单也是爆满，每天一早起床，就坐在工作间，开始一天忙碌的工作。

一个 50 多岁的小老头，借助互联网，让原本已经没落的锔艺，焕发新生，不管从哪个层面，都得给他点个赞！（文：张伟）

无奈的坚守

导读 ●●●●●

　　山口镇北村村民庞相法从事纺织行业 38 年，从在纺织企业做销售再到自己创业当老板，见证了整个纺织行业的变迁与兴衰；也见证了经济大环境的变化无常。

举步维艰的纺织经营部

　　2024 年 3 月 29 日，笔者来到了岱岳区山口镇北村，春雨小区有一所很大的院子，这里是村民开办小作坊的聚集地，院子里有四五家各种私人小工厂，而需要采访的"友联纺织品经营部"就在这所院子里。

　　"友联纺织"整体的规模并不大，一间约 50 平方米的厂房，极其简陋，靠墙位置安装有四台络筒机，三台大的，一台小的，其他位置都被成袋的半成品占领，笔者看到只有两名妇女在机器上忙碌。

　　庞相法已经五十五岁了，他身穿深灰色的毛衣和黑色的长裤，脚上也是一双黑色的皮鞋。腰板挺直，额头上有几道可见的皱纹，给人一种沉稳坚毅的感觉。

　　庞相法是 2016 年成立的"友联纺织经营部"，根据买家的生产要求，来确定所加工纱锭大小，加工后的纱锭规格在一斤到两斤之间。纱锭有不同的纱支数，分为 10 支和 60 支，支数越大，纱就越细，同时也就越贵。现在一个月的营业额在七千元左右，去掉人工，电费，房租和招待这些成本后，纯利润只有四五千元。

　　为解决产品销售问题，友联纺织另辟蹊径，只从事纱锭加工，赚取微薄的加工费。主要从上海收购小纱锭作为原材料，经过络筒机加工完成后，出售给其他生产成品的工厂。

　　庞相法大半辈子都围绕着纺织行业兜兜转转，这样的产品定位来自他 38 年从事纺织行业的经验。而他原材料的采购和销售渠道，都是之前从事纺织多年积累下的人脉。

面对这样的经营状况，当问及他为何一直从事纺织经营的时候，他坦言，除了纺织行业自己能做之外，其他的根本不了解，这是为了生活迫不得已的选择。

而他当初选择进入纺织行业，却是曾经人人挤破头的"香饽饽"。

曾抓住过纺织行业黄金发展期

20 世纪 80 年代，山口镇政府成立山口镇纺织厂，年仅 17 岁的庞相法通过考试成为一名维修工人，后来山口镇纺织厂更换厂址，更名为锦花纺织的时候，庞相法抓住机会担任了销售工作。

2000 年，正值私营办厂的热潮，私营纺织厂在山东各省市遍地开花。对原来县办、镇办的纺织厂形成强大冲击，原锦花纺织厂开始出现亏损，山口镇政府决定进行改组。锦花纺织被岱银纺织以租代卖的方式接手，之后就开始清理员工，除了生产一线的员工保留之外，其他人员全部清退。

于是，庞相法下岗了，那一年，他才 30 岁。

突然失业，庞相法一时间不知道做什么，吃不好也睡不好，整个人憔悴得变了样子。

一天晚上，庞相法参加朋友们的酒局，朋友见他的样子都开导他，在银行部门工作的朋友的一番话，突然提醒了他：纺织行业的高利润他心里很清楚，懂机械、会维修、了解整个生产流程；做销售的时候认识的朋友多，全省甚至全国各大大小小的纺织厂都有联系；业务能力和人脉资源都还在；采购原材料和产品的销售都可以找他们帮忙；现在就差一个厂房了。

工人在厂房工作（王化省 摄）

朋友答应帮忙给他协调贷款和跑手续，一下给庞相法吃了定心丸。

3 天后，庞相法在山口镇文化路一带相中一个正在出租的 3000 多平方米的大厂房。厂房的位置定下来以后，庞相法在朋友的帮助下，出资 20 万元，贷款 150 万元，以 50 万元的资金注册了"泰安市银河纺织有限公司"。总共花费 70

多万元买了20台织布机投入生产，后又增加至24台织布机，一天出240米布，主要以平纹布、服装、针织品、毛巾制造为主。

纺织行业的营商环境在2003年开始走下坡路，但是，经营好的话，盈利还是很可观的。

随着经济发展，人们的工资水平不断提高，纺织厂的人工成本也随着水涨船高，直接占据了总成本的三分之一。当时，乡村里很少有上夜班的习惯，8小时三班倒的工作规律，是不受90后待见的，所以晚班经常是没有足够的人员参与生产。但纺织机械的功率一开一关，都是很大的损耗。一些大型纺织企业也随之进行了升级，对私营纺织企业形成了冲击，再加上当时的经营环境实在是不乐观，生产一个月，产生的收益却寥寥无几了。

到了2006年，单靠织布所产生的利润是非常低的，为了追求更高的收入，庞相法开始拓宽自己的产品种类，准备生产凉席。当时，市面上主要是大麻凉席和竹纤维凉席，当时市面上的竹纤维凉席最便宜的时候一吨都可以炒到四万多元。

庞相法直接投入十五万元，购买新设备，又从二十几台纺纱机里抽出六台改造，用于生产凉席。因为是改造的机械，技术水平不够，生产出来的凉席质量不过关，产生不了什么太大收益。

2008年，庞相法一个做纺织厂的朋友，有一个外贸订单，商量和他一起做。那时候要是完成一个外贸的订单，不仅有钱赚还能扩大一下在业内的影响力，他和朋友的纺织厂就一起接下了这个订单。

如果一切顺利的话，几个月后，这批货将进入国外市场，庞相法以后也可以拿着这次做外贸的经历，去打出知名度，为以后接大单作准备。但就在这时，爆发了经济危机，这个订单直接作废。投入的成本收不回来，资金周转出现严重空缺，短时间无法进行新的生产。

屋漏偏逢连夜雨，这个时候，庞相法又遇到了一笔罚款，而正是这个罚单，成了压倒他的最后一根稻草。

如果缴纳罚款的话，不管有没有违规就都干不下去了。与其哑巴吃黄连，还不如直接关了它，及时止损。思前想后，庞相法决定注销银河纺织。苦心经营了近十年的时光，他真的舍不得，却又不得不下这个决定。

庞相法阴沉着脸回到家里。第一时间把他的两个弟弟叫到家里，把这个消息告诉他们。有个弟弟当场就哭出来了，他们一开始就和庞相法一起干，已经和这个工厂有了极深的感情，他们无法接受要注销的事实，一时哭得撕心裂肺。

2009 年，庞相法开始把厂子的相关设备变卖，大到络筒机械流水线，小到桌椅板凳。他第一时间把工人们的工资补齐，剩下的机械和杂物一点点变卖。

打拼近十年，最后只赚到了很少一部分钱。

从纺织行业鼎盛时期入局，再到纺织行业整体的没落，一个小小的私营纺织企业，个人能力再强也对抗不了时代进程，庞相法再次"失业"。

那个时候，孩子正在读书，庞相法选择从事自己最熟悉的销售，在一家生产电器设备公司一干就是 5 年。

重回纺织，无奈的选择

庞相法在"泰铭科技有限公司"做销售，主要推销高压电开关。这个公司就是庞相法的一个朋友开办的小型公司，受生产能力限制很难接到大订单，没有大的订单，就没有多少提成。不景气的经营，很低的工资也让庞相法产生回家的想法。

后来，庞相法的孩子找到稳定工作，他就辞了工作回到了家里。没有了心事，可以安静地"养老"了。

2016 年，北村建设了一批沿街房出售，庞相法找到时任北村吴书记，想买下一套房子，没成想书记直接让他任选一套，九万就可以买下，交钱办手续后立即可以入住。买房的事情解决之后，他的心情大好，晚上约朋友小酌一杯以示庆祝。

正因为这一场小酒，让庞相法改变了主意。一群人从一个纱锭的价格，谈到整个纺织行业的现状，虽然之前干的大型纺织厂不赚钱，但是如果换成小型的纺织厂，只需要置办三四台机器，雇用两三个人。一个月能赚个几千元的加工费，养家糊口还是可以的。

投资买了房子，就再没有钱了，未来几年经济来源怎么解决？出于生活考虑，庞相法放弃买房的想法，思来想去还是用现有的十万元买下四台络筒机（其中三台大型机、一台小型机），成立了"友联纺织品经营部"。

为避免成品难销的问题，他另辟蹊径，只从事纱锭加工。因为纱锭加工这个环节在整个行业是最稳定的，虽然只赚取加工费，但风险却最小。

庞相法已经五十五岁了，笔者问他为什么不考虑换一个行业，等于换一个赛道，也许比纺织会好一些。

其实，他也考虑过，但朋友大多都是纺织行业里的人，没有其他行业的人脉。这个年龄，也失去了从陌生环境重新开始的勇气。当一个人进入一个行业后，如果不主动去接受舒适圈以外的新事物的话，眼界和交际就会很快固化，并对这个特定的环境产生依赖，这也是一个无法跨行业的原因之一。

庞相法从 17 岁进入纺织厂，一直到今天依旧在从事着纺织品经营。他见证了纺织行业从一开始的遍地开花，到后期营业环境的恶化纷纷倒闭。对于一生都在纺织行业打拼的人来说，是一种对行业的坚守，也许更是一种无奈。（文：王化省　指导教师：赵书林）

采写手记

对于采访纺织行业，我是满心期待的。因为我的老家没有这样的工业，所以充满好奇。当看到赵老师提到的纺织品经营部的时候，说真的，对于极其简陋的厂房和随地乱放的成品、半成品，我对于无限好奇的纺织大省的纺织业有了一种"末日"的感觉。

在采访中，我们能感受到庞师傅的无奈和对陌生领域的抗拒。当然，更多的是他对从事一生的纺织行业的情感。当他步入了人生的 50 岁，孩子有了稳定的工作。纺织，已不仅是他谋生的一种手段，经营纺织品也变成了他的一种生活方式。在自己熟悉的领域里的那种心安，也是我们大多数人不愿意在陌生领域开拓的一种理由吧。

随着采访，我对完全陌生的纺织行业有了一个全面的认知，也在赵老师的帮助下梳理了庞师傅的人生经历和故事线。他也曾做过许多尝试，去电子设备厂担任过销售，寻找过其他机会。他的人生经历，也让我们看到在快速变化的时代背景下，当一个人进入一个行业后，如果不主动去接受舒适圈以外的新事物的话，眼界和交际就会很快固化，变成了一个"温水煮青蛙"的生存环境。当时代变革来临之时，也失去了从陌生环境重新开始的勇气和底气。（文：王化省）

商场"小强"的起起落落

导读

　　小强（化名），出生于1988年。2009年毕业后，先后涉足服装、汽车、家政等行业，最终选择了餐饮。然而，正是在这个行业，让他经历了一次次的起起落落。一开始，没有经验，做不好；有了经验，结果又遇到疫情；疫情终于过去，他等到的却是萧条的经济。餐馆开了倒，倒了再开，面对生活的打压，小强心中总是充满了不甘。

　　小强是山东滨州人，2009年从泰安一所职业院校毕业后，曾一度在烟台一公司从事服装业务，一个月挣几千块钱，日子过得马马虎虎。2012年，姐姐嫁到了泰安，小强也想回到泰安，寻找一个稳定的落脚点。

失败的新风系统

　　从2012年到2017年的5年间，小强先后在泰安的汽车4S店、58同城等平台工作。等积累了一些资金和人脉资源后，他出资6万元，加入了一家家政公司，成为公司的一名负责人。

　　由于小强嘴皮子好，会来事，市场拓展得很顺利，业务也从起初的家电清洗，拓展到除甲醛、清地暖、做美缝等几个项目。业务最忙的时候，他领着工人全泰安到处跑，曾经，40天时间，每一个人的营业额，都能达到七八万块钱。

　　时间到了2017年年底，泰安房地产行业，推出了新风系统，也就是为用户住房安装可以过滤空气污染的热交换设备。小强和合伙人觉得这个行业大有可为，就代理了一款性价比较高的产品，购置了大量的设备，准备大干一场。

　　然而，市场的反应却令小强大跌眼镜，他先后跑了10多个社区后发现，很多客户对新风系统并不感兴趣。

　　事后小强分析，他们对新风系统的认知出了问题。新风系统是一个新兴行业，能装得起的，都是不差钱或者说有经济实力的人，他们更相信大品牌。而小强他们则以为新风系统会普遍推广，所以将客户定位在了以性价比为核心的中低端消费市场。

定位错了，一开始的努力和付出都白费了。新风系统做不成，小强想重回家政行业，可这时他回头一看才发现，除甲醛、做美缝、清地暖这些行业早已人满为患，开始打起了价格战。"这些行业，原本就没有什么技术含量，之前雇的工人，都开始单独接活，抢占市场，内卷很厉害。"这让小强的心，凉了半截。

那段时间，小强的生活过得很拮据。他住在办公室二楼的过道里，整个家居只有一张 1.2 米的床。身上的信用卡以及微信、支付宝、花呗等，都已经借无可借。极度窘迫时，他时常会给朋友打电话，帮他捎饭。

每当夜晚来临，躺在狭小的过道里，小强会忍不住问自己，如果当初留在父母身边，会怎么样？如果留在烟台，又会怎么样？经常想着想着，不争气的眼泪就打湿了衣袖。

第一次创业就这样失败了。最终，小强和合伙人做了清算，把积压的新风系统设备，连卖代送低价处理，这才缓了口气。

投资 60 万的铜锅涮肉

2018 年后，小强零零碎碎地找了一些活儿干，一个月挣三四千块钱，勉强维持一个温饱。

2020 年年初，小强跨入婚姻殿堂，也背上房贷买了房子。生活的压力一下子加大，迫使他不得不再寻出路。

在小强老家，滨州市阳信县，有一家牛肉火锅店，生意特别好，小强他们吃了 10 多年，客人一直络绎不绝，这让小强有些动心。于是他通过熟人，联系到火锅店店长，想着以加盟或者其他方式，能得到火锅店的秘制蘸料。然而，他的想法被火锅店老板直接拒绝：不搞加盟，不教学徒。

小强不死心，软磨硬泡，要到了老板的电话，一次次联系后，对方答应见一面聊聊。

这让小强一下子有了信心。一大早，他穿戴整齐，来到火锅店。可一直等到中午，小强也没有见到老板。他没有气馁，继续蹲守。直到下午 6 点，火锅店老板才打来电话致歉，说因为有其他事需要处理，把见面的约定忘了。得知小强在店里等了一天，而且为了不打扰，一整天都没有打电话给自己，老板感动了。第二天见面时，老板直接找来餐厨负责人，与小强定下了秘制蘸料的合作事宜。

有了秘制蘸料，小强再结合泰安当地的生活习惯，于 2020 年 6 月，在泰安光彩大市场，先后投资 60 万元，开了一家"铜锅涮肉"。为了扩大影响力，开业前，小强就对市场周边进行了调研，并打印了上千张广告单页，逐个门店推广。同时，在开业第一个星期，还搞了一系列的优惠活动。这

小强和朋友合伙开的饭店在试营业（张伟 摄）

让小店一下子来了个"开门红"，前两个月，小店每个月的营业额都达到 20 万元！

然而，没等小强高兴多久，第三个月开始，客流量就出现下滑，营业额出现下降。经过复盘，小强才发现，由于没有餐饮的经营经验，小店对暴露出的问题应对失策，影响了顾客的感受。

比如，开业之初是夏天，再加上是涮锅，室内空气流通差，即使所有空调满负荷运转，顾客吃饭依然是一身汗；用电量过大，时常跳闸；服务员、吧台、后厨之间缺少协调配合，对顾客提出的问题，无法及时有效处理……

尽管小强提升了服务和管理，甚至和媳妇一起，没事就往店里跑，但之前失去的那些顾客，已经没办法挽救，小店的月营业额最多也只能达到 10 多万元，除去各种开销，还能剩个两三万元。

就在小强感觉基本稳定下来时，另一个打击突如其来。2021 年 5 月，母亲癌症住院，病情一度恶化。而此时媳妇刚生完孩子，父亲又年事已高，不能担当照顾病人的重任。

没办法，小强把店委托给几名工作人员，自己回到老家照顾母亲。眼见着饭店的营业额跌落到每月 5 万元，小强却无法分心，作为儿子，他只能选择陪伴母亲最后一程。其间，有同行询问饭店是否转让，小强一狠心，就把饭店转让了。

两个月之后，小强母亲去世。

开了半年的面馆

处理完母亲的后事，小强看着父亲苍老的容颜，于心不忍，就带着父亲，一家人外出旅游散心。

但生活还要继续。2021年10月,小强回到泰安,在城东找了一个商铺,准备重整旗鼓,继续干餐饮。次年3月,商铺要交接,但此时受疫情影响,大家消费的欲望很低。小强有些担心,如果接手,后期还需要近100万元的投资,但看目前的形势,短期很难有收益,这种压力是他无法承受的。思虑再三,最终小强还是选择了放弃,这一下,让他损失了2万元定金。

在之后近一年的时间里,小强开店的选择也更为谨慎,直到一家面馆的出现。

这是一家四川风味的面馆,在泰安开了有10年,粉丝众多,很多面馆的顾客,因为吃面的缘由,都和老板成了朋友,小强就是其中的一员。只要和朋友喝了酒,第二天小强都会去面馆吃碗面,他觉得,这家面馆的面能醒酒。

有一天吃面时,小强看到面馆墙上贴出了招加盟的消息,他果断地作出了选择——在面馆当起了学徒。

学习了两个月后,小强决定重回光彩大市场开一家面馆。

找地方、装修、开业……一番紧锣密鼓的筹备后,小强如愿等到了第一波顾客。这次他更加上心,亲自上阵煮面,做辅料,也会时常先给自己盛一碗,品尝味道,寻找与总店的差距。用他的话说,虽然有时候火候掌握得不好,无法保证口感和总店一样,但面条味道足以打败周边其他面馆。

但这并没有带来面馆的成功,很快,不争气的营业额让小强开始沮丧——生意好的时候,日营业额勉强在2000元左右,更多的时候,是在三四百块钱。如果算上房租电费和人工工资,这点钱铁定赔本。

问题出在哪里?小强陷入了沉思,也开始调研。一次偶然的中午饭点时间,小强发完宣传单,看到了一幕画面:光彩大市场建材区,10余家商铺门口,有七八家都在门口用电锅炒菜做饭!

这让小强一下子明白了。光彩大市场主要以装修建材、家用电器、灯具家具等产品为主,在房地产行业发展萎靡的影响下,市场客流量严重下滑,很多店铺也是举步维艰,这种局面下,谁还会天天出来吃?并不是自己做得不够好,也不是说大家吃不起一碗面,而是整个大环境影响了大家消费的信心,开始自觉不自觉地控制生活和经营成本。

在坚持了半年后,2023年5月,小强不得不关闭面馆。为了生活,他到了一家工地去接活。但这种日子也不好过,大势不好,活干完了,工程款啥时候能到账,问谁都没有准话。他觉得还是餐饮业好,投资小,见效快,有现金流。

所以在 2024 年初，小强先后到重庆、安徽等地进行考察，筛选了好几个菜品，想着再回餐饮业。

2024 年 7 月，小强和朋友合伙的大碗菜正式开业。他在心里默默给自己打气，希望这次努力能有个好收成。（整理：王涌淇　指导教师：张伟）

采写手记

之所以给主人公起个"小强"的化名，是因为他的创业经历，乍一看去，并不是一个成功的样本，却是现阶段很多创业者的真实写照，他们在社会的打压下起起伏伏，但充满了一种不服输的劲头，就像人们常用的"梗"——小强！

大环境不好，生意不好做，那就老实待着呗，瞎折腾什么？这也许，会是很多人的一致观点。在早前的采访中，有一位托尼老师——阿艺，他相应的比较保守，也就是求安稳。因为他从小就和父母在砖窑厂打工，吃过生活的苦，知道钱不好挣。所以他知道攒钱，知道一旦创业失败，有可能会回到原点，尤其在快到 40 岁这个"槛"的时候，他更不敢去"赌"，他还得考虑养家糊口，必须做长远打算。

我们在这里不是去评价谁，或者评价哪条路，在我看来，他们都是生活的强者，职场的精英，因为他们选择的，都是当下适合他们的路。

在小强投资铜锅涮肉的章节里，小强提到了试营业的话题和复盘失败的原因，对这一环节，我也比较重视。我觉得做餐饮，在宣传推广这一方面，要无所不用其极，要抓住所有宣传节点，没有热度也要创造热度。就好比生完孩子摆酒席，满月酒得喝，百日宴得请，不能因为不好意思，错过推广的机会。高考成绩出来，很多人家里放烟花，大晚上看到了，很多人只会说，看，这家人的孩子考上了，至于说考的是高职、本科、985 还是 211，有几个人跑你家里去问？

在和小强聊天时，小强的朋友开玩笑，说小强是越赔越勇，越赔越干。这让我想起了屡战屡败和屡败屡战的典故。人有时候，就得有这种精神。

和小强聊完，看着他倔强的笑容，我突然感到有点心酸，在当前这一经济环境下，像小强一样的创业者们，除了更加拼搏努力，似乎没有更多的选择。因为一旦他们停下脚步，身后背负的贷款、家人衣食住行的负担，犹如芒刺在背，痛也不能喊痛。（文：张伟）

唐虎：午夜唐扯

导读

　　1986 年出生的唐虎，是甘肃陇西县人，父辈多以开店扯面谋生。在县城，他开了一家半夜 11 点才营业的扯面馆，没想到，这家只做夜场生意的小店，开业短短两个月时间，吃饭的人排队，生意火爆！

午夜营业的面馆

　　0 点 16 分，陇西恒发大酒店西邻巷子，一家霓虹灯牌显示为"唐扯"的店面门口，人影憧憧。门前放置的几个长桌旁，都有人落座。一个留着长头发的小姑娘，将桌子上闲置的碗筷，利落地收拾到一旁。

　　收拾碗筷的，是扯面馆老板唐虎的闺女，上一年级。她的父母，此刻正在店内忙着扯面，招呼客人。唐虎迅速地拎出三根细长的面团，用擀面杖使劲压一下，随后手掐面团，肚子一挺，双臂一开，忽闪两下，就形成或宽或细的面条，扔进翻滚的汤锅，几个来回，就已经熟透。

　　唐虎的媳妇则拿着细长的筷子，快速伸进汤锅，手腕翻转，面条就缠绕在筷子上，随后手臂一扬，把面条放进滴了油的大碗，三搅两拨，面条油腻滑润，挑进木盘，盛到碗里，浇两勺汤，调上蒜泥、芥末、醋、油泼辣子，再加上 5 块钱的卤肉或肠，三口两口下去，熨帖五脏六腑。

　　唐虎的这家扯面馆，开业也就两个月，都是晚上营业。按照当地的习俗，担担面都是每天早上才开始售卖，唐虎为什么非要选择在晚上？

　　2024 年的一天晚上，唐虎和媳妇逛完街回来，临睡前，特别想吃点面条。一番商量后，两人打车来到了大树巷附近一家担担面馆。虽然已经是深夜，但吃面的人不少，有附近批发蔬菜的菜贩子，也有环卫工人和酒后二场的市民。在吃饭的间隙，唐虎粗略地看了一下，扯面师傅、捞面的、收拾餐桌的，也就三四个人，成本不算很高，比较好控制。

这家店的担担面口味中规中矩，但前来就餐的人并不少，在唐虎10分钟左右的就餐时间里，先后有近10人到店用餐。坐不开的时候，更多的人选择在店外，摆上小桌子吃面，既凉快又放松。

担担面店的场景给了唐虎很大的启发，是不是自己也可以开一家？

为什么要开午夜店

其实，开店对唐虎来讲，并不是第一次。2017年，闺女出生，这不仅给唐虎带来了生活的喜悦，也让初为人父的唐虎，有了清醒的认识：以前可以游手好闲，无所事事，以后他得担起一个父亲的责任，为了家人而努力奋斗！

就在那年，唐虎在巩昌北关位置，雇人开了一家扯面馆。开业的两年时间内，人气口碑都不错。后来为了拓展市场，更好地发展，两年后，他关停了巩昌店，到文峰开了一家，雇了8个人，准备大干一场。不承想，这一年年底，新冠疫情暴发，随后的日子里，大家都是战战兢兢，时常居家封闭。文峰的扯面馆，就在这样的大环境下，最后不得不关停。

"如果咱们开一个这样的店，你扯面，我卤肉，生意绝对差不了。"看到大树巷附近这家担担面馆的经营情况后，媳妇说的这番话，更加坚定了唐虎再次开店的想法。

此外，唐虎想开一家午夜食堂，还有自身的原因，他自己就是"夜猫型"人群，在晚上喝完酒、打完牌，特别想吃碗面，而和他有类似想法的人，不在少数。很多朋友也建议他，开一家午夜营业的面馆。

不过，唐虎这个想法，经过母亲的传递，到了父亲的耳朵里，父亲极力反对："现在白天的生意都不好干，晚上开店卖给谁？"

晚上11点半，唐虎和妻子正在店里忙活
（张伟 摄）

唐虎知道，父亲的不理解，缘于经营想法的不同，更缘于父子间沟通的不畅。

隔阂是在唐虎小时候产生的。有一天，唐虎和姐姐都饿了，吵吵着找父亲煮面条吃。父亲刚把案板上仅剩的几个面团拿出来，就有顾客上门吃面。唐虎在一旁焦急等候，可谁知父亲把面条煮好后，就端给了客人，没有给他和姐姐，这让唐虎非常不理解。虽然后来父亲给他们钱，让他们自己去买吃的，但这件事，成为幼时唐虎解不开的一个疙瘩。

后来，初中都没上完，唐虎就辍学在家。叛逆期的唐虎，让恨铁不成钢的父亲，始终没有过笑脸。一直到唐虎当兵复员归来，父子俩的关系，还似乎有层纱挡着。父子俩见面的机会多了，但能说的话却越来越少。

尽管长大后的唐虎明白了很多道理，也理解了父亲的做法，甚至什么事儿他也会经常想着父亲，但这么多年形成的交流隔阂，却不是一两天能够打通的。面对父亲的质疑，唐虎并没有反驳，只是告诉母亲，开店的事儿不要再和父亲说，等他开业干一段时间之后，再看结果。唐虎有自信，能把面馆干好。

精准的数据推算

虽然陇西只是个小县城，但大家对担担面的口味，非常挑剔。

唐虎的父辈都是扯面师傅，在陇西范围内，北关唐氏扯面，在餐饮面食领域，颇具影响力。唐扯的招牌，不是一般人能随意挂的。

起初，唐虎并不会扯面。早年在北关开第一家店时，扯面的是他父亲的一个徒弟，唐虎只负责熬汤。这个汤的味道，至关重要，各种调料的选择和搭配，都有讲究，而唐虎从小耳濡目染，熬出来的汤汁，色香味俱全，能很好地抓住食客的味蕾。

有一天，扯面师傅提出离职，这让唐虎意识到，凡事依靠别人，并非长久之计。面馆要想开得久远，方方面面，还得自己掌握。于是，唐虎立即找到扯面师傅求教，从和面、揉面、醒面、扯面等各个环节，认认真真地学，一遍又一遍地试。经过无数次的反复练习，在师傅离职后的第一天，唐虎终于端出了第一碗自己扯的面，得到了食客的一致肯定。

相熟的顾客帮唐虎做过推算，晚上 10 点左右，很多酒局刚散场，饭店的厨师也早已下班，想吃饭的顾客，要么提前订好饭，要么找地方开二场。这个时间节点，如果能吃上一碗面食，胃里会舒服很多。所以，11 点营业，给顾客留出了充足的时间。

而在这个时间节点，县城的几个夜摊，更多的是烧鸡粉、羊肉串、炸串，可选性不高。从口味上来说，除了烧鸡粉，肉串都比较油腻，二场顾客选择意愿不大。而同烧鸡粉相比，担担面是陇西特色美食，顾客的需求量大，认可度高，汤汤水水，连吃带喝，胃里舒服，能压住酒。

从选址来说，唐虎的店在县中心附近，能辐射周边 5 公里左右，大家想吃，打个车就能赶过来。同时，他控制售卖总量，每天晚上，只售卖 1 袋子面粉，也就是 50 斤面、50 斤卤肉。这样来晚的顾客，可能会吃不到，也会留下一个悬念——并不是来了就能吃上，想吃就得早去。

在唐虎面馆就餐的，多以酒后吃饭的顾客居多，一般只需要三两面，5 块钱的肉，顾客就可以吃得很舒服。凌晨 2 点之后，这类顾客会锐减，一旦准备的食材超过 50 斤，会拉长销售时间，卖不出去又会形成浪费，增加成本，所以 50 斤的总量控制，是"宁缺毋滥"——这样既可以保证食材的新鲜程度，也可以通过每日销量控制成本。

每天下午 5 点左右，唐虎和媳妇到店开始忙碌，晚上 11 点开始扯第一碗面，早来的顾客都会在一旁等候，这个规矩，不会因人而破。再加上前两次开店积累的口碑和顾客，刚开张第一个星期，还能卖到凌晨四五点，一星期之后，每天晚上来吃面的人，都排着队，经常不到凌晨两点，面就已经卖空。

待客流稳定之后，唐虎把店里的视频，发给了作为"二传手"的母亲，想让父亲不再担心。谁知母亲告诉唐虎，早在几天前，放心不下的父亲，在晚上就偷偷跑到唐虎的面馆，暗中观察了好久。这让唐虎的心里涌出一股热流。

第二天，父子两个罕见地聊了很多，有关于做面的，也有关于做人的。父亲叮嘱唐虎，做买卖，一定要与人为善，要顾客至上，"面不能太少，得让大家能吃饱"。

唐虎这次答应得很响亮。（整理：郑艺娆　指导教师：张伟）

采写手记

今年暑假回老家，与同学聚会，喝了不少酒，胃里难受。"这时候能有一碗担担面加肉，该有多舒服。"有人提议。

"这个可以安排，大家放心。"得到回应的我们，有点蒙，这都快晚上 12 点了，哪里还有面馆？

打上出租车，我们一行人出发。到了目的地一看，呵，不仅有面馆，吃饭还得排队。好不容易找了一张桌子，大家陆续端来了面条，简单一尝，味道居然不错。在边吃边感叹之余，我觉得，我的商道故事，找到了素材。

之后的几天，我辗转联系到了老板唐虎，简单沟通之后，他答应了采访要求。然而，唐虎并不善于言谈，也不懂如何宣传推介，他提到的很多内容，我无法核实，也没法采用。

但作为商道故事，我觉得他能打破常规，把之前每天早上才有的担担面，做成了深夜食堂（这里不考虑是否为首家），这是创新，也是勇敢的尝试。而且，他还有市场调研，曾与媳妇半夜到大树巷，品尝别人家担担面的同时，了解了市场行情——知己知彼，才能百战不殆。这让他更加坚信，午夜担担面，还是有需求的。

撇开口味不谈，他的面馆，有自己的游戏规则，晚上11点才营业，轻易不能打破。与此同时，每天晚上，就卖50斤面、50斤肉，言外之意是，来晚了，就没了。这一招，是否有饥饿营销的嫌疑？这些，算不算商道呢？

后来，唐虎谈到了家庭和他的父亲，我被他和他父亲之间这种奇怪的关系所吸引，从他叙述的和父亲之间的琐事中，我读取到了父爱，以及唐虎对父亲的尊重。父亲把最后的面条，端给了客人，没有留给自己的孩子。我觉得这是唐虎父亲做买卖的原则，顾客至上，来者皆是客，不能怠慢了。

父爱如山，润物无声，两个男人之间，似乎有着太多的矛盾，但又有着浓浓深情。也许叛逆时期的唐虎，或者说游手好闲的唐虎，一直让父亲没有面子，心里有气而发不出。而不善于表达，又不愿意表达的儿子，倔强地不向父亲承认自己的错误。

成家之后，有了媳妇，有了孩子，唐虎身上也有了担子，该怎么选择，唐虎有自己的考虑。相反，父母生怕唐虎再次犯错，总想未雨绸缪，帮他把把方向或者唠叨几句，也是为孩子着想。这都是人之常情，只不过表现的方式不一样罢了。（文：张伟）

附录一：作者简介

指导教师：

郝树静，重庆移通学院新闻采写产业学院指导教师，西南大学戏剧影视文学硕士，曾任重庆晚报和重庆日报记者，多次荣获赵超构新闻奖、重庆新闻奖，主笔专栏获得重庆新闻奖名专栏奖。

杨洛，重庆移通学院新闻采写产业学院指导教师，曾任江北区融媒体中心等媒体记者，曾荣获重庆市新闻奖、赵超构新闻奖等。

杜公英，重庆移通学院新闻采写产业学院指导教师，曾任川江都市报等媒体记者，多次获得省、市级新闻奖。

罗青，重庆移通学院新闻采写产业学院指导教师，曾任川江都市报社记者，作品多次荣获四川新闻奖、泸州新闻奖等。

罗影，重庆移通学院新闻采写产业学院指导教师，曾在重庆报业集团、《凤凰周刊》、华龙网等媒体担任记者，擅长采写编辑、新媒体营销、资源整合。

崔欢欢，晋中信息学院新闻采写产业学院院长助理，曾就职于浙江传媒学院国际交流中心、中国运载火箭技术研究院长征电视台、晋中电视台，作品获省市级新闻奖数十项。

姜蔚，晋中信息学院新闻采写产业学院记者导师，香港浸会大学国际新闻专业硕士，曾任湖南日报社、山西广播电视台记者，获第二十九届中国新闻奖、2018湖南新闻奖等。

李孟，安徽宿州人，作家、三级文学创作员，泰山科技学院创意写作学院院长、新闻采写产业学院院长（兼），发表中短篇小说二十余万字，出版长篇小说三部，理论著作一部，主持省级课题两项。

翟亮亮，泰山科技学院新闻采写产业学院指导教师，于中国经济时报、河南日报等报刊发布作品近百篇，著有散文诗集《彩虹集》。

韩晓丹，泰山科技学院新闻采写产业学院记者导师，曾任中国新闻社、南方报业集团记者，于《南方周末》《中国新闻周刊》《VISTA看天下》《南方都市报》等发表作品多篇。

吴永强，笔名老四，中国作协会员，山东作协签约作家，山东青年作协副主席，泰山科技学院创意写作学院教师。出版长篇小说《半城湖》《后大学时代》、小说集《沸腾的狐狸》、诗集《自白书》。

赵书林，中共党员，泰山科技学院创意写作学院老师，新闻采写产业学院兼职班主任，笔名：风雪独樵。文学创作三级，中国剧作家协会会员，中国北京电影艺术家学会会员，山东省民俗学会会员，山东省作协会员，山东滨州市作家协会理事。

孙惠，泰山科技学院电影评论中心教师，原泰安日报社记者。

孙秀芳，吉林榆树人，泰山科技学院作家教师，山东省作家协会会员，作品发表达50余万字，出版非虚构类作品《企业家的黑天鹅》等。

王文龙，山东省电视艺术家协会会员、青岛市影视艺术家协会理事。2022年和2023年连续两年任青岛市春节联欢晚会副导演、语言类节目编剧。

张伟，泰山科技学院新闻采写产业学院记者导师，曾任齐鲁晚报泰安融媒中心记者，作品集中发表于齐鲁晚报·齐鲁壹点。

萧婷婷，重庆移通学院新闻采写产业学院兼职导师，中国作家协会会员，湖南省作协会员，长沙市作协理事。

张严之，重庆移通学院新闻采写产业学院兼职导师，商界传媒集团资深编辑，深圳商界联合内容中心负责人。

赵春雨，重庆移通学院新闻采写产业学院兼职导师，《商界》内容创新部总监、资深商业记者。

尹琳岑，晋中信息学院新闻采写产业学院兼职导师，中宏网山西站记者。

学生作者：

陈金峰，2004 年生，江西省赣州人，重庆移通学院信息安全学院软件工程 2023 级学生，新闻采写产业学院培训班学员。

张盈，2004 年生，重庆万州人，大数据学院数据科学与大数据技术专业 2022 级 2 班学生，重庆移通学院新闻采写产业学院培训班学员。

黄继英，2002 年生，重庆秀山人，大数据学院数字媒体技术专业 2022 级学生，重庆移通学院新闻采写产业学院培训班学员。

李玉莲，2002 年生，重庆铜梁人，大数据学院数据科学与大数据技术专业 2022 级 5 班学生，重庆移通学院新闻采写产业学院培训班学员。

谭威，2004 年生，重庆巫山人，大数据学院数据科学与大数据技术专业 2022 级 2 班学生重庆移通学院新闻采写产业学院培训班学员。

徐铭霞，2004 年生，重庆巫山人，数字经济与信息管理学院，供应链管理专业 4 班学生，重庆移通学院新闻采写产业学院培训班学员。

杨婉婷，2004 年生，内蒙古自治区呼和浩特市人，重庆移通学院数字经济与信息管理学院供应链管理 4 班学生，新闻采写产业学院研修班学员。

殷恺，2000 年生，重庆人，重庆移通学院通信与信息工程学院物联网工程专升本 5 班学生，新闻采写产业学院培训班学员。

龚鑫诺，2004 年生，重庆黔江人，重庆移通学院数字经济与信息管理学院互联网金融 2022 级学生，新闻采写产业学院培训班学员。

彭杰，2003 年生，重庆綦江人，重庆移通学院数字经济与信息管理学院供应链管理专业 2022 级 4 班学生，新闻采写产业学院培训班学员。

幸坤阳，2004 年生，重庆人，重庆移通学院信息安全学院软件工程 8 班学生，新闻采写产业学院培训班学员。

陈汗东，2004 年生，重庆涪陵人，重庆移通学院智能工程学院 2022 级电气类专业学生，新闻采写产业学院培训班学员。

邱枫，2004 年生，四川广安人，重庆移通学院远景学院 2022 级工商管理类专业学生，新闻采写产业学院培训班学员。

陈燕，2004 年生，重庆大足人，重庆移通学院淬炼商学院市场营销专业 4 班学生，新闻采写产业学院培训班学员。

谭诗颖，2002 年生，重庆垫江人，重庆移通学院智能工程学院电气工程及其自动化 2021 级学生，新闻采写产业学院培训班学员。

张苡铭，2002 年生，重庆大足人，重庆移通学院智能工程学院 2021 级轨道交通电气与控制 01 班学生，新闻采写产业学院培训班学员。

李晨，2004 年生，重庆璧山人，重庆移通学院智能工程学院轨道交通信号与控制 2022 级学生，新闻采写产业学院培训班学员。

梁心月，2005 年生，重庆大足人，重庆移通学院艺术传媒学院网络与新媒体专业 2023 级 1 班学生，新闻采写产业学院培训班学员。

闵健萍，四川宜宾人，重庆移通学院外国语学院 2021 级英语 4 班学生，新闻采写产业学院培训班学员。

韩文婧，2004 年生，山西吕梁人，晋中信息学院艺术传媒学院视觉传达设计 2022 级学生，新闻采写产业学院培训班学员。

吕宝萍，2003 年生，山西忻州人，晋中信息学院经济与管理学院大数据管理与应用专业 2202 级学生，新闻采写产业学院培训班学员。

李思思，2002 年生，山西临汾人，晋中信息学院食品与环境学院园林 2021 级学生，新闻采写产业学院培训班学员。

王佳玉，2005 年生，山西太原人，晋中信息学院计算机科学与技术 2305 班学生，新闻采写产业学院培训班学员。

刘可可，2003 年生，山西运城人，晋中信息学院商务英语专业 2202 班学生，新闻采写产业学院培训班学员。

王思祺，2003 年生，陕西安康人，晋中信息学院远景学院财务管理专业财务 2115 班学生，新闻采写产业学院培训班学员。

常永昊，2003 年生，山东聊城人，泰山科技学院远景学院 2022 级学生，新闻采写产业学院培训班学员。

丛佳男，2001 年生，山东威海人，泰山科技学院大数据学院 2023 级学生，新闻采写产业学院培训班学员。

马萌萌，2004 年生，山东聊城人，泰山科技学院远景学院 2022 级学生，新闻采写产业学院培训班学员。

徐睿超，2004年生，山东济宁人，泰山科技学院远景学院2023级学生，新闻采写产业学院培训班学员。

于景雪，2002年生，山东泰安人，泰山科技学院艺术传媒学院数字媒体艺术专业2022级学生，新闻采写产业学院培训班学员。

赵枫，2004年生，内蒙古呼和浩特人，泰山科技学院淬炼商学院2022级学生，新闻采写产业学院培训班学员。

张超然，2004年生，山东枣庄人，泰山科技学院艺术传媒学院数字媒体艺术2022级学生，新闻采写产业学院培训班学员。

乐成慧，2005年生，安徽巢湖人，泰山科技学院智能工程学院2023级学生，新闻采写产业学院培训班学员。

赵启晟，2003年生，河南汝州人，泰山科技学院财务管理22级学生，新闻采写产业学院培训班学员。

文霏霏，2004年生，新疆喀什人，泰山科技学院行政管理学院2023级学生，新闻采写产业学院培训班学员。

李浩源，2004年生，山东招远人，泰山科技学院法学2022级学生，新闻采写产业学院学员。

王涌淇，2004年生，山东济宁人，泰山科技学院行政管理学院秘书学2023级学生，新闻采写产业学院培训班学员。

郑艺娆，2005年生，山东德州人，泰山科技学院行政管理学院法学专业2023级学生，新闻采写产业学院培训班学员。

林静雯，2004年生，泰山科技学院淬炼商学院财务管理2022级学生，新闻采写产业学院培训班学员。

杨汉雪，2004年生，山东聊城人，泰山科技学院艺术传媒学院数字媒体艺术2022级学生，新闻采写产业学院培训班学员。

吴欣雨，2004年生，江苏常州人，泰山科技学院通信工程学院2022级学生，新闻采写产业学院培训班学员。

张家伟，2004年生，江苏连云港人，泰山科技学院淬炼商学院2023级学生，新闻采写产业学院培训班学员。

张帅，2001年生，山东菏泽人，泰山科技学院智能工程学院2023级学生，新闻采写产业学院培训班学员。

赵全鹏，2002 年生，山东德州人，泰山科技学院行政管理学院 2023 级学生，新闻采写产业学院培训班学员。

李晨星，2001 年生，山东济南人，泰山科技学院通信工程学院 2023 级学生，新闻采写产业学院培训班学员。

张增福，2003 年生，山东滨州人，泰山科技学院通信工程学院 2022 级学生，新闻采写产业学院培训班学员。

王化省，2001 年生，河北省邢台人，泰山科技学院建筑工程学院 2022 级学生，新闻采写产业学院培训班学员。

附录二："中小企业故事化案例"选登
——一个服装零售公司的化蝶之路

一、案例正文

2021 年，持续受电商冲击和新冠疫情的影响，原本一直快速成长的重庆珂瑞欣商贸有限公司销售服装和鞋帽的线下各门店出现严重销售下滑的情况。客流持续下降，销售日趋困难。而销售业绩不好，店铺盈利下降，又导致员工收入下滑，员工流失严重。为了维持店面正常运营，不得不整天招聘新员工，而新员工状态更加低迷，更加不稳定。公司已经进入了一个螺旋式下降的怪圈。如何打破这个怪圈，已困扰公司总经理徐伟亮许久，现在是到了必须找到破局之道的关键时刻了。

创业做先锋，线下燃激情

2021 年 7 月，一个烈日灼人的午后 3 点，重庆珂瑞欣商贸有限公司徐总陪同杭州有赞科技有限公司重庆分公司王总，穿过人流稀疏的解放碑广场，来到八一广场门前时，汗水已浸透了衣衫。一进入商场，冷气扑面而来，令人顿觉神清气爽。商场大门口左侧第一间店，就是珂瑞欣公司的主力店铺——解放碑 ONEMALL xxxtrenta。偌大的店铺没有一个客人，4 名销售人员百无聊赖地站立在店内。

"这就是我们店面平时工作日的常态。"徐总苦笑道，"现在我们公司有 30 多间店，100 多名店面销售人员。自从 2020 年以来客流持续下降，销售日趋困难，有不少店已处于亏损状态了。"

就在店里的小玻璃圆桌边，重庆珂瑞欣商贸有限公司创始人兼总经理徐伟亮和王总谈起了他的创业史："我 1980 年出生，是标准的 80 后。2002 年 7 月从奥地利维也纳商学院工商管理专业毕业。当年 10 月回国后，我先后在广州匡威国际体育公司和宝胜国际体育有限公司工作了8年。在这8年中,真正经历了大型运动品牌工作的沉淀,积累了众多国际运动品牌和服装销售公司运营管理技巧。每次回家我都会深度了解和考察重庆市场,我觉得西南市场是一片待开发的中高端运动品牌处女地,便于2010年1月辞职,回到重庆创办了重庆珂瑞欣商贸有限公司。"

徐总回忆起创业时期,全然没有了起先的无奈,神情中透出的是燃烧的激情:"我们公司真正抓住了服装零售业发展的有利时机。公司一开始就定位为代理国内外运动品牌及潮品服装。由于我有8年的与大型品牌厂商商务合作的客情关系,所以找品牌洽谈不是很困难。最困难的是如何开拓重庆主流卖场,和他们达成合作业务。"此时徐总的创新性思维在工作中表现得非常突出。例如,他先通过之前的工作关系,找到美国知名服装品牌Hush Puppies(暇步士)的营销总监,洽谈做重庆市总代理,承诺只要给珂瑞欣公司总代理权,珂瑞欣公司在1个月内将在重庆解放碑八一广场开旗舰店,3个月内在重庆的主城的主要商圈开5间店。与此同时,他又给寸土寸金的重庆解放碑八一广场承诺,只要能挤出一间好位置的门面,珂瑞欣公司确保1个月内在解放碑八一广场开出西南地区第一家国际品牌Hush Puppies专卖店。这样的承诺让Hush Puppies和解放碑八一广场2家公司都相当振奋,均以前所未有的支持力度和办事效率配合珂瑞欣公司。在短短的1个月内,徐总真的完成了几乎不可能完成的任务——Hush Puppies解放碑八一广场旗舰店隆重开业。后期在徐总的运作下,Hush Puppies只经过短短的2年时间,在2012年就实现了重大销售突破,重庆销量位列全国前茅,珂瑞欣公司的营业盈利也迎来了爆发式的增长。

珂瑞欣公司从Hush Puppies 1个品牌做起,经过10多年的积累,现已成为国内外众多知名品牌的重庆代理商。目前正在运营的品牌有:adidas、NIKE、BoyLondon、SPRAYGROUND、xxxtrenta、PONY、IG、gxg.jeans、FMS、LOHO、fion、AND1、S.Life、THEPARAMO等国内外潮流轻奢及运动潮流品牌(注:Hush Puppies因为企业自营战略的原因,2016年收购了珂瑞欣公司所有的Hush Puppies专卖店,珂瑞欣公司此项出售业务获益颇丰)。

珂瑞欣公司从1间门店做起,经过不断拓展,目前主要线下店铺遍布重庆主城各大商圈,大小店铺30多间。其中主力店铺有:一奥天地NIKE、一奥天地SPRAYGROUND、一奥天地xxxtrenta、一奥天地PONY、解放碑ONEMALL SPRAYGROUND、解放碑ONEMALL xxxtrenta、解放碑ONEMALL PONY、解放碑 ONEMALL PARAMO、解放碑 ONEMALL AND1、解放碑八一广场 SPRAYGROUND、金科乐方 Adidas、轻轨穿楼折扣仓等。

"我有一个非常能战斗的销售团队。"徐总谈起他的团队骨干如数家珍。珂瑞欣公司各部门的负责人基本上都是 80 后、90 后的年轻人，团队非常年轻，充满朝气。高峻，2011 年 12 月加入公司，从普通店长一路成长为公司副总经理。高副总在与大型商场、商超的谈判和专卖店建设方面经验特别丰富，人脉深厚，为公司的店面的拓展和人才的招揽作出了独特的贡献。

珂瑞欣公司目前设有品牌运营部、市场部、管理部三大部门，徐总主要抓品牌代理和公司管理工作。高峻主要负责品牌运营部、市场部两个部门。

品牌运营部负责公司的品牌产品的销售，主要是公司的线下门店的运营和销售管理工作。现任运营部总监张欢，虽然是 90 后，但是她有非常强的协调和沟通能力，与团队其他成员的关系都很融洽。在运营团队的协助下，30 多间门店管理得井井有条，100 多名员工的选、用、育、留平稳有序，多年来销售业绩不断平稳增长。

市场部分为工程部与品牌及市场策划推广部。工程部负责大客户的开拓、合同签订及客户关系管理工作；品牌及市场策划推广部负责活动方案的策划、推广及实施工作，包括微信公众号、微店的运营。工程部的李维，在开拓业务的时候，敢打敢冲，也很能吃苦，为公司争取了很多优质的客户资源。负责策划的雯雯和潮品推广的小姜都是有担当，敢于冲在潮流前线的年轻人，对潮流时尚情况非常熟悉，把握相当准确。多年来，珂瑞欣公司各种线下品牌宣传和促销活动花样繁多，层出不穷，已成为一道亮丽的风景线。

在这样一支强大的团队的运作下，多年来，珂瑞欣公司不管是公司规模还是销售业绩都高速增长，已成为重庆线下服装零售业一家很有竞争力的公司。

然而 2020 年底不期而至的新冠疫情，令这一切都戛然而止。

线下门店经营艰难，线上微店突破无解

重庆珂瑞欣商贸有限公司长期以来主要以线下店铺销售为主，公司专卖店拓展稳扎稳打。建每个店，店面选址、装修、布置、产品组合、人员选聘、业务培训、促销活动都资源丰富、方案得当、执行有力。不能说开一间火一间，至少是开一间成一间。但是正如徐总交流中一直在抱怨的，近 2 年来实体服装店的销售越来越惨淡了，不仅进店的客流量少了，进店顾客购买的概率也相对

降了许多，房租及人员的成本却越来越高，很多店铺都处于亏损的边缘。

销售业绩不好，店铺盈利下降，又导致员工收入下滑，员工流失严重。为了维持店面正常运营，不得不整天招聘新员工，而新员工状态更加低迷，更加不稳定。公司已经进入了一个螺旋式下降的怪圈。

徐总对此多次组织相关人员开展市场调查、开会讨论和分析，造成珂瑞欣线下服装店销售不好的主要原因还是受到电商的冲击，而在疫情的影响下，电商的冲击更是日益加剧。

首先，电商的出现确实方便了人们的生活，足不出户，线上服装店众多，顾客只需在网上挑选好自己喜欢的衣服，顾客在家通过电脑、手机一键下单就直接轻松搞定，比去实体店购买要方便多了。2020年初暴发的疫情导致的线下店面营业时断时续，严重地影响正常销售。消费者出于自身健康安全的考虑，也大幅减少不必要的外出，导致珂瑞欣公司老顾客流失，营业额大幅下降。

其次，网上买衣服性价比更高，也是大部分人选择到网上买衣服的主要原因。在网上买同样的一件衣服，同样款式类别往往价格要比线下便宜不少，同时网上买衣服售后也是非常方便，可以随时退换货。对此，徐总也抱怨颇多："各种网店不讲武德，打低价也就算了。很多品牌公司的天猫旗舰店也常常搞活动，做促销，对于线下店铺的销售影响很大。"

因为线下销售受阻，店员销售业绩普遍低于设定目标，销售提成严重偏低，导致员工流失严重。以解放碑ONEMALL xxxtrenta为例，这是一个不错的大店，共有店员6人。除了有3个老员工较为稳定，其他3名均为新员工，新人往往在岗时间大都不到3个月就离职。而离职的原因就是业绩太差，基本上拿不到提成，只能拿2000元基本工资，根本活不下去。

公司的规定每人每月最低销售目标2万元，可提成3%，如果销售目标设定低于2万元/月，则每招聘一个人，就是亏损。但店很大，不招人，连看店的人都不够。过去，新人稍努力，在这个大店，还是可以完成月销售目标的，但疫情后，基本上无人完成。公司对于店铺设定的目标不能再低，再低公司就会亏损，而就这样最低的目标，店铺分解给店员后，多数店员任务都完不成，这就形成了店铺销售管理的一个两难困境。

目前，珂瑞欣公司更多的其他店铺员工比解放碑ONEMALL xxxtrenta还要新，在岗员工销售能力严重不足，每天店员大量的时间都空闲着，同时来了客人以新员工的销售能力也难以把握住。传统的销售能力提升培训和考核激励都已失去往日的效果，再不从根本上改变，已完全不能解决问题。

徐总深知服装行业互联网电商销售有着不可阻挡的浩荡之势，为解线下销售的困境，2021年春节后的3月份，珂瑞欣公司与杭州有赞科技有限公司合作，通过微信小程序建立了珂瑞欣有赞微商城"珂瑞欣商城21039"。但商城建立后，虽然有adidas、NIKE、鲨鱼嘴等优秀品牌在线，虽然公司设立了专职专岗的人运营微信商城，也对于全体员工进行了反复动员，要求每天通过个人的微信朋友圈不停地转发商城链接。但是微信商城成立3个月来销售非常低迷，一天成交不了几单，微信小程序商城只成了店员推广会员充值卡的工具（微信商城中有会员充值功能）。"我现在是线下专卖店销售节节败退，线上微商城销售数据惨淡，突破无解。不怕你们笑话，我是天天睡不着觉，头发都大把大把地掉。"徐总谈到这里，神情暗淡，连连摇头。

新店长牛刀小试，专卖店自发突围

既然线下服装店生意这么不景气，是否就代表未来线下实体店就没希望了呢？而珂瑞欣微信商城销售低迷还能否改变呢？

杭州有赞科技有限公司重庆分公司王总，既是徐总的合作伙伴，也是朋友，对于珂瑞欣公司的线下店面销售不旺，特别是对应的"珂瑞欣商城21039"成立3个多月，却不能有效地发挥作用，深感不安。为此，王总拉着徐总对于珂瑞欣公司进行了为期半个月的全方位深度调研。在一间店一间店的走访调查中，他们惊喜地发现珂瑞欣公司主力店铺－解放碑八一广场SPRAYGROUND店长李林早在半年前就已在店内开始了自己的创新销售的尝试。李林是一位标准的90后小伙，有着3年多的服装销售经验。他是2020年10月份因老公司（也是一家服装零售公司）关店通过招聘进入珂瑞欣公司的。他坚定地认为人们茶余饭后的逛街习惯是不会被替代的，尤其是针对女性消费者，逛街购物是她们的天生爱好，这就决定了线下服装店存在的价值。同时，线下店铺充裕的人力资源是宝贵财富。只要结合到消费者的购物习惯，线上线下相结合，深挖人员潜力，就有可能变压力为动力，突破销售困局。

机遇与挑战并存，线下门店一定要学会用两条腿走路。2021年1月份，刚刚被任命为解放碑八一广场SPRAYGROUND店长，在公司还没有成立线上珂瑞欣有赞微商城的情况下，他自己买了一台iPad，建立店面微信号"SG鲨鱼嘴"，开始尝试线上销售。

他们具体的做法就是通过微信号"SG鲨鱼嘴"添加微信好友。店员对于进店顾客，特别是成交顾客，会邀请他们加这个微信号，半年时间，已添加了500多位微信好友。因为这个店的微信是下载在iPad上的，可以说这是全店人员共同的微信号。上班时间由店长李林主管，店长休息时，会指定主管人。客户添加微信后，店长会手动对于客户进行标签备注，说明属于哪个员工，客户有什么特点等。但下班时间，此微信会处于无人管理状态，客户留言只能在第二天上班时再处理。

此微信号不主动与客户沟通，所做的营销动作就是每天坚持发朋友圈。在朋友圈中每天坚持转发品牌公司的产品信息和重庆珂瑞欣的促销信息1~3条。虽然这种信息并不专门推送给客户，但有兴趣想了解重庆珂瑞欣产品和促销方案的老客户，可以在不受打扰的情况下，随时自由翻阅这个店铺的朋友圈。并根据自己的喜好在微信中下单购买。

根据不完全的统计，现在平均每个月通过微信下单量已超过100个，月总下单额已超过30000元。而购买的老客户80%为重庆主城之外的外地来重庆旅游顾客，由此可见，这种销售完全是线下店面销售的有效的补充，而不是替代。

"这样的销售方法和结果，你为什么没有和公司讲呢？"徐总在与李林沟通时很是不解。"主要我是一个新店长，我一开始也不知道这个方法行不行。有了一点效果后，我又觉得反正也不需要公司支持，我讲不讲也没有什么作用。何况我也不想其他店和我有竞争。"李林虽然有点不好意思但还是诚实地讲出了他没有向公司汇报此事的原因。

徐总和李林一起对于通过微信销售的方法进行了深入的分析，发现通过这样的方式实现线上的销售，固然取得了一些成效，但是显然还存在很多的问题：

1. 操作不便。所有店员都只能用一个iPad，不能用自己的手机灵活操作。

2. 时间受限。上班时间才能与顾客沟通，下班就无法沟通（iPad留在店内）。

3. 维护不便。虽然对于顾客进行了与相关店员的关联标注，但店员与顾客私下的深度沟通，加强客户感情联系，维护客情关系，十分不便。

4. 统计复杂。每个店员的线上销售业绩和提成统计，均需要人工计算，费时费力。

5. 管理不畅。这个店的情况，公司总部完全看不到。销售完全凭店面的自觉，无目标、无执行、无监督、无考核。整体处于自发自觉状态。

李林对于以上的各种不便，也非常认同，但是并没有进一步去琢磨如何改进。

就算想改，没有公司的支持，没有更多资源的投入，他1人1店也是无从改起的。

导入智慧零售，开启化蝶之路

经过1个多月的深入调研，在有赞王总的帮助下，徐总得出了3个基本结论：

一是珂瑞欣的微信小程序商城没有找到粉丝运营的具体手段和实质性的推广方法，仅仅依靠员工的自我朋友圈推广是远远不够的；二是强大的门店资源与珂瑞欣商城形成了二张皮，相互不能构成支撑，不能形成1+1>2的作用；三是公司创新意识下降，对于新的销售模式反应迟钝。

通过对于线上商城运营不足的反思和解放碑八一广场SPRAYGROUND的经验和问题进行总结，珂瑞欣公司正式提出"夯实线下，开辟线上，线上线下相结合"的新的经营战略方针。

2021年9月1日，徐总召开了公司全员大会，公布了珂瑞欣公司O2O（online to office）智慧零售方案。徐总首先主动检讨了自己前期工作的不足：一是对于公司内部的工作跟进很不到位。寄予很大期望的微商城几个月来运营很差，自己却没有及时反思和调整。而解放碑八一广场SPRAYGROUND店长李林有很好地提升业绩，增加效益的微信营销方案也没有给予更多的支持，相关的经验也没有及时总结推广。二是创新性思维严重下降，面对新零售反应迟钝，没有更早进行公司的战略变革。目前的线上、线下两条线的零售销售均严重萎靡不振，而自己却没有拿出果断措施进行调整变革。导致公司经营问题日益严重，再不改变只有死路一条！

徐总自责地说："2021年的1月份，相关的公司就给我讲过智慧零售概念，但是我没有听进去，只是建了珂瑞欣有赞微商城"珂瑞欣商城21039"。害怕对于线下店铺影响太大，就想用最经济、最简单的方法，实现线下、线上两条线并举，同步发展的方式提升销售，因而并没有在全公司真正全面实施智慧零售模式。现在看来，没有线上与线下的相互配合联动，不管是线上还是线下都很难单独成功突围的。"

随后，徐总向大家解释了是什么智慧零售。零售原先只有实体零售，后来又发展出虚拟零售（线上零售）。而二者从各自独立运营，现在发展到了虚实融合的智慧零售，这是零售发展的必然趋势。智慧零售就是实现了大数据牵引零售，是新技术和实体产业的完美融合。智慧零售是运用社交化客服，实现个性服务和精准营销。简单而直接地说智慧零售就是线上与线下相结合的零售——O2O。

徐总委托公司运营部总监张欢进一步阐述了珂瑞欣公司智慧零售基本思路：

第一步，在保持原有 30 家线下店铺销售基本不变的基础上，建立珂瑞欣公司微信商城，通过微商城实现线上销售。第一步中的线下 30 间店铺目前都在正常营业，珂瑞欣公司微信商城也早在 2021 年 1 月业已建成，只是目前的销量还比较差。

第二步，改造公司的管理系统，实现数据库集成。将微商城和各门店的数据集成到一个数据库中，实现数据的共享。这需要对系统进行相应的调整和开发。徐总已与杭州有赞科技有限公司达成进一步合作协议，由杭州有赞科技公司开发人员开发联接珂瑞欣公司门店管理系统与珂瑞欣有赞微商城的专用软件，实现商城平台所有的商品与各店铺数据无缝对接，做到库存、销售、配送完全统一同步共用共享。这项工作计划需要 1 个月的时间完成。

第三步，建立珂瑞欣公司企业微信。以企业微信为基础，实现线下全体销售人员社交化客户服务，实现全天候销售。2021 年 10 月全力推进此项工作。

第四步，以员工个人包干负责为基础，全公司私域流量实现开放共享全面激活的新的营销生态（重点为打造珂瑞欣公司的网红店铺和明星主播）。到 2021 年底开始此项工作。

综上，就是通过公司自建的珂瑞欣有赞微商城"珂瑞欣商城 21039"，经营私域流量，加强单客互动、留存、复购。把微商城、小程序、企业微信粉丝运营、社交网络营销结合起来，通过服务和内容保持互动，用拼团、直播、分销等方式，留存老顾客，并让老顾客带来更多新顾客，引导顾客在自己的微商城里成交，最终形成闭环的私域流量扩大销售。

会议结束后，珂瑞欣公司立即成立了智慧零售专项工作小组，总经理徐伟亮亲自担任组长，公司副总高峻为副组长，运营部总监张欢、市场部的雯雯为专职工作人员，全力推进智慧零售方案的落地实施。公司随后制定下发了《珂瑞欣公司智慧零售操作方案》（详见附件 1），用以规范和指导全公司的智慧零售项目的推进实施。

2021 年的整个 9 月份，全公司召开了 3 次变革转型动员大会和智慧零售业务培训大会。经过公司上下一个多月的共同学习、研讨、分析，大家都已深刻认知到，伴随着大数据、人工智能、云计算等前沿技术的飞速发展，零售行业数字化、智能化进程加快推进，与消费者产生全新的互动，一场关于智慧零售的变革已不可逆转。而智慧零售的"线上"和"线下"从来不是此消彼长的关系，智慧零售想要实现的终极目标就是线上线下融为一体，是要运用社交化客服，实现个性服务和精准营销。

光阴似箭，转眼珂瑞欣公司推行智慧零售的转型已有1月有余。总经理徐伟亮对于此次公司智慧零售转型决心坚定、推进坚决。但是面对核心问题"人、货、场"，依然感觉千头万绪的工作等待完成。

珂瑞欣公司的"人"，就是100多名门店导购人员。他们会在智慧零售转型中起到突出的作用，他们既是零售服务的重要承担者，又是连结商场、品牌、商品和顾客的纽带，同时也是实现智慧零售销售任务的具体执行者。但是如何将这么多只会线下销售的人员培训为线上线下全能型智慧零售人才，不论是思想认识上，还是销售技能上，都是一个非常艰巨的工作。

珂瑞欣公司的货，即所代理的各大品牌产品。目前看着没有太多的问题，尤其是adidas、NIKE、鲨鱼嘴SPRAYGROUND、xxxtrenta、PONY这些主要品牌产品，深受消费者喜爱。但是很多品牌也在努力拓展线上销售，他们在天猫、京东、唯品会，甚至拼多多等平台都建有很多的旗舰店、专卖店。在珂瑞欣公司线上线下智慧零售的转型过程中，这些品牌真的完全可以承载起珂瑞欣公司未来的销售吗？会不会与珂瑞欣商城销售形成新的冲突呢？

目前最重要的是场地问题。从2021年9月1日开始，经过1多月的努力，珂瑞欣公司基本完成建立线上渠道的各项工作，包括企业微信的建设、完善线上商城、完善珂瑞欣公司小程序、打通线上与线下的管理系统，与专业物流平台合作开展"服务到人、服务到家"业务等。但是更为重要而困难的，且不要说如何建立诸如短视频、企业微信直播等新营销渠道，仅仅是如何进行企业微信拉新、商品运营、社群推广等对于徐总的珂瑞欣公司团队都是全新而重大的挑战。

珂瑞欣公司总经理徐伟亮和他的团队深知，智慧零售转型的意义不仅在于技术和业务上的变革，更在于对于传统零售模式的革新和创新。它是对未来零售行业发展方向的探索和引领，是企业面对未来挑战的勇气和智慧的结晶。在智慧零售转型的关键时刻，徐伟亮和他的团队内心充满期待，却也夹杂着一丝忐忑不安：他们是否有能力胜任这一次全新的变革？是否还有足够的时间来弥补他们的不足，迎接挑战？是否能够像过去一样，公司上下团结一心，勇敢前行，书写新时代智慧零售的辉煌篇章，开创公司更加美好的未来？

二、教学说明

案例概要

2010 年成立的重庆珂瑞欣商贸有限公司服务领域为销售服装、百货。重庆珂瑞欣经过多年的积累和成长，拥有专业的运营团队，专注潮流、时尚及休闲品牌零售事业。公司在时机成熟时，充分利用原有平台基础，开拓了重庆主要主流卖场达成合作业务。目前运营的品牌有：BoyLondon、SPRAYGROUND、xxxtrenta、PONY、IG、gxg.jeans、FMS、LOHO、fion、AND1、S.Life、THEPARAMO 等国内外潮流轻奢及运动潮流品牌。该公司秉承年轻、潮流、活力、自由、团结、进取的理念，影响着重庆年轻一代的消费者。

重庆珂瑞欣商贸有限公司共有 30 多间店铺，逾百名店面销售人员，销售服装、鞋帽。2020 年底新冠疫情暴发以来，店面客流持续下降，以致销售日趋困难。而销售业绩不好，店铺盈利下降，又导致员工收入下滑，员工流失严重。为了维持店面正常运营，不得不整天招聘新员工，而新员工状态更加低迷，更加不稳定。公司已经进入了一个螺旋式下降的怪圈。如何打破这个怪圈，已困扰公司管理团队许久，现在也到了必须找到破局之道的关键时刻。

2021 年 9 月，珂瑞欣公司针对公司线下店铺问题，提出"夯实线下，开辟线上，线上线下相结合"的经营调整战略方针，也就是 O2O 智慧零售方案。本文完全忠实地记录了珂瑞欣公司转型前的经营状况和转型的思路与方案，对于转型后的初步进展和结果，也进行了关注与记录。

在课程中的定位

本案例可以用在"新商科案例分析""销售与渠道管理"课程当中，针对线下零售分析、线上零售及 O2O 智慧零售进行案例讨论；教学适用对象为学习市场营销课程的市场营销本科学生人群。本案例同样也适用于"市场营销学""新媒体营销""客户关系管理"等课程部分章节的案例讨论。

学习目标

①结合案例背景，调研和分析当下本市线下零售门店经营的问题与困难，

以及经营者的解决方案有哪些？使学生深刻认知线下零售门店经营的意义、价值，以及存在的机会及威胁。

②结合案例背景，调研和分析线下门店受到线上零售的影响是怎样的，使学生认知线上零售的发展趋势，以及优势与劣势。

③综合上述研究，通过对案例公司的智慧零售方案进行研究分析，使学生掌握智慧零售定义、原则与基本方法。

④通过对于附件的学习，掌握运用微店分析工具，熟悉客户特征分析、产品选择、促销选择。掌握运用企业微信工具进行社群营销的技术。

相关阅读资料

①杨芳莉. 智慧零售 [M]. 北京：人民邮电出版社，2022.

②腾讯智慧零售. 超级链接：用户驱动的零售新增长 [M]. 北京：中信出版社，2020.

③洪旭. 智慧零售门店对连锁经营管理人才的能力需求分析 [J]. 商场现代化，2022（23）：27–29.

④徐键，金诺. 智慧零售场景下"短视频＋直播"社群营销策略研究 [J]. 哈尔滨学院学报，2022，43（1）：47–50.

⑤王成成，余先玲. 智慧零售背景下实体零售企业的转型路径探索 [J]. 商展经济，2022（1）：21–23.

讨论问题

讨论问题 1：线下零售出现了哪些问题？线下零售真的不行了吗？本市线下零售门店经营中遇到的主要问题与困难有哪些？经营者的解决方案有哪些？

讨论问题 2：线上零售有哪些类型？是如何冲击线下店铺的？不同类型的线上零售类型又各有什么优势和劣势？

讨论问题 3：O2O 智慧零售方案的基本思路是什么？O2O 智慧零售是否可以基本解决珂瑞欣公司所遇到的问题？

讨论问题 4：什么是社群营销？企业微信是如何实现社群营销的？我们班可以建立一个企业微信尝试进行某种商品的社群营销吗？

教学计划

本案例可供独立的案例讨论课使用。以下是按照时间进度提供的课堂计划建议，仅供参考。整个案例课的课堂时间控制在 90 分钟。

①课前计划：发放案例原文和相关补充材料，并提供思考题给学生，请学生在课前完成阅读和初步思考，同时回顾已学的相关理论知识并查看相关文献资料。

②课堂计划：90 分钟课堂安排可见以下图表时间安排。

③课后计划：请以小组为单位，经充分讨论与交流后，针对案例中重庆珂瑞欣智慧零售方案，以所学过的营销理论为指导，撰写智慧零售实战计划一篇，不少于 1000 字。

本案例适用于 90 分钟的课堂

讨论问题	时间（分钟）
案例内容概述、案例讨论热身等	5 分钟
讨论问题 1	15 分钟
讨论问题 2	20 分钟
讨论问题 3	20 分钟
讨论问题 4	20 分钟
分析框架介绍或教师总结	10 分钟

讨论问题分析

讨论问题 1：线下零售出现了哪些问题？线下零售真的不行了吗？本市线下零售门店经营中遇到的主要问题与困难有哪些？经营者的解决方案有哪些？

1. 因为疫情、经济不景气、电商冲击等三大原因的影响，线下零售出现销售业绩不好，店铺盈利下降，又导致员工收入下滑，员工流失严重的问题。为了维持店面正常运营，企业不得不整天招聘新员工，而新员工状态更加低迷，更加不稳定，流失率更高。公司已经进入了一个螺旋式下降的怪圈。

2. 线下零售虽然出现了较为严重的业绩下滑的问题，但是并不能就说线下零售业态就不行了。因为线下零售有其显著的优点：

（1）品牌实力的象征，品牌广告与宣传。

（2）直面客户，与线上相比有巨大的产品展示优势。

（3）消费者只有在线下才能亲身体验。

（4）线下更加利于拉近客户关系，建立消费忠诚。

（5）能够根据客户的表情，及时调整营销策略。

3. 要求学生们走访本市线下零售门店，与店铺的老板、店长、骨干员工交流，深度调研当下零售门店遇到的主要问题与困难有哪些。

线下的最大的问题就是：

（1）线下价格与线上不一致，往往线上更便宜。

（2）线下购买的方便性与线上不一致，线上更方便。

（3）其他问题，如店铺租金上涨偏高；人员招聘难度较大，人工费用太高；竞争激励，同行太卷；经济下行，消费者购买力下降等。

妥善化解以上的第（1）个问题是线下零售当前的最关键点。因为第（2）、第（3）点的各种问题是所有竞争店铺所共同面对的，只要你不比别人更糟糕，你就应该承受下来。但是第（1）个问题可能是你独特存在的，或者是你比较严重的。需要你与品牌公司沟通，由品牌公司出面解决。

4. 经营者的解决方案有哪些？

需要学生进行真实的市场调研，收集整理出有价值的解决方案。重点是启发学生，线下问题如果只是用线下的方式去解决，比如降低价格、压低成本、增加促销、培训人员提升销售能力等，固然有作用，但是往往不能最根本地解决问题。现在必须用线下与线上相结合的方式，也就是智慧零售（新零售）去解决问题。

讨论问题2：线上新零售有哪些类型？是如何冲击线下店铺的？不同类型的线上零售类型又各有什么优势和劣势？

1. 引导学生讨论哪些是一类电商和二类电商？他们分别有哪些平台？

一类电商指的就是天猫、淘宝、京东、拼多多等这些电商平台，除一类电商外，其余的基本上可以成为二类电商。二类电商主要是借助于不同的媒体平台去推广产品，目前最常见的平台有：抖音、快手、有道 DSP、UC 头条信息流、智汇推和广点通、今日头条等等。一般推广的方式就是在媒体平台端口，用户点击产品的链接进去之后看到产品相关介绍以及购买方式，然后了解之后在链接的最底部直接下单。

二类电商与传统电商有什么区别呢？

（1）经营方式不同

我们通常理解的淘宝天猫，京东，基本上就是一类电商，在经营上通常是由平台方出租流量，提供电商运营工具，介入管理，在经营上通常是经营多款产品；二类电商则主要是通过单页（可以理解为单款产品的落地页，产品介绍＋下单表单）来通过投放广告有意地去制造爆款产品，因此在经营上一类电商更看重复购率运营口碑，二类电商更重运营爆款。

（2）监管不同

我们普通理解上的电商比如淘宝，天猫，京东等，主要是通过开启网上店铺来经营销售，其中混杂了很多卖家从工厂到经销商再到个人应有尽有，但是在经营的监管上一般都会收到保证金用来处理消费者和商家纠纷问题，比较完善；

二类电商的监管相对没有那么严格，所有的问题管理更多是投放资质的管理，多数情况下一类可以被投诉后介入管理，二类甚至找不到投诉途径。

（3）消费人群不同

一类电商的消费人群主要是已经养成网购习惯，不太过于在乎信任问题的网购人群；二类电商则是几乎没有网购行为，或者是处于没有见到实际产品，存在信任顾虑的消费人群。不太相信网上付款到货的人（一般二类电商年龄偏大，多为男性，可能是女性喜欢逛街买实体）。

（4）付款方式不同

二类电商基本上都是通过快递服务商做货到付款进行签收的（先发货，后付款）；一类电商则主要是在线付款的模式（先付款，后发货）。

2. 引导学生讨论电商对于线下店铺的冲击的现状及影响都有哪些？

（1）电子商务对传统零售业的冲击

首先，电子商务对传统零售业的冲击表现在给消费者带来了更加方便的购物体验。传统零售业有着很多限制，比如商店的营业时间固定，顾客需要去实体店购物，等等。而电子商务平台则可以随时随地进行购物，不受时间和地点的限制，极大地推动了消费者的购物需求。

其次，电子商务给消费者带来了更多的选择。在线商城的商品种类比传统零售业丰富，消费者可以在网上轻松地找到各种品牌和型号的商品，从而更满足消费者的需求。

再次，电子商务平台的价格更具有竞争力。通过大规模的采购和供应链管理，电子商务平台可以以更低的价格销售商品，这也就意味着传统零售商家如果要生存，必须调整自己的产品价格，使之与电子商务平台相竞争。

最后，电子商务平台的营销方式更加高效。传统零售业的营销手段主要是通过促销活动，而网络营销则可以通过多种方式，如 SEO 的优化、社交媒体营销等，大大提高了品牌知名度和销售额。

（2）传统零售业应该如何适应新型的竞争环境

电子商务的快速发展是不可避免的趋势，而传统零售商家如果要在激烈的市场竞争中生存下来，就必须改变自己的经营策略。

首先，传统零售商家应该开放电子商务平台。在电子商务平台上销售产品，是传统零售商家适应转型的重要步骤之一。通过开设在线商城，传统零售商家可以将自己的产品推向更广泛的市场。

其次，传统零售商家应该加强自身的品牌建设。电子商务平台虽然有价格的优势，但传统零售商家可以依托品牌效应，建设公信力及形象，树立自己的品牌形象，提高品牌竞争力，加强消费者对品牌的认知与信任，从而提高销售额。

再次，传统零售商家应该改变自己的经营理念及经营模式。他们应该不断推陈出新，注重创新，提高供应链和分销链的效率，不断提升产品的附加值，注重体验式消费的营销手段，融合线上与线下的营销模式，最终实现线上线下的互通和互营。

最后，传统零售商家应该加强与电子商务平台的合作。他们可以通过与电子商务平台的战略联盟、实现共赢，从而在激烈的市场竞争中占得先机。

讨论问题 3：O2O 智慧零售方案的基本思路是什么？O2O 智慧零售就可以基本解决珂瑞欣公司的问题吗？

O2O 智慧零售方案的基本思路是：

（1）保持原线下客流不减少，通过价格的一致性提升成交率，从而提升线下销售额。

（2）通过门店店员的线上销售，在人员不增、费用不增的情况，实现线上销售突破与增长。

具体的操作简述如下：

第一步，在保持原有 30 家线下店铺销售基本不变的基础上，建立珂瑞欣公司微信商城，通过微商城实现线上销售。第一步要做到的线下 30 间店目前正常营业，珂瑞欣公司微信商城也早在 2021 年 1 月业已建成，只是目前的销量还比较差。

第二步，改造公司的管理系统，实现数据库集成。将微商城和各门店的数据集成到一个数据库中，实现数据的共享。这需要对系统进行相应的调整和开发。徐总已与杭州有赞科技有限公司达成进一步合作协议，由杭州有赞科技公司开发人员开发联接珂瑞欣公司门店管理系统与珂瑞欣有赞微商城的专用软件，实现商城平台所有的商品与各店铺数据无缝对接，做到库存、销售、配送完全统一同步共用共享。这项工作计划需要1个月的时间完成。

第三步，建立珂瑞欣公司企业微信。以企业微信为基础，实现线下全体销售人员社交化客户服务，实现全天候销售。2021年10月全力推进此项工作。

第四步，以员工个人包干负责为基础，全公司私域流量实现开放共享全面激活的新的营销生态（重点为打造珂瑞欣公司的网红店铺和明星主播）。到2021年底开始此项工作。

珂瑞欣公司通过O2O智慧零售方案的实施，从而实现人均产能的显著增加。

进而增加了员工的收入，骨干员工的积极性增强，试点店面已向正循环方向转变。

讨论问题4：什么是社群营销？企业微信是如何实现社群营销的？我们班可以建立一个企业微信尝试进行某种商品的社群营销吗？

1. 关于社群营销

社群包含的范围很大，如：公众号内容运营、小程序服务承载、个人朋友圈打造、一对一私聊、微信群活动策划等等。

社群运营无外乎几点：日常社群内容发送、合理活动和体系引导裂变、引导客户到店或进入商城、成单前后的服务，通过以上四点内容，留存客户、产生裂变、促成交易，是社群运营的基本目的。

2. 社群的搭建

选择建立一个社群，逃不过个人微信群或者企业微信群的选择。企业微信具备其特有的工具，匹配企业对于社群基本运营的需求，再配合SCRM工具，可以作出相应的精准化营销，所以企业微信更适合企业营销使用。

3. 企业微信是如何实现社群营销的？

简单说来客户进群主要行为为：需求引导→吸引注意→引发欲望→建立信任→持续刺激→产生购买→形成口碑，任何一个环节都可以引发裂变，同样任何一个环节出现错误都会产生退群，而这七步，其实也是做到产品触达到客户的环节。

4. 我们班可以建立一个企业微信尝试进行某种商品的社群营销吗？可以进行社群营销，可分为初级版和高级版。

（1）初级版自己找相关商品，不建立微信商城，企业微信下单＋直接送货。

①寻找校园消费者需求，确定热销商品

②建立企业微信

③组织销售团队

④发展客户进群

⑤信息触达与线上沟通

⑥产生购买

⑦发货、送货

（2）高级版需要和企业合作，建立微信商城，企业微信下单＋商城通过快递发送货。

①工具的选择企业微信

②社群搭建的方式

原有客户资料、企业微信群活码、公众号引导、线下设置二维码等

③微商城的搭建

④群内基本人员配置

群内运营人员、群内客户人员

⑤社群运营前的规则制定

进群门槛、进群权益、群目标／口号设置、群规设置

（3）社群运营

①用户群的引流

②划分客户标签

③社群内容运营

（案例提供：董道进）

后　记

　　一年前，我们从集团手里，接过了《商道故事》的采写任务。说实话，当时心里一点底都没有。因为我们的团队，并没有这方面的经验——它不像《我在书院读大学》，好歹有了一年多的尝试，已经有了一个初步的模型和方向。团队的学生就不用说了，从学校到学校的成长经历，使他们对商业几乎毫无认知，几乎都是两眼一抹黑的小白。即使记者老师，之前跑财经的也极少，绝大多数是社会新闻方面的，对商业的运行，也缺少基本的了解。

　　就这样，《商道故事》从零起步，开始了跌跌撞撞的尝试。

　　前期的采写结束，很难有"一遍过"的稿子。主要原因是，根据我们的理解，"商道故事"，顾名思义，应该包括两个层面，一是要讲故事，二是要写出来"道"，也即商业运作规律。但实际的结果却是，要么稿子做成了以现场采访为主的"大消息"，要么有故事没思想，没深度。

　　这里插一句。很多人对《我在书院读大学》和《商道故事》两个栏目都有一个疑问：它们到底算是什么文体？从新闻角度看，它们有点像通讯，但在表达上又和目前主流的通讯模式不太一样，更要求思想深度；从文学角度看，它有些文学表达的手法，比如细节、心理描写，但又不能虚构，必须严格遵循客观事实。所以，我理解，它应该算是介乎于通讯中的深度报道和非虚构之间的一种体裁——我经常拿《人民的县委书记焦裕禄》来做例子，希望大家能向这个方向走。后来，我也解释得有点烦，觉得它是什么并不重要，重要的是，它适合我们的思想表达需要，这就够了。

　　我希望的"商道故事"，既要有情节、细节、人物心理等表达形式，更要有深入的思考，能让人读过之后能有所明悟，能够对商业的基本运行规律有所了解。这个要求，对于我们的采写团队来讲，明显有点高了。

　　如果说情节和细节还容易做到，那么思想这个玩意儿，短期内真心是无法提升的。它需要有丰富的人生阅历，有足够的文化积累，有长时间的思维训练。

无论是年轻的记者，还是从学校到学校的娃娃，这个要求都过于苛刻。甚至，我们有的团队都在刻意躲避，他们宁愿去写《我在书院读大学》，也不愿意去碰这个题目。

为此，我们想了一些办法。比如说多次组织集体改稿会，研究讨论一篇篇故事——它们究竟应该如何立意，"道"到底藏在哪里……通过一次次的思维撞击，大家慢慢对"道"的总结套路有了清晰的理解，一点点地进步起来。

这种尝试，给我们带来了巨大的收获，这不仅体现在商道故事采写模式的清晰上，更重要的是，我们借此发现了新闻采写产业学院，到底应该培训什么，怎么培训。

一开始，新采学院，定位是新闻培训，是文体的教学。但这样做的效果并不明显，一次次地手把手后，学生面对采写任务，依然一头雾水。"商道故事"思维锤炼模式的成功，给了我们启发：书面表达的关键是思想，心中有，手中才有。学生写不出来，不是说他们不懂得文体格式，而是他们心中没有思想，没有认识。心中没有，如何无中生有？

所以，我们意识到，要解决学生的写作问题，必须先让他们心中有思想！

于是，我们开始了一个自认为非常了不起的转型，把培养目标转向了"思维能力"提升。我们不再教学生"怎么写"，而帮助他们学会"怎么想"。只要他们会想了，能想出来了，他们不仅能提升口头和书面表达能力，独立面对困难，独立解决问题的能力也将大幅提升。

转眼一年过去，我们的第一本《商道故事》即将付梓。这时，蓦然回首，我们才发现，经过一年的积累与锤炼，我们团队的采写能力和指导水平都得到了极大的提升，无论是表达层面的情节与细节，还是思想层面的商业之道，大家居然都做得像模像样了。虽然很多作品看起来依然略显青涩，但与一年前比，提升还是非常明显的。一个突出的表现是，一进入10月份，我手头就收到了师生们转来的许多稿件，其中绝大多数是商道故事。很多作品，对"道"的理解与认识，明显更驾轻就熟——不用刻意总结，在娓娓道来的叙事中，"道"就自己浮现了出来。

比如说有一篇作品，写一个没有多高教育学历的家庭妇女，想在销售女装上创业。她先是到别人的店铺去学习，在学习中悟出要站在客人的角度去考虑问题，"只卖对的，不卖贵的"。虽然看起来当时挣得少，但真诚赢得了信任，后面带来了更多的客户和收入。我想，她悟出的这个"道"，已经远超那些动不动把营收和利润挂在嘴边的大企业家们的认知了。经济不景气中，一个个的企业倒下了，原因是什么？我想，绝大多数应该是倒在这种认知的缺乏上。

这让我对未来有了极大的信心。我相信，再过去几年，我们的团队和作品水平将会达到一个令人惊喜的层次，我们指导的学生，也会对商业运营、对思维的方法有更清晰的了解，他们的思维能力也会得到更大的提升。

孙善清

2024 年 10 月 18 日